ANNIE DUKE

Quit

Annie Duke

QUIT

LOSLASSEN ALS CHANCE – DIE KRAFT DES NEUANFANGS

Aus dem Amerikanischen übersetzt von Jordan Wegberg

ARISTON

Bibliografische Information der Deutschen Bibliothek

Die Deutsche Bibliothek verzeichnet diese Publikation in
der Deutschen Nationalbibliografie; detaillierte bibliografische
Daten sind im Internet unter www.dnb.de abrufbar.

MIX
Papier | Fördert gute Waldnutzung
FSC® C014496

Penguin Random House Verlagsgruppe FSC® N001967

1. Auflage

Umschlaggestaltung: wilhelm typo grafisch
Satz: Satzwerk Huber, Germering
Druck und Bindung: GGP Media GmbH, Pößneck

Printed in Germany

ISBN: 978-3-424-20279-3

Für meine Kinder, meine ∞

Inhalt

Teil 2

Teil 3

Teil 4

PROLOG

Die manipulierte Waage

IM OKTOBER 1974 ERZIELTE DER BOXER MUHAMMAD ALI einen der größten Überraschungserfolge der Sportgeschichte, als er George Foreman im legendären »Rumble in the Jungle« k. o. schlug. Mit diesem Sieg wurde er wieder zum Schwergewichtsweltmeister, ein Titel, den er bereits zehn Jahre zuvor im Jahr 1964 errungen hatte, indem er Sonny Liston entthronte.

Auf seinem Weg zu diesem bedeutsamen Triumph begegneten Ali unglaubliche Widrigkeiten. Sein Schwergewichtstitel wurde ihm 1967 aberkannt, weil er den Kriegsdienst in Vietnam verweigerte, und das nahm ihm dreieinhalb Jahre lang die Möglichkeit zu boxen, während seine Karriere eigentlich ihre Glanzzeit hätte haben sollen. Nach dieser Unterbrechung musste er sich weitere vier Jahre lang zurück ins Rennen kämpfen, um den Meisterschaftssieg gegen George Foreman zu erringen.

Inzwischen war Ali fast dreiunddreißig und hatte sechsundvierzig Profiboxkämpfe hinter sich.

Foreman galt als klarer Favorit: jünger, größer, stärker, unbesiegt und anscheinend unzerstörbar. Ali hatte zwei Kämpfe gegen Joe Frazier und Ken Norton in die Länge gezogen. Weder Frazier noch Norton hatten zwei Runden gegen Foreman standgehalten.

Durch seinen Sieg über Foreman zementierte Ali seinen Status als »der Größte aller Zeiten«.

Muhammad Ali wurde zu einem Symbol für Durchhaltevermögen. Allen Widrigkeiten zum Trotz und umgeben von Zweiflern hatte er sich geweigert aufzugeben und einen Triumph erzielt. Gibt es ein größeres Sinnbild für die Stärke von Beharrlichkeit und Ausdauer bei der Umsetzung Ihrer Träume?

Aber die Geschichte ist hier noch nicht zu Ende.

Eben diese Beharrlichkeit ließ Ali weitere sieben Jahre boxen. Von 1975 bis zum Dezember 1981 machte Ali weiter, trotz wiederholter unmissverständlicher Hinweise darauf, dass er hätte aufgeben sollen. Nachdem 1977 Freunde und Reporter Anzeichen für seinen körperlichen und geistigen Abbau erkannten, flehte Teddy Brenner, der Matchmaker im Madison Square Garden (wo acht von Alis Kämpfen stattgefunden hatten), ihn an aufzuhören.

Ali schwankte.

Brenner ließ die Ankündigung folgen, dass im Madison Square Garden kein weiterer Kampf für ihn stattfinden werde. »Ich will nicht, dass er eines Tages zu mir kommt und sagt: ›Wer bist du?‹ Der Trick beim Boxen ist, zum richtigen Zeitpunkt auszusteigen, und die fünfzehnte Runde gestern Abend [gegen Earnie Shavers] war der richtige Zeitpunkt für Ali.«

Eine Woche später riet auch Alis Sportarzt Ferdie Pacheco ihm zum Rückzug, nachdem er einen Laborbericht über den Zustand von Alis Nieren nach dem Kampf erhalten hatte. Als keine Reaktion erfolgte, war es schließlich Pacheco, der ging.

Im Jahr 1978 verlor Ali seinen Titel an Leo Spinks, der erst sieben Profiboxkämpfe bestritten hatte. Nur mit Mühe und unter dubiosen Umständen bekam er 1980 in Nevada die medizinische Erlaubnis, gegen den aktuellen Champion Larry Holmes anzutreten. Ali erlitt bei seiner Niederlage einen so massiven körperlichen Schaden, dass Holmes nach dem Boxkampf weinte.

Sylvester Stallone, der an diesem Abend im Publikum saß, beschrieb die letzte Runde so: »Als würde man bei der Autopsie an einem Menschen zusehen, der noch lebt.« Doch Ali gab immer noch nicht auf, denn mit Aufgeben hatte er George Foreman nicht k. o. geschlagen, mit Aufgeben war er nicht der Größte geworden.

Mittlerweile schrieb man das Jahr 1981, und Ali bekam keine Lizenz mehr für Boxkämpfe in Amerika, normalerweise eine Formalität mit leicht erfüllbaren Behördenauflagen, um an vermarktungsfähigen Kämpfen teilnehmen zu können. Falls die Welt jemals gebrüllt hat: »Häng endlich die Boxhandschuhe an den Nagel!«, dann jetzt. Doch er machte weiter und boxte auf den Bahamas.

Er verlor erneut bei einem beschämenden Schauspiel selbst nach Boxsportmaßstäben. Die Organisatoren waren so chaotisch, dass sie den Schlüssel für die Halle nicht fanden. Es standen nur zwei Paar Handschuhe für den gesamten Vorkampf zur Verfügung, daher kam es zu weiteren langwierigen Verzögerungen, wenn die Handschuhe der Boxer aufgeschnürt werden mussten, um sie weiterverwenden zu können. Sie mussten sich eine Kuhglocke ausleihen, um Beginn und Ende jeder Runde markieren zu können.

Muhammad Ali bezahlte eindeutig einen hohen Preis dafür, bis fast zu seinem vierzigsten Lebensjahr weiter zu boxen. Gegen Ende seiner Laufbahn zeigte er bereits Anzeichen eines neurologischen Schadens. All diese Schläge, die er nach seinem Sieg über Foreman eingesteckt hatte, leisteten zweifellos ihren Beitrag zu seiner Parkinson-Diagnose 1984 und dem anschließenden körperlichen und geistigen Verfall.

Beharrlichkeit ist nicht immer die beste Entscheidung, ganz sicher nicht ungeachtet des Kontextes. Und der Kontext ändert sich.

Eben jenes *Durchhaltevermögen*, das Ali zu so einem großen Champion gemacht hatte – bewundert und bejubelt wie kaum ein anderer –, wurde zu seinem Verderben, weil es ihn die für jeden Außenstehenden deutlich erkennbaren Anzeichen ignorieren ließ, dass er aufhören sollte.

Das ist das Komische am Durchhaltevermögen. Es kann dafür sorgen, dass wir uns in etwas Lohnendes verbeißen, aber es kann ebenfalls dafür sorgen, dass wir uns in etwas verbeißen, das sich nicht mehr lohnt.

Der Trick ist, den Unterschied zu erkennen.

Durchhalten versus Aufgeben

Wir betrachten Durchhalten und Aufgeben als gegensätzliche Kräfte. Denn entweder halten wir den Kurs, oder wir weichen davon ab. Man kann nicht beides gleichzeitig tun, und im Kampf der beiden hat das Aufgeben eindeutig verloren.

Durchhalten ist eine Tugend, Aufgeben dagegen ein Laster.

Der Rat von Menschen mit legendärem Erfolg lässt sich oft auf diese eine Botschaft herunterbrechen: dranbleiben, dann klappt es schon. Thomas Edison sagte: »Unsere größte Schwäche ist das Aufgeben. Der sicherste Weg zum Erfolg ist immer, es noch ein Mal zu probieren.« Die Fußball-Legende Abby Wambach griff diese Einstellung über ein Jahrhundert später auf und sagte: »Man muss nicht nur Kampfgeist haben, sondern auch die Fähigkeit, niemals aufzugeben, egal mit welchen Umständen man konfrontiert wird.«

Ähnlich inspirierende Ratschläge werden anderen großen Spitzensportlern und Trainern zugeschrieben, darunter Babe Ruth, Vince Lombardi, Bear Bryant, Jack Nicklaus, Mike Ditka, Walter Payton, Joe Montana und Billie Jean King. Fast gleichlautende Zitate finden sich auch von anderen legendär erfolgreichen Geschäftsleuten aller Zeitalter, von Conrad Hilton über Ted Turner bis Richard Branson.

All diese Berühmtheiten und zahllose andere sind sich einig in Variationen der Aussage: »Wer aufgibt, gewinnt nicht, und wer gewinnt, gibt nicht auf.«

Es ist schwierig, irgendein bekanntes Zitat zugunsten des Aufgebens zu finden, außer einem, das W. C. Fields zugeschrieben wird: »Wenn es beim ersten Mal nicht gelingt, versuchen Sie es erneut. Dann geben Sie es auf. Es hat keinen Zweck, sich zum Narren zu machen.«

Fields war kaum ein Vorbild, er schuf sein öffentliches Image aus Persönlichkeiten, die gern tranken, Kinder und Hunde hassten und ein Leben am Rande der Gesellschaft führten. Das ist kein besonders taugliches Gegengewicht … und Fields hat das auch gar nicht gesagt!

Jeder, der mit irgendetwas erfolgreich war, hat per definitionem daran festgehalten. Das ist die Feststellung einer Tatsache, die im Rückblick immer zutrifft. Das heißt jedoch nicht, dass das Gegenteil richtig ist, dass man also mit etwas Erfolg hat, wenn man daran festhält.

Perspektivisch ist es weder wahr noch ein guter Ratschlag. Genau genommen ist es manchmal regelrecht destruktiv.

Wenn Sie keine gute Singstimme haben, spielt es keine Rolle, wie lange Sie dranbleiben. Sie werden niemals Adele werden. Wenn Sie mit fünfzig die Absicht haben, als Leichtathlet an der Olympiade teilzunehmen, wird kein Durchhaltewille und keine Mühe Ihnen den Erfolg ermöglichen. Alles andere ist so absurd, als würden Sie einen dieser Artikel über die Gewohnheiten von Milliardären lesen, herausfinden, dass diese vor 4 Uhr aufstehen, und glauben, dass Sie zum Milliardär werden, wenn Sie vor 4 aus den Federn kommen.

Wir sollten den Rückblick nicht mit dem Weitblick verwechseln, was diese Zitate aber tun.

Man hält die ganze Zeit an Dingen fest, in denen man keinen Erfolg hat, manchmal weil man glaubt, wenn man es nur lange genug versuche, würde das zum Erfolg führen. Manche bleiben auch dran, weil Gewinner niemals aufgeben. So oder so rennen eine Menge Leute mit dem Kopf gegen die Wand und sind unglücklich, weil sie denken, mit *ihnen* würde etwas nicht stimmen statt mit dem Ratschlag.

Erfolg hat nichts mit Beharrlichkeit zu tun. Er hat damit zu tun, in den *richtigen Bereichen* beharrlich zu sein und den Rest aufzugeben.

Wenn die Welt Ihnen sagt, Sie sollten aufgeben, kann es natürlich sein, dass Sie etwas sehen, was die Welt nicht sieht und was Sie veranlasst, es weiter zu versuchen, selbst wenn andere die Sache aufgeben würden. Aber wenn die Welt Ihnen aus Leibeskräften zuschreit, dass Sie aufgeben sollen, und Sie sich zuzuhören weigern, kann Beharrlichkeit zum Wahnsinn werden.

Nur zu oft weigern wir uns zuzuhören.

Das mag zum Teil daran liegen, dass Aufgeben eine nahezu universelle negative Konnotation hat. Wenn jemand Sie als Versager bezeichnet, würden Sie das als Kompliment betrachten? Die Antwort liegt auf der Hand.

Aufgeben heißt scheitern, kapitulieren, verlieren. Aufgeben zeigt einen Mangel an Charakter. Wer aufgibt, ist ein Verlierer (außer natürlich er gibt etwas offensichtlich Schädliches wie Rauchen, Alkohol, Drogen oder eine toxische Beziehung auf).

Im allgemeinen Sprachgebrauch bevorzugen wir Beharrlichkeit und beschreiben solche Personen mit positiven Begriffen wie *zupackend, standhaft, unbeirrbar, resolut, mutig, kühn, unerschütterlich, verwegen* und *zäh.* Wir sagen, sie haben *Rückgrat, Schneid, Schmiss* oder *Standfestigkeit.*

So mühelos, wie uns positive Wörter für die Beschreibung von Durchhaltevermögen in den Sinn kommen, tun dies negative Bezeichnungen für jene, die aufgeben, die alle die Vorstellung vermitteln, dass sie gescheitert sind und unsere Bewunderung nicht verdienen. Sie sind *Zurückruderer, Feiglinge, Schwarzseher, Abtrünnige, Abbrecher, Drückeberger, Nieten* und *Waschlappen.* Sie *geben auf* und *hauen in den Sack,* sie *zaudern* und sind *unschlüssig.*

Wir betrachten sie als *ziellos, launisch, feige, sprunghaft, wankelmütig, willensschwach, unzuverlässig, unglaubwürdig* und sogar *nicht vertrauenswürdig.* Oder wir nennen sie die politisch toxischen *Umfaller.*

Es ist nicht so, als gäbe es nicht auch negative Wörter für Beharrliche (wie *starrsinnig* oder *verbohrt*) oder positive Wörter für das Aufgeben (wie *agil* oder *flexibel*). Aber wenn Sie eine Tabelle mit positiven und negativen Begriffen für beide Konzepte erstellen müssten, würde Ihnen das Ungleichgewicht bald auffallen.

Auf der Beharrlichkeitsseite wäre der Ausschlag stärker bei den positiven Äußerungen über Durchhaltevermögen als bei den negativen. Das würde sich spiegeln in einer Bevorzugung negativer Äußerungen über Abbrecher. Anders als beim Durchhalten gibt es nicht so viele positive Begriffe für das Aufgeben, wie sich schon durch das Fehlen des Wortes *Aufgabevermögen* im Wörterbuch zeigt.

Einer der größten Hinweise darauf, dass die Sprache dem Durchhalten den Vorzug gegenüber dem Aufgeben gibt, ist die Tatsache, dass eins der Synonyme für Durchhalten *Heldenhaftigkeit* ist. Weitere sind *Tapferkeit, Mut* und *Furchtlosigkeit.*

Wenn wir an Beharrlichkeit denken, insbesondere angesichts von Gefahren, stellen wir uns den Helden vor, der dem Tod ins Auge sieht oder am Abgrund steht und weitermacht, wo andere aufgeben würden.

Mittlerweile sind Leute, die aufgeben, Feiglinge.

In einer Welt, die Durchhaltevermögen fast universell als den Weg zu Ehre und Erfolg betrachtet, ist Beharrlichkeit der Star. Aufgeben ist inzwischen entweder der Bösewicht (ein zu überwindendes Hindernis) oder häufiger noch ein Nebendarsteller (der nur als »Handlanger 3« oder »feiger Soldat« erwähnt wird).

In Euphemismen verpackt

Im Februar 2019 verkündete Lindsey Vonn, eine der berühmtesten Sportlerinnen der Welt, auf Instagram, dass sie sich vom Skirennen verabschieden werde: »Mein Körper ist zu kaputt, um wiederhergestellt werden zu können, und gewährt mir nicht die Abschlusssaison, die ich mir erträumt hatte. Mein Körper schreit *Stopp*, und es ist an der Zeit, dass ich auf ihn höre.«

Nachdem sie näher auf eine Reihe von neueren Verletzungen, Operationen und Rehamaßnahmen eingegangen war (die sie größtenteils zuvor nicht erwähnt hatte), fügte sie die folgende Botschaft hinzu: »Ich sage immer: ›Gib niemals auf!‹ Deshalb sage ich all den Jungs und Mädels da draußen und meinen Fans, die mir aufmunternde Nachrichten geschrieben haben, dass ich nicht aufgebe! Ich beginne nur ein neues Kapitel.«

Im ersten Teil ihrer Mitteilung erklärt Vonn sehr deutlich, dass sie mit dem Wettkampf-Skisport aufhört. (Übersetzung: Sie gibt auf.) Doch dann, im zweiten Teil der Mitteilung, streitet sie eben dieses gerade angekündigte Aufgeben aus vollem Herzen ab und verpackt es stattdessen in den Euphemismus »ein neues Kapitel beginnen«.

Wenn irgendjemand das Recht hat, voller Stolz aufzugeben, ohne dass sein Schmiss und seine Beharrlichkeit infrage gestellt werden, dann ist es Lindsey Vonn. Die Geschichten ihrer Comebacks nach schweren Unfällen sind beinahe genauso beeindruckend wie ihre beispiellose Erfolgsbilanz. Nachdem sie bei den Olympischen Spielen 2006 einen entsetzlichen Unfall hatte und mit einem Hubschrauber ins Krankenhaus geflogen worden war, versuchte sie sich zwei Tage später ohne Erlaubnis der Ärzte wieder hinauszuschleichen und ein weiteres Rennen zu fahren.

Im Jahr 2013 erlitt sie einen Riss des Kreuzbands und des medialen Kollateralbands sowie einen weiteren Bruch, wurde operiert, machte eine zermürbende Reha, verletzte sich dann erneut an den beiden zusammengeflickten Bändern und durchlief denselben Prozess *noch einmal*. Sie verpasste die Olympiade in Sotchi und einen Großteil von 2014, doch dann kehrte sie zurück und gewann zwischen Ende 2014 und Anfang 2018 weitere dreiundzwanzig Weltmeisterschaften.

Wenn es Lindsey Vonn schon so schwerfällt zu sagen, dass sie aufgibt, stellen Sie sich mal vor, wie schlimm es erst für uns normale Sterbliche ist. Der Gedanke an das Aufgeben ist eine so bittere Pille, dass wir sie mit einem Löffel Zucker einnehmen müssen. Oder in diesem Fall mit einem Löffel Euphemismen, deren bekanntester der »Wendepunkt« ist.

Wenn Sie sich mal irgendeine Bestsellerliste von Büchern anschauen, stellen Sie fest, dass Titel mit *Wende* darin ungeheuer beliebt sind. Es gibt *Wendepunkt, Am Wendepunkt, Machtwende, Mein Wendepunkt, Wende in die Zukunft* und vieles mehr.

Ich will natürlich gar nichts Schlechtes über diese Bücher sagen. Aber egal ob Sie nun sagen »Wendepunkt« oder »ein neues Kapitel aufschlagen« oder »strategischer Richtungswechsel«, das alles ist der Definition gemäß ein Aufgeben. Wenn man das Aufgeben von all seinen negativen Konnotationen befreit, ist es letztlich nichts weiter als die Entscheidung, mit etwas aufzuhören, das Sie begonnen haben.

Wir sollten den Gedanken ablegen, dass wir die Vorstellung des Aufgebens in eine Blase packen und weich gekocht servieren müssen. Schließlich gibt es viele Umstände, unter denen Aufgeben die richtige Entscheidung ist, besonders wenn die Welt Ihnen sagt, dass Sie es tun sollten, und Ihre Nieren versagen oder Sie andere karrierezerstörende Verletzungen haben. Oder Sie stecken in einer jämmerlichen Ehe oder haben einen aussichtslosen Job oder einen Vorgesetzten, den Sie hassen.

Warum lässt man diesem Wort die Voldemort-Behandlung zuteilwerden (Das-Wort-das-nicht-genannt-werden-darf)?

Als man das Fleisch noch beim Metzger um die Ecke kaufte, kursierten überall Witze darüber, wie man von der Fleischwaage übers Ohr gehauen wurde. Einer der Lieblingsgags des Borschtsch-Gürtel-Comedians Milton Berle zu diesem Thema lautete: »So langsam zweifle ich an der Genauigkeit meines Metzgers. Neulich ist eine Fliege auf seiner Waage gelandet. Sie wog viereinhalb Pfund.«

Was Berle hier aufgriff, war das im Borschtsch-Gürtel gängige Motiv des Metzgers, der die Waage manipuliert, meist indem er heimlich den Daumen darauf legte, um Kunden zu betrügen. Auch ein Jahrmarkt-Glücksrad konnte mit irgendeiner Vorrichtung manipuliert werden, sodass es immer an einem bestimmten Punkt der Umdrehung anhielt und dadurch eine Auszahlung verhinderte. Die Rouletteräder in schummrigen Hinterzimmern konnten auf ähnliche Weise gezinkt werden, ebenso wie die Würfel eines spontanen Craps-Spiels.

Wenn es ums Aufgeben geht, ist die Waage auch manipuliert. Muhammad Ali, Lindsey Vonn, die Zitate, die Sprache und die Euphemismen sagen uns, dass ein kognitiver und verhaltensmäßiger Daumen die Waagschale in Richtung Durchhalten drückt, wenn es darum geht, das Weitermachen gegen das Aufhören abzuwägen.

Was die Wissenschaft sagt

In Anbetracht dessen, wie die Waage in Richtung Durchhaltevermögen manipuliert ist und wie wir Menschen bewundern, die als Helden ausharren, sollte es uns nicht überraschen, wie beliebt Bücher über die Kraft der Ausdauer sind, so zum Beispiel Angela Duckworths *Grit* und Malcolm Gladwells *Überflieger* (mit seiner berühmten 10.000-Stunden-Regel).

Dass solche Bücher ein derart großes begeistertes Publikum erreichen, deutet auf einen Mangel an Durchhaltevermögen der Conditio humana hin.

Wer jedoch *Grit* so versteht, dass Beharrlichkeit unabhängig vom Kontext immer eine Tugend sei, der legt Angela Duckworths Arbeit falsch aus. Sie würde niemals sagen: »Bleib einfach dran, dann hast du Erfolg.« Sie selbst schrieb darüber, wie wichtig es ist, vieles auszuprobieren (was das Aufgeben vieler anderer Dinge erfordert), um das zu finden, bei dem man gern bleiben möchte. Duckworth, deren Buch die Wichtigkeit des Durchhaltevermögens behandelt, würde sicherlich zustimmen, dass das Erkennen des richtigen Zeitpunkts zum Aufgeben eine förderungswürdige Fähigkeit ist.

Ausdauer mag den Kampf um die öffentliche Meinung gewonnen haben, doch gibt es auch gute Gründe dafür, früher und häufiger auszusteigen.

Ganze Wissenschaftsbereiche beschäftigen sich mit der menschlichen Neigung, zu lange auszuharren, besonders angesichts schlechter Nachrichten. Das reicht von den Wirtschaftswissenschaften über die Spieltheorie bis zur Verhaltenspsychologie und umfasst Themen von den versunkenen Kosten über den Status-quo-Fehler und die Verlustangst bis zum eskalierenden Commitment und noch darüber hinaus.

Mit die einprägsamsten Arbeiten über die Tendenz, übermäßig lange an etwas festzuhalten, und besonders über die Umstände, unter denen wir das tun, stammen von Daniel Kahneman und Richard Thaler. Kahneman hat 2002 den Nobelpreis für Wirtschaftswissenschaften gewonnen, Thaler erhielt denselben Preis 2017. Wenn zwei Nobelpreisträger über ein Thema gleicher Meinung sind, sollte das unsere Aufmerksamkeit wecken.

Und die Wissenschaft sagt uns, dass wir uns jeden Tag in kleinen und großen Dingen verhalten wie Muhammad Ali, dass wir zu lange an etwas festhalten, obwohl wir Signale dafür erhalten, dass wir loslassen sollten.

Dieses Buch soll ein besseres Verständnis für die Kräfte schaffen, die guten Entscheidungen darüber entgegenstehen, was man wann aufgeben sollte, sowie über die Umstände, unter denen wir nicht aufgeben wollen. Es soll uns allen helfen, das Aufhören positiver zu sehen, damit wir unsere Entscheidungen verbessern können. Ich habe das Material in vier Teile mit drei Einschüben aufgegliedert.

Teil 1 spricht sich dafür aus, dass die Entscheidung zum Aufgeben eine Fähigkeit ist, die zu entwickeln sich lohnt. In Kapitel 1 wird die Frage beantwortet, warum das Aufgeben unser bestes Werkzeug für die Entscheidungsfindung bei Ungewissheit ist, denn es ermöglicht uns einen Kurswechsel, nachdem neue Informationen zur Verfügung stehen. Ich untersuche darin auch, warum eben jene Ungewissheit, die das Aufhören zu einer so wertvollen Option macht, dieses gleichzeitig so schwer machen kann. In Kapitel 2 wird ergründet, warum sich ein rechtzeitiger Ausstieg oft wie ein verfrühter Ausstieg anfühlt. Aufgeben ist letztlich ein Prognoseproblem, das heißt, der Zeitpunkt zum Aufgeben ist eine Frage dessen, ob die Zukunft düster aussieht, nicht, ob die Gegenwart düster ist. Und es ist schwer, aus einer rosigen Gegenwart auszusteigen. Kapitel 3 befasst sich mit der Wissenschaft des Aussteigens und zeigt, dass wir alle dazu neigen, unsere Weitermachen-/Aufhören-Entscheidungen mangelhaft zu kalibrieren: Insbesondere halten wir zu lange durch, wenn die Welt uns schlechte Nachrichten übermittelt, doch erhalten wir gute Nachrichten, steigen wir zu frühzeitig aus.

In Teil 2 geht es um die Frage, inwiefern Ihre Ausstiegsentscheidung davon beeinflusst wird, ob Sie gewinnen oder verlieren (»in der Verlustzone«). Kapitel 4 erläutert das Konzept des eskalierenden Commitments, bei dem wir auf schlechte Nachrichten reagieren, indem wir unser Engagement bei einer zum Scheitern verurteilten Aktivität noch *verstärken*. Kapitel 5 beschreibt, warum versunkene Kosten das Aufgeben so schwer machen. Ich gehe auf die Angst vor Verschwendung ein und auf die Frage, wie sich Geld, Zeit, Mühe und andere Ressourcen, die wir in eine Aktivität investiert haben, negativ auf Entscheidungen über das Weitermachen auswirken. Kapitel 6 bietet Strategien für bessere Ausstiegsentscheidungen. Es zeigt, wie wichtig es ist, den schwierigsten Teil eines Projekts als Erstes anzugehen, und befasst sich mit der Entwicklung von Benchmarks, Kriterien und Signalen, den sogenannten K.-o.-Kriterien, die Ihnen ein früheres Abbrechen ermöglichen, wenn Weitermachen nicht mehr zu Ihrem Besten ist.

In Teil 3 gehe ich näher auf die kognitiven Verzerrungen ein, die das Abbrechen beeinträchtigen. Kapitel 7 befasst sich damit, wie das Eigentum sowohl an Dingen als auch an Ideen einen Kurswechsel erschwert, ebenso wie der starke Sog des Status quo. Ich beschreibe die dualen Effekte dessen, wie die Angst vor dem Ungewissen und die Angst vor dem Verlust in Verbindung mit einer Richtungsänderung uns davon abhalten, neue Wege zu erkunden. Kapitel 8 wirft einen Blick darauf, wie unsere Identität – und unser Wunsch nach einer beständigen Identität – zu einem Hindernis für den Ausstieg werden und uns dazu bringen können, das Commitment bis hin zu katastrophalen Entscheidungen zu eskalieren. Kapitel 9 bietet eine weitere Strategie zur Vermeidung der kognitiven Verzerrungen, die das Aussteigen so schwer machen: ein Ausstiegscoach oder jemand, der unsere Situation von außen betrachten und uns helfen kann, den Kurs zu wechseln, wenn die Zeit dafür gekommen ist.

In Teil 4 untersuche ich das Problem der versunkenen Kosten. Wann immer wir einen bestimmten Weg einschlagen, entscheiden wir uns zugleich gegen einen anderen. Woher wissen wir, wann es an der Zeit ist, die eine Entscheidung zugunsten einer anderen, einer besseren fallen zu lassen? Kapitel 10 dreht sich um die Lektionen, die wir lernen, wenn wir zum Aufgeben gezwungen sind, und wie sich diese Lektionen präventiv anwenden lassen. Kapitel 11 betrachtet die Nachteile von Zielen. Denn obwohl Ziele von sich aus motivierend sind, können sie auch dazu veranlassen, an Dingen festzuhalten, die sich nicht länger lohnen. Dass man Ziele nur entweder erreichen oder verfehlen kann, passt nicht zu einer unbeständigen und flexiblen Welt, und der Wunsch, ein Ziel zu erreichen, kann uns davon abhalten, andere Wege oder Chancen zu erkennen, die uns offenstehen. Ich werde auch erläutern, warum jedes Ziel Vorbehalte sowie Erfolgsmarken auf dem Weg dorthin braucht.

Ich hoffe, mithilfe dieses Buches erkennen Sie, warum das Aufgeben begrüßenswert ist. Hier erfahren Sie, wie Sie diese Fähigkeit entwickeln und damit Ihr Leben bereichern können. Sie lernen es zu schätzen, Optionen zu haben, und können so die Dinge, an denen Sie dranbleiben wollen, besser verwirklichen. Wenn Sie immer weiter forschen, können Sie in (oder noch vor) einer sich wandelnden Welt flexibel Veränderungen vornehmen.

Um das klarzustellen: Es gibt viele schwierige Dinge, die weiterzuverfolgen sich absolut lohnt, und Resilienz wie auch Ausdauer werden Ihnen dabei helfen. Erfolg kommt nicht daher, dass man etwas aufgibt, bloß weil es schwierig ist. Aber Erfolg kommt auch nicht daher, sich an schwierigen Dingen festzuklammern, die es nicht wert sind.

Der Trick ist, herauszufinden, wann man weitermachen und wann man aufgeben sollte. Dieses Buch hilft Ihnen, die dafür notwendigen Instrumente zu entwickeln.

Legen wir also los. Es ist Zeit, das Aufgeben zu rehabilitieren.

TEIL 1

Ein Plädoyer für das Aufgeben

KAPITEL 1

Das Gegenteil einer großen Tugend ist auch eine große Tugend

AN KEINEM ORT DER WELT WÜRDE MAN MEHR DURCHhaltegeschichten erwarten – jedenfalls pro Höhenmeter – als in den Gipfelregionen des Mount Everest. Eine derart erbarmungslose Umgebung erfordert Hartnäckigkeit, nur allein um zu überleben, ganz zu schweigen davon, den Gipfel zu erreichen. Sie haben sicher schon viele solcher Geschichten gehört, auf alle Fälle die berühmtesten.

Und so ist der Everest auch ein geeigneter Ort, um ein Buch über die Tugend des Aufgebens zu beginnen.

Diese Everest-Geschichte handelt von drei Bergsteigern, die Sie wahrscheinlich nicht kennen: Dr. Stuart Hutchison, Dr. John Taske und Lou Kasischke. Sie gehörten zu einer kommerziellen geführten Mount-Everest-Expedition, angeboten von Adventure Consultants, in den 1990er-Jahren eine der erfolgreichsten, angesehensten Agenturen, die Bergsteiger auf die Gipfel brachte. Ihre diesjährige Expedition bestand aus drei Bergführern, acht Sherpas und acht Kunden.

Es dauert mehrere Wochen, in denen abwechselnd geklettert und akklimatisiert und die Ausrüstung den Berg hochgetragen wird, ehe die Expeditionsteilnehmer von Lager 4 aus, sofern das Wetter es zulässt, den Gipfel zu erklimmen versuchen können. Hutchison, Taske und Kasischke hatten sich miteinander angefreundet und kletterten in diesem Jahr gemeinsam auf den zahlreichen Trecks zwischen dem Basislager (5300 Meter) und Lager 4 (7900 Meter).

Agenturen wie Adventure Consultants hatten es relativ unerfahrenen Kletterern möglich gemacht, den Gipfel des höchsten Berges der Welt zu besteigen. Man brauchte bloß 70.000 Dollar, um die Kosten abzudecken, genügend freie Zeit, um mehrere Monate in Nepal zu verbringen, und eine gute Kondition. Diese letzte Anforderung ist natürlich keine Garantie für Erfolg oder Sicherheit. Die Luft oberhalb von 7600 Metern ist zu dünn, um menschliches Leben für einen längeren Zeitraum zu ermöglichen. Darüber hinaus liegt die Durchschnittstemperatur während der Klettersaison bei minus 26 Grad.

Jeder, der den Gipfel erreicht (oder einigermaßen hoch den Berg hinaufgelangt), muss unter Bedingungen ausharren können, mit denen die meisten Menschen nicht klarkommen würden.

Im Basislager hatte der Expeditionsleiter den Kunden eingeschärft, wie wichtig es ist, sich streng an die Umkehrzeiten der täglichen Klettertouren den Berg hinauf zu halten, während sie vom Fuß des Mount Everest zu jedem Zwischenlager und schließlich zum Gipfel emporstiegen.

Dort im Basislager hatte der Expeditionsführer die Umkehrzeit für den Gipfeltag auf 13 Uhr festgesetzt.

Die Umkehrzeit ist, einfach ausgedrückt, die Zeit, zu der die Kletterer ihren Aufstieg stoppen müssen, selbst wenn sie ihr Ziel noch nicht erreicht haben, und zum Lager zurückkehren müssen. Umkehrzeiten sollen die Bergsteiger davor schützen, sich beim Abstieg in Gefahr zu bringen, der höhere Anforderungen stellt als der Aufstieg.

Beim Abstieg drohen Erschöpfung, Sauerstoffmangel (Hypoxie), Erfrierungen, Wetterumschlag, Verirren oder Desorientiertheit, der Sturz in Gletscherspalten und Dunkelheit, wenn man zu lange dem Gipfel entgegenstrebt. Dunkelheit und Müdigkeit erhöhen die Wahrscheinlichkeit, einen Fehler zu machen und auf dem schmalen Südostgrat abzurutschen, wo ein falscher Schritt Sie 2400 Meter tief nach Tibet oder 3600 Meter tief nach Nepal in den Tod stürzen lassen kann.

Tatsächlich verunglücken am Mount Everest achtmal so viele Menschen tödlich beim Abstieg wie beim Aufstieg.

Kein Kunde bringt all die notwendigen Opfer, um den Everest zu besteigen, in der Absicht, kurz vor dem Gipfel aufzugeben. Und der Sog des Gipfels beschränkt sich nicht auf die Amateurbergsteiger. Auch die Hilfsführer der Expeditionen beweisen ihre Qualifikation, indem sie den Everest besteigen, vielleicht mehrfach. Die Expeditionsleiter konkurrieren miteinander und vermarkten ihre Erfolge dadurch, dass sie ihre Kunden auf die Spitze des Berges bringen. Nicht mal die Sherpas sind gegen den Sog immun. Ihre Marktfähigkeit und ihr Ruf steigen mit jeder Gipfelbezwingung.

Die Umkehrzeiten sollen die Menschen davor schützen, schlechte Entscheidungen zu treffen und weiterzuklettern, wenn sie sich im Schatten des Gipfels befinden, und legen dem Kletterplan drei entscheidende Konzepte zugrunde. Das erste ist, dass Beharrlichkeit nicht immer eine Tugend ist. Ob es klug ist, weiter den Berg hinaufzusteigen, hängt sowohl von den Kletterbedingungen als auch vom Zustand der Kletternden ab. Wenn diese Bedingungen einen Abbruch erfordern, ist es eine gute Entscheidung, dem Signal Folge zu leisten.

Das zweite ist, dass ein Plan für den Zeitpunkt des Abbruchs lange festgelegt werden sollte, bevor Sie vor der Abbruchentscheidung stehen. Es trägt dem von Daniel Kahneman hervorgehobenen Umstand Rechnung, dass der schlechteste Zeitpunkt für eine Entscheidung dann ist, wenn man »mittendrin« steckt. Auf dem Mount Everest, wenn der Gipfel in Reichweite ist und Sie so viel geopfert haben, um es bis hierhin zu schaffen, sind Sie wahrlich mittendrin. An diesem Punkt sind Sie am wenigsten in der Lage, eine Entscheidung über Weitermachen oder Aufhören zu treffen. Deshalb werden die Umkehrzeiten lange vor Ihrer Konfrontation mit dieser Entscheidung festgelegt.

Das dritte und vielleicht wichtigste: Die Umkehrzeit dient der Erinnerung daran, dass das wahre Ziel beim Besteigen des Mount Everest nicht das Erreichen des Gipfels ist. Es ist verständlicherweise der Fokus enormer Aufmerksamkeit, aber das ultimative Ziel im weitesten, realistischsten Sinne ist es, sicher zum Fuß des Berges zurückzukehren.

Die unsichtbaren Männer auf dem Dach der Welt

Hutchison, Taske und Kasischke gehörten zu einer von drei Expeditionen, die den Gipfel am selben Tag zu erreichen versuchten. Die Bergspitze war überfüllt. Überfüllter, als sie sein sollte.

Am Vorabend hatte der Expeditionsführer mit der geringsten Erfahrung angekündigt, dass seine Gruppe nicht am nächsten Tag auf den Gipfel steigen würde. Doch gegen Mitternacht (um diese Zeit beginnt der Gipfeltag) kamen sie doch im Lager 4 an. Infolgedessen brach eine ungewöhnlich große Gruppe von vierunddreißig Personen von Lager 4 auf.

Hutchison, Taske und Kasischke steckten ganz am Ende des Trupps fest, hinter ein paar Bergsteigern aus jener Gruppe. Diese waren langsam und schwer zu überholen, weil sie dicht beisammen blieben. Das war ein Problem, denn man muss einen Großteil des Weges an einem einzelnen befestigten Seil entlangsteigen (erfahrene Kletterer wissen, dass man sich verteilen muss, damit schnellere Bergsteiger vorbeikönnen). Mit ihnen steckte auch der Expeditionsleiter von Adventure Consultant fest, den Hutchison irgendwann fragte, wie lange es dauern würde, bis sie den Gipfel erreichten.

Die Antwort lautete, ungefähr drei Stunden. An diesem Punkt begann der Expeditionsführer, schneller zu klettern im Versuch, die ungeübten Kletterer vor ihnen zu überholen.

Hutchison nahm Taske und Kasischke beiseite. Ein Blick auf ihre Uhren zeigte, dass es fast 11.30 Uhr war. Sie stiegen schon seit fast zwölf Stunden aufwärts. Alle drei erinnerten sich, dass ihr Expeditionsführer im Basislager gesagt hatte, 13 Uhr sei die Umkehrzeit am Gipfeltag.

Hutchison teilte seine Meinung mit: Ihr Gipfelanstieg war beendet. Es wäre lange nach 13 Uhr, bis sie den Gipfel erreichten, selbst wenn man etwas Spielraum einkalkulierte. Sie alle wussten, dass die Umkehrzeit sie vor den Gefahren während des Abstiegs schützen sollte. Aufgrund der rauen Umgebung in 7900 Metern und mehr Höhe war ein überaus wahrscheinliches Ergebnis all dieser Gefahren natürlich der Tod.

Taske stimmte einer Umkehr zu, doch Kasischke wollte nicht aufgeben. Er brauchte den Gipfel des Everest, um den letzten von »Sieben Gipfeln« zu bezwingen, die höchsten Berge auf jedem Kontinent. Die Sieben Gipfel erfordern einen beträchtlichen Einsatz von Zeit und Geld. Etliche dieser Gipfel befinden sich in abgelegenen, schwer erreichbaren Gegenden. (Wenn Sie glauben, es wäre schwer, auf den Everest zu gelangen, versuchen Sie mal, eine Reise zum Vinson-Massiv zu planen, dem höchsten Punkt der Antarktis.) Ein Abbruch hätte bedeutet, dieses Ziel für mindestens ein Jahr aufzugeben.

Hutchison und Taske schafften es, Kasischke zu überreden, und um 11.30 Uhr stellten sie den Versuch der Gipfelbesteigung ein. Sie kehrten um und schafften sicher und ohne Zwischenfälle den Weg zurück zum Lager 4 und später vom Berg hinunter.

Es liegt wohl auf der Hand, warum das keine berühmte Geschichte ist. Schließlich ist sie ziemlich ereignislos. Die Helden unserer Geschichte standen drei Stunden vor dem Gipfel des Mount Everest, befolgten die Regeln und brachen ihren Aufstieg zur Bergspitze ab. Sie sahen niemals dem Tod ins Auge. Stattdessen drehten sie um und lebten.

Das ist höhepunktlos. Nicht gerade der Stoff, aus dem Filme gemacht werden.

Das Lustige ist aber: Falls Sie schon Bücher über den Everest gelesen oder Filme darüber gesehen haben, möchte ich darauf wetten, dass Sie die Story von Hutchison, Taske und Kasischke schon mal gehört haben.

Sie erinnern sich bloß nicht daran.

Unsere drei Bergsteiger waren Teil der Klettersaison von 1996, die in Jon Krakauers bekanntem Buch *In Eisige Höhen* nachgezeichnet wird, ebenso wie in der viel beachteten Dokumentation *Everest* von 1998 und dem Spielfilm von 2015 mit demselben Titel. Ihr Expeditionsleiter war Rob Hall, einer der angesehensten Alpinisten der Welt. Hall und vier andere Personen, die an diesem Tag den Gipfel erreichten, starben an unterschiedlichen Stellen ihres Abstiegs auf dem Rückweg zum Lager 4.

Hall war auch jener Bergführer, der mit ihnen hinter der Gruppe feststeckte, ihnen sagte, dass sie noch drei Stunden vom Gipfel entfernt seien, und dann versuchte, die langsamen Kletterer vor ihnen zu überholen.

Und das, obwohl es Hall gewesen war, der ihnen die Wichtigkeit der Rückkehr um 13 Uhr eingeschärft hatte, als sie mit den anderen Kunden im Basislager zusammengesessen hatten. Er hatte auch die Rückkehrzeiten zahlreicher Zwischenaufsteige festgelegt und auf ihrer Einhaltung bestanden. Im Jahr zuvor war er sogar nur 100 Meter vor dem Gipfel mit einem Kunden namens Doug Hansen umgekehrt.

Halls Besonnenheit und Fachkenntnis bei der Festlegung und Durchsetzung dieser Umkehrzeit im Jahr 1995 hatte zweifellos Hansens Leben gerettet. Einer der anderen Bergführer jenes Jahres sagte, Hansen verhalte sich »prima während des Aufstiegs, aber sobald es abwärts ging, stieg er geistig und körperlich aus; er verwandelte sich in einen Zombie, als hätte er beim Aufstieg alles aufgezehrt«.

Rob Hall rief Hansen während des folgenden Jahres mehrfach an, gewährte ihm eine Ermäßigung und ermunterte ihn erfolgreich, es 1996 noch einmal zu versuchen.

Hall erreichte den Gipfel in diesem nächsten Jahr gegen 14 Uhr mit einer kleinen Gruppe von Mitkletterern. Die anderen – die *jetzt* erkannten, dass es allmählich spät wurde – machten sich rasch wieder auf den Weg nach unten, doch Hall wartete auf Hansen, den er dicht hinter sich glaubte.

Hansen traf erst um 16 Uhr auf dem Gipfel ein und war inzwischen so erschöpft, dass er es nicht schaffte, die nahezu vertikalen Hillary-Stufen hinabzusteigen. Hall konnte Hansen nicht hinunterschaffen und wollte ihn auch nicht allein zurücklassen.

Sie starben beide.

Weiter unten in diesem Buch werden wir viele der Kräfte näher untersuchen, die wahrscheinlich in Halls Entscheidung mit hineinspielten. Fürs Erste zeigt dieses Scheitern, dass Umkehrzeiten zwar die Chancen für eine rationale Entscheidung über den Abbruch erhöhen, sie aber nicht garantieren.

Bei all dem Chaos, das an diesem Tag auf dem Berg stattfand, erinnert sich fast niemand an Hutchison, Taske und Kasischke, drei Bergsteiger, die sich an die Regeln hielten und umkehrten. Es ist nicht nur so, dass sie nicht gefeiert werden. Vielmehr haben sie überhaupt keinen Eindruck hinterlassen.

Sie sind unsichtbar.

Warum erinnern sich so wenige an diese drei Kletterer, die weise umkehrten? Es liegt nicht daran, dass Krakauer ihre Geschichte in seinem Buch nicht erzählte. Er schrieb sogar, dass sie »angesichts einer schweren Entscheidung zu den wenigen gehörten, die an diesem Tag das Richtige taten«.

Wir neigen dazu, nur eine Seite der menschlichen Reaktion auf Schwierigkeiten zu betrachten: *diejenigen, die ihnen die Stirn bieten.* Die Leute, die den Weg bergauf fortsetzten, werden zu den Helden der Geschichte, ob tragisch oder anderweitig. Sie sind es, die unsere Aufmerksamkeit erregen, die Beharrlichen, obwohl sie sich nicht an die Umkehrzeit gehalten haben.

Die Geschichte der Bergsteiger, die am Gipfeltag umkehrten, wurde erzählt, aber offensichtlich nicht im Gedächtnis behalten.

Es besteht kein Zweifel, dass Aufgeben eine wichtige Entscheidungsfähigkeit ist. Die richtige Entscheidung ist manchmal eine Frage von Leben oder Tod. Das war auf dem Everest der Fall. Doch selbst in dieser lebensentscheidenden Situation scheinen wir uns an die Umkehrer gar nicht zu erinnern.

Das Problem dabei ist natürlich, dass wir aus Erfahrungen lernen, besser zu werden, entweder aus unseren eigenen oder aus der Beobachtung anderer. Und unsere Fähigkeit, aus Erfahrungen zu lernen, kann nur so gut sein wie unser Gedächtnis für diese Erfahrungen.

Das gilt nicht weniger für Abbruchentscheidungen.

Wie können wir lernen, wenn wir die Abbrecher gar nicht sehen? Schlimmer noch, wie sollen wir lernen, wenn wir sie – falls wir sie doch sehen – als etwas Negatives betrachten, als Menschen, die unsere Bewunderung nicht verdienen, als Feiglinge oder Memmen?

Zugegeben, »Memme« ist mittlerweile ein unüblicher Begriff, aber es ist ein Synonym für Abbrecher, das recht beliebt war und immerhin bösartig genug, dass man jemanden zum Duell fordern konnte, wenn man von ihm als Memme bezeichnet wurde. Als Andrew Jackson im Jahr 1806 von Charles Dickinson in einer Lokalzeitung als Memme bezeichnet wurde, forderte er ihn zum Duell auf und tötete ihn, was ihn nicht daran hinderte, 1829 Präsident zu werden.

Wenn der Vorwurf des Aufgebens als Begründung ausreicht, jemanden zu erschießen, wie sollen die Leute dann die Wichtigkeit zu schätzen lernen, ihre Rückzugsfähigkeiten zu stärken?

Aufgeben ist ein Entscheidungsinstrument

Obwohl Durchhalten und Aufgeben gegeneinandergestellt werden, handelt es sich eigentlich um zwei Seiten genau derselben Entscheidung. Jedes Mal, wenn Sie sich entscheiden, ob Sie aufgeben, entscheiden Sie natürlich gleichzeitig auch darüber, ob Sie weitermachen, und umgekehrt.

Mit anderen Worten, Sie können über das eine nicht entscheiden, ohne über das andere zu entscheiden.

Unsere unerschrockenen Bergsteiger sind ein guter Ansatzpunkt, um über die Durchhalten-/Aufgeben-Entscheidung nachzudenken: Durchhalten ist das, was Sie auf den Berg hinaufbringt, aber Aufgeben ist das, was Ihnen sagt, wann Sie wieder herunterkommen müssen. Genau genommen ist es die Option des Umkehrens, die es Ihnen überhaupt erst ermöglicht, sich für das Besteigen des Berges zu entscheiden.

Stellen Sie sich vor, jede Ihrer Entscheidungen wäre die letzte und endgültige. Was immer Sie beschließen, Sie müssen bis an Ihr Lebensende daran festhalten. Überlegen Sie mal, wie sicher Sie sein müssten, ehe Sie sich jemals dazu entschließen könnten, mit irgendetwas anzufangen. Stellen Sie sich vor, Sie müssten die erste Person heiraten, mit der Sie jemals ein Date hatten.

Keine Option zur Kursänderung oder Meinungsänderung zu haben, wäre katastrophal in einer Landschaft, die selbst in Veränderung begriffen ist, in der Berge zu Maulwurfshügeln und Maulwurfshügel zu Bergen werden können. Wenn sich der Berg, den Sie erklommen haben, als Gletscher entpuppt, der unter Ihnen wegzuschmelzen beginnt, werden Sie heruntersteigen wollen, ehe Sie weggespült werden.

Wenn ich jemandem dazu verhelfen sollte, bessere Entscheidungen zu treffen, wäre Aufgeben deshalb die erste Fähigkeit, die ich auswählen würde; denn die Option zum Abbruch ist es, die es Ihnen ermöglicht, auf diese sich verändernde Landschaft zu reagieren.

Jede Entscheidung wird natürlich unter einem gewissen Maß an Ungewissheit getroffen, das aus zwei verschiedenen Quellen stammt, wobei die meisten unserer Entscheidungen beiden unterliegen.

Erstens ist die Welt stochastisch. Das ist nur eine vornehme Formulierung dafür, dass es schwer vorherzusagen ist, wie die Dinge sich genau entwickeln, zumindest kurzfristig. Wir arbeiten nicht mit Gewissheiten, sondern mit Wahrscheinlichkeiten, und wir haben keine Kristallkugel, die uns sagt, welche von all den möglichen Zukünften tatsächlich eintreten wird. Selbst wenn Sie sicher sind, dass eine Entscheidung für Sie zu 80 Prozent die richtige ist, bedeutet das per definitionem, dass die Welt Ihnen 20 Prozent der Zeit ein schlechtes Ergebnis liefert. Das Problem für uns als Entscheider ist, dass wir nicht wissen, wann genau wir die Ergebnisse erleben werden, welche diese 20 Prozent ausmachen.

Zweitens: Wenn wir Entscheidungen treffen, verfügen wir meistens nicht über alle Fakten. Da wir nicht allwissend sind, müssen wir Entscheidungen mit nur einem Teil an Informationen treffen, jedenfalls mit viel weniger, als wir bräuchten, um eine perfekte Entscheidung zu treffen.

Ungeachtet dessen *eröffnen sich Ihnen neue Informationen*, sobald Sie eine bestimmte Richtung eingeschlagen haben. Und diese Informationen sind wichtige Rückmeldungen.

Manchmal handelt es sich dabei um neue Fakten. Manchmal sind es andere Denkweisen über ein Modell oder ein Problem oder ein Datensatz oder die bereits vorhandenen Fakten. Manchmal ist es eine Entdeckung Ihrer eigenen Präferenzen. Und einige dieser Informationen beziehen sich natürlich darauf, welche Zukunft Sie zufällig beobachten, eine gute oder eine schlechte.

Wenn Sie all diese Aspekte der Ungewissheit zusammenfassen, macht es die Entscheidungsfindung schwer. Das Gute ist, dass Aufgeben die Sache erleichtert.

Jeder hatte schon mal den Gedanken: »Wenn ich damals gewusst hätte, was ich jetzt weiß, hätte ich mich anders entschieden.« Aufgeben ist das Instrument, das es Ihnen ermöglicht, diese andere Entscheidung zu treffen, wenn Sie diese neue Information erhalten. Es lässt Sie darauf reagieren, wie die Welt sich verändert hat, wie Ihr Wissensstand sich verändert hat oder wie Sie sich verändert haben.

Darum ist es so wichtig, das Aufgeben besser zu beherrschen, denn die Option des Aufgebens verhindert, dass Sie von Ungewissheit gelähmt werden oder für immer in jeder einmal getroffenen Entscheidung festsitzen.

Das Silicon Valley ist bekannt für Mantras wie »Move fast and break things« und setzt sie durch Strategien wie »Minimum viable product (MVP)« um. Diese Arten von agilen Strategien können nur funktionieren, wenn Sie die Möglichkeit des Abbruchs haben. Sie können ein MVP nur rausbringen, wenn Sie die Fähigkeit haben, es zurückzuziehen. Es geht bloß darum, rasch an Informationen zu kommen, damit Sie das aufgeben können, was nicht funktioniert, und an dem festhalten können, was sich lohnt, oder neue Dinge entwickeln können, die vielleicht sogar noch besser laufen.

Aufgeben ermöglicht es Firmen, die Geschwindigkeit zu maximieren, zu experimentieren und in hochgradig unsicheren Umgebungen effektiv zu agieren. Wenn Sie schnell sind, begegnen Sie nun mal größeren Ungewissheiten. Sie nehmen sich weniger Zeit, um Informationen zusammenzutragen und zu analysieren, ehe Sie handeln. Ein MVP soll Sie aussteigen oder etwas verändern lassen, ehe Sie zu viel Zeit oder Mühe in einen Handlungsweg investieren, und gleichzeitig den Informationsprozess beschleunigen, der für gute Entscheidungen so wichtig ist.

Richard Pryor, unbestritten der weltbeste Stand-up-Comedian von Mitte der 1970er- bis in die frühen 1980er-Jahre, war für die Hingabe bekannt, mit der er diese Strategie bei der Entwicklung von neuem Material verwendete. Auch wenn Pryor der heutigen Generation etwas weniger bekannt sein mag, zählt er immer noch zu den wichtigsten Comedians aller Zeiten im Hinblick auf seinen Erfolg, seine Anwendung von Comedy zum Überwinden von Grenzen und seinen Einfluss auf andere Comedians. Zwanzig Jahre nach seinem letzten Stand-up-Auftritt wurde er von Comedy Central zur Nummer eins aller Zeiten gekürt. Auch der *Rolling Stone* setzte ihn 2017, über zehn Jahre nach seinem Tod, an die erste Stelle. Fast jeder legendäre Comedian seither hat ihn als den Besten bezeichnet, darunter Jerry Seinfeld, Dave Chappelle, Eddie Murphy, David Letterman, Jim Carrey, Chris Rock und der verstorbene Robin Williams.

Auf dem Höhepunkt seiner Berühmtheit (nicht nur als Comedian, sondern auch als Filmstar und Kultur-Ikone) hatte er eine Reihe von Auftritten im Comedy Store am Sunset Strip, um neue Comedy-Nummern auszuprobieren. Der Comedy Store war ein kleiner Club, aber so einflussreich, dass es als unmöglich galt, in *The Tonight Show* aufzutreten, ohne sich zuerst dort bewiesen zu haben. Ein Bühnenauftritt dort war heiß begehrt.

Pryor war so groß, dass er Auftritte haben konnte, wann immer er wollte. Wenn nur schon sein Name auf der Anzeigetafel erschien, schossen die Erwartungen durch die Decke. Rasch verbreitete sich die Nachricht in ganz Los Angeles und der Unterhaltungsbranche. Die Schlange für die wenigen Eintrittskarten zog sich um den gesamten Häuserblock. Als er auf die Bühne trat, war die Atmosphäre in etwa so wie vor einem Schwergewichts-Weltmeisterschaftsboxkampf.

Und Pryor schlug ein wie eine Bombe.

Am ersten Abend erschien er ohne jede Vorbereitung außer »ein paar Ideen«, »höchstens ein, zwei Witze«. Das Publikum bat ihn, die beliebtesten Figuren seines letzten Albums hervorzuholen und Pointen rauszuhauen. Nachdem klar war, dass er dem Publikum nicht geben würde, was es wollte (oder irgendetwas Neues, das wirklich witzig war), verebbten die Rufe. Er strampelte sich mindestens eine halbe Stunde lang zu peinlichem, betretenem Schweigen durch fürchterliches Material.

Am nächsten Abend ließ er alles weg, das nicht funktioniert hatte – was praktisch dem gesamten Auftritt entsprach –, und baute das aus, was für ein Kichern gesorgt hatte. Nach Abschluss der dreißig Tage hatte er vierzig Minuten unglaubliches Material, und aus diesem schöpfte er für neun aufeinanderfolgende Grammy-nominierte Comedy-Alben, von denen fünf den Preis gewannen.

Das ist die Comedian-Version eines MVP, in kleinen Clubs auftreten und Witze erzählen, ehe die Details ausgearbeitet sind, oder manchmal einfach über ein Thema improvisieren und schauen, wohin es sich entwickelt. Jerry Seinfeld macht es so, ebenso wie Chris Rock und die meisten anderen erfolgreichen Stand-ups. Sie bekommen Feedback vom Publikum, werfen das raus, was nicht funktioniert, und entwickeln den Rest weiter.

Das ist nicht nur eine Sache für Silicon-Valley-Leute und Kultkomiker. Etwas auszuprobieren und die Fähigkeit zu haben, es zu verwerfen, ist maßgeblich dafür, wie wir alle unser Leben führen.

Ein einfaches Beispiel, das wir alle verwenden, ist das Dating, ebenfalls eine Version des MVP. Über jemanden, mit dem Sie sich für ein Date treffen, müssen Sie wesentlich weniger wissen als über jemanden, den Sie heiraten wollen, denn Sie können sich einfach entschließen, Ihr Date nie wiederzusehen. Darüber hinaus helfen Ihnen all diese Dates, Ihre Vorlieben zu entdecken und zu verfeinern, und lassen Sie bessere Entscheidungen über langfristige Beziehungen treffen.

Die Abbruchoption ermöglicht Ihnen auszusteigen, wenn Sie herausfinden, dass es nichts bringt, was Sie tun. Wenn Sie dem Gipfel des Mount Everest nahe sind und das Wetter umschlägt, sollten Sie umkehren. Wenn Ihr Sportarzt Ihnen sagt, dass Ihre Nieren Schaden genommen haben, können Sie sich aus dem Sport zurückziehen.

Dasselbe gilt für Ihr Studienfach oder Ihren Job oder die Richtung Ihrer Berufslaufbahn, für eine Beziehung, für Klavierstunden oder auch für etwas so Geringfügiges wie einen Film, den Sie sich anschauen.

Der Sirenengesang der Gewissheit

Es stimmt zwar, dass Aufgeben eines Ihrer wichtigsten Instrumente für das Treffen guter Entscheidungen bei Ungewissheit ist. Es stimmt aber auch, dass Ungewissheit ein Hindernis für das Treffen guter Entscheidungen über das Aufgeben ist. Denn das Aufgeben selbst ist eine Entscheidung, die unter Ungewissheit getroffen wird.

Sie wissen nicht zu 100 Prozent, wie sich eine Entscheidung auswirkt, wenn Sie einen bestimmten Weg einschlagen, und ebenso wenig wissen Sie zu 100 Prozent, was passiert, wenn Sie diesen Weg wieder verlassen.

Denken Sie an Hutchison, Taske und Kasischke. Als sie beschlossen, den Mount Everest zu besteigen, wussten sie nicht, wie sich alles entwickeln würde. Sie wussten nicht, was im Basislager passieren würde oder am Gipfeltag, als sie um Mitternacht das Lager 4 verließen. Dasselbe galt natürlich, als sie um 11.30 Uhr darüber entschieden, ob sie mit den anderen Kletterern weiter zum Gipfel emporsteigen oder umkehren sollten.

Wenn Sie sich entschließen zu heiraten, können Sie nicht sicher sein, was bei dieser Entscheidung herauskommt. Wenn Sie sich entschließen, sich scheiden zu lassen, wissen Sie auch nicht, was dabei herauskommt. Das trifft auch zu, wenn Sie ein Studienfach wählen oder ändern oder eine Arbeit aufnehmen oder kündigen oder ein Projekt beginnen oder aufgeben.

Wenn Sie abwägen, ob Sie etwas aufgeben oder daran festhalten sollen, können Sie nicht mit Sicherheit wissen, ob Sie damit erfolgreich sein werden, denn das ist probabilistisch. Aber es gibt einen maßgeblichen Unterschied zwischen den beiden Entscheidungen.

Nur eine Entscheidung – die Entscheidung zum Weitermachen – lässt Sie letztlich die Antwort finden.

Der Wunsch nach Gewissheit ist der Sirenengesang, der uns zum Durchhalten verführt, denn Durchhalten ist die einzige Methode, um mit Sicherheit zu erfahren, wie die Dinge sich entwickeln, wenn Sie den Kurs beibehalten. Wenn Sie sich zum Aufgeben entscheiden, werden Sie sich immer fragen: »Was wäre gewesen, wenn …?« So wie die Seeleute in der Mythologie von den Sirenen angelockt wurden, werden wir vom Durchhalten angelockt, denn wir wollen es *wissen*. Nur so lässt sich dieses »Was wäre gewesen, wenn« vermeiden.

Das Problem ist natürlich, dass der Sirenengesang Sie manchmal in felsige Untiefen lockt, die Ihr Schiff auf Grund laufen lassen. Oder in Ihren Tod an der Spitze des Mount Everest.

Genau genommen können Sie nur dann sicher sein, dass Sie aufhören sollten, wenn es keine Entscheidung mehr ist, wenn Sie am Rande des Abgrunds stehen oder bereits hineingestolpert sind. Dann haben Sie keine andere Wahl, als den Kurs zu verlassen.

Versetzen Sie sich in die Lage der Bergsteiger nahe dem Gipfel. Stellen Sie sich den Aufwand an Zeit, Mühe und Geld vor. Stellen Sie sich die Opfer vor, die Sie und Ihre Familie gebracht haben, damit Sie auf den Mount Everest steigen können. Sie sind ein paar Hundert Meter – nur wenige Stunden – vom Gipfel entfernt.

Könnten Sie umkehren, ohne sicher zu wissen, ob Sie es hätten schaffen können, nach allem, was Sie sich selbst und anderen abverlangt haben? Wie schwer wäre die Last, bis an Ihr Ende mit der Frage »Was wäre gewesen, wenn ich nicht aufgegeben hätte« zu leben?

Die meisten Menschen in dieser Situation könnten es nicht. Hutchison, Taske und Kasischke haben es getan, aber eine viel größere Zahl – alle, die an jenem Tag ums Leben kamen, und viele andere, die nur knapp dem Tod entrannen – waren unfähig, dem Lockruf des Durchhaltens zu widerstehen.

Der Superbowl ist ein Friedhof der Konzerne

So wie Sie Ihre Fähigkeiten trainieren müssen, indem Sie sich entscheiden, welche Berge Sie besteigen, brauchen Sie auch Können, um zu entscheiden, wann Sie sich an den Abstieg machen.

In einer sich verändernden Welt sollten wir Dinge aufgeben, die nicht funktionieren, nach denen die Leute nicht mehr verlangen oder die wir nicht mehr wollen. Wir sollten die Landschaft erforschen, einmal um herauszufinden, wann das der Fall sein könnte, zum anderen, um etwas Besseres zu suchen, auf das wir unsere Aufmerksamkeit richten können.

Wie sich zeigt, befinden Sie sich nicht unbedingt auf festem Boden, wenn Sie auf einem großen Berg stehen, nicht einmal in Gipfelnähe. Als Tom Brady 2021 seinen siebten Superbowl gewann, war das ein weiterer Hinweis nicht nur auf seine überragenden Fähigkeiten, sondern auch auf die erstaunliche Dauer seiner Karriere. Wenn man sich die Liste der Werbetreibenden seit Bradys erstem Superbowl 2002 ansieht, also vor neunzehn Jahren, stellt man fest, dass er viele einst erfolgreiche und sehr bekannte Unternehmen überlebt hat. Die Liste ist jetzt ein virtueller Konzernfriedhof: AOL, Blockbuster, Circuit City, CompUSA, Gateway, RadioShack und Sears.

Falls Sie sich fragen, warum es so wichtig sein sollte, gut loslassen zu können, um angemessen durch eine sich verändernde Welt zu navigieren, müssen Sie sich bloß diese Liste ansehen. Wenn Sie sich im Jahr 2002 den Betrag von 2 Millionen Dollar für 30 Sekunden Sendezeit leisten konnten (heute kosten sie mehr als 5 Millionen Dollar), zuzüglich Produktions- und Agenturkosten für die Entwicklung eines Werbespots, mit dem man heraussticht, dann waren Sie ein großes, erfolgreiches Unternehmen. Und wahrscheinlich haben Sie schwer gearbeitet im Bemühen, weiterhin ein großes Unternehmen zu bleiben und hoffentlich noch größer zu werden.

All diese Firmen waren klug genug, etwas sehr Erfolgreiches zu schaffen. Sie hatten das Geld und die Ressourcen, um die Landschaft sehr genau zu erforschen. Doch in allen Fällen holten die Veränderungen der Welt sie ein, und sie schafften es nicht, rechtzeitig den Absprung zu machen, sondern harrten aus, bis sie in Vergessenheit gerieten.

Nehmen wir zum Beispiel Blockbuster. Neue Mitbewerber tauchten auf, darunter Netflix. Neue und disruptive Technologien (Streaming) wurden entwickelt. Als Blockbuster die Chance bekam, Netflix zu kaufen, lehnten sie ab. Sie hielten an dem Geschäftsmodell fest, physische Kopien von Unterhaltungsinhalten an Menschen auszuleihen, die persönlich in ihre Läden kamen.

Wir alle wissen, was mit Blockbuster und Netflix geschah.

Wenn man Blockbuster und den Rest der Liste betrachtet, wird einem klar, dass die Waage zuungunsten des Aufgebens manipuliert sein muss, nicht nur für den Einzelnen, sondern auch für das Business. Das sollte nicht allzu überraschend sein, denn Unternehmen sind ja eine Ansammlung von Einzelpersonen.

Der Weg zu nachhaltiger Profitabilität für ein Geschäft führt nicht nur über das Festhalten an einer Strategie oder einem Geschäftsmodell (selbst an einem, das in der Vergangenheit gewinnbringend war). Er umfasst auch das Beobachten und Reagieren auf die sich verändernde Landschaft. Ähnlich besteht auch für jeden von uns auf individueller Ebene der Weg zum Glück nicht darin, blindlings an dem festzuhalten, was wir tun, wie es uns so viele Aphorismen suggerieren. Wir müssen erkennen, was rings um uns passiert, damit wir unser Glück und unsere Zeit und unser Wohlergehen maximieren können.

Und das heißt für gewöhnlich, öfter loszulassen.

»Know When to Hold 'Em, Know When to Fold 'Em« – aber meistens Fold 'Em

In *The Gambler* sang Kenny Rogers: »You gotta know when to hold 'em, know when to fold 'em, know when to walk away, and know when to run.«

Beachten Sie, dass es hier in drei von vier Fällen um das Loslassen geht. Was die Schadensbegrenzung beim Pokern angeht, so hatte Kenny Rogers den Durchblick.

Ein Pokertisch ist, wie sich zeigt, ein sehr guter Ort, um etwas über die Vorzüge des Aufgebens zu lernen. Das optimale Aufgeben ist womöglich die wichtigste Fähigkeit, die großartige Spieler von Amateuren unterscheidet. Ohne die Option des Aufgebens wäre Poker ziemlich ähnlich wie Baccara, ein Spiel, das keinerlei Können erfordert, weil es keine Entscheidungen zu treffen gibt, wenn die Karten erst mal ausgeteilt sind.

Spitzen-Pokerspieler können in vielerlei Hinsicht besser loslassen als Amateure. Am offensichtlichsten wird das darin, dass sie wissen, wann sie passen müssen.

Welche Hand sich zu spielen lohnt und welche nicht, ist die erste und folgenreichste Entscheidung, die ein Spieler trifft. Und Profis sind einfach besser darin, sie spielen nur 15 bis 25 Prozent der aus zwei Karten bestehenden Startkombinationen aus, die beim Texas Hold'em ausgegeben werden. Im Vergleich dazu halten Amateure in über der Hälfte aller Fälle an ihren Startkarten fest.

Im Zwiespalt zwischen Weiterspielen und Passen machen die Amateure für gewöhnlich weiter. Profis passen für gewöhnlich. Das mag teilweise daran liegen, dass Ihnen bei dieser Entscheidung nur das Weiterspielen Gewissheit darüber verschafft, in einen Pot einzuzahlen, den Sie hätten gewinnen können, wenn Sie Ihre Hand bloß bis zur letzten Karte behalten hätten.

Eine alte Pokerweisheit besagt: »Zwei beliebige Karten können gewinnen«, das heißt, wenn Sie bei Ihrem Blatt bleiben, besteht immer die Möglichkeit, egal wie gering, dass sogar eine miserable Hand gewinnt.

Leider geht die Weisheit nicht so weiter: »… aber nicht oft genug, als dass es profitabel wäre.«

Ich erinnere mich an viele, viele Nächte am Pokertisch, in denen der Spieler neben mir mich nach einer Hand anstieß, um mich wissen zu lassen, dass die von ihm niedergelegten Karten den Pot gewonnen hätten. Manchmal war das geradezu lächerlich, zum Beispiel wenn er zu Beginn einer Hand mit einer Sieben-Zwei gepasst hatte (mathematisch gesehen die schlechteste Startkombination aus zwei Karten, die ausgeteilt werden kann, deshalb gehört nicht viel Grips dazu, hier zu passen) und die fünf nachfolgenden Karten dann Sieben-Zwei-Zwei einschlossen. Dann ließen sie sich unweigerlich stöhnend in den Stuhl zurücksinken: »Ich hab mit Sieben-Zwei gepasst. Ich hätte ein Full House machen können!«

Ich sagte: »Es gibt eine Möglichkeit, das zu vermeiden.«

»Wie denn?«

»Einfach jede Hand ausspielen bis zur letzten Karte.«

Der Rat mag absurd gewesen sein, aber ich wies darauf hin, dass es beim Pokern erfolgsnotwendig ist, gelegentlich bei einer Hand zu passen, die hätte gewinnen können. Um in diesem Spiel gut zu sein, muss man einfach lernen, damit zu leben. Jede Hand auszuspielen, die ausgeteilt wird, ist eine einfache und schnelle Methode, um pleitezugehen, denn auf lange Sicht würde man zu viele nicht profitable Spiele machen. Auch das würde Poker mehr zu Baccara machen und das wesentliche Element des Könnens, die Option zum Passen, wegnehmen.

Selbst in 50 Prozent der Fälle Ihre Hand auszuspielen, hat seinen Preis. Dafür haben Sie aber Ihren Seelenfrieden. Wenn Sie weiterspielen, statt zu passen, erleben Sie den Schmerz zu wissen, dass Sie vielleicht ein Gewinnerblatt niederlegen, wesentlich seltener. Sie müssen sich nicht mit der Version von »Was, wenn …?« auf Steroiden herumschlagen: zu sehen, wie die Spieler Chips in einen gigantischen Pot werfen und wie ein anderer ihn einkassiert und zu wissen, dass Sie das hätten sein können, wenn Sie nicht gepasst hätten.

Für die meisten Spieler ist dieser Seelenfrieden eine mächtige Kraft, ein Sirenengesang. Er ist einer der Hauptgründe dafür, dass Amateure so viele Blätter ausspielen.

Wenn das Passen für Amateure schon zu Beginn der Hand schwierig ist, so wird es noch schwieriger, sobald sie erst einmal Geld in den Pot eingezahlt haben. Das bereits eingesetzte Geld zu beschützen, ist ein kaum zu überwindender Drang, ungeachtet der Wahrscheinlichkeit, dass der nächste Einsatz eine gute Wahl ist.

Aufgrund der Ungewissheit während des Spiels – dass man die Karten der anderen Mitspieler nicht sieht und nicht weiß, welche Karten noch kommen – kann man nie wissen, wie diese bestimmte Hand abschneidet. Das treibt die meisten Spieler zum Weitermachen, statt ihre Verluste zu begrenzen, denn wenn sie dabeibleiben, bewahren sie sich immer noch eine gewisse Hoffnung auf den Gewinn. Wenn sie stattdessen passen, ist das die *Garantie* dafür, dass sie einen Pot verlieren und damit jede Chance, das gerade eingesetzte Geld zurückzuerhalten.

Wenn Sie üblicherweise an Ihren Ausgangskarten festhalten und bis zum Ende Ihre Hand spielen, können Sie mit höherer Wahrscheinlichkeit das Bedauern darüber vermeiden, bei einem Spiel zu passen, das Sie hätten gewinnen können.

Sie werden außerdem schnell pleitegehen. Die besten Pokerspieler meiden diese Falle.

Zudem wissen sehr gute Pokerspieler, wann sie gehen müssen. Wenn Experten spielen, erkennen sie mit größerer Wahrscheinlichkeit als andere Spieler, wann die Spielbedingungen ungünstig sind oder wann sie nicht gut spielen. Und da sie diese Dinge erkennen, werden sie das Spiel deshalb eher abbrechen.

Ein Spiel abzubrechen, ist eine Entscheidung voller Ungewissheit, denn es ist ja nie ganz sicher, warum man verliert. Vielleicht spielen Sie schlecht, vielleicht spielen Sie aber auch wirklich gut und verlieren aufgrund schlechter Karten. Mit anderen Worten, wenn Sie Ihre Verluste auf das Schicksal schieben und weiterspielen wollen, finden Sie immer eine Möglichkeit dazu. Ein Spiel zu beenden, ist das Eingeständnis, dass Sie im Vergleich zu den anderen Spielern womöglich nicht gut genug sind, dass Sie vielleicht kein Talent für das Spiel haben.

Das ist ein Tiefschlag für das Selbstbewusstsein, den nur wenige einzustecken bereit sind.

So wie das Passen die einzige Garantie ist, die Runde zu verlieren, ist das Abbrechen des Spiels, wenn Sie verlieren, die einzige Garantie dafür, dass Sie Ihre Chips nicht zurückbekommen. Das alles macht einen Abbruch bei Verlust schwierig.

Sind Pokerprofis perfekt in diesen Entscheidungen? Nein. Genau genommen sind sie manchmal alles andere als perfekt. Aber sie können Abbruchentscheidungen besser treffen als ihre Gegner, und mehr braucht man nicht für den Sieg.

Wenn man mal darüber nachdenkt, liegt praktisch all unseren Entscheidungen dieselbe Art von Ungewissheit zugrunde. Sollen wir den Job kündigen? Sollen wir die Strategie ändern? Sollen wir das Projekt fallen lassen? Sollen wir am Berg umkehren? Sollen wir das Geschäft schließen?

Das sind schwierige Probleme. Wir sind nicht allwissend. Wir haben keine Kristallkugeln und keine Zeitmaschinen. Nur unsere bestmögliche Einschätzung einer ungewissen und veränderlichen Landschaft und die Hoffnung, dass wir unsere Abbruchfähigkeit genügend geschult haben, um einen Schlussstrich zu ziehen, wenn die Umstände sich gegen uns wenden.

Das ist die grundlegende Wahrheit über Weitermachen und Aufhören: Das Gegenteil einer großen Tugend ist ebenfalls eine große Tugend.

Zusammenfassung Kapitel 1

- Wir bejubeln gern Menschen, die mit grimmiger Entschlossenheit in widrigen Umständen ausharren. Die Aufgeber sind im Gegensatz dazu unsichtbar.
- Wenn wir die Entscheidungsfindung von Abbrechern nicht erkennen, ist es schwer, von ihnen zu lernen.
- Eine Handlung abzubrechen, ist manchmal die beste Methode, um auf lange Sicht zu gewinnen, ob man nun die Verluste am Pokertisch begrenzt oder an einem anderen Tag klettert.
- Aufhören und durchhalten sind zwei Seiten derselben Entscheidung.
- Entscheidungen in der realen Welt erfordern ein Handeln ohne vollständige Informationen. Aufgeben ist das Instrument, das uns ein Reagieren auf neue Informationen ermöglicht, die bekannt werden, nachdem wir eine Entscheidung getroffen haben.
- Das Festhalten an einem Handlungsablauf ist die einzige Methode, um mit Sicherheit herauszufinden, wie die Sache ausgeht. Um aufzugeben, muss man ertragen können, dass man nicht weiß, was hätte sein können.
- Die Option des Aufgebens lässt Sie mehr erforschen, mehr lernen und letztlich das Richtige finden, um daran festzuhalten.

KAPITEL 2

Rechtzeitig aufgeben fühlt sich meist an wie zu früh aufgeben

SEIT SEINEN ERSTEN ERFAHRUNGEN MIT DEM INTERNET als Studienanfänger im Jahr 1992 war Stewart Butterfield fasziniert von dessen Potenzial, die menschliche Interaktion zu erleichtern, insbesondere über geografische Grenzen hinweg.

Zehn Jahre später, also 2002, gründete er ein Unternehmen mit, das ein gewaltiges Multiplayer-Online-Rollenspiel entwickelte. Das Konzept hieß *Game Neverending*. Die Spieler trugen darin Objekte zusammen, um gemeinschaftlich an der Errichtung einer ganzen Welt zu arbeiten. Tausende von Spielern liebten den Prototyp, doch das Unternehmen stieß so kurz nach dem Dotcom-Crash auf Finanzierungsschwierigkeiten. »Es waren nicht allzu viele Leute daran interessiert, in irgendetwas mit Internet zu investieren, besonders nicht in etwas so Belangloses wie ein Spiel«, sagte mir Butterfield.

2004 ging dem Unternehmen schließlich das Geld aus.

In einem letzten verzweifelten Bemühen schlachteten sie ein Feature des Spiels aus, einen Bestand der Objekte, welche die Spieler zusammentrugen, repräsentiert durch einen Schuhkarton voller Fotos. Daraus wurde Flickr, eine der ersten Fotosharing-Websites. Innerhalb eines Jahres verkauften es Butterfield und seine Mitgründer für 25 Millionen Dollar an Yahoo.

Stewart Butterfield verließ Yahoo 2008 und kehrte zu der Idee eines unbegrenzten, kooperativen, weltenschaffenden Online-Spiels zurück. Er trommelte ein paar Leute aus seiner Flickr-Zeit zusammen und gründete mit ihnen ein weiteres Spieleunternehmen, Tiny Speck, dessen erstes Produkt ein sogar noch anspruchsvolleres Spiel war: *Glitch*.

Die Rechenleistung hatte sich verhundertfacht. Das ganze Team aus Technikern und Designern war erfahrener und versierter. Flickr ermöglichte ihm eine Referenz sowie ein viel günstigeres Finanzierungsumfeld. Das alles verschaffte ihm besseren Zugang zu Venture-Capital. Das Unternehmen brachte 17,5 Millionen Dollar von Venture-Investoren zusammen, darunter Andreessen Horowitz und Accel.

Am 27. September 2011 wurde das Spiel herausgebracht. *Glitch* sah fantastisch aus und hatte eine gut ausgedachte Storyline, die von Fans und Rezensenten als »Mischung aus Monty Python und Dr. Seuss« beschrieben wurde.

Bis November 2012 hatte das Spiel eine treue Fangemeinde von rund fünftausend begeisterten Nutzern, die mindestens zwanzig Stunden pro Woche damit verbrachten. Das Problem war, dass diese Spieler, die eine Monatsgebühr bezahlten, weniger als 5 Prozent der über hunderttausend Nutzer ausmachten, die sich für ein kostenloses Probeabonnement entschieden hatten.

Über 95 Prozent der neuen User spielten *Glitch* weniger als sieben Minuten lang und kehrten nie zurück.

Butterfield, seine Mitgründer und die Investoren erkannten das Problem. Sie mussten 95 von 100 neuen Nutzern für sich gewinnen, um am Ende wenigstens einen bezahlenden Kunden zu haben. Also entschieden sie sich, bei der Kundenakquise aggressiver vorzugehen. Ihre Strategie war zurückhaltend gewesen, ein bisschen Werbung und ansonsten Mundpropaganda. Jetzt bauten sie das Marketing aus, schalteten bezahlte Anzeigen und bezogen Affiliate-Netzwerke mit ein, damit mehr Menschen das Spiel ausprobierten.

Sie setzten den neuen Marketingplan um, und er funktionierte. Am Wochenende vom 10. auf den 11. November, dem letzten Wochenende der Aktion, gewannen sie zehntausend neue Kunden. Die Zahl der täglich aktiven Nutzer war während der letzten fünfzehn Wochen um über

7 Prozent pro Woche gestiegen. Die der Hardcore-Nutzer, die mindestens fünf Tage in der Woche spielten, war um über 6 Prozent pro Woche gewachsen.

Doch am Sonntagabend nach diesem grandiosen Wochenende stellte Stewart Butterfield fest, dass er gestresst war und nicht einschlafen konnte. Mitten in der Nacht hatte er eine Erleuchtung, die er am folgenden Tag, Montag, dem 12. November, in die Tat umsetzte.

Er schickte seinen Investoren eine E-Mail, die mit den Worten begann: »Ich bin heute Morgen in der Gewissheit erwacht, dass es mit *Glitch* vorbei ist.«

Das überraschte die anderen Gründer und die Investoren über die Maßen. Allem Anschein nach lief es doch glänzend. Eigentlich sogar besser als glänzend. *Glitch* hatte soeben das größte jemals erzielte Wachstum verzeichnet. Sie waren finanziell immer noch gut aufgestellt und hatten 6 Millionen Dollar auf dem Konto. Doch Butterfield sagte ihnen, er werde *Glitch* aufgeben, und bot an, den Investoren das verbleibende Kapital zurückzugeben.

Was quälte Butterfield mitten in dieser Erfolgsphase so sehr, dass er nicht schlafen konnte? Was trieb ihn dazu, die Firma dichtzumachen?

Die Antwort lautet: Stewart Butterfield konnte in die Zukunft sehen und Dinge erkennen, die andere nicht erkannten (oder nicht erkennen wollten). Als er die möglichen Ergebnisse für *Glitch* betrachtete, war die Wahrscheinlichkeit nur allzu hoch, dass dieses Spiel letztlich zum Groschengrab werden würde.

Sie hatten gerade ihren höchsten Kundenzuwachs erzielt, doch er sah eine Zukunft vor sich, in der sie einen wöchentlichen Zuwachs von 7 Prozent 31 Wochen lang aufrechterhalten mussten, nur um den Break-even zu erreichen. Und das unter der Voraussetzung, dass sich die neu gewonnenen Kunden mit derselben historischen Zahl in zahlende Kunden verwandelten, eine ziemlich kühne Annahme, wenn man bedachte, dass die Qualität der Mitspieler sank, je mehr es wurden. Selbst die Akquise der jüngst hinzugekommenen zehntausend neuen Nutzer war teurer gewesen und ihre Qualität geringer als bei früheren Marketingaktivitäten.

Schlimmer noch war, dass die bezahlte Werbung im Laufe der Zeit immer häufiger jene Hunderttausende erreichen würde, die *Glitch* bereits ausprobiert und verworfen hatten. Wenn bei der Gaming-Kerngemeinde eine Werbesättigung eingetreten war, würde der Erfolg der Neukundengewinnung von Menschen mit nur wenig Vorkenntnissen in oder Interesse an Online-Spielen abhängen. Das würde die ohnehin bereits niedrigen Konversionsraten von *Glitch* weiter sinken lassen. Das Spiel konnte sein Wachstum nur fortsetzen, wenn es enorme Mengen von Neukunden erzielte.

All diese Wachstumsfaktoren hätten trotz der steigenden Herausforderungen aufrechterhalten werden müssen, während Tiny Speck acht Monate lang sein Kapital für die Werbung verbrannte, nur um den Break-even zu erreichen. Um zu einem finanziellen Erfolg zu werden, hätte Tiny Speck Hunderttausende bezahlende Kunden erreichen müssen, das bedeutete Dutzende Millionen von Menschen, die das Spiel ausprobierten. Um dorthin zu kommen, hätte es endlos Geld in die Akquise neuer User stecken müssen, deren Qualität geringer und geringer geworden wäre, also unzählige neue Mitspieler, um letztlich die knallharten Fans herauszufiltern, die das Spiel voranbrachten.

Diese Rechnung ging einfach nicht auf.

Stewart Butterfield hatte allen Grund, zu leugnen oder zu ignorieren, was sein Blick in die Zukunft ihm enthüllt hatte. *Glitch* war ein tolles Spiel. Es drückte auf kreative Weise die Vision der Gründer aus. Es wurde von einer Spielercommunity geliebt. Die Zahl neuer Nutzer wuchs.

Man sollte annehmen, dass alle Instinkte des Gründers eines solchen Unternehmens auf die Fortsetzung gerichtet wären. Butterfield hatte vier Lebensjahre in *Glitch* investiert. Und was noch wichtiger war, er hatte für das Projekt seinen Ruf eingesetzt. In einer Folge des Podcasts *Masters of Scale* erzählte er Reid Hoffman 2017: »Man muss Investoren überzeugen, man muss die Presse überzeugen, man muss potenzielle Mitarbeiter überzeugen, und man muss die Kunden überzeugen. Ich hatte eine Menge Überzeugungsarbeit geleistet bei Leuten, die an dem Projekt mitarbeiteten, dass sie alles, an dem sie zuvor gearbeitet hatten, stehen und liegen ließen, ihren Job kündigten und sich im Gegenzug schlecht bezahlen ließen …«

Trotz alledem wusste er, dass Aufgeben die richtige Entscheidung war. Er sagte seinen Investoren: »Ich glaube, ich habe das schon vor sechs Wochen gewusst, und ich habe Verdrängung mit Klugheit verwechselt (weil ich sicherstellen wollte, dass wir keinesfalls zu früh aufgeben). Aber es steht einfach zu viel auf der ›Kontra‹-Seite.«

Für alle anderen fühlte es sich so an, als würde er zu früh aufgeben. Aber wenn Stewart Butterfield in die Zukunft schaute, erkannte er, dass er den Schlussstrich vielleicht nicht früh genug gezogen hatte.

Es ist unklar, ob er die anderen nach Darlegung seiner Gründe überredete, dasselbe zu sehen wie er. Das spielte aber auch keine große Rolle. Wenn er nicht mehr an Bord war, hatte Weitermachen keinen Sinn.

Die meisten Menschen in dieser Position würden nicht dasselbe tun wie Butterfield. Trotz allem, was Weitermachen zur einfacheren Entscheidung macht – sein jahrelanges Engagement für das Projekt, die ermutigenden jüngsten Ergebnisse, seine Mitgründer und Investoren, die dranbleiben wollten, der Schmerz, der mit den Folgen seiner Entscheidung zu tun hatte und dem, was sie für seine Beschäftigten bedeutete –, schaffte er den Absprung.

Vielleicht kommt einem das wie ein trauriges Ende vor. Butterfield war so begeistert von seinem Konzept eines kollaborativen Multiplayer-Spiels, dass er zehn Jahre in den Versuch seiner Umsetzung investiert hatte. Nun war er zum zweiten Mal gescheitert.

Doch ein erfolgreicher Ausstieg, wenn der Kontext danach verlangt, sollte die Definition eines Happy Ends sein. Es fällt uns nur schwer, das so zu sehen, weil wir Aufgeben als Scheitern definieren.

Stewart Butterfield erkannte, dass er schlechte Karten hatte, und beschloss zu passen, ehe er das verbliebene Kapital von Tiny Speck verbrannte. Er bewahrte das Unternehmen davor, 6 Millionen Dollar in eine schlechte Investition zu stecken, und ermöglichte es, dass dieses Geld in andere Dinge investiert werden konnte, die eine größere Gewinnwahrscheinlichkeit aufwiesen. Er ersparte es auch den Mitarbeitern von Tiny Speck, in einem scheiternden Unternehmen festzusitzen, für wenig Geld und das Versprechen von Gerechtigkeit zu arbeiten, indem er umgehend handelte, als er feststellte, dass diese Gerechtigkeit *ihre* Mühen nicht wert wäre.

All das war gut für Butterfield, gut für seine Investoren und Mitgründer und gut für seine Angestellten. Sollten wir das nicht als eigenes Happy End betrachten?

Das ist eine weitere wertvolle Lektion in Bezug auf das Aufgeben. Wenn man aufhört, lebt man, um einen weiteren Tag zu kämpfen, manchmal im wahrsten Sinne des Wortes. Hutchison, Taske und Kasischke führten ihr Leben für den Rest ihrer Tage fort, indem sie umkehrten. Wenn Pokerspieler passen, begrenzen sie ihre Verluste, damit sie genügend Chips haben, um sie in andere, bessere Runden zu investieren. Wenn das Spiel nicht gut läuft und sie den Pokertisch verlassen, gehen sie nicht bankrott und bleiben nicht ohne einen müden Heller zurück, damit sie an einem anderen Spiel teilnehmen können, das ihnen bessere Gewinnchancen bietet.

Als Stewart Butterfield *Glitch* aufgab, machte er sich selbst frei dafür, ein anderes Produkt zu entwickeln. Was er augenblicklich tat, indem er das Potenzial des internen Kommunikationssystems des *Glitch*-Entwicklungsteams zu einem einzigartigen Produktivitäts-Tool ausschöpfte. Das Tool kombinierte im Grunde die besten Teile von E-Mails, Instant Messaging und SMS und ermöglichte es Teammitgliedern, in Echtzeit zu kommunizieren und Dokumente sowie andere Materialien miteinander zu teilen.

Jeder im Unternehmen liebte es. Jeder, der davon wusste, liebte es. Nur zwei Tage nach dem Ende von *Glitch* schwenkte das Team auf diese neue Sache um, darunter auch die Investoren, die beschlossen, ihr Kapital in dieses neue Produkt umzuschichten.

Solange sie es bei Tiny Speck verwendet hatten, hatte es nicht mal einen Namen gehabt. Am 14. November vergab Butterfield einen Codenamen für das Tool, beruhend auf dem Akronym für »Searchable Log of All Conversation and Knowledge«.

Slack. Das konnte man sich gut merken.

Im August 2013 kündigte Slack die Produkteinführung an. Im Juni 2019 ging Slack an die Börse. Am ersten Tag als Börsenunternehmen betrug seine Marktkapitalisierung 19,5 Milliarden Dollar. Im Dezember 2020 willigte Salesforce ein, Slack gegen Bargeld, Aktien und eine Schuldverschreibung für 27,7 Milliarden Dollar zu kaufen.

Man ist geneigt zu denken: »Also, *das* macht es jetzt zu einem Happy End, weil die Abbruchentscheidung letztlich dazu geführt hat, dass Slack dabei herauskam.« Aber irren Sie sich nicht, selbst wenn Butterfield niemals Slack vorangetrieben und das Kapital einfach an die Investoren zurückgezahlt hätte, wäre es ein Happy End gewesen. Die Tatsache, dass er das interne Kommunikationsinstrument von Tiny Speck zu einem Einhorn machte, lässt es nur noch erfreulicher werden.

Aufhören, solange man noch kann

Die Geschichte von *Glitch* enthüllt eins der fundamentalen Probleme des Aufhörens.

Ein rechtzeitiger Abbruch fühlt sich meistens an wie ein verfrühter Abbruch.

Wenn Sie rechtzeitig aufgeben, macht es nicht den Eindruck, als würde gerade in diesem Moment etwas besonders Schlimmes passieren. Denn Aufhören ist die Fähigkeit, die gesamte Bandbreite der Möglichkeiten dessen zu erkennen, wie die Zukunft sich entwickeln kann, und zu sehen, dass die Wahrscheinlichkeit eines negativen Ausgangs zu hoch ist, um einer Fortsetzung wert zu sein.

Der Moment, in dem das Aufgeben zur objektiv besten Entscheidung wird, wirkt in der Praxis für gewöhnlich gar nicht besonders düster, wenngleich die Gegenwart Hinweise darauf bietet, mit deren Hilfe man die zukünftige Entwicklung abschätzen kann. Das Problem ist: Aufgrund unserer Abneigung gegen das Aufgeben tendieren wir dazu, die in der Gegenwart enthaltenen Hinweise kleinzureden, die uns ermöglichen würden, zu erkennen, wie ernst die Lage tatsächlich ist.

Stewart Butterfield erkannte den Ernst der Lage ungeachtet des äußeren Anscheins. Er sah, was mit der Qualität der neuen Nutzer geschah und wie viele von ihnen blieben, um herauszufinden, was die Zukunft für *Glitch* im Gepäck hatte.

Die meisten von uns hätten sich an Butterfields Stelle auf eine rosige Version der Gegenwart fokussiert oder wenigstens auf eine, die nicht so schlecht wäre, dass sie ein Aufgeben rechtfertigen würde. Schließlich haben Sie ein tolles Online-Spiel geschaffen, das über eine Community von fünftausend begeisterten Fans verfügt. Es sieht super aus. Ihre Investoren sind ermutigt. Ihre Mitgründer sind glücklich. Sie erleben gerade den besten Monat aller Zeiten und haben eine Menge Neukunden gewonnen.

Sie haben 6 Millionen Dollar auf dem Konto. Sie müssen bloß an dem Problem arbeiten, mehr Leute zum Bleiben zu bewegen. Alle anderen sind motiviert und erwarten, dass es weitergeht.

Oder Sie sind ganz oben auf dem Mount Everest, nur drei Stunden vom Gipfel entfernt. Sie haben genügend Sauerstoff. Sie kommen ein bisschen langsam voran, aber die Kletterbedingungen sehen ganz gut aus, gut genug, dass die meisten weiter aufwärts steigen.

Der ideale Zeitpunkt für Muhammad Alis Ausstieg wäre vielleicht gewesen, nachdem er seinen Titel von George Foreman zurückerobert hatte. Das hätte natürlich übermenschliche Zeitreisefähigkeiten erfordert, vielleicht sogar Allwissenheit. Aber es war, nachdem er sein Lebensziel erreicht und ganz sicher, bevor er Nieren- und neurologische Schäden erlitten hatte.

Teddy Brenner und Ferdie Pacheco mussten nicht allwissend sein, um nach dem Kampf gegen Earnie Shavers im September 1977 die hohe Wahrscheinlichkeit und das Ausmaß negativer Folgen zu erkennen, wenn Ali noch jenseits von Mitte dreißig an seiner gefährlichen Karriere festhielt.

Das war noch vier Jahre, bevor er dann tatsächlich aufhörte.

Es ist wohl nicht überraschend, dass gute Entscheidungen in Bezug auf das Aufgeben eine mentale Zeitreise erfordern, denn die schlechteste Zeit für eine Entscheidung ist dann, wenn man mittendrin steckt. Dann sind Sie in der Gegenwart, stehen vor der Entscheidung, ob Sie Ihre Verluste begrenzen sollen oder nicht, und sind unfähig, über das hinauszublicken, was jetzt gerade passiert.

Wenn wir an die Zukunft denken, tun wir das oft im Hinblick auf unsere Hoffnungen, unsere Ziele, unsere Wünsche. Durch diesen Optimismus lassen wir viel zu häufig eine katastrophale Zukunft auf uns zukommen und erkennen sie erst dann, wenn sie schon auf der Türschwelle steht.

Es gibt eine bekannte Entscheidungsregel in der Managementberatung, wonach der richtige Zeitpunkt, um jemanden zu entlassen, der ist, wenn es Ihnen zum ersten Mal in den Sinn kommt. Dieses heuristische Prinzip soll Unternehmen dazu bringen, die Entscheidung früher zu treffen, denn die meisten Führungskräfte sträuben sich gegen Kündigungen und zögern diese zu lange hinaus.

Einen unrentablen Mitarbeiter zu entlassen, ist (aus der Arbeitgeberperspektive) natürlich eine Form des Aufgebens. Unternehmen stehen ständig vor dieser Situation. Um ihre Arbeitsleistung zu gewährleisten, müssen sie entscheiden, ob leistungsschwache Beschäftigte entlassen werden.

Die Einstellung von Personal ist eine wesentlich unsicherere Entscheidung, als die meisten Menschen glauben möchten. Sie haben den Lebenslauf eines Bewerbers, seine Zeugnisse und ein paar Bewerbungsgespräche. Das ist so, als würde man eine langfristige Beziehung mit jemandem eingehen, den man ein paar Mal getroffen und mit dem man zwei gemeinsame Freunde hat. Die Einstellungs-Erfolgsrate von Managern wurde lange Zeit auf nur 50 Prozent geschätzt, was sich völlig mit der damit zusammenhängenden Ungewissheit deckt. Was wissen Sie schon, ob ein neuer Mitarbeiter gut arbeitet, ehe er die Tätigkeit nicht bereits einige Zeit ausgeübt hat?

Das mit einer so ungewissen Entscheidung verbundene Risiko wird dadurch gemindert, dass Arbeitgeber die Option haben, Mitarbeiter zu entlassen, genauso wie Mitarbeiter die Option haben zu kündigen. Das heißt natürlich, dass Sie diese Option gut umsetzen können müssen. Aber die Entscheidung, jemandem zu kündigen, wird ebenfalls unter Ungewissheit getroffen, was, wie wir bereits unter verschiedenen Umständen ergründet haben, unsere Neigung verstärkt, zu lange auszuharren.

Deshalb ist die Heuristik bezüglich des Kündigungszeitpunkts zwar wohlbekannt, wird aber nicht oft in die Praxis umgesetzt.

Für den Fehler, Mitarbeiter zu lange zu behalten, nachdem Sie erkannt haben, dass es nicht funktioniert, zahlen Sie einen hohen Preis. Geoff Smart, Managementberater und Experte für das Anwerben talentierter Teams, stellte anhand von Studien mit seinen Unternehmenskunden fest, dass ein durchschnittlicher Personalmanagementfehler in puncto Kosten und Produktivitätseinbußen fünfzehn Mal so viel kostet wie das Gehalt der betroffenen Person. Und natürlich trägt es zu diesen Kosten bei, wenn man zu lange an einem Mitarbeiter festhält, nachdem dieser Einstellungsfehler gemacht wurde.

Das gilt für alle unsere Verzögerungen beim Kurswechsel. Wenn wir unsere Verluste nicht zu gegebener Zeit begrenzen, wachsen sie immer weiter an.

Das enthüllt ein häufiges Missverständnis über das Aufgeben. Wir sträuben uns dagegen, wenn wir es tun sollten, weil wir das Gefühl haben, dass es unseren Fortschritt verlangsamt oder gänzlich zum Erliegen bringt.

Aber eigentlich trifft genau das Gegenteil zu.

Sie bremsen sich dann aus, wenn Sie etwas fortführen, das die Sache nicht wert ist, sei es eine Beziehung, die nicht gut läuft, oder eine Aktie, in die Sie investiert haben und die Verluste einbringt, oder ein Mitarbeiter, den Sie eingestellt haben und der keine Leistung bringt.

Indem Sie keinen Schlussstrich ziehen, versäumen Sie die Chance, zu etwas überzuwechseln, das Sie besser an Ihre Ziele bringt. Wann immer Sie an einem verlustreichen Unternehmen festhalten, bremsen Sie Ihren Fortschritt. Wann immer Sie sich an etwas klammern, während bessere Chancen existieren, verlangsamen Sie Ihren Fortschritt.

Entgegen der allgemeinen Überzeugung bringt das Aufgeben Sie schneller dorthin, wo Sie sein möchten.

Denken in Werterwartungen

Um richtig über Weitermachen oder Aufhören zu entscheiden, müssen Sie eine kluge Annahme treffen über die Wahrscheinlichkeit, dass sich die Dinge zu Ihren Gunsten entwickeln, und die Wahrscheinlichkeit, dass sie das Gegenteil tun. Ziel ist, herauszufinden, ob das Gute häufig genug auftritt, um eine Fortsetzung Ihres Weges zu rechtfertigen.

Im Wesentlichen müssen Sie in *Werterwartungen* denken, so wie Stewart Butterfield es getan hat.

Werterwartungen helfen Ihnen bei der Beantwortung von zwei Fragen. Erstens sagen sie Ihnen, ob irgendeine der von Ihnen erwogenen Optionen langfristig und unterm Strich positiv oder negativ für Sie ist. Zweitens ermöglichen sie Ihnen, verschiedene Optionen miteinander zu vergleichen, um herauszufinden, welche die bessere Entscheidung ist, was einfach bedeutet, dass sie den höchsten erwarteten Wert aufweist.

Um den erwarteten Wert für jede Aktivität zu bestimmen, identifizieren Sie zunächst die Bandbreite der vernünftigerweise möglichen Ergebnisse. Manche dieser Ergebnisse werden gut sein und manche schlecht, in unterschiedlichem Maße, und jedes dieser Ergebnisse hat eine gewisse Wahrscheinlichkeit des Eintretens. Wenn Sie die Wahrscheinlichkeit jedes Ergebnisses damit multiplizieren, wie gut oder wie schlecht es sein könnte, und das alles zusammenzählen, erhalten Sie den erwarteten Wert.

Ein einfaches Beispiel. Nehmen wir an, Sie werfen eine Münze, die eine Chance von 50 Prozent hat, auf dem Kopf zu landen, und von 50 Prozent, auf der Zahl zu landen. Für unser Beispiel gewinnen Sie bei Kopf 100 Dollar, bei Zahl verlieren Sie 50 Dollar. Wenn Sie die zu gewinnenden 100 Dollar mit 50 Prozent multiplizieren (wie oft die Münze Kopf zeigt), erhalten Sie 50 Dollar als erwarteten langfristigen Ertrag. Die Multiplikation des Verlustes von 50 Dollar, wenn die Münze Zahl zeigt, mit 50 Prozent ergibt 25 Dollar, Ihren erwarteten langfristigen Verlust. Wenn Sie diese 25 Dollar von 50 Dollar abziehen, erhalten Sie einen Nettoertrag von 25 Dollar. Dieser Münzwurfplan hat also eine *positive Werterwartung* von 25 Dollar.

Beachten Sie: Obwohl die Wahrscheinlichkeit von Kopf dieselbe ist wie von Zahl (beides tritt in 50 Prozent der Fälle auf), ist Ihre Werterwartung positiv, weil Ihr Profit, wenn Sie gewinnen, größer ist als Ihr Verlust, wenn der Wurf zu Ihren Ungunsten ausfällt.

Sie können auch dann eine positive Werterwartung haben, wenn das, was Sie gewinnen können, viel weniger ist als das, was Sie verlieren können, solange Ihre Gewinnchance groß genug ist, um die Verluste auszugleichen. Wenn Sie beispielsweise 50 Dollar gewinnen können, sobald die Münze Kopf zeigt, oder 100 Dollar verlieren, sobald sie Zahl zeigt, aber in 90 Prozent der Fälle gewinnen und nur in 10 Prozent verlieren, beträgt Ihre Werterwartung 35 Dollar.

Das ist eine Wette, die Sie annehmen sollten.

So gibt es auch Situationen, in denen Ihre Werterwartung positiv sein kann, obwohl nur eine geringe Gewinnchance besteht. Stellen Sie sich vor, eine Münze zu werfen, die zu 99 Prozent Zahl aufweist und zu 1 Prozent Kopf. Wenn die Münze Zahl zeigt, verlieren Sie 100 Dollar, aber wenn sie Kopf zeigt, gewinnen Sie 100.000 Dollar. Selbst wenn Sie nur bei einem von hundert Würfen Geld bekommen, ist der Gewinn groß genug für eine positive Werterwartung in Höhe von 901 Dollar!

(Das ist natürlich eine viel riskantere Wette als die anderen beiden. Risikomanagement ist das Thema vieler anderer Bücher, dieses gehört nicht dazu.)

Beim Denken in Werterwartungen besteht der erste Schritt in der Frage: »Hat die von mir erwogene Aktivität (entweder ein neuer Kurs oder die Fortführung dessen, was ich bereits mache) eine positive Werterwartung?«

Im zweiten Schritt vergleicht man diesen erwarteten Wert mit dem erwarteten Wert anderer Optionen, die möglicherweise in Betracht gezogen werden. Da Zeit, Aufmerksamkeit und Geld begrenzte Ressourcen sind und wir im Leben nur eine begrenzte Anzahl an Dingen tun können, sollten wir uns bei der Überlegung, ob wir an etwas festhalten wollen, die Frage stellen: »Wenn ich wechsele und etwas anderes tue, hätte das eine höhere Werterwartung als das, was ich gegenwärtig mache?«

Wenn Sie sich vorstellen können, dass ein anderer Weg eine höhere Werterwartung hat, gelangen Sie schneller ans Ziel, wenn Sie Ihren gegenwärtigen Weg verlassen und zu dem neuen überwechseln.

Ob Sie nun über das Münzenwerfen oder den Aktienkauf nachdenken, bei denen Gewinn und Verlust in Geld gemessen werden, oder ob Sie darüber nachdenken, wen Sie heiraten oder wo Sie leben wollen, wobei Gewinn und Verlust in Glück und Lebensqualität gemessen werden – die Werterwartung ist ein hilfreiches Konzept, um herauszufinden, ob es sich lohnt, an Ihrem derzeitigen Weg festzuhalten.

Stewart Butterfield nutzte die Werterwartung, um zu entscheiden, ob *Glitch* weiterentwickelt werden sollte. Als Mitgründer eines Start-ups hatte er es mit einem Vorhaben zu tun, das eine geringe Erfolgsaussicht, aber eine enorme potenzielle Rendite aufwies.

Die große Mehrheit aller Start-ups wird natürlich nicht zu Slack oder Netflix oder Twitter oder Facebook. Die meisten Start-ups scheitern. Trotzdem kann die Erfolgswahrscheinlichkeit immer noch hoch genug sein, um ein Verfolgen dieser großen Idee zu rechtfertigen.

Das enthüllt, was Stewart Butterfield störte. Auf seiner Reise in die Zukunft während seiner schlaflosen Nacht am 11. November 2012 sah er, dass Tiny Speck keine ausreichend hohe Wahrscheinlichkeit aufwies, zu einem des Weitermachens würdigen Einhorn zu werden.

Es gab eine zukünftige Welt, in der er *Glitch* zu einem Einhorn machen konnte, doch die Wahrscheinlichkeit war zu gering, um diesen Milliarden-Dollar-plus-Ausgang zu nehmen. Er erkannte die Zeichen. Aber wenn man gut im Aussteigen ist, ist man oftmals der Einzige, der die Zeichen lesen kann. Als er am 12. November seine Mitgründer und Investoren davon unterrichtete, verstand er, dass Aufhören eine bessere Werterwartung hatte als Weitermachen.

Im Wesentlichen dachte Stewart Butterfield wie ein Pokerspieler. Siegreiche Pokerspieler denken nicht darüber nach, eine einzige Runde zu gewinnen, komme, was da wolle. Sie wissen, es können zwar nur zwei Karten gewinnen, aber nur wenige Runden können genügend oft gewinnen, um ihre Fortsetzung zu rechtfertigen. Die Entscheidungsgrundlage von Pokerspielern ist, ob Spielen oder Passen die höhere Werterwartung hat. Mit anderen Worten, wenn sie die Runden immer und immer wieder ausspielen, welche Entscheidung (weitermachen oder passen) wäre auf lange Sicht die profitablere?

Wir sind natürlich nicht allwissend, und die meisten von uns werden niemals so gut im mentalen Zeitreisen wie Stewart Butterfield, aber jeder von uns ist in der Lage, einen gewissen Einblick in die Zukunft zu erlangen, und das hilft, um besser bei Abbruchentscheidungen zu werden.

Abbruchentscheidungen sind Werterwartungsentscheidungen

Im Sommer 2021 bekam ich eine E-Mail von einer Leserin, die sich Hilfe bei der Entscheidung wünschte, ob sie ihre Stelle kündigen sollte.

Dr. Sarah Olstyn Martinez spürte, dass sie eine berufliche Wegkreuzung erreicht hatte. Sie war seit sechzehn Jahren als Notärztin tätig und hatte sich vom ersten Augenblick an in die Notfallmedizin verliebt, als sie 2005 während ihres praktischen Jahrs nach dem Studium in der Notaufnahme eines Krankenhauses gearbeitet hatte.

Das Mount Sinai Hospital, an dem Olstyn Martinez ihr Praktikum machte, war eine führende Unfallklinik in Chicago. Es liegt im Bezirk North Lawndale, der als einer der gefährlichsten der Stadt gilt. Laut einer Studie von 2019 zur Entwicklung von Schusswaffengewalt auf der Grundlage von notfallmedizinischen Daten »ist es angemessen zu sagen, dass in Mount Sinai ein großer Prozentsatz aller Schussverletzungen von Chicago behandelt wird«.

Es war eine gute Übung, und sie fand es großartig, in einer führenden Unfallklinik zu arbeiten. Das Praktikum lief so gut, dass sie ihre vierjährige Facharztausbildung in der Notfallmedizin machte.

Im Jahr 2009 zog sie nach Austin, Texas, und wurde Notärztin an dem Krankenhaus, in dem sie die nächsten zwölf Jahre arbeitete. Auch das war eine Arbeit, die sie liebte.

Die Leute denken, ein Notfallmediziner rennt hin und her, drückt den Patienten auf der Brust herum und macht die ganze Zeit verrückte Auf-Leben-und-Tod-Sachen.

Das gehört natürlich auch dazu, aber Olstyn Martinez sagt, im Kern geht es bei dieser Tätigkeit mehr um die tägliche Herausforderung, sich um Menschen in ihren einsamsten und herzzerreißendsten Momenten zu kümmern.

Bei einer Schicht 2021 zum Beispiel war ihre erste Patientin eine Neunzigjährige, die aus einem Pflegeheim hergebracht wurde. Sie war so krank, dass sie nicht mehr sprechen konnte, und Dr. Olstyn Martinez konnte keine Familienmitglieder ausfindig machen, um herauszubekommen, was los war.

Im Zimmer daneben klagte eine Frau von über sechzig, jemand wolle sie vergiften, denn bei jedem Zug aus ihrer Crackpfeife bekomme sie Herzrasen.

Die Möglichkeit, dass dies am Crack liegen könnte, bestritt sie vehement; das rauchte sie schließlich schon seit zwanzig Jahren.

Es war eine emotional ebenso anstrengende wie bereichernde Arbeit. Aber innerhalb der Notfallmedizin ist es gerade der Umgang mit den schwierigen Aspekten der Tätigkeit, der Notärzte so speziell macht. Olstyn Martinez formuliert es so: »Eine der Kernvorstellungen der Notfallmedizin ist: Wenn man nicht wie ein Hund leidet und bis über beide Ohren in der Arbeit steckt und sich vor Patienten nicht zu retten weiß, ist man [ein Versager].«

Anfangs überwogen die Vorteile ihres Berufs eindeutig die Kosten. Zu den Pluspunkten gehörte es, Leben zu retten, der Allgemeinheit zu dienen, ein hochqualifizierter und effektiver Problemlöser zu sein und zur Gemeinschaft der Notärzte zu gehören, die mit so vielen harten, herausfordernden Situationen klarkommen müssen.

Ein zusätzlicher Vorteil dieser Arbeit war, dass es Olstyn Martinez die notwendige Trennung von Arbeit und Privatleben ermöglichte.

Sie hatte feste Schichten, und wenn diese endeten, konnte sie am Rest ihres Lebens teilnehmen. Ob sie ins Fitnessstudio ging oder mit dem Hund zum Tierarzt, sie hatte berufsfreie Zeiten. Das wurde besonders wichtig, als 2014 und 2017 ihre beiden Töchter zur Welt kamen.

Doch dann änderten sich die Umstände.

Zusätzlich zu ihren Notfallschichten wurde Dr. Olstyn Martinez 2015 Krankenhausleiterin für Notfall- und Unfallmedizin sowie 2020 Leiterin Pflegequalität für zwölf Notfallabteilungen im Gesundheitssystem der Klinik. Im Laufe dieser Jahre erweiterten sich ihre Verwaltungsaufgaben, was zu einer negativen Entwicklung führte.

Zwar erbrachte Dr. Olstyn Martinez in ihrer zusätzlichen Direktorinnenstelle herausragende Leistungen, wie die Erweiterung ihrer Verantwortlichkeiten 2020 bewies, doch durch die steigende Zahl von Verwaltungsaufgaben konnte sie nur noch sechs Schichten pro Monat als Notfallmedizinerin arbeiten. Das bedeutete eine begrenzte Zeit für den Teil ihres Berufs, in den sie sich ursprünglich verliebt hatte.

Aufgrund ihrer erhöhten Arbeitsbelastung, vor allem in einer Phase wachsender finanzieller Einschnitte in der medizinischen Versorgung und Verwaltung sowie (natürlich) der Pandemie, nahm ihr beruflicher Stress zu und forderte seinen Tribut. Die Grenze zwischen ihrem Berufs- und ihrem Privatleben löste sich in Luft auf. Das war kein Job mehr, den sie nach Schichtende hinter sich lassen konnte. Sie konnte ihr Gehirn nicht abschalten. Pausenlos bekam sie Textnachrichten und Mails, jede davon ein Brand, den sie löschen musste. Es gab keine Freizeit mehr.

Zunehmend hatte sie den Eindruck, in ihrem eigenen Leben nicht mehr ganz anwesend zu sein. Am schlimmsten war das für sie bei ihren beiden kleinen Töchtern. Eines Abends um acht merkte sie, dass ihre Siebenjährige versuchte, ihre Aufmerksamkeit zu erlangen, und ständig wiederholte: »Mama. Mama? Mama! MAMA!!« Als sie schließlich aufsah, sagte ihre Tochter: »Du hörst mir gar nicht zu, weil du auf dein Handy guckst. Du guckst ständig auf dein Handy.«

Und sie hatte recht.

Olstyn Martinez war daran gewöhnt, eine fordernde Arbeit zu haben, aber sie wusste, dass es sich negativ auf sie und ihre Familie auswirkte. Sie nahm alles mit nach Hause. Das konnte sie körperlich spüren. Sie konnte nicht gut einschlafen. Sogar die Haare fielen ihr aus.

Das Gleichgewicht zwischen dem, was sie an ihrer Arbeit liebte, und den damit verbundenen Kosten war nicht mehr gewahrt.

Über ein Jahr lang dachte sie ans Kündigen, tat es aber nicht. Ein Freund bot ihr dann 2021 an, sie für eine Stelle bei einem Versicherungsunternehmen zu empfehlen. Olstyn Martinez absolvierte den Vorstellungsprozess mit Bravour, und bald wurde klar, dass sie eine Entscheidung treffen musste, und zwar rasch.

Aber sie konnte sich einfach nicht entschließen, ob sie nun die neue Stelle annehmen und ihre alte kündigen sollte oder nicht.

An diesem Punkt hörte ich von Sarah. Ich schrieb ihr zurück, und wir vereinbarten ein Telefonat.

Nachdem ich mir ihre Geschichte angehört hatte, stellte ich ihr eine einfache Frage: »Stellen Sie sich vor, es ist ein Jahr später, und Sie sind bei der Stelle geblieben, die Sie jetzt innehaben – wie hoch ist die Wahrscheinlichkeit, dass Sie am Ende dieses Jahres unglücklich sind?«

Sie sagte: »Ich weiß, dass ich unglücklich sein werde, hundert Prozent.«

Darauf fragte ich: »Wenn es ein Jahr später ist und Sie die neue Stelle angetreten haben, über die Sie nachdenken, wie hoch ist die Wahrscheinlichkeit, dass Sie unglücklich sein werden?«

»Na ja, ich weiß nicht«, sagte sie.

»Hundert Prozent?«

»Definitiv nicht«, erwiderte sie. Dann fiel der Groschen. »Oh, Moment mal. Ich bleibe auf jeden Fall unglücklich, wenn ich bleibe. Wenn ich wechsele, bin ich manchmal unzufrieden und manchmal nicht. Gelegentlich wird die Arbeit, zu der ich wechsele, mir echte Erfüllung geben, und das ist ja wohl besser.«

Ich hatte lediglich ihre Ausstiegsentscheidung als Frage der Werterwartung neu formuliert. Sie erwog zwei Optionen: bei ihrer Stelle zu bleiben oder aufzuhören, um die neue Position bei der Versicherung anzutreten. Welche der beiden hatte größere Aussichten darauf, ihre Zufriedenheit zu vergrößern und ihr ein besseres Gefühl in Bezug auf die Beziehung zu ihren Kindern zu geben?

Sie erkannte, dass mit der Annahme der neuen Stelle eine höhere Werterwartung verbunden war.

Die Geschichte von Dr. Olstyn Martinez erinnert uns daran, dass es bei Werterwartung nicht nur um Geld geht. Sie kann in Gesundheit, Wohlbefinden, Glück, Zeit, Erfüllung, Zufriedenheit in Beziehungen oder allem Möglichen anderen gemessen werden, das für Sie von Bedeutung ist.

Zeitreisende aus der Vergangenheit

Ich spreche häufig über das Denken in Werterwartungen als eine Art mentale Zeitreise, mit der Sie sich in die Zukunft versetzen, um einen Blick auf mögliche Ergebnisse zu werfen und einzuschätzen, wie wahrscheinlich ihr Eintreten ist.

Die Zeitreise als Hilfsmittel, um besser im Aufhören zu werden, funktioniert in beide Richtungen. Manchmal blickt man wie Stewart

Butterfield oder Sarah Olstyn Martinez in die Zukunft, indem man die Hinweise nutzt, die einem die Gegenwart bietet. Sie können jedoch auch davon profitieren, Botschaften *aus der Vergangenheit* wahrzunehmen.

Vor dem Gipfeltag 1996 hatten schon Hunderte Menschen den Mount Everest bestiegen. Diese vorangegangenen Bergsteiger hatten die richtigen Umkehrzeiten herausgefunden, sei es Rob Hall im Jahr 1995, Tenzing Norgay und Sir Edmund Hillary 1953 oder alle Kletterer dazwischen. Als Hutchison, Taske und Kasischke um 11.30 Uhr eine schwierige Abbruchentscheidung trafen, tippten diese Menschen aus der Vergangenheit ihnen auf die Schulter und ließen sie wissen: »Jetzt ist der Zeitpunkt, um umzukehren.«

Der pensionierte Vier-Sterne-Admiral William McRaven, eine der angesehensten Persönlichkeiten der Militärstrategie, der US-Außenpolitik und der Anti-Terror-Einsätze, zu dessen Teilnahme an zehntausend Navy-SEAL-Missionen während seiner siebenunddreißigjährigen Berufslaufbahn auch die Organisation und Überwachung des erfolgreichen Angriffs auf Osama bin Laden gehörte, betonte wiederholt die Wichtigkeit dieses Aspekts des Zeitreisens beim erfolgreichen Treffen von Entscheidungen über Durchhalten oder Abbrechen bei Militärmissionen.

Admiral McRaven hat die Militärgeschichte jahrelang studiert (und sein Wissen als Lehrer, Vortragsredner und Autor weitergegeben). Bei seinen Reden deutete er auf ein Regal voller Bücher hinter sich und sagte: »Ungefähr drei Viertel der Bücher hinter mir sind Geschichtsbücher über Kämpfe, die gut ausgingen, und Kämpfe, die schlecht endeten.«

Er erzählte davon, wie diese Geschichtsbücher ihm dabei halfen, Zugang zu Zeitreisenden aus der Vergangenheit zu erhalten. »Ist es Clausewitz, der hervorkommt, um mir etwas mitzuteilen? Ist es Napoleon, der hervorkommt, um mir etwas mitzuteilen? Ist es Norman Schwarzkopf, der hervorkommt, um mir etwas mitzuteilen?«

Admiral McRavens eigene Erfahrungen bei all diesen Missionen ermöglichen es vergangenen Versionen seiner selbst ebenfalls, ihm wichtige Botschaften über die Zeit hinweg zu vermitteln. »Wenn Ihnen zu einem späteren Zeitpunkt Ihrer Karriere ein neues Ziel begegnet, sagen Sie: ›Weißt du was? Vor zwanzig Jahren habe ich schon mal etwas ganz Ähnliches gemacht.‹ Wer neu dabei ist, sagt: ›Unmöglich.‹ Ich sage: ›Doch, klar. Ich hab es getan.‹«

Wenn Sie eine Entscheidung über das Aufhören treffen, müssen Sie auf diejenigen Menschen der Vergangenheit hören, die Ihnen wichtige Ratschläge erteilen. Manchmal handelt es sich dabei um Personen, die schon vor Ihnen einen ähnlichen Weg gegangen sind. Und manchmal ist der Zeitreisende aus der Vergangenheit eine frühere Version Ihrer selbst.

Münzen werfen

Der Wirtschaftswissenschaftler Steven Levitt, Mitautor des überaus bekannten Buches *Freakonomics*, erstellte 2013 eine Website, deren Besucher eine virtuelle Münze werfen konnten, um zu einer Entscheidung über das Aufhören oder Weitermachen zu gelangen.

Die Teilnehmer gaben ein, womit sie gerade rangen, und es gab eine Vielzahl von Entscheidungsformen. Viele davon waren große Lebensentscheidungen wie »Soll ich meine Arbeit kündigen oder behalten?« oder »Soll ich meine Beziehung beenden oder fortführen?« oder »Soll ich weiterstudieren oder abbrechen?« Mit anderen Worten, es waren die normalen Entscheidungsarten, die Menschen nun mal Kopfzerbrechen bereiten.

Die Website wies einer Seite der Entscheidung, zum Beispiel die Stelle behalten, Kopf zu und der anderen Seite, zum Beispiel kündigen, Zahl. Wenn die Nutzer das Bild der Münze anklickten, erhielten sie das Ergebnis des virtuellen Münzwurfs angezeigt.

Vielleicht erfüllt es Sie mit Skepsis, dass Menschen auf einer Website eine Münze werfen, um sich Hilfe für eine lebensverändernde Abbruchentscheidung zu holen. Aber im Laufe von einem Jahr taten zwanzigtausend Menschen genau dies.

Sicher empfanden diese Menschen die Entscheidung, ob sie aufhören oder weitermachen sollten, als so knapp, so 50:50, dass ihnen ein Münzwurf als Entscheidungshilfe wie eine vernünftige Option erschien. Es ist fraglich, ob die Münzwerfer mit gleicher Wahrscheinlichkeit zufriedener gewesen wären, wenn die Münze Kopf oder Zahl zeigte, ob sie weitermachten oder aufgaben, wenn die Entscheidungen tatsächlich so knapp waren, wie sie annahmen.

Das ist letztlich die Definition einer knappen Angelegenheit.

Aber das war es nicht, was Levitt herausfand. Als er zwei und sechs Monate später bei den Münzwerfern nachhakte, stellte er fest, dass die Menschen, die bei großen Lebensentscheidungen den Schlussstrich gezogen hatten, im Durchschnitt glücklicher waren als jene, die weitergemacht hatten, ob sie nun aus eigenem Antrieb aufgehört hatten oder weil die Münze zugunsten des Aufhörens gefallen war.

Für die Menschen mögen sich die Entscheidungen knapp angefühlt haben, waren es jedoch eigentlich gar nicht. Nach der Zufriedenheit der Teilnehmer zu beurteilen, war das Aufhören der klare Gewinner.

Dass die Menschen viel glücklicher waren, wenn sie bei etwas den Schlussstrich zogen, das sie als knappe Entscheidung betrachteten, zeigt, dass man im Allgemeinen zu spät ein Ende macht. Genau das war es, was auch Sarah Olstyn Martinez passierte. Sie dachte, es wäre eine knappe Entscheidung, aber nachdem ich es im Hinblick auf die Werterwartung formuliert hatte, erkannte sie, dass es überhaupt nicht knapp war.

Levitts Schlussfolgerung betont diesen Punkt. »Die Ergebnisse dieser Arbeit zeigen, dass Menschen bei lebensverändernden Entscheidungen übertrieben vorsichtig sein können.«

Auch die Konsequenz daraus trifft zu. Wenn man rechtzeitig abbricht, fühlt es sich meistens an wie ein zu frühes Aufhören, weil man die Entscheidung noch lange nicht als knappe Angelegenheit betrachtet.

Das stimmt überein mit der Vorstellung, dass die Waage wider den Abbruch manipuliert ist. Wie sich herausstellt, legt unsere Psychologie so sehr den Daumen auf die Waage, dass es nicht mal annähernd den Tatsachen entspricht, wenn wir die Verteilung der Optionen Aufhören und Weitermachen mit 50:50 einschätzen.

In diesem Buch werfen wir einen genauen Blick auf die kognitiven und motivationalen Kräfte, welche die Waage zugunsten des Durchhaltens beeinflussen, ebenso wie auf die praktischen Strategien zur Neukalibrierung der Waage. Nehmen Sie fürs Erste diese einfache Heuristik als Faustregel: *Wenn Sie den Eindruck haben, dass die Wahl zwischen Aufhören und Weitermachen eine ganz knappe Angelegenheit ist, dann ist Aufhören wahrscheinlich die bessere Entscheidung.*

Über den Hai springen

In den 1990er-Jahren unterhielten sich zwei Studenten der Universität Michigan, Jon Hein und Sean Connolly, welche Anzeichen es gegeben hatte, dass ihre ehemalige Lieblings-Fernsehsendung einen unaufhaltsamen Abstieg begonnen hatte. Diese Diskussion brachte die im amerikanischen Sprachraum bekannte Redewendung »über den Hai springen« hervor.

Der konkrete Augenblick, den sie identifizierten, betraf die beliebte klassische Fernsehserie *Happy Days*, die seit Januar 1974 ausgestrahlt wurde. Auf ihrem Höhepunkt hatte sie mehr als 30 Millionen Zuschauer. Hein und Connolly entschieden, dass *Happy Days* in Folge 91 (fünfte Staffel, September 1977) über den Hai gesprungen war, als Fonzie, die Lederjacken tragende Verkörperung der Coolness, sprichwörtlich über einen Hai sprang.

Um so eine Story zu entwickeln, musste die Serie Fonzie von Milwaukee nach Kalifornien bringen. Das wurde arrangiert, indem ein paar Talentsucher aus Hollywood durch das Städtchen fahren. Ihr Auto bleibt liegen, und sie »entdecken« Fonzie und laden ihn zum Vorsprechen nach Hollywood ein. Die restliche Besetzung der Serie macht sich mit ihm auf die Reise.

Das Ganze gipfelt darin, dass Fonzie in Hollywood mit Wasserskiern im Stil von Evel Knievel über einen Hai hinwegspringt. Als wäre das noch nicht lächerlich genug, trägt er außerdem seine Markenlederjacke und eine Badehose.

So wurde »über den Hai springen« zum ultimativen Popkultur-Begriff und häufig für die Bezeichnung eines Punktes verwendet, an dem etwas Gutes schlecht wird. Heute nutzt man ihn für abgewrackte Fernsehsendungen, Filmfortsetzungen, Schauspieler und sogar Sportler, Musiker und Influencer.

Rückblickend erkennen wir den Zeitpunkt, an dem jemand hätte aufhören sollen. Wenn Ihr Lieblings-Quarterback ein paar Jahre zu lange weitermacht, kann man leicht den exakten Moment bestimmen, an dem sein Abstieg begonnen hat. Es ist leicht, auf eine Beziehung zurückzublicken und zu erkennen, wann alles irreparabel den Bach herunterging. Es ist leicht, zurückzuschauen und den Moment auszumachen, in dem klar war, dass Blockbuster gegen Netflix unterliegen würde.

Wir haben die Erwartung, dass andere im Voraus hätten sehen müssen, was wir rückblickend so einfach erkennen. Und wenn nicht, dann können wir kaum glauben, wie begriffsstutzig sie sind. Darum geht es beim Springen über den Hai. Man macht sich lustig über jemanden, der nicht rechtzeitig aufgehört hat, ungeachtet dessen, dass es viel schwerer ist, den Hai im Voraus zu sehen und wie Stewart Butterfield vorausblickend zu agieren.

Das Traurige ist aber, dass wir uns ebenso sehr über Leute lustig machen, die zu spät abspringen, wie über jene, die es rechtzeitig tun und denen wir dann unterstellen, es sei zu früh gewesen.

Das ist die Absprung-Fessel.

Die Absprung-Fessel

In den 1990er-Jahren wurde Dave Chappelle zu einem bekannten Stand-up-Comedian und Schauspieler. Aufgrund seiner wachsenden Gefolgschaft und eines erfolgreichen HBO-Specials wurde 2003 auf dem Fernsehsender Comedy Central *Chappelle's Show* eingeführt. Sie wurde sofort zum Hit und als »einzigartiger Knaller in den Annalen der amerikanischen Fernseh-Comedy« bezeichnet. Nach der ersten Staffel gab ihm Comedy Centrals neuer Mutterkonzern Viacom einen 55-Millionen-Dollar-Vertrag für zwei weitere Staffeln. Darin enthalten waren auch die Freiheit, externe Projekte durchzuführen, und eine Beteiligung am DVD-Umsatz, der Rekordzahlen erreichte.

Chappelles Passion waren Auftritte vor Live-Publikum, deshalb ging er weiterhin auf Tour. Es wurde deutlich, dass ihn die Konflikte zwischen seiner Berühmtheit und seiner Leidenschaft unglücklich machten. Bei einer ausverkauften Aufführung in Sacramento im Juni 2004 verließ er die Bühne, nachdem das Publikum ständig die Pointe seines beliebtesten Sketches brüllte. Als er auf die Bühne zurückkehrte, hielt er dem Publikum eine Strafpredigt und räumte ein: »Die Show ruiniert mein Leben.«

Im Mai 2005 stieg Chappelle aus der Produktion der dritten Staffel von *Chappelle's Show* aus. Er stieg aus seinem gigantischen Vertrag (und den Verhandlungen über ein sogar noch größeres Vermögen) aus. Die Unterhaltungsbranche tobte vor Wut über Chappelles Entscheidung, denn keiner verstand, warum jemand, der so viel Erfolg hatte, dessen Sendung ein Knaller war und dem ein so lukrativer Vertrag angeboten worden war, einfach aufhörte.

In so einer Situation aufzugeben, schien so verwirrend, dass sich die wildesten Gerüchte verbreiteten: Etwas musste mit Chappelle nicht stimmen. Die Show war geplatzt. Er war verschwunden. Er hatte ein Drogenproblem. Er hatte sich selbst in die Psychiatrie eingeliefert.

Nichts davon stimmte.

Dave Chappelle hörte auf, weil er in die Zukunft reisen konnte und dort zwei Dinge sah. Erstens war er in dieser Zukunft unglücklich. Chappelle wusste, dass eine Fortsetzung der Fernsehshow sich zunehmend negativ auf seine Lebensqualität auswirken würde.

Zweitens sah er den Hai. Er spürte, dass er kurz davor stand, die Linie zu überqueren, hinter der sein Publikum nicht mehr mit ihm, sondern über ihn lachte. Die Show würde den Bach runtergehen, und seine wachsende Unzufriedenheit würde dazu beitragen.

»Ich will sicherstellen, dass ich nicht herumschlurfe, sondern tanze«, formulierte Chappelle es zwei Wochen später in einem Interview. Gegen Ende des neunzigminütigen Gesprächs fragte er: »Reicht das, um zu beweisen, dass ich kein Crack rauche oder in einer Nervenklinik sitze?«

Dieselbe Enttäuschung war zu spüren, als Phoebe Waller-Bridge 2019 mitteilte, sie würde *Fleabag* beenden. Mit ihren zwei Staffeln (sechs Folgen 2016 und sechs 2019) hatte die Serie weltweit großen Beifall geerntet. Nach der zweiten Staffel gewann sie sechs Emmys, darunter für Comedyserien, für Hauptdarstellerin in einer Comedyserie, für Regie für eine Comedyserie und für Drehbuch für eine Comedyserie. Obwohl Waller-Bridge erklärte, das Ende der Serie stimme mit dem Erzählbogen der Titelfigur überein, fühlten sich die Fans im Stich gelassen und bettelten unablässig um eine dritte Staffel.

In der Geschichte des Fernsehens gab es noch eine Handvoll weiterer Serien, die auf ihrem Höhepunkt Schluss machten, darunter *I Love Lucy* und *Seinfeld*. Für gewöhnlich war die Öffentlichkeit der Meinung, dass die Serien hätten fortgesetzt werden sollen. Ob es nun um Lucille Ball und Desi Arnaz geht, um Jerry Seinfeld, um Phoebe Waller-Bridge oder um Dave Chappelle, im Allgemeinen finden die Leute, dass die Schöpfer zu früh aufhören, wenn sie noch gar nicht über den Hai gesprungen sind.

Dave Chappelle zog mit seiner Familie wieder in die Kleinstadt in Ohio, in der er aufgewachsen war. Er trat wieder auf, allmählich und gelegentlich, aber zu seinen eigenen Bedingungen. Im Jahr 2013 ging er wieder auf Tournee. Mit Netflix einigte er sich 2016 auf einen Vertrag, der ihm 20 Millionen Dollar pro Stand-up-Special einbrachte. In der Woche nach der Präsidentschaftswahl 2016 moderierte er *Saturday Night Live* und gewann dafür 2017 einen Emmy. Den Mark-Twain-Preis für amerikanischen Humor erhielt er 2019.

Man kann viele Ähnlichkeiten zwischen Dave Chappelle und Stewart Butterfield ausmachen. Beide hörten zu einem Zeitpunkt auf, als ihre Vorhaben gut liefen, denn beide hatten genügend Voraussicht, um zu erkennen, dass die Zukunft nicht rosig aussah, egal wie glänzend sich die Gegenwart dem ungeschulten Auge darbot.

Der Ausstieg machte Chappelle ebenso wie Butterfield frei für das Ausloten anderer Chancen, die ihm mehr Glück und kreative Zufriedenheit verschafften.

Es gab sogar Gemeinsamkeiten darin, wie ihr Ausstieg wahrgenommen wurde (oder wie sie dachten, dass er wahrgenommen werden würde). Chappelle musste natürlich damit klarkommen, dass die ganze Welt dachte, er nehme Drogen oder habe einen Nervenzusammenbruch. So etwas erlebte Butterfield nicht, aber er sorgte sich, dass man seine Entscheidung als launenhaft wahrnehmen könnte, und ließ seine Investoren vorsorglich wissen: »Nur um das klarzustellen: Ich mache das nicht, weil ich rastlos oder gelangweilt bin.«

Dieses Verhalten, gekonnt die Ausstiegsoption zu nutzen, verblüfft uns. Im Bemühen, der Welt einen Sinn zu geben, unterstellen wir ihm alles Mögliche. Die Aussteiger sind Feiglinge oder verrückt oder auf der Flucht. Das ist die menschliche Neigung, wenn wir etwas nicht begreifen. Wir versuchen, seinen Sinn zu entschlüsseln.

Häufig ist das dem Aufgebenden gegenüber nicht besonders nett.

Zusammenfassung Kapitel 2

- Rechtzeitig aufzuhören, fühlt sich meistens an wie zu früh aufzuhören.
- Am schwierigsten fällt eine Abbruchentscheidung, wenn man mittendrin steckt.
- Unsere Intuition sagt uns, dass Aufhören unseren Fortschritt bremst. Tatsächlich trifft das Gegenteil zu. Wenn man etwas hinter sich lässt, das sich nicht länger lohnt, verschafft einem das die Freiheit, zu etwas überzugehen, das einem besser zum Ziel verhilft – und schneller.
- Wenn der objektiv richtige Zeitpunkt zum Aufhören gekommen ist, passiert gerade nichts besonders Schlimmes. Den richtigen Zeitpunkt zu erwischen, bedeutet, in die Zukunft zu sehen und zu erkennen, dass die Wahrscheinlichkeit eines erwünschten Fortgangs zu gering ist.
- Das Denken in Werterwartungen hilft Ihnen herauszufinden, ob es sich lohnt, Ihren Weg weiterzuverfolgen. Dabei geht es nicht nur um Geld. Die Werterwartung kann auch nach Gesundheit, Wohlergehen, Glück, Zeit, Selbstverwirklichung, Zufriedenheit in Beziehungen oder allem anderen bemessen werden, das Sie betrifft.
- Wenn Sie das Gefühl haben, die Wahl zwischen Durchhalten und Aufhören sei eine knappe Angelegenheit, ist Aufhören wahrscheinlich die bessere Entscheidung.
- Rückblickend können wir sehen, ob jemand zu lange mit dem Ausstieg gewartet hat, und oft verurteilen wir diese Menschen. Wenn jedoch jemand aussteigt, ehe es für andere offensichtlich ist, machen wir uns über seinen verfrühten Abbruch lustig. Das ist die Absprung-Fessel.

KAPITEL 3

Bleiben oder gehen?

IN DEN RUND HUNDERT JAHREN ZWISCHEN HENRY Fords Erfindung der Massenproduktion für Automobile und der Entwicklung von Fahrtenvermittlungsapps waren Taxifahrer die Vorboten der »Gig Economy«. Die Mehrzahl der Taxifahrer war schon immer selbstständig. Sie bekommen keinen Stundenlohn. Sofern sie keine eigene Taxilizenz haben, mieten sie das Fahrzeug an und zahlen eine feste Gebühr für zwölf Stunden.

Da sie keine Angestellten sind, müssen sie nicht die gesamten zwölf Stunden fahren, und das tun sie häufig auch nicht. Sie können – und müssen – während dieser zwölfstündigen Schicht entscheiden, wann sie fahren und wann nicht.

Deshalb ist das Verhalten von Taxifahrern ein gutes Studienobjekt für das Abbruchverhalten.

Wenn ein Taxifahrer seinen Arbeitstag beginnt, gibt es viele Unwägbarkeiten, die sich günstig oder ungünstig auf seine Verdienstbedingungen auswirken können. Es gibt ein paar Muster bezüglich der Anzahl seiner Fahrten, aber während er herumfährt, erhält er weitere Informationen über diese Bedingungen. Er sollte sich immer die potenziellen Verdienstmöglichkeiten anschauen und auf dieser Grundlage entscheiden: »Bleibe ich, oder gehe ich?«

Die Ökonomen alter Schule würden auf Grundlage der Theorie des rationalen Handelns voraussagen, dass die Fahrer die Anzahl ihrer

Arbeitsstunden maximieren, wenn es viele Kunden gibt und sie am meisten Geld verdienen. Dementsprechend minimieren sie die Zahl ihrer Arbeitsstunden, wenn es niemanden zu befördern gibt.

Das ähnelt der Zielsetzung von Spitzen-Pokerspielern im Hinblick darauf, wann sie weiterspielen und wann sie passen. Sie wollen die Zahl der Stunden maximieren, in denen sie gut spielen und das meiste Geld verdienen, und die Zahl der Stunden minimieren, in denen sie schlecht spielen und die Spielbedingungen ungünstig sind.

Wie so vieles andere, das Ökonomen alter Schule über das rationale Handeln vorausgesagt haben, läuft es auch hier nicht wie prognostiziert, wenn man sich das tatsächliche Verhalten der Menschen ansieht. Die Verhaltensökonomie beruht auf der Vorstellung, dass es Umstände gibt, unter denen wir uns systematisch irrational verhalten. Das Verhalten von Taxifahrern (und den meisten Pokerspielern) passt auf alle Fälle in diese Kategorie.

Der Verhaltensforscher Colin Camerer, Professor an der Caltech und Pionier der Neuroökonomie, untersuchte das Verhalten von Taxifahrern mit einer herausragenden Gruppe von Mitarbeitern, darunter George Loewenstein, Linda Babcock und Richard Thaler. Sie erfassten die Fahrten von fast zweitausend New Yorker Taxifahrern.

Dabei fanden sie heraus, dass die Fahrer keine besonders guten Entscheidungen darüber trafen, wann sie weiterfahren sollten. Und die Fehler, die sie machten, verliefen in beide Richtungen, das heißt, sie hörten bei guten Marktbedingungen zu früh auf und fuhren bei schlechten zu lange weiter.

Statt ihre Fahrtzeiten zu maximieren, wenn es reichlich Fahrgäste gab, und ihre unproduktiven Zeiten zu minimieren, hörten sie mit hoher Wahrscheinlichkeit frühzeitig auf, wenn die Nachfrage nach ihren Diensten hoch war. Gab es nur wenige Passagiere, arbeiteten sie die gesamten zwölf Stunden bis zur Erschöpfung bei geringem Vorteil.

Camerer und seine Kollegen befragten die Fahrer (sowie die Fahrzeugverwalter), um die von ihnen verwendete Heuristik zu verstehen, mit der sie entschieden, wann sie weiterfuhren und wann sie aufhörten. Sie entdeckten, dass die Fahrer sich ein tägliches Einnahmenziel setzten und auf dieser Grundlage festlegten, wann sie zu arbeiten aufhörten, dabei aber die nützlicheren Informationen über Einnahmebedingungen ignorierten, die sie während ihrer Schicht erlangten.

Die Fahrer hörten frühzeitig auf, wenn sie mit Leichtigkeit weitere Fahrten hätten durchführen können, nicht weil sie dachten, dass die nächste Stunde auf der Straße ihnen nicht viel einbringen würde, sondern einfach weil sie ihr Einnahmenziel für diesen Tag erreicht hatten. Aus demselben Grund arbeiteten sie lange in unproduktiven Schichten, weil sie nicht heimkehren wollten, ehe sie ihr Ziel erreicht hatten.

Es scheint sehr offensichtlich, dass die Taxifahrer nicht in Werterwartungen dachten.

Wenn sie ihr Tagesziel frühzeitig erreichten, bedeutete das, dass die Fahrbedingungen sehr gut waren. Das heißt, die von ihnen verwendete Heuristik veranlasste sie, zu einem Zeitpunkt aufzuhören, an dem der Betrag, den sie in der nächsten Stunde zu verdienen erwarteten, im obersten Bereich des Spektrums lag. Hatten sie dagegen schon viele Stunden gearbeitet und waren immer noch weit von ihrem Ziel entfernt, fuhren sie weiter, wenn der Definition entsprechend der von ihnen erwartete Verdienst gering war.

Wie viel kostete die Fahrer dieses umgekehrte Abbruchverhalten? Eine Menge, wie sich herausstellte.

Camerer berechnete, dass die Fahrer 15 Prozent mehr Einnahmen erzielen würden, wenn sie genau dieselbe Stundenanzahl arbeiteten, aber diese Stunden entsprechend der Nachfrage verteilten. Sogar wenn die Fahrer einfach eine willkürliche Heuristik wählten, zum Beispiel täglich dieselbe Stundenzahl zu arbeiten, ohne die Konditionen zu berücksichtigen, würden sie 8 Prozent mehr verdienen als mit der von ihnen verwendeten Strategie.

Könnten die Fahrer besser entscheiden, wann sie aufhören und wann sie weitermachen sollten, würden sie ihr Ziel – den größtmöglichen Gewinn aus ihrem Taxi zu erzielen – um 8 bis 15 Prozent schneller erreichen. Offensichtlich hat die schlechte Aussteuerung von Bleiben und Gehen einen sehr hohen Preis. Die Taxifahrer trafen Entscheidungen, die ihnen in beiden Richtungen schadeten, sie hörten zu früh auf *und* blieben zu lange.

Bis hierhin haben wir uns darauf konzentriert, dass ein rechtzeitiges Aufhören sich meist wie ein verfrühtes Aufhören anfühlt. Das sagt uns die Arbeit von Steven Levitt. Doch die Taxifahrer beweisen uns, dass wir unter bestimmten Umständen tatsächlich zu früh aufgeben, wenn wir nicht beharrlich genug sind. Das ist letztlich der Grund, warum es ein überaus beliebtes Buch namens *Grit* gibt, das aus Angela Duckworths einflussreicher und maßgeblicher Arbeit zu diesem Thema hervorgegangen ist.

Dass wir beide Arten von Fehlern machen, manchmal zu lange aushalten und manchmal zu früh aufgeben, sollte keine große Überraschung sein, denn Bleiben oder Gehen sind keine separaten Entscheidungen. Sie sind ein und dasselbe.

Wann immer Sie sich zum Weitermachen entschließen, hören Sie per definitionem nicht auf. Das Gegenteil trifft zu, wenn Sie sich für den Abbruch entscheiden.

Wenn wir auf der einen Seite der Gleichung schlecht sind, sind wir es dann auch auf der anderen? Das ist fraglich.

Die Taxifahrer hörten zu früh auf, wenn es gut lief, und fuhren zu lange weiter, wenn es schlecht lief. Wenn wir die Umstände verstehen, unter denen wir diese Fehler begehen, kommen wir zum Kern dessen, warum wir so schlecht im Aufhören sind und wie wir besser darin werden könnten.

Papierzuwächse und Papierverluste

Das Verhalten der New Yorker Taxifahrer von 1990 stimmt überein mit einer klassischen Studie von Daniel Kahneman und Amos Tversky, die 1979 veröffentlicht wurde und ein ähnliches Missverhältnis zwischen Weitermachen und Aufhören feststellte.

Seit den 1970er-Jahren bestimmten Kahneman und Tversky Verhaltensfaktoren, die erklärten, wann und warum wir häufig von vollkommen rationalen Entscheidungen abweichen. Ihre Arbeit von 1979 beschrieb, was zu einem Fundament der Verhaltensökonomie wurde: die Prospect Theory.

Die Prospect Theory ist ein Modell dessen, wie Menschen Entscheidungen treffen unter Berücksichtigung systematischer Präferenzen und kognitiver Verzerrungen wie Risiko, Ungewissheit, Gewinne und Verluste. Eine der zentralen Erkenntnisse der Prospect Theory ist die *Verlustangst*, wonach die emotionale Wirkung eines Verlusts stärker ist als die korrespondierende Wirkung eines vergleichbaren Gewinns. Genau genommen fühlt sich das Verlieren ungefähr zweimal so schlimm an, wie das Gewinnen sich gut anfühlt.

Wenn wir unter neuen Optionen auswählen, lässt die Verlustangst uns diejenigen bevorzugen, mit denen der geringste absolute Verlust verbunden ist, selbst wenn diese Optionen mit einer geringeren Werterwartung einhergehen. Mit anderen Worten, unsere Scheu vor dem Verlust lässt uns Entscheidungen treffen, die ein rational Handelnder nicht träfe.

Stellen Sie sich vor, Sie bekämen die folgenden beiden Angebote, die Ihnen die Wahl zwischen einer sicheren Sache und einem Spiel lassen. Für welche Option würden Sie sich in jedem der Fälle entscheiden?

a. Ich schulde Ihnen 100 Dollar. Ich biete Ihnen die Wahl, die 100 Dollar zu nehmen oder eine Münze zu werfen. Bei Kopf gebe ich Ihnen 200 Dollar. Bei Zahl erhalten Sie nichts. Werfen Sie die Münze?
b. Sie schulden mir 100 Dollar. Ich biete Ihnen die Wahl, mir die 100 Dollar zu geben oder eine Münze zu werfen. Bei Kopf ist die Schuld getilgt. Bei Zahl schulden Sie mir 200 Dollar. Werfen Sie die Münze?

Wenn Sie so sind wie die meisten Menschen und wie die Teilnehmer an der Studie von Kahneman und Tversky (und an allen Studien, die diesen Aspekt der Prospect Theory aufgreifen), wählen Sie den Abbruch, wenn Sie in Führung liegen, das heißt, Sie nehmen die sicheren 100 Dollar im ersten Szenario. Das kommt Ihnen wahrscheinlich sinnvoll vor. Warum sollten Sie schließlich die 100 Dollar riskieren, die Sie bereits in der Tasche haben, indem Sie eine Münze werfen?

Wenn Sie dagegen hinten liegen wie im zweiten Szenario, werden Sie sich für das Spiel entscheiden und die Münze werfen. Auch das wird Ihnen sinnvoll erscheinen. Wenn Sie bereits 100 Dollar schuldig sind, warum nicht die Chance nutzen, diese 100 Dollar wiederzubekommen?

Natürlich erreichen Sie bei beiden Vorschlägen langfristig den Break-even, egal für welche Option Sie sich entscheiden. Liegen Sie um 100 Dollar vorn, wenn Ihnen der Münzwurf angeboten wird, können Sie einen sicheren Gewinn von 100 Dollar einstreichen, indem Sie ablehnen, oder Sie können spielen. Nehmen Sie den Münzwurf, erhalten Sie in der Hälfte der Fälle 200 Dollar und in der anderen Hälfte nichts, was langfristig ebenfalls einen Gewinn von 100 Dollar ausmacht.

Wenn Sie um 100 Dollar hinten liegen, bieten die beiden Optionen erneut auf lange Sicht identische Ergebnisse. Sie können entweder den sicheren Verlust von 100 Dollar hinnehmen, wenn Sie die Münze nicht werfen, oder Sie wählen das Spiel. Wenn Sie die Münze werfen, radieren Sie in der Hälfte der Fälle den Verlust der 100 Dollar aus und verlieren in der anderen Hälfte 200 Dollar, was langfristig einen erwarteten Verlust von 100 Dollar bedeutet.

Es gibt also keinen Unterschied, wie viel Sie langfristig zu gewinnen oder zu verlieren erwarten können. Was das Spiel Ihnen jedoch bietet, ist die Chance, den Ausgang zu verändern. Das Spiel verschafft dem Wählenden die Möglichkeit, Glück in die Gleichung einzubringen, und verwandelt somit eine sichere Angelegenheit in ein ungewisseres kurzfristiges Ergebnis.

Dieser Unterschied zeigt eine Asymmetrie darin, wann wir aufhören und wann wir spielen wollen. Sind wir in der *Gewinnzone*, wollen wir das Glück nicht in der Gleichung haben, denn es könnte auslöschen, was wir bereits gewonnen haben. Wir wollen aussteigen, solange wir vorn liegen.

Sind wir jedoch in der *Verlustzone*, nehmen wir das Spiel und fügen Glück in die Gleichung ein in der Hoffnung, dass wir ausgleichen können, was wir bereits verloren haben. Auf einmal macht die Ungewissheit uns nichts mehr aus. Wenn wir verlieren, *wollen* wir das Glück mit einbeziehen.

Müssen wir unvoreingenommen eine Entscheidung treffen, solange wir also noch keine Verluste oder Gewinne erzielt haben, erzeugt die Verlustangst eine Vorliebe für Optionen, die mit einer geringeren Verlustwahrscheinlichkeit in Zusammenhang stehen. Das macht uns risikoscheu und hält uns davon ab, Optionen zu wählen, bei denen wir verlieren könnten.

Haben wir dagegen auf dem Papier bereits Verluste eingefahren, werden wir risikofreudig. Das hat Daniel Kahneman folgerichtig als *Angst vor dem sicheren Verlust* charakterisiert.

Die Angst vor dem sicheren Verlust lässt uns nicht mit etwas aufhören wollen, das wir bereits begonnen haben. Denn wir können diese Verluste auf dem Papier nur dann in realisierte Verluste verwandeln, wenn wir aufhören und das Spiel ablehnen. Die Möglichkeit des Münzwurfs eröffnet die Möglichkeit zu vermeiden, dass wir das tun müssen.

Wenn wir auf dem Papier einen Gewinn haben, scheuen wir jedes Risiko, das uns verlieren lassen könnte, was wir bereits gewonnen haben. Jetzt wollen wir sicherstellen, dass wir diesen Papiergewinn in einen realisierten Gewinn verwandeln können, also lehnen wir das Spiel ab.

Kahneman und Tversky wollten herausfinden, ob diese Tendenzen stark genug waren, damit die Leute für die Möglichkeit zu zahlen bereit wären, einen sicheren Gewinn zu garantieren, sowie für die Möglichkeit, einen sicheren Verlust zu vermeiden.

Stellen Sie sich vor, wir verändern unsere beiden Vorschläge folgendermaßen:

a. Ich schulde Ihnen 100 Dollar. Ich biete Ihnen die Wahl, die 100 Dollar zu nehmen oder eine Münze zu werfen. Bei Kopf gebe ich Ihnen 220 Dollar. Bei Zahl gebe ich Ihnen nichts.
b. Sie schulden mir 100 Dollar. Ich biete Ihnen die Wahl, mir die 100 Dollar zu bezahlen oder eine Münze zu werfen. Bei Kopf ist die Schuld getilgt. Bei Zahl schulden Sie mir 220 Dollar.

   Beachten Sie, dass keines der beiden ein Break-even-Angebot ist.

Wenn Sie mit 100 Dollar vorn liegen, verschafft Ihnen der Münzwurf in der Hälfte der Fälle 220 Dollar und in der anderen Hälfte 0 Dollar. Das heißt, wenn Sie durch den Münzwurf die 100 Dollar riskieren, die Sie bereits gewonnen haben, erhalten Sie langfristig 110 Dollar. Dieses neue Angebot ist also jetzt eine Wahl zwischen dem langfristigen Gewinn von 110 Dollar, wenn Sie spielen, und dem sicheren Gewinn von 100 Dollar, wenn Sie aufhören und weggehen. Lehnen Sie den Münzwurf jetzt ab, weisen Sie also diesen zusätzlichen Gewinn von 10 Dollar zurück.

Kahneman und Tversky fanden heraus, dass die Leute tatsächlich willens waren, diesen zusätzlichen Profit aufzugeben, um ihren sicheren Gewinn zu garantieren. Sie bezahlen also, um zu vermeiden, dass ihnen der Gewinn durch einen Münzwurf verlustig geht und sie es dann bereuen müssen.

In unserem Beispiel schlagen sie einen Return on Investment von 10 Prozent aus, das ist zehn Mal mehr, als irgendein Sparkonto Ihnen bieten würde, auf dem Sie Ihr Geld parken können. Dennoch steigen die meisten Menschen aus, statt ihren Vorteil zu nutzen.

Haben Sie dagegen einen Verlust von 100 Dollar auf dem Papier und erhalten ein Angebot, bei dem Sie die Hälfte der Zeit diesen Verlust tilgen können, die andere Hälfte jedoch 220 Dollar zahlen müssen, ist damit nun eine *negative* Werterwartung in Höhe von 10 Dollar verbunden. Jetzt gilt es, sich zu entscheiden zwischen dem sicheren Verlust von 100 Dollar oder dem Spiel, mit dem Sie langfristig 110 Dollar verlieren. Das heißt, wenn Sie sich für den Münzwurf entscheiden, verlieren Sie 10 Dollar mehr, als wenn Sie einfach gehen und den sicheren Verlust wählen.

Kahneman und Tversky fanden heraus, dass die Menschen tatsächlich für die Chance bezahlen, Glück in die Gleichung einzufügen, was die einzige Art ist, wie sich der sichere Verlust abwenden lässt.

Ein rational handelnder Mensch würde im ersten Fall den Münzwurf wählen und ihn im zweiten Fall ablehnen. Doch wie bei so vielem anderen verhalten sich die Menschen nicht rational, wenn es um sichere Verluste und sichere Gewinne geht. Die Entscheidung über Bleiben und Gehen wird umgekehrt.

In Anbetracht dieser Erkenntnisse wollen wir unseren Abbruch-Aphorismus noch folgendermaßen erweitern:

Rechtzeitig aufzuhören fühlt sich meistens an wie zu früh aufzuhören, und dieses *Meistens* gilt besonders dann, *wenn man in der Verlustzone ist.*

Aufhören, wenn man vorn liegt?

Es ist wenig überraschend, dass kein Mangel herrscht an wohlbekannten Ratschlägen, die Menschen vom Aufhören abhalten sollen, wo es doch so einen schlechten Ruf hat.

Es gibt jedoch eine Spruchweisheit, die tatsächlich zum Aufhören ermutigt: *Hör auf, solange du vorn liegst.* Genau wie viele dieser Sinnsprüche, die zu unbegrenztem Durchhalten aufrufen, schlechte Ratschläge sind, ist auch diese eine Weisheit, die sich für das Abbrechen ausspricht, kein bisschen besser, obwohl sie bereits über vierhundert Jahre alt ist.

Aufhören, solange man vorn liegt, verstärkt genau jene Irrationalität, die Kahneman und Tversky festgestellt haben.

Manchmal ist es natürlich vernünftig aufzuhören, solange man vorn liegt, besonders wenn man bei etwas gewinnen konnte, das auf lange Sicht eher Verlustaussichten birgt. Zum Beispiel Baccara oder Craps. Stellen Sie sich vor, Sie spielen Baccara und haben ein paar Hundert Dollar gewonnen. Das wäre ein Glücksfall, denn für jeden Dollar, den Sie in diesem Spiel setzen, verlieren Sie 2,5 Cent. Wenn Sie weiterspielen, löst sich Ihr Gewinn auf lange Sicht auf, denn wie heißt es so schön: Die Bank gewinnt immer.

Das ist ein guter Zeitpunkt, um aufzuhören, solange man in Führung liegt. Wenn die nächste Runde, die Sie spielen, verlustträchtig ist.

Aber wer aufhört, während er vorn liegt, tut dies im Allgemeinen nicht, weil ihm bewusst geworden ist, dass er einfach Glück hatte und die Verlustchancen ausgestochen hat. Er hört auf, während er vorn liegt, einfach weil er vorn liegt, egal ob die Situation, in der er sich befindet, langfristig günstig oder ungünstig ist. Wenn er dabei aus einer verlustträchtigen Sache aussteigt, ist das vermutlich Zufall. Er will einfach nicht aufs Spiel setzen, was er bereits erreicht hat, selbst wenn er für den Ausstieg einen Preis zu bezahlen hat.

Das deckt sich letztlich mit dem, was Kahneman und Tversky herausgefunden haben.

Der Rat, den wir eigentlich geben sollten, ist zu kompliziert, um ihn in einen kurzen Satz zu packen: Man soll aufhören, solange man vorn liegt … wenn das Spiel, das man spielt, oder der Weg, auf dem man geht, verlustträchtig ist. Wenn Sie sich in einer Situation befinden, die eine negative Werterwartung beinhaltet, steigen Sie unter allen Umständen aus. Aber machen Sie weiter, wenn Sie eine positive Werterwartung haben.

Das taugt allerdings nicht für einen griffigen Aphorismus. Versuchen Sie mal, das auf einen Kaffeebecher zu drucken.

Nimm das Geld und lauf

Auch Aktientrader – die nicht professionellen, die online handeln – tendieren zum Aufhören, wenn sie vorn liegen, und zum Dranbleiben, wenn sie im Hintertreffen sind. Gemeinsam mit einigen Kollegen übertrug Alex Imas, jetzt Professor an der Booth School of Business der Universität Chicago, diese wohlbekannte Erkenntnis von Kahneman und Tversky auf eine Umgebung außerhalb des Labors.

Wenn die Trader auf der Plattform eine Position eröffneten, platzierten sie eine Order zum Schließen der Position, sobald sie einen bestimmten Preis oberhalb oder unterhalb des Vertragspreises erreichte. Man nennt das Gewinnerzielungs- oder Stop-Loss-Order. (Pokerspieler legen zwar im Allgemeinen keine Gewinnerzielungswerte fest, aber häufig Verlustmarken, das heißt, sie beenden das Spiel, wenn sie einen bestimmten Geldbetrag verloren haben.)

Beachten Sie, dass das Festhalten an einer Stop-Loss-Order die Händler zwingt, Verluste auf dem Papier in realisierte Verluste umzuwandeln, während eine Gewinnerzielungs-Order das Gegenteil tut, nämlich den Händler die Gewinne auf dem Papier behalten lässt auf die Gefahr hin, dass sich der Markt gegen sie wendet. Das ist so, als würde man schon im Vorfeld festlegen, den Münzwurf abzulehnen, wenn man 100 Dollar schuldig ist, und ihm zuzustimmen, wenn man 100 Dollar zu bekommen hat.

Die Forscher wollten herausfinden, ob die Trader an ihren Gewinnerzielungs- und Stop-Loss-Orders festhielten oder ob sie eher so waren wie die Teilnehmer bei Kahneman und Tversky, die weiterspielten, wenn sie verloren, und aufhörten, wenn sie gewannen.

»Fast keiner hält sich an seine Gewinnerzielungs-Order«, verriet mir Alex Imas. »Sie steigen vorher manuell aus.« Mit anderen Worten, die Trader hören früher auf, als die Gewinnerzielungs-Order empfehlen würde, um einen Gewinn zu sichern, egal ob das Halten dieser Position eine profitable Entscheidung wäre. Wenn sie auf dem Papier einen Gewinn verzeichnen, haben sie keinerlei Interesse daran, weiterhin Glück in die Gleichung einfließen zu lassen und Erträge aufs Spiel zu setzen, die sie sich in die Tasche stecken könnten.

(Ich hoffe, es wird deutlich, wie schlecht der Ratschlag »Hör auf, wenn du vorne liegst« wirklich ist, denn er bestärkt unsere natürliche Tendenz, in solchen Situationen irrational zu handeln.)

Wenn die Trader dagegen verlieren, löschen sie ihre Stop-Loss-Orders und setzen lieber darauf, dass die Position sich erholt und sie ihre Verluste auf dem Papier nicht in realisierte Verluste verwandeln müssen, eine Entscheidung, die das Risiko immer größer werdender negativer Erträge mit sich bringt.

Es sollte natürlich unser Ziel sein weiterzumachen, wenn wir eine positive Werterwartung haben, egal ob wir bei unserem vorangegangenen Handeln bereits gewonnen oder verloren haben. Da diese Entscheidungen unter Ungewissheit getroffen werden, wissen wir nur selten mit Gewissheit, ob Weitermachen oder Aufhören die beste Wahl ist. So wie es leichter für die Taxifahrer ist, zu erkennen, ob sie ein Tagesziel erreicht haben, ist es für jeden von uns leichter zu erkennen, ob wir vorn oder hinten liegen, daher nutzen wir dieses Signal, um zu bestimmen, ob wir fortfahren oder nicht.

Das Ergebnis ist, dass wir abbrechen, wenn es gut läuft, selbst wenn wir eine gute Chance vertun, noch mehr zu gewinnen. Läuft es dagegen nicht gut, wollen wir nicht aufhören, selbst wenn das Weitermachen – der Versuch, auf die andere Seite der Null zu gelangen – die Sache eher verschlimmert.

Beim Poker habe ich das immer wieder beobachtet. Die meisten Spieler konnten gar nicht schnell genug ihre Chips zusammenraffen und zur Kasse laufen, wenn ihnen auch nur der kleinste Vorwand geboten wurde, das Spiel abzubrechen. Waren sie jedoch in der Verlustzone, klebten sie regelrecht an ihren Stühlen fest. Oft habe ich erlebt, dass eigentlich kompetente Pokerspieler beim Spiel Geld verloren und sich weigerten, Schluss zu machen, wenn sie betrunken, müde, wütend oder einfach nicht in der Lage waren, gut zu spielen.

Diese Aufhören-wenn-es-gut-läuft-Strategie kostet Pokerspieler echtes Geld und lässt sie die Stunden minimieren, in denen sie gut spielen, weil das mit dem Gewinnen zusammenhängt, und die Stunden maximieren, in denen sie schlecht spielen, weil das mit dem Verlieren zusammenhängt.

Täuschen Sie sich nicht, das kostet auch Sie Geld. Sei es an der Börse oder bei irgendeinem anderen Investment, diese Verhaltenstendenz beeinflusst Ihren Nettogewinn.

Wie smart ist smartes Geld?

Die Trader, die ihre Stop-Loss-Orders durchbrochen haben, waren natürlich keine Experten. Würde sich diese Tendenz in Luft auflösen, wenn sie es wären? Werden Sie besser in solchen Abbruchentscheidungen, wenn Sie genügend Erfahrung und Fachkenntnis bei etwas besitzen?

Das würde sich mit dem decken, was beim Pokern passiert. Spielexperten treffen bessere Entscheidungen darüber, wann sie passen und wann sie ein Spiel beenden sollten. Und wie sich zeigte, verhalf die Erfahrung auch den Taxifahrern dazu, besser aufhören zu können.

Henry Farber, Wirtschaftswissenschaftler in Princeton, untersuchte für eine 2015 erschienene Arbeit die Daten zum Verhalten der Taxifahrer von 2009 bis 2013. Er stellte fest, dass erfahrene Fahrer zwar keine perfekten, aber doch bessere Entscheidungen über das Weiterfahren und das Aufhören trafen als Neulinge.

Wenn die Erfahrung Pokerspielern und Taxifahrern zu einer größeren Ausgewogenheit verhilft, können erfahrene Investoren vielleicht auch besser entscheiden, wann und was sie verkaufen, als Freizeitanleger.

Mit einer Gruppe von Kollegen, zu denen auch Alex Imas gehörte, stellte Klakow Akepanidtaworn genau diese Frage, und die Antwort lautet … gewissermaßen.

Die Analyse der Forscher ergab, dass erfahrene Anleger die Fehler hinter sich lassen, die häufig von Hobbyinvestoren begangen werden. Diese Portfoliomanager folgten nicht der einfachen Heuristik des Aufhörens, wenn es gut läuft, und des Weitermachens, wenn man im Minus ist. Doch die Analyse zeigte auch eine Asymmetrie bei der Qualität dieser Kauf- und Verkaufsentscheidungen.

Die Forscher untersuchten Daten von erfahrenen Marktteilnehmern, über 700 institutionellen Portfoliomanagern, die Vermögen im Wert von durchschnittlich fast 600 Millionen Dollar verwalteten. Es ist wenig überraschend, dass die Kaufentscheidungen der Investitionsexperten viel besser abschnitten als eine Benchmark, die einfach den Markt abbildete. Die von diesen Portfoliomanagern erworbenen Börsenwerte übertrafen die Benchmark im Durchschnitt aufs Jahr gerechnet um über 120 Basispunkte (oder 1,2 Prozentpunkte).

Diese Investoren verbringen einen Großteil ihrer Zeit damit, gute Strategien für ihre Investments ausfindig zu machen, und sie profitieren von ihren Recherchen und ihrem Fachwissen. In der Abbildung *Ertrag Kaufen – Ertrag Halten*, die ihre Überschüsse im Zeitverlauf wiedergibt, sehen Sie, wie stark ihre Entscheidungen über das Aufnehmen einer Position die Benchmark übertreffen.

Doch wie steht es mit ihren Abbruchentscheidungen? Wie gut sind ihre Entscheidungen darüber, welche Aktien verkauft werden sollen?

Um herauszufinden, wie gut diese Investitionsexperten bei Verkaufsentscheidungen waren, verglichen Akepanidtaworn, Imas und ihre Kollegen die tatsächlichen Verkaufsentscheidungen der Investoren mit einer hypothetischen Strategie, bei der sie willkürlich auswählten, welche Aktien aus ihrem Portfolio zum Zeitpunkt des Verkaufs abgestoßen werden sollten.

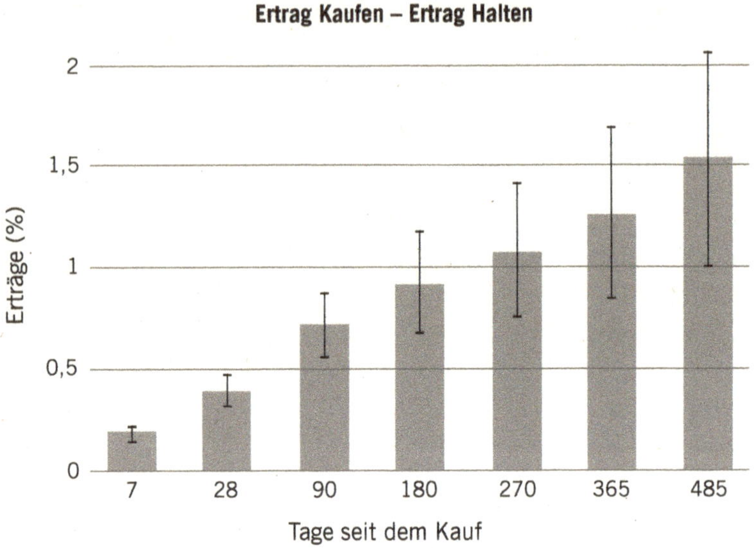

Akepanidtaworn, Klakow, Rick Di Mascio, Alex Imas und Lawrence Schmidt: »Selling Fast and Buying Slow: Heuristics and Trading Performance of Institutional Investors«, SSRN Electronic Journal (2019), doi.org/10.2139/ssrn.3301277.

Mit anderen Worten, wie schnitten ihre Ausstiegsentscheidungen beim Verkauf einer Position ab im Vergleich zum Werfen von Dartpfeilen auf ein Portfolio, bei dem einfach das verkauft wird, worauf der Pfeil landet?

Ziemlich mies, wie sich herausstellte.

Der Vorteil, den diese Experten beim Aktienkauf haben, spiegelt sich nicht im Verkauf wider. Sie haben zwar ein Plus von 120 Basispunkten bei den überschüssigen Erträgen aufseiten der Kaufentscheidungen, dafür allerdings ein *Minus* von aufs Jahr gerechnet 70 bis 80 Basispunkten aufseiten der Verkaufsentscheidungen. Das heißt, sie würden besser abschneiden, wenn sie einfach willkürlich aus ihrem Portfolio auswählten, was verkauft werden soll.

Das sehen Sie an der Abbildung *Ertrag Verkaufen – Ertrag Halten*, die zeigt, wie viel sie im Laufe der Zeit im Vergleich zum Dartpfeilwerfen verlieren.

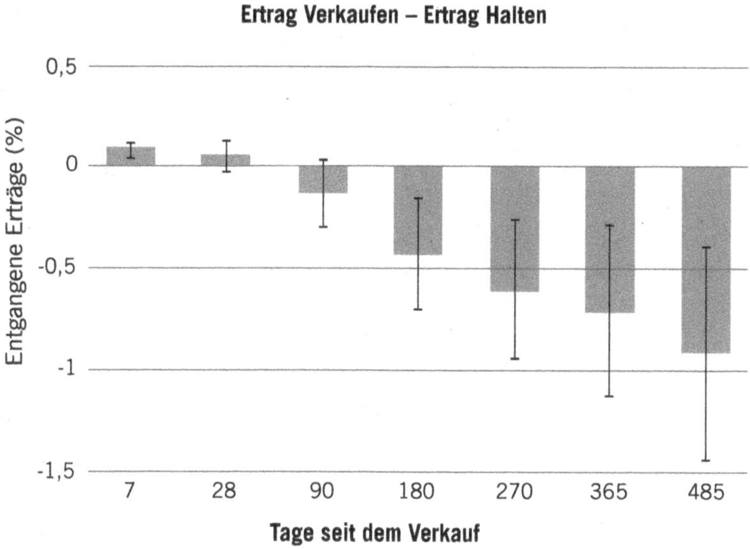

Akepanidtaworn et al.: »Selling Fast and Buying Slow«.

Ein Großteil der maßgeblichen Überschüsse, die diese Anlageexperten mit ihren Entscheidungen darüber erzielen, welche Aktien sie ihren Portfolios hinzufügen, geht bei ihren Verkaufsentscheidungen aufgrund von Opportunitätskosten wieder verloren. Sie können es so betrachten: Würden sie willkürlich auswählen, was sie verkaufen, hätten sie mehr Geld, um es in bessere Gelegenheiten zu investieren.

Seien es Investoren aller Art, Taxifahrer, die Probanden von Kahneman und Tversky, Pokerspieler oder Bergsteiger am Mount Everest – wir sehen, dass diese mangelnde Ausstiegsfähigkeit einen hohen Preis fordert.

Die Autoren haben sich mit den Daten beschäftigt, um zu verstehen, welche Strategie die Anlageexperten bei ihren Verkaufsentscheidungen anwendeten. Sie fanden heraus, dass sie mit ihren Verkäufen vor allem ihre nächsten Positionen finanzieren wollten. Das bestimmte den Zeitpunkt. Und wenn es darum ging, welche Aktien sie verkauften, um diese Mittel zu erzielen, stellten die Forscher fest, dass die Investoren eine Heuristik einsetzten, die nur wenig mit der Werterwartung zu tun hatte. Stattdessen neigten sie dazu, Aktien nur dann zu verkaufen, wenn sie entweder extreme Gewinner oder extreme Verlierer im Portfolio darstellten.

Mit anderen Worten, beim Kauf versuchten diese Profi-Investoren, Positionen zu finden, die gute Aussichten auf steigende Kurse hatten. Beim Verkauf dagegen schienen sie sich nicht so viel bis gar keine Arbeit zu machen, weder im Hinblick auf den Zeitpunkt des Abstoßens dieser Positionen noch bezüglich ihrer zukünftigen Aussichten.

Die beste Ausstiegsstrategie wäre es, das gesamte Portfolio zu betrachten (nicht nur die Ausreißer darin), zu entscheiden, welche im weiteren Verlauf den geringsten Wert erzeugten, und diese dann zu verkaufen. Das würde den Wert des Portfolios insgesamt maximieren. So ist schließlich auch ihre Kaufstrategie. Nach dieser handeln sie gekonnt und erfolgreich unter Verwendung großartiger datenbezogener Strategien, um Überschusserträge zu erzeugen.

Stellt sich die Frage, warum sie in einer so datenintensiven Umgebung nicht das Problem bemerken, das sie mit ihren Ausstiegsentscheidungen haben, oder die Daten nutzen, um eine Lösung für dieses Problem zu entwickeln.

Feedback für das, was man nicht tut

Wenn es ums Aufhören geht, haben wir ein Feedbackproblem. Wenn wir etwas tun, verfolgen wir es natürlich nach. Wir wissen, was dabei herauskommt, denn das ist der Weg, den wir gehen. Wenn wir den Mount Everest besteigen oder ein Unternehmen führen oder eine Beziehung führen oder eine Arbeitsstelle haben – immer verfolgen wir diese Dinge nach, weil wir *darinstecken*. Das ist die Timeline, auf der wir uns bewegen.

Doch wenn wir sie beenden, haben wir ein doppeltes Problem damit, Feedback zu bekommen.

Erstens ist bei den meisten Dingen, aus denen wir aussteigen, keine offensichtliche Information darüber verfügbar, wie sie ausgegangen wären, wenn wir weitergemacht hätten. Das ist rein hypothetisch oder kontrafaktisch. Was, wenn ich dieses Geschäft nicht aufgegeben hätte? Was, wenn ich bei dem Arbeitsplatz geblieben wäre? Was, wenn ich das Studienfach oder die Uni gewechselt hätte?

Anstelle von Fakten haben wir nur dieses »Was, wenn«.

Dadurch lässt sich schwer beurteilen, ob unsere Entscheidung aufzuhören besser war, als die Entscheidung weiterzumachen gewesen wäre. Wir haben nichts, das wir direkt miteinander vergleichen können, abgesehen von dem, was in unserer Vorstellung existiert.

Zweitens verfahren wir meist nach dem Motto *Aus den Augen, aus dem Sinn,* wenn wir etwas aufgeben. Wir verfolgen nicht nach, was wir hinter uns gelassen haben. Das ist es wahrscheinlich, was das Problem mit den Portfoliomanagern verursacht. Wenn sie eine Position eröffnen, verfolgen sie deren Verlauf täglich nach, weil sie Teil des Portfolios ist. Sind sie jedoch erst einmal ausgestiegen, beobachten sie sie nicht länger auf dieselbe Weise, denn sie ist jetzt nicht mehr in ihrem Besitz. Sie ist nicht mehr Teil ihrer Gewinn- und Verlustrechnung, jedenfalls nicht, soweit sie das offensichtlich erkennen können.

Das Tragische dabei ist, dass diese Investoren in der seltenen Lage sind, dass tatsächlich Daten vorliegen, um die Qualität ihrer Entscheidungen beurteilen zu können. Sie können Antworten erhalten auf Fragen wie: Habe ich zum richtigen Zeitpunkt verkauft? Habe ich zu früh verkauft? Habe ich zu spät verkauft? Hätte ich etwas anderes aus meinem Portfolio verkaufen sollen, das im Hinblick auf die Benchmark besser abgeschnitten hätte?

Bei ihren Untersuchungen stellten die Forscher fest, dass die Investoren weiterhin Verluste durch ihre Ausstiegsentscheidungen erzielten, einfach weil sie nicht die Analyse durchführten, um es herauszufinden.

Manchmal führen Trader Schattenbücher über Aktien, die zu kaufen sie zwar erwogen, aber nicht umgesetzt haben, um zu sehen, wie diese Entscheidungen ausgegangen wären. Kunden, die am Finanzmarkt tätig sind, habe ich empfohlen, dieselbe Strategie anzuwenden, um das Feedbackproblem bei Verkaufsentscheidungen zu lösen. Sie sollten Buch führen über diese Verkaufsentscheidungen und herausfinden, wie sie im Vergleich zu einer Benchmark abschnitten, bei der sie zum gleichen Zeitpunkt einfach willkürlich etwas anderes aus ihrem Portfolio verkauft hätten.

Es gibt viele Situationen, in denen sich nicht nachvollziehen lässt, wie sich die Dinge entwickelt hätten, wenn wir einfach dabeigeblieben wären. Doch das Problem für die Portfoliomanager hat eine offensichtliche Lösung. Sie müssen ihre Verkaufsentscheidungen ebenso konsequent nachverfolgen wie ihre Kaufentscheidungen.

Zusammenfassung Kapitel 3

- Eine wesentliche Erkenntnis der Prospect Theory ist die *Verlustangst*, das Phänomen, demzufolge die emotionale Wirkung eines Verlustes größer ist als die entsprechende Wirkung eines gleichwertigen Gewinns.
- Die Verlustangst schafft eine Vorliebe für Optionen, die mit einer geringeren Verlustwahrscheinlichkeit einhergehen. Sie macht uns risikoscheu.
- Wenn wir in der Gewinnzone sind, neigen wir dazu, zu früh aufzuhören, um das Risiko zu vermeiden, diese Gewinne aufgeben zu müssen. Mit anderen Worten, wir steigen gern aus, wenn es gut läuft.
- Wenn wir in der Verlustzone sind, werden wir risikofreudig. Wir wollen weitermachen und hoffen, dass wir eine Realisierung der Verluste vermeiden können. Daniel Kahneman bezeichnete das als *Angst vor dem sicheren Verlust*. Mit anderen Worten, wir machen gern weiter, wenn es schlecht läuft.
- Rechtzeitig aufzuhören, fühlt sich meistens an wie zu früh aufzuhören, und dieses *Meistens* gilt besonders dann, *wenn man in der Verlustzone ist*.
- Börsenhändler zeigen dieses Ausstiegsmuster, wenn ihre Aktien gut laufen, und machen weiter, wenn sie ins Hintertreffen geraten.
- Selbst Anlageexperten treffen ihre Ausstiegsentscheidungen nicht richtig. Sie treffen hervorragende Kaufentscheidungen, zeigen aber mit ihren Verkaufsentscheidungen schwache Leistungen.
- Haben wir etwas hinter uns gelassen, hören wir auch auf, diese Vorgehensweise nachzuverfolgen. Das macht es problematisch, ein qualitativ hochwertiges Feedback zu erhalten, und das wiederum erschwert es, unsere Ausstiegsfähigkeiten zu verbessern.

EINSCHUB 1

Ausstieg vor aller Augen

El Capitan ist der berühmteste – und eindrucksvollste – Felsen der Welt. Er liegt im Yosemite-Nationalpark und hat enorme Ausmaße sowie über siebzig anerkannte Aufstiegsrouten. Vom Fuß bis zum Gipfel misst »El Cap« 900 Meter.

Die erste Besteigung 1958 gelang einem Team, das innerhalb von sechzehn Monaten sechsundvierzig Tage damit zubrachte, Bolzen in den Granit zu bohren, um sich an Seilen hochzuziehen.

Achtundfünfzig Jahre später, im Jahr 2016, beschloss der Spitzenkletterer Alex Honnold, den Felsen auf eine verrückte, fast unvorstellbare Weise zu besteigen. Auf einer extrem schwierigen Route namens Freerider wollte er »free solo« aufsteigen. Ganz allein. An einem Tag. Vom Fuß bis zum Gipfel, ohne Haken oder Kletterhilfen einzuschlagen oder auch nur zu verwenden außer den von der Natur gegebenen. Und ohne Seile zu verwenden, um seinen Aufstieg zu unterstützen oder, was noch wichtiger ist, die Folgen eines Absturzes zu vermeiden oder zu begrenzen.

Honnold vertraute ein paar Leuten – fast alle ebenfalls Spitzenkletterer – an, dass er die Absicht hatte, via Freerider allein und ohne Hilfsmittel hochzusteigen. Er willigte ein, dass sein Freund Jimmy Chin die Aktion filmte, und Chin nahm an, dass dies eine fantastische Dokumentation werden würde, nicht nur weil Honnold einer der wenigen war, die etwas so Gefährliches überhaupt in Betracht zogen, sondern auch, weil noch nie jemand einen Einzelaufstieg ohne Hilfsmittel auf den El Capitan versucht hatte.

Fast alle Kletterer nutzen Sicherheitsseile, wenn sie Felsen besteigen. Der menschliche Körper kann einen Sturz aus mehr als 25 Metern Höhe kaum überleben. Bei Felsformationen von Dutzenden oder sogar Hunderten Metern Höhe bedeutet ein Absturz den Tod.

Selbst die erfahrensten Kletterer der Welt (die sich selbst als »Freeclimber« betrachten) erkennen die Unvermeidlichkeit der Schwerkraft an und richten sich danach. Freeclimber bleiben aus Sicherheitsgründen an Seilen befestigt, nutzen diese jedoch nicht als Aufstiegshilfen, ebenso wie Trapez- oder Drahtseilkünstler Netze (oder Seile) nur verwenden, um sie im Falle eines Absturzes aufzufangen. Freeclimbing gilt als Test für die Kletterfähigkeiten, hat aber den Vorteil des Verzeihens, wenn man aus mehr als 25 Metern Höhe stürzt.

Freeclimbing ohne Seil ist derselbe Eignungstest, doch man stirbt beim ersten Fehler, weil kein Seil einen Sturz aus tödlicher Höhe bremst. Deshalb gibt es so wenige Solo-Freeclimber, und die meisten der bekannten weilen nicht mehr unter uns.

So eine Meisterleistung ist die ultimative Ja-/Nein-Prüfung. Tommy Caldwell, ein weiterer Hardcore-Kletterer der Spitzenklasse und Freund Honnolds, der ihm beim Training half, sagte: »Stellen Sie sich eine sportliche Leistung auf olympischem Goldmedaillen-Niveau vor, bei der Sie sterben, wenn Sie die Goldmedaille nicht gewinnen. Ungefähr so ist es, allein und ohne Hilfsmittel auf den El Cap zu klettern. Da muss man schon perfekt sein.«

Auch Honnold dabei zu filmen, war ein schwieriges, teures und heikles Unterfangen. Chin stellte ein Kamerateam aus erfahrenen Kletterern zusammen. Wie Chin und Caldwell waren die meisten davon mit Honnold befreundet. Sie mussten zehn Kameras an verschiedenen Punkten der Route platzieren, einrichten und bedienen. Das musste außerdem unsichtbar erfolgen, um den Klettervorgang weder zu behindern noch zu unterstützen.

Mehrere Monate des Jahres 2016 übte Honnold – mit Seilen – die Tücken aller dreißig Abschnitte (als »Pitches« bezeichnet) der Freerider-Route. Sein Training vor Ort wurde häufig von der Filmcrew dokumentiert, darunter auch sein Ausrutscher beim Training auf Pitch 6, Freeblast Slab (146 Meter Höhe). Er war an einem Seil befestigt, deshalb stürzte er »nur« 9 Meter tief, doch das war immer noch genug, um sich den Knöchel zu verstauchen und eine Bänderzerrung zuzuziehen.

Drei Wochen nach seiner Verletzung nahm er, nur teilweise genesen, das Training wieder auf und beschloss, bald seinen Solo-Aufstieg zu versuchen, ehe der herannahende Winter das Zeitfenster für 2016 schloss.

Die Dokumentarcrew filmte alles.

Am Morgen seines Vorhabens erwachte er um 3.30 Uhr und begann in der Dunkelheit aufzusteigen. Das Kamerateam musste gleichzeitig außer Sicht bleiben und auf seine Positionen gelangen. Als er Pitch 6 erreichte, filmte ihn eine Kamera aus der Entfernung, seine Stirnlampe war die einzige Lichtquelle.

Während er an Pitch 6 im Fels hing, spürte Honnold, dass er seinen Füßen nicht trauen konnte.

Das war die perfekte Voraussetzung, um eine schlechte Entscheidung über die Fortsetzung des Aufstiegs zu treffen. Er hatte Monate in die Vorbereitung investiert. Geld war ausgegeben worden. Etliche andere Kletterer hatten Zeit aufgewendet, um ihm bei der Vorbereitung zu helfen, einige hingen im Fels, um ihn zu filmen. Mit vielen davon war er eng befreundet, darunter Jimmy Chin, der Honnolds Versuch filmte.

Chin hatte eine Menge Material, aber daraus eine Dokumentation zu machen ohne einen großen Gipfelaufstieg wäre, als wolle man einen *Rocky*-Film verkaufen, der mit einer Trainingsszene endet. Es gab keine Doku, wenn Honnold nicht weiter als 146 Meter auf Pitch 6 hochstieg und dann umkehrte.

Schlimmer noch, es war das Ende der Saison. »Bis zum nächsten Jahr warten« kann dasselbe heißen wie »nie«, wenn es um die Frage geht, ob ein Freeclimber das im folgenden Jahr immer noch will – oder überhaupt noch am Leben ist, um es zu probieren.

Trotz all der Kräfte, die gegen ein Aufgeben Honnolds in diesem Moment wirkten, sabotierte er sein Vorhaben absichtlich, indem er sich an einem nahe gelegenen Sicherungshaken festhielt. Über ein Mikrofon in seiner Kreidetasche sagte er: »Das ist ätzend. Ich will hier nicht sein. Ich bin raus.«

Er kletterte abwärts. Die ganze Crew kletterte abwärts. Die Gruppe ging auseinander, und Honnold kehrte zurück zu seinem Van (in dem er auch gelebt hatte) und fuhr 560 Kilometer heim nach Las Vegas.

Im nächsten Juni kehrte Alex Honnold zurück, die Crew fand wieder zusammen, und er bestieg erfolgreich den Gipfel, allein und ohne Hilfsmittel.

Die *New York Times* bezeichnete das als »eine der größten sportlichen Leistungen jeglicher Art und aller Zeiten«. Jimmy Chin und Mitregisseurin Elizabeth Chai Vasarhelyi brachten die Dokumentation *Free Solo* 2018 heraus. Diese gewann den Oscar für den besten Dokumentarfilm.

Fast jeder, der *Free Solo* sieht, ist fasziniert von der Schwierigkeit dessen, was Honnold tat, der Gefahr und den notwendigen Fähigkeiten (ganz zu schweigen von dem Aufwand, das alles zu filmen). Als körperliche Leistung war Alex Honnolds Solo-Aufstieg im Juni 2017 natürlich tatsächlich eindrucksvoll und suchte ihresgleichen.

Weniger offensichtlich war jedoch die *mentale Leistung,* bei Pitch 6 aufzugeben und zurückzukehren. Als er die Entscheidung gefällt hatte, es zu wagen und an diesem Morgen im Jahr 2016 aufzusteigen, drängte jede Kraft – außer natürlich der Schwerkraft – ihn zum Durchhalten. Er hatte Monate in das Training investiert. Seine Freunde hatten nicht nur Zeit und Geld in das Vorhaben gesteckt, sondern riskierten im wahrsten Sinne des Wortes ihr Leben, um es zu filmen. Ein gesamtes Filmprojekt stand auf dem Spiel.

Zu verstehen, was Honnolds Entscheidung so außergewöhnlich machte, vermittelt uns einen Einblick in die Kräfte, die uns alle dazu treiben, zu lange durchzuhalten, und in die Strategien, mit denen wir mehr wie Honnold werden könnten, wenn es um unsere Entscheidungen über das Weitermachen und das Aufhören geht.

TEIL 2

In der Verlustzone

KAPITEL 4

Eskalierendes Commitment

GEGEN ENDE DER 1930ER-JAHRE ZÄHLTEN HAROLD Staws Eltern zu den Millionen Amerikanern, die mit ihren Familien von der Ostküste nach Südkalifornien zogen, der letzten Grenze für die Jagd nach dem American Dream. Auch Shirley Posners Familie war nach Los Angeles gezogen, wo sie Harold kennenlernte. Sie verliebten sich ineinander, heirateten 1940 und bekamen zwei Kinder. Während des Zweiten Weltkriegs arbeitete Harold in einer Munitionsfabrik in Los Angeles.

Nach dem Krieg ließen Harold und Shirley sich in San Bernardino nieder, am östlichen Ende einer Gegend, die als Inland Empire bekannt war, 100 Kilometer von Los Angeles entfernt. Die Kriegsjahre waren eine gute Zeit für L. A. gewesen, denn es war ein Zentrum für die Verteidigungsproduktion. Mit wachsendem Wohlstand wurde ein Großteil des Inland Empire von Farmland und Zitrusfruchtplantagen in Wohngebiete umgewandelt.

Harolds Stiefvater und seine Mutter betrieben ein Lebensmittelgeschäft, und Harold und Shirley taten es ihnen nach. Sie erwarben ein Ladenlokal in der Nachbarschaft. Die Gewinne waren nicht groß, doch nach einigen Jahren erkannte Harold die Zeichen der Zeit. Große Supermarktketten übernahmen die Führung, und es würde bald unmöglich für einen Tante-Emma-Laden sein, gegen sie anzutreten.

Harold musste ein aussichtsreicheres Gewerbe finden.

Im Jahr 1952 machte er eine einzigartige Gelegenheit in Fontana aus, 16 Kilometer westlich von San Bernardino, am Rande einer neuen Schnellstraße, die eines Tages bis nach Los Angeles führen sollte. Fontana war eine boomende Industriestadt. Kaiser Steel hatte dort im Zweiten Weltkrieg eine riesige Fabrik errichtet, und als die USA in den Koreakrieg eingetreten waren, wurde sie noch belebter.

Harold dachte sich, dass diese ganzen Arbeiter – überwiegend Zugezogene, die jetzt gute Löhne erhielten – einen Markt bildeten, an den er Haushaltsgeräte verkaufen konnte. Da die Fabrikarbeiter alle der Stahlarbeitergewerkschaft angehörten, würde sein Geschäft exklusiv an Gewerkschaftsmitglieder verkaufen, so wie ein Post Exchange auf einer Militärbasis.

Zu Beginn hatte er außer der Idee nur wenig. Mit dem bisschen Geld, das die Staws mit dem Lebensmittelladen erwirtschaftet hatten, konnte Harold sich nur die Miete eines winzigen Gebäudes leisten, in dem vorher Hühner gehalten worden waren. Doch mit Unterstützung von Shirley und den beiden Kindern fegte er voller Begeisterung die Hühnerfedern hinaus und eröffnete den Union Store.

Er hatte kein Geld für große Lagerbestände – das gesamte Unternehmen war eine äußerst minimalistische Angelegenheit –, doch er nutzte die Einschränkungen von Raum und Budget, um Preisermäßigungen anzubieten. Die Kunden konnten sich mehrere Ausstellungsstücke ansehen. Wenn sie einen Kühlschrank oder einen Herd sahen, der ihnen gefiel, bestellte er ihn beim Hersteller.

Harolds Idee erwies sich als der visionäre erste Schritt beim Aufbau einer erfolgreichen Einzelhandelskette. Der umgebaute Hühnerstall lief so gut, dass Harold auf ein größeres Gebäude in Upland expandierte, noch mal 20 Kilometer weiter westlich an der Schnellstraße, deren Bau voranschritt. Der Laden in Upland hatte mehr Platz, mehr Lagerbestand und verkaufte jetzt neben den Haushaltsgeräten auch Haushaltswaren. Harold erweiterte seinen Kundenstamm, indem er das Geschäft auch für Mitglieder anderer Gewerkschaften öffnete (und dann die Voraussetzung der Mitgliedschaft ganz entfallen ließ).

Die Fünfzigerjahre waren ein Zeitraum ungebremsten Wachstums für Harold Staw und, wie es schien, seine gesamte Umgebung. Die Bevölkerungszahl des Inland Empire wuchs in diesen zehn Jahren um fast 80 Prozent. Das Umland von Los Angeles (das sich letztlich auf 34.000 Quadratmeilen ausbreitete) wurde immer besser durch das schnell wachsende kalifornische Highway-System erschlossen und zu einer der am schnellsten wachsenden und größten Metropolgegenden der Welt. Scheinbar endlose Ströme von Menschen wurden angelockt von den Möglichkeiten und dem Lifestyle, den Südkalifornien versprach. Diese Leute fanden gute Arbeitsplätze, hatten steigende Einkommen, gründeten Familien, wurden Hausbesitzer und zogen schließlich in größere Häuser.

Sie brauchten Küchengeräte. Sie brauchten Haushaltsartikel. Sie brauchten eine Menge Verbraucherwaren, und Harold Staw war derjenige, der sie ihnen verkaufte.

Harold eröffnete einen noch größeren Laden, jetzt unter dem neuen Namen ABC, in Montclair (nur 5 Kilometer westlich die Schnellstraße herunter). Er handelte einen Mietvertrag für fünfzig Jahre aus. Seine Profitabilität überstieg alles, was er sich hätte vorstellen können, als er in Fontana war, oder was er in Upland hätte erzielen können.

In rascher Folge kaufte er Mitbewerber auf, expandierte und fusionierte in einem Fall mit einem anderen Eigentümer mehrerer Läden. Der ABC Store in Covina – zwischen L. A. und San Bernardino an der weiter wachsenden Schnellstraße gelegen – war gigantisch, über 9000 Quadratmeter. Es war das größte Ladenlokal in Kalifornien, wenn nicht sogar im ganzen Land. Harold verwandelte die Geschäfte in echte One-Stop-Einkaufszentren. Er bot nicht nur alles von Kleidung über Haushaltswaren bis zu Großgeräten, sondern mietete auch Räumlichkeiten für Dienstleister wie Versicherungsagenturen und Optiker.

Zu Beginn der Sechzigerjahre war ABC Stores eine große Einzelhandelskette in Südkalifornien. Harold expandierte 1961 mit seinem bisher größten Vorhaben, einem Zusammenschluss mit dem texanischen Discounter Sage Stores. Sage hatte Wurzeln, die Harold vertraut waren. Während er sich anfangs auf den Verkauf an Gewerkschaftsmitglieder spezialisiert hatte, so hatte Sage an Behördenmitarbeiter verkauft. (Sage war ein Akronym für »State and Government Employees«.)

Staw wurde der größte Aktionär und CEO des kombinierten Unternehmens namens Sage International. Bei seinem Börsengang 1962 wurde das Unternehmen mit 10 Millionen Dollar bewertet, wovon der Familie Staw über 30 Prozent gehörten.

Wie in den meisten Erfolgsgeschichten war auch Harold Staws Aufstieg eine Kombination aus Können und Glück. Es war bemerkenswert, wie er sich selbst von praktisch nichts zu enormem Reichtum katapultierte (mit der Aussicht auf potenziell noch größeren Reichtum). Sein wesentliches Startkapital bestand aus Grips, Durchhaltevermögen und starken Nerven, und er nutzte es, um günstige Entwicklungen auszunutzen, die er zwar vorhersah, die aber außerhalb seiner Kontrolle lagen: die demografischen Veränderungen der Babyboom-Generation und das Wachstum des Konsums.

Diese günstigen Trends setzten sich in Südkalifornien bis in die Sechziger (und darüber hinaus) fort, doch die Chancen im Einzelhandel wurden so lukrativ, dass sie schließlich auch Konkurrenten anlockten, die Harold Staw nicht überlisten, ausstechen oder aufkaufen konnte.

Das Jahr des Zusammenschlusses mit Sage war auch das Jahr, in dem der erste Kmart eröffnete.

Kmart wurde selbst später von Walmart und Target aus dem Weg geschubst (die beide ebenfalls 1962 ihre ersten Läden in Arkansas beziehungsweise in Minnesota eröffneten), doch in den Sechzigerjahren war Kmart mit dem Schubsen an der Reihe. Das galt ganz besonders in Kalifornien. S. S. Kresge, eine nationale Kette bereits erfolgreicher Billigwarenhäuser, errichtete den ersten Kmart nördlich von Los Angeles und San Fernando im Januar 1962. Am Jahresende gab es bereits achtzehn Kmarts im ganzen Land.

Die Kmarts eröffneten ganz in der Nähe von Harolds Geschäften, manchmal gleich gegenüber oder ein paar Häuser weiter. Die Kette schaffte es, seine Preise zu unterbieten. Da sie dieselbe Strategie nutzte, ihr wachsendes Imperium auf Kosten anderer lokaler Händler zu platzieren und zu betreiben, blieben die unabhängigen Discounter Kaliforniens auf der Strecke.

Ende der Sechzigerjahre war ABC (so hießen die kalifornischen Niederlassungen immer noch) nicht mehr gewinnbringend.

In Texas blieb Sage erfolgreich, eröffnete weiterhin neue Läden und florierte. Kmart hatte sich noch nicht wesentlich nach Texas ausgebreitet. Selbst das im angrenzenden Arkansas gegründete Walmart kam erst 1975 nach Texas. Das war gut für das Mutterunternehmen, denn das Wachstum von Sage glich die zunehmenden Verluste bei ABC aus.

Doch es war problematisch für Harold Staw. Er war CEO von Sage International und sein größter Aktionär, doch die texanischen Ladenbetreiber (die durch die Fusion einen beachtlichen Aktienanteil besaßen) regten sich zunehmend darüber auf, dass sie Harolds Verluste in Kalifornien subventionierten. Sie wollten die ABC Stores loswerden; sie verkaufen, solange sie noch irgendeinen Wert hatten. Das bedeutete, den Teil des Unternehmens abzustoßen, den Harold aufgebaut hatte.

Die Entscheidung schien klar genug.

Harold leitete ein Unternehmen mit guten Aktivposten (die Läden in Texas) und schlechten Aktivposten (die Läden in Kalifornien). Er hatte keine gute Antwort auf die Wettbewerbsbedrohung durch Kmart. Außerdem drohten seine texanischen Aktionäre zu revoltieren, weil sie erkannten, dass Sage International (dessen größter Aktionär er war und bleiben sollte) ohne diese kalifornischen Niederlassungen viel profitabler wäre.

Doch Harold wollte sie nicht verkaufen oder schließen. Diese ABC Stores waren seine Babys. Er hatte sie geschaffen. Er hatte sie genährt und zum Wachsen gebracht. Sie waren die Verkörperung von so viel Arbeit und so viel klugen, rechtzeitigen Entscheidungen.

Anfang der Siebzigerjahre eskalierte der Unwille der texanischen Aktionäre in einen Proxy-Fight und einen teuren, schmutzigen Gerichtsprozess.

Der böseste Einschnitt war, dass einer seiner engsten Freunde, der zugleich sein langjähriger Anwalt gewesen war, auf die texanische Seite überwechselte und ihre Klage einreichte.

Doch trotz dieses Aufruhrs bei Sage International weigerte sich Harold, mit ABC Schluss zu machen. Stattdessen handelte er einen Vergleich aus, bei dem er auf alle Ansprüche auf die profitablen Aktivposten von Sage International verzichtete und zum Alleineigentümer der unprofitablen wurde. Die texanischen Anteilseigner nahmen ihre Sage

Stores zurück, Harolds Partner aus der früheren Fusion nahmen ihre beiden kalifornischen Läden zurück, und Harold blieb der Rest der kalifornischen Niederlassungen.

Um mit Kmart konkurrieren zu können, nahm Harold das Vermögen, das er und Shirley über zwanzig Jahre hinweg erwirtschaftet hatten, und investierte es in den fruchtlosen Versuch, sein Unternehmen zu retten.

Innerhalb weniger Jahre begegnete ihm das Glück in Form eines Übernahmeangebots von Fred Meyer Inc. Fred Meyer war ein erfolgreicher regionaler Discounter, der in Oregon gegründet worden war und jetzt in Kalifornien Fuß fassen wollte. Damals hatte das Unternehmen über vierzig Geschäfte in vier Staaten und war seit 1960 an der Börse notiert.

Er lehnte das Angebot ab.

Am Ende verlor Harold Staw alle seine Geschäfte sowie das gesamte Vermögen, das seine Familie zusammengetragen hatte. Das Einzige, was ihn und seine Frau Shirley vor dem totalen Elend schützte, war der fünfzigjährige Mietvertrag für das Gebäude in Montclair. Lange nach dem Verschwinden der ABC Stores konnte er damit ein kleines Einkommen erzielen, indem er es an andere Läden untervermietete.

Ironischerweise scheiterten auch viele dieser Mieter an der Ablehnung, sich an die wechselnde Unternehmenslandschaft anzupassen, die Harolds Ruin gewesen war. CompUSA zum Beispiel gehörte ebenso zu den Werbenden beim Superbowl 2002, die später untergingen, wie auch zu Harolds Untermietern.

Wenn man von außen betrachtet, was mit Harold Staw passierte, lässt sich leicht erkennen, dass er einige ziemlich deutliche Signale für den drohenden Abstieg ignorierte: seine Unfähigkeit, mit Kmart zu konkurrieren, die Flucht der anderen Unabhängigen angesichts der neuen Umgebung, die Einstellung seiner früheren Fusionspartner und dass sogar sein enger Freund und Anwalt sich gegen ihn wandte.

Wenn er schon nicht die Möglichkeit hatte, ABC aufzugeben und von einer Position bei Sage zu profitieren, so hätte er doch sicherlich später die Chance gehabt, zu den von Fred Meyer angebotenen günstigen Konditionen auszusteigen. Trotzdem *entschied* er sich, weiter in das aussichtslose Unterfangen zu investieren, und steckte letztlich alles hinein, was er angespart hatte.

Das Geheimnis bei alldem ist das *Warum:* Was machte einen wendigen, flexiblen Entscheider so blind, die deutlichen Signale direkt vor seiner Nase zu übersehen? Wie konnte dasselbe Verhalten, das ihm (durch Beharrlichkeit, Entschlossenheit und Durchhaltevermögen) zum Erfolg verholfen hatte, am Ende sein Scheitern verursachen (durch Unflexibilität, Sturheit und vielleicht auch eine gewisse Selbstüberschätzung)?

Wenn wir diesem Geheimnis für Harold Staw auf den Grund gehen können, dann können wir dies, wie es scheint, auch für viele andere Menschen einschließlich uns selbst tun.

Bis zum Hals im Schlamassel

Der allererste Satz einer der ersten und einflussreichsten Studien über unsere Neigung, zu lange an aussichtslosen Unterfangen festzuhalten, selbst angesichts starker Signale, dass wir aussteigen sollten, benennt ganz simpel den Grund dafür, warum dieses Verhalten so verwirrend ist:

»Intuitiv erwartet man, dass Individuen Entscheidungen revidieren oder Verhaltensweisen ändern, die zu negativen Folgen führen.«

Der Autor dieser bahnbrechenden Untersuchung von 1976 mit dem Titel *Knee-Deep in the Big Muddy: A Study of Escalating Commitment to a Chosen Course of Action* ist Barry Staw, der Sohn von Harold und Shirley.

Während sein Vater stur seinen aussichtslosen Kampf gegen Kmart und einige seiner eigenen Aktionäre führte, studierte Barry Staw und wurde zu einem jener Sozialwissenschaftler seiner Generation, die neue Ansätze entwickelten, um zu ergründen, warum wir an erfolglosen Vorhaben festhalten, trotz schlechter Nachrichten zu lange ausharren und welche Strategien am besten funktionieren, um besser Schluss machen zu können.

Staw war während des Vietnamkriegs aufgewachsen und betrachtete die Beteiligung der Vereinigten Staaten an diesem Konflikt als Paradebeispiel dafür, wie leicht es ist, nicht mehr aus einer Sache herauszukommen, wenn man sie erst mal angefangen hat. Die Teilnahme der USA am Vietnamkrieg war für ihn die lebende, atmende, hochriskante Zeitlupen-Zugkatastrophe eines Beispiels für unsere Unfähigkeit aufzuhören.

Das Verlangen, das Geheimnis des Warum zu lüften, wurde zur Antriebskraft seiner Arbeit. Selbst der Titel seiner wichtigen Studie von 1976, *Knee-Deep in the Big Muddy*, war eine Anspielung an Pete Seegers Antikriegssong *Waist Deep in the Big Muddy* von 1967.

Gegen Ende des Krieges wurde allgemein angenommen, dass der Krieg ungewinnbar war. Doch selbst Entscheidungsträger, die sich dessen bewusst waren, konnten die Vereinigten Staaten nicht aus der Situation retten. Vielmehr reagierten sie mit dem, was Staw später als *Eskalation des Commitments* bezeichnen sollte, auf das fruchtlose Agieren, reagierten auf die zunehmende Gewissheit, dass eine Verstärkung der Beteiligung am Krieg kein wirklicher Weg zum Sieg für die USA war.

Staw verwies auf die Enthüllungen der Pentagon Papers, einer geheimen Geschichte dieses Kriegs des Verteidigungsministeriums, die trotz Einwänden der Regierung von der *New York Times* und der *Washington Post* veröffentlicht worden war und derzufolge der Staatsuntersekretär George Ball LBJ 1965 vor der unvermeidlichen Verstrickung in den Konflikt gewarnt hatte: »Wenn wir erst große Verluste erleiden, haben wir einen irreversiblen Prozess in Gang gesetzt. Unsere Beteiligung wird so groß sein, dass wir ohne eine nationale Demütigung nicht aufhören können, ehe wir unsere Ziele vollständig erreicht haben. Ich halte die Demütigung von diesen beiden Zielen für das wahrscheinlichere als das Erreichen unserer Ziele – auch nachdem wir einen furchtbaren Preis dafür bezahlt haben.«

Natürlich schlug Johnson die Warnung in den Wind, und genau dieser Fall trat ein. Der Vietnamkrieg kostete die USA fast 200 Milliarden Dollar (was inflationsbereinigt heute ungefähr 1 Billion Dollar entspricht). Es wurden 58.000 amerikanische Soldaten getötet und weitere 300.000 verletzt. Er beendete die politische Karriere von Lyndon Johnson und kostete ihn die Chance auf eine zweite Amtszeit. Der Krieg ließ eine ganze Generation der Regierung und Autoritäten im Allgemeinen misstrauen.

Dieses Problem mit der Eskalation des Commitments für ungewinnbare Kriege ist ein vertrautes Muster. Nachdem die Vereinigten Staaten in Afghanistan waren, dauerte es zwanzig Jahre, wieder herauszukommen, obwohl drei verschiedene Präsidenten das versprachen. Nach zwei Jahrzehnten der Beteiligung und 2 Billionen Dollar Kosten eroberten die Taliban die Kontrolle zurück, nur wenige Tage nachdem die amerikanischen Truppen abgezogen waren, und gaben damit die Tatsache preis, dass dies ein Krieg gewesen war, in dem die Vereinigten Staaten niemals wirklich gewonnen hatten.

Staws zentrale Erkenntnis über die Eskalation des Commitments ist, dass dieses Phänomen nicht auf Angelegenheiten wie den Vietnamkrieg begrenzt ist, einen komplexen geopolitischen Konflikt, bei dem Nationalstolz mit von der Partie war. Seine Labor- und Feldstudien zeigten, was auf individueller Ebene ebenso gilt wie für Organisationen oder Regierungen: Angesichts schlechter Nachrichten, angesichts starker Signale, dass wir verlieren – Signale, die andere deutlich wahrnehmen –, weigern wir uns nicht bloß, den Rückzug anzutreten. Wir verdoppeln und verdreifachen unsere Bemühungen, treffen weitere Entscheidungen, noch mehr Zeit und Geld (und andere Ressourcen) in die aussichtslose Sache zu investieren, und *verstärken* unsere Überzeugung, dass wir auf dem richtigen Weg sind.

Barry Staw hat dies vielleicht erst später realisiert, aber seine Arbeit über eskalierendes Commitment lässt uns besser verstehen, wie die Beharrlichkeit, die Harold Staw beim Aufbau eines Geschäftsimperiums half, zu seinem Ruin werden konnte, wie sein Vater so eindeutige Signale ignorieren konnte, dass er aus dem kalifornischen Business aussteigen sollte, bis ihm schließlich nichts mehr blieb als der Mietvertrag für das Gebäude in Montclair.

Warten, bis es wehtut

Wir wissen, wenn viel auf dem Spiel steht, kann Aufhören schwer sein. Doch zu den faszinierenderen Entdeckungen in diesem Bereich gehört, wie *wenig* tatsächlich auf dem Spiel stehen muss, damit wir unser

Commitment eskalieren. In einer Studie, die ein Jahr vor *Big Muddy* erschien, ging es um den einfachen Vorgang des Wartens.

Die Psychologen Jeffrey Rubin und Joel Brockner führten ein amüsantes Experiment durch, um zwei Fragen zu beantworten: Wie lange warten die Menschen auf etwas, das nie kommt, und welchen Preis bezahlen sie, um weiter zu warten? Wie sich herausstellte, warten die Leute überraschend lange und bezahlen dafür einen Preis, der deutlich den Wert dessen übersteigt, auf das sie warten.

Die Forscher boten den Studenten eine Bezahlung von bis zu 8 Dollar (45 Dollar in heutigem Geld), wenn sie in einem Geschwindigkeitstest erfolgreich ein Kreuzworträtsel lösten. Um die gesamte Summe zu erhalten, mussten sie das Rätsel in weniger als drei Minuten lösen, bei jeder zusätzlichen Minute verringerte sich der Betrag bis hinunter auf 0 Dollar. Sie konnten jederzeit aufhören, selbst wenn sie kein einziges Wort in dem Rätsel gewusst hatten, und erhielten dann 2,40 Dollar für die Teilnahme, aber nur wenn sie aufgaben, ehe die ablaufende Zeit ihre Bezahlung minderte.

Da einige der Wörter sehr schwierig waren, konnten sie ein Kreuzworträtsel-Wörterbuch anfordern (das Ganze fand statt, ehe jedermann Zugriff auf das Internet hatte), doch es gab nur eins, und man sagte ihnen, dass etliche andere Teilnehmer in anderen Zimmern ebenfalls an dem Rätsel knobelten. Das heißt, sie hätten die Arbeit unterbrechen und warten müssen, bis das Wörterbuch verfügbar war, doch die Uhr lief weiter.

Was die Studienteilnehmer nicht wussten: Es gab gar kein Wörterbuch, die Wartezeit war also unbegrenzt.

Etwas über die Hälfte der Teilnehmer wartete auf das nicht vorhandene Wörterbuch *über die Zeit hinaus,* bei der die Belohnung für die Vervollständigung des Rätsels auf weniger als 2,40 Dollar gesunken war. Mit den Worten der Autoren ausgedrückt: Sie warteten »über diesen ›Point of no Return‹ hinaus und steckten in einem Konflikt fest, aus dem es keinen zufriedenstellenden Ausweg mehr gab«.

Die Eskalation des Commitments ist teuer. Wären die Teilnehmer früher ausgestiegen, hätten sie mehr Geld bekommen. Es mag sich so anfühlen, als würde Aufhören uns ausbremsen, aber Rubin und Brockner zeigen, dass häufig das Weitermachen der Übeltäter ist.

Die Untersuchungen des eskalierenden Commitments während der letzten fünfundvierzig Jahre – in verschiedenen Laborumgebungen, in Feldstudien und Erklärungen allgemein beobachteten Verhaltens – haben gezeigt, dass ein solches Feststecken in aussichtslosen Angelegenheiten in einer Vielzahl von Umgebungen und Umständen vorkommt.

Wir können auf alle möglichen Arten in unseren Entscheidungen festsitzen. Obwohl uns die Möglichkeiten und die relevanten Informationen zur Verfügung stehen, halten wir übermäßig an etwas fest, verweigern den Ausstieg und stärken unsere ursprüngliche Entscheidung, indem wir noch mehr Ressourcen in den Versuch investieren, das Vorhaben zu retten.

Das gilt ebenso sehr für die Aufwendung von mehr Zeit beim Schlangestehen oder für einen ungewinnbaren Krieg, beim Ausharren in schlechten Beziehungen und schlechten Jobs oder wenn wir Geld in ein Auto stecken, das weniger wert ist, als die Reparaturen uns kosten. Deshalb kann ein Haus zum Groschengrab werden. Deshalb schalten wir einen miserablen Film nicht ab, weil wir schon mal angefangen haben, ihn anzusehen. Deshalb werden Unternehmen fortgeführt und stellen Produkte her, die eindeutig zum Scheitern verurteilt sind, oder halten an Strategien fest, wenn die Umstände sich längst verändert haben.

George Ball hatte recht. Ein solches Verhalten ist der Regelfall.

Das Weitermachen trotz unübersehbarer Warnsignale, wie Ali oder Rob Hall es praktizierten, ist nichts Ungewöhnliches. Vor dem sicheren Scheitern aus einem aussichtslosen Unterfangen auszusteigen schon. Menschen wie Stuart Hutchison, Stewart Butterfield und Alex Honnold sind Ausnahmen.

Zusammenfassung Kapitel 4

- Wenn wir uns in der Verlustzone befinden, ist nicht nur die Wahrscheinlichkeit höher, dass wir an einem aussichtslosen Tun festhalten, sondern auch, dass wir unsere Bemühungen noch verstärken. Diese Tendenz wird als *eskalierendes Commitment* bezeichnet.
- Eskalierendes Commitment ist unverwüstlich und universell, es kommt bei Individuen, Organisationen und Behörden vor. Wir alle neigen dazu, an einmal begonnenen Abläufen festzuhalten, besonders wenn wir mit schlechten Nachrichten konfrontiert werden.
- Eskalierendes Commitment taucht nicht nur bei risikoreichen Situationen auf. Es geschieht auch, wenn nur wenig auf dem Spiel steht, und zeigt die Hartnäckigkeit des Irrtums.

KAPITEL 5

Versunkene Kosten und die Angst vor Verschwendung

IM JAHR 2008 STIMMTEN DIE KALIFORNISCHEN WÄHLER für die Ausgabe von 9 Milliarden Dollar in Bonds, um damit ein Hochgeschwindigkeits-Schienennetz zwischen Los Angeles und San Francisco zu bauen. Das System erlaubte Geschwindigkeiten von bis zu 350 Stundenkilometern und sollte auch die Kalifornier entlang dieser Strecke auf potenziell transformative Weise miteinander verbinden.

Die wirtschaftlichen Motoren des Staates sind die küstennahen Zentren im Norden (die Bay Area und Silicon Valley) und im Süden (Los Angeles und San Diego). Die größere Geschwindigkeit und Mobilität sollte es dem Rest des Staates dazwischen ermöglichen, an dem Wohlstand teilzuhaben, der sich auf die Nord- und die Südküste konzentrierte. Er sollte auch den überhitzten Immobilienmarkt in diesen nördlichen und südlichen Metropolregionen entlasten, indem er den Menschen einen zumutbaren Arbeitsweg aus größeren Entfernungen ermöglichte.

Als die Ausgabe der Bonds bewilligt wurde, ging man davon aus, dass die Strecke mit einem Kostenaufwand von 33 Milliarden Dollar 2020 fertiggestellt würde und dass das Schienennetz bis 2020 einen jährlichen Betriebsumsatz von 1,3 Milliarden Dollar erzielen würde, mit einem Betriebsüberschuss von 370 Millionen Dollar, der es anschließend kostendeckend und zunehmend profitabel machen würde. Die ausgegebenen Bonds deckten nur etwa ein Viertel der für die Umsetzung des Projekts erwarteten Kosten ab, doch der Rest würde mit Bundesmitteln, zusätzlichen Staatsmitteln und öffentlich-privaten Partnerschaften abgedeckt werden.

All diese Zielsetzungen und Pläne kamen von der California High-Speed Rail Authority (oder, wie sie selbst sich nennt, der »Authority«). Die Authority war von Anfang an für die Planung, Gestaltung, Errichtung und den Betrieb des Systems verantwortlich. Sie ist die Entscheidungsträgerin, gemeinsam mit der Aufsicht des Gouverneurs und der Staatsgesetzgebung.

Die Authority erstellt alle zwei Jahre einen neuen Businessplan und aktualisiert die Zielsetzungen. Da die Kosten und die Fertigstellungstermine bei diesen Aktualisierungen ständig nach oben gingen, wurde zunehmend deutlich, dass die Pläne und Zielsetzungen – sowohl die ursprünglichen als auch die späteren Überarbeitungen – keinerlei Realitätsbezug hatten.

Nehmen wir ein verblüffendes Beispiel dafür, wie weit die Prognosen der Authority von den Tatsachen entfernt lagen. Erinnern Sie sich an die geschätzten 1,3 Milliarden Dollar Betriebsumsatz für 2020? Die Authority verfehlte diese Zahl.

Um wie viel? Um 1,3 Milliarden Dollar. Kein Teil der Strecke ist betriebsfertig.

In Anbetracht der Genauigkeit der bisherigen Vorausberechnungen der Authority besteht kein Grund anzunehmen, dass die überarbeiteten Schätzungen für 2029 (für Inbetriebnahme) und 2033 (für Fertigstellung) irgendwie erreichbar sind. Das ist keine große Überraschung, denn sie genehmigten den ersten Bauabschnitt 2010 (die 40 Kilometer zwischen Madera und Fresno), legten danach aber *weitere fünf Jahre lang* nicht mit den Arbeiten los.

Ein gutes Signal dafür, dass sich das Ende der Bauarbeiten verspätet: wenn ihr *Beginn* ein halbes Jahrzehnt hinausgezögert wird.

Warum dauert das alles so lange? Wie sich herausstellte, gab es zwei enorme technische Hindernisse für die Verbindung des zentralen inneren Bereichs der geplanten Strecke mit den wichtigen Metropolregionen in den jeweiligen äußeren Bereichen des Staates. Erstens muss ein Weg über oder durch die Tehachapi Mountains gefunden werden, um Bakersfield mit dem südlich davon gelegenen Los Angeles zu verbinden. Doch dieses Problem ist noch gar nichts im Vergleich zu dem zweiten Engpass, einem Teil der Diablo Range namens Pacheco-Pass, der sich zwischen dem Central Valley und der Bay Area nördlich davon erhebt.

Es ist nicht so, als hätte die Authority 2010 nichts von der Existenz dieser beiden Hindernisse wissen können. Die Tehachapi Mountains und der Pacheco-Pass stehen da schon seit mindestens 5 Millionen Jahren und taten dies auch zu dem Zeitpunkt, als die Authority die Strecke festlegte, gemeinsam mit dem Plan, die Berge zu durchbohren und lange Tunnel zu bauen.

Im Jahr 2018 räumte die Authority ein, dass die Tunnel unter dem Pacheco-Pass »die höchste Ungewissheit in puncto Kosten und Zeitplan« darstellten. Sie wissen, dass es enorme Kosten und Schwierigkeiten mit sich bringt, das Bergmassiv zu untertunneln, mit technisch-geologischen Hindernissen fertigzuwerden und eine aktive Erdbebennaht zu überqueren. Was sie nicht wissen, ist, ob, wie, wann oder zu welchen Kosten sie das tun können.

Im Jahr 2020 gestand die Authority ein, wie gewaltig die technische Herausforderung war. Die Tunnelabschnitte des Projekts (einschließlich denen durch den Pacheco-Pass und die Tehachapi Mountains) »machen fast 80 Prozent der geschätzten Gesamtkosten« für die Fertigstellung aus.

Man sollte annehmen, dass die Authority nach der Einsicht, dass die Überwindung dieser beiden Engpässe ungewiss und möglicherweise sowohl unlösbar als auch unerschwinglich ist, einen Plan zur Lösung dieser Probleme ausarbeiten würde, ehe sie weitere Baumaßnahmen ausführt. Denn wozu sollte man noch irgendwelche weiteren Streckenabschnitte errichten, wenn man nicht weiß, wie man L. A. und San Francisco zu einem Preis, den die Steuerzahler noch zu tragen bereit sind, miteinander verbinden kann?

Doch statt den aus Sicht eines Außenstehenden perfekten Augenblick zu nutzen, um die ganze Sache abzublasen, genehmigte Gouverneur Gavin Newsom 2019 einen Plan zur Errichtung der Schienenstrecke zwischen Bakersfield und Merced im Norden, gänzlich ohne Verbindung zu den beiden technischen Flaschenhälsen. Merced ist 180 Kilometer von San Francisco entfernt, auf der falschen Seite des Pacheco-Passes. Und Bakersfield ist 160 Kilometer von L. A. entfernt, auf der falschen Seite der Tehachapi Mountains.

Der Plan ist, die Aufmerksamkeit nach Fertigstellung dieser Strecke auf den Bau einer Verbindung zwischen San Francisco und Silicon Valley zu richten, zwei Bereiche, die bereits sehr gut durch Straßen erschlossen sind. Was noch schlimmer ist als die Überflüssigkeit dieses Streckenabschnitts: Beide Gegenden liegen nördlich des Pacheco-Passes.

Der Plan, der jeglichen gesunden Menschenverstand vermissen lässt, ist also weiterzubauen, ohne die Probleme zu klären, die letztlich für mindestens 80 Prozent der Kosten des Schnellzugs verantwortlich sein werden. Weil es billiger und einfacher ist, bauen sie jetzt einen sehr schnellen Zug, der nicht *von* irgendwoher *nach* irgendwohin fährt, zumindest nicht dorthin, wo man es aufgrund der Versprechungen zu Beginn des Projekts 2008 berechtigterweise vermuten konnte.

Dieses Vorgehen ist genauso sinnvoll, als würde man den Plan, Eigentumswohnungen auf dem Mond zu bauen, damit beginnen, dass man die Eigentumswohnungen erst mal auf der Erde errichtet und bis zu ihrer Fertigstellung wartet, um dann den Teil mit »Wie kriegen wir die jetzt auf den Mond?« zu klären.

Die derzeitigen Voraussagen, wonach die Strecke 2029 den Betrieb aufnimmt oder 2033 komplett fertiggestellt sein wird, sind also übertrieben optimistisch und im Großen und Ganzen hinfällig. Das gilt auch für alle Prognosen bezüglich der Kosten des Schnellzugs selbst. Bis zum Juni 2021 hatte die Authority bereits über 8,5 Milliarden Dollar für die Planung und den Bau der Hochgeschwindigkeitszug-Infrastruktur ausgegeben. Und die geschätzten Kosten für die Vervollständigung der Zugverbindung waren bereits von 33 Milliarden auf stolze 105 Milliarden explodiert.

In diese Schätzungen sind das Durchstoßen der Berge und die Errichtung von Tunnels im Norden und im Süden noch nicht vollständig enthalten, denn die Authority hat erst in den letzten Jahren das Ausmaß dieses Problems erkannt, aber noch keinerlei Details festgelegt, insbesondere nicht das Detail, wie viel ein derart gewaltiges Vorhaben kosten wird.

Nach derzeitigem Stand der Dinge darf man wohl annehmen: Hätten die Entscheidungsträger damals gewusst, was sie jetzt über die Kosten und den Zeitraum für die Errichtung des Hochgeschwindigkeitszuges wissen, so hätten sie das Projekt wohl gar nicht erst genehmigt.

Doch da es nun einmal angefangen wurde, scheint die Authority nicht bereit, den Schlussstrich zu ziehen und ihre Verluste zu begrenzen.

Der Effekt der versunkenen Kosten

Wenn Sie von einem außer Kontrolle geratenen öffentlichen Projekt wie dem Hochgeschwindigkeitszug hören und ein bisschen mit der Verhaltensökonomie vertraut sind, kommt Ihnen wahrscheinlich als Erstes der Gedanke in den Sinn: »Das klingt nach einem Problem der versunkenen Kosten.«

Richard Thaler war 1980 der Erste, der auf den Effekt der versunkenen Kosten als allgemeines Phänomen hinwies und es als systematischen kognitiven Fehler beschrieb, bei dem man Geld, Zeit, Mühen oder irgendwelche anderen Ressourcen berücksichtigt, die zuvor in ein Vorhaben geflossen sind, wenn man Entscheidungen darüber trifft, ob man es fortsetzen und noch mehr investieren soll.

Ein vollkommen rationaler Entscheider würde nur die künftigen Kosten und Vorteile betrachten, wenn es um die Frage geht, ob ein Vorhaben fortgesetzt werden soll. Mit anderen Worten, wenn die Fortsetzung eine positive Werterwartung hat, würde ein rational Handelnder weitermachen. Hat sie dagegen eine negative Werterwartung, würde er aussteigen.

Vierzig Jahre der Experimente und Feldstudien in einer Vielzahl von Bereichen zeigen, dass die Menschen sich gemäß Thalers Hypothese bezüglich versunkener Kosten verhalten. Bei Entscheidungen über eine

Fortsetzung betrachten sie sehr wohl das, was sie bereits investiert haben. Und zwar weil sie irrationalerweise glauben, dass sie diese Kosten nur rechtfertigen oder wieder hereinholen können, wenn sie weitermachen.

Einfach formuliert, der Effekt der versunkenen Kosten lässt Menschen in Situationen verharren, aus denen sie eigentlich aussteigen sollten.

Machen wir zur Illustration dieses einfache Gedankenexperiment: Eine Ihrer Lieblingsbands gibt demnächst in Ihrer Stadt ein Open-Air-Konzert. Am Tag der Veranstaltung ist es bitterkalt, es regnet, und es soll die ganze Nacht so bleiben. Ein Freund erzählt Ihnen, er hätte ein Ticket übrig und würde Sie gern zu dem Konzert einladen. Sie lehnen dankend ab, denn so sehr Sie die Band auch mögen, Sie haben keine Lust, stundenlang klatschnass in der Menge zu stehen und eine Unterkühlung zu riskieren.

Stellen Sie sich nun vor, Sie hätten gleich zu Beginn des Vorverkaufs ein Ticket für 95 Dollar gekauft. Am Tag der Veranstaltung ist es bitterkalt, es gießt in Strömen, und so soll es die ganze Nacht weitergehen. Gehen Sie zu dem Konzert?

Wenn Sie so sind wie die meisten Menschen, haben Sie das Gefühl, dass es einen Unterschied zwischen diesen beiden Szenarios gibt. Im zweiten Fall ist die Wahrscheinlichkeit, dass man hingeht, viel höher, denn man will das Ticket nicht verfallen lassen, das man bereits gekauft hat.

Das zeigt den Fehler der versunkenen Kosten. Im ersten Fall gelangen Sie unvoreingenommen zu der Entscheidung, ob Sie zu dem Konzert gehen. Sie haben das Ticket nicht bereits gekauft und hatten auch nicht die Absicht hinzugehen. Sie wägen nur die künftigen Kosten und Nutzen ab, die Unannehmlichkeit eines stundenlangen Aufenthalts unter freiem Himmel bei miserablem Wetter gegen das Vergnügen, die Band zu sehen, deren Liveauftritte Sie toll finden.

Wenn Sie entscheiden, dass die Kosten für das Hingehen die Vorteile eines kostenlosen Tickets überwiegen, dann heißt das, die Kosten für das Hingehen überwiegen auch die Vorteile eines bereits gekauften Tickets.

Die Tatsache, dass Sie Geld für die Eintrittskarte bezahlt haben, sollte nur sehr wenig zählen, eigentlich gar nicht, denn diese Kosten sind bereits versunken, das Geld ist bereits ausgegeben. Doch allzu oft denken wir: »Wenn ich nicht hingehe, habe ich das Geld für das Ticket zum Fenster rausgeworfen.«

Und der Effekt ist umso stärker, je teurer die Karte war. Stellen Sie sich vor, Sie hätten anstelle von 95 Dollar 150 oder 250 oder 500 Dollar bezahlt. Mit wachsendem Preis steigt auch der Effekt der versunkenen Kosten.

Eine andere einfache Methode, den Effekt der versunkenen Kosten zu verstehen, ist das Investieren an der Börse. Bei der Entscheidung, eine bestimmte Aktie zu kaufen, kommt es nur darauf an, ob sie künftig eine positive Werterwartung hat. Glauben Sie, dass Sie mit dem Kauf Geld verdienen? So ist es, wenn es eine gerade getroffene Entscheidung ist, doch wenn Sie die Aktie bereits besitzen und der Kurs seither gesunken ist, ist die Wahrscheinlichkeit höher, dass Sie sie behalten und versuchen, zurückzugewinnen, was Sie mit dieser Position bereits verloren haben.

Das ist der Grund, warum Amateurtrader ihre Stop-Losses durchbrechen.

Doch das ist irrational. Wenn Sie eine Aktie heute nicht kaufen würden, sollten Sie sie auch heute nicht behalten, denn die Entscheidung zu halten ist dieselbe wie die Entscheidung zu kaufen.

Das Problem der versunkenen Kosten spiegelt sich auch in Kahnemans und Tverskys Arbeit, mit der sie die Bereitschaft von Menschen untersuchten, sich auf ein Spiel einzulassen, je nachdem, ob sie sich mit der angebotenen Position in der Gewinn- oder der Verlustzone befinden. Dieses Echo ist nicht überraschend, denn ihre Arbeit von 1979, die zu einem Teil der Grundlagen der Prospect Theory wurde, enthielt eins der Ergebnisse, dem Thaler in seinem Werk von 1980 einen Sinn zu verleihen versuchte.

Wie Sie sich erinnern werden, schickten Kahneman und Tversky die Teilnehmer mit einem Verlust ins Rennen und boten ihnen dann die Entscheidung an, aufzuhören oder für die Chance auf ein Spiel zu bezahlen, das den Verlust möglicherweise ausgleichen konnte.

Wir wissen natürlich, dass die Leute zur zweiten Option neigen, lieber das Spiel zu machen, als ihre Verluste zu begrenzen, denn sie berücksichtigen das Geld, das sie bereits schuldig sind. Wir wissen das, denn es besteht kein Zweifel, wenn Sie jemandem (der noch kein Geld gewonnen oder verloren hat) einen 50:50-Münzwurf anbieten, bei dem er 100 Dollar gewinnen oder 120 Dollar verlieren kann, würde kein geistig Gesunder dieses Spiel annehmen. Doch genau dazu waren die Teilnehmer bereit, die in Kahnemans und Tverskys Studie Schulden hatten.

Es liegt eine schlichte Eleganz in Kahnemans und Tverskys Angebot. Man sieht den Entscheidungsfehler frei von komplizierenden Faktoren, etwa wie die Teilnehmer in diese Schuldensituation gekommen sind oder ob sie erkannt haben, dass ihre Werterwartung negativ war. Bei diesen und den folgenden Experimenten wird die Rechnung den Teilnehmern klar und transparent gemacht.

Es ist kein Rechenfehler. Es ist ein Kognitionsfehler.

Auch bei einer einfachen hypothetischen Situation wie der mit dem Konzert können Sie den Fehler recht deutlich erkennen. Es ist wahrscheinlich offensichtlich, dass die Abwägung, wie sehr Sie die Band sehen wollen versus wie sehr Sie nicht stundenlang in der Kälte und im Regen stehen wollen, nicht davon abhängen sollte, ob oder wie viel Sie für das Ticket bezahlt haben.

Doch diese kognitive Illusion ist sehr stark. Dass Sie in der Theorie den Fehler erkennen, heißt noch lange nicht, dass Sie nicht darauf hereinfallen, wenn Sie vor einer derartigen Entscheidung stehen.

Sie können sich das wie eine visuelle Illusion vorstellen. Sie können eine Illusion betrachten, bei der zwei Quadrate auf verschiedenfarbigen Hintergründen dargestellt werden, und das eine sieht braun aus und das andere orange. Doch wenn man den Hintergrund entfernt, erkennt man, dass die Quadrate in Wirklichkeit genau dieselbe Farbe haben. Der Effekt des Kontrasts zum Hintergrund lässt Sie die Quadrate in verschiedenen Farbschattierungen wahrnehmen.

Doch egal wie oft ich Ihnen zeige, dass die Quadrate genau dieselbe Farbe haben, oder Ihnen erkläre, was in Ihrem visuellen Kortex die Illusion verursacht, wenn Sie sie erneut mit dem wiederhergestellten

Hintergrund ansehen, sehen Sie immer noch ein Quadrat braun und das andere orange. Sie können es nicht nicht sehen.

Und so können Sie auch die versunkenen Kosten nicht nicht sehen, wenn Sie Entscheidungen über das Aufhören treffen.

Wenn »öffentliche Bauarbeiten« zum Oxymoron werden

Der Fehler der versunkenen Kosten hat seine Fingerabdrücke überall auf dem kalifornischen Hochgeschwindigkeitszug hinterlassen. Praktisch jeder, dem man das Projekt heute als Neuvorhaben vorschlagen würde – und der Bescheid wüsste über die explodierenden Kosten, derzeit bei 105 Milliarden Dollar, wahrscheinlich deutlich steigend, und darüber, wie schwer der Durchbruch durch die beiden Gebirgsketten sein wird –, würde offensichtlich ablehnen.

Abgesehen von den direkten Kosten des Projekts ist da noch das Problem der Opportunitätskosten. Jeder Dollar, den Kalifornien in dem Projekt versenkt, könnte anderswo für etwas ausgegeben werden, das mehr Wert schafft und mehr zum Allgemeinwohl der Steuerzahler beiträgt, mit deren Geld das Vorhaben finanziert wird.

Doch stellen Sie sich nur vor, wie kühn ein Politiker sein müsste, um das Projekt fallen zu lassen, denn er weiß, er müsste sich dem Vorwurf stellen, über 8 Milliarden Dollar für eine nie fertiggestellte Zugverbindung »vergeudet« zu haben. Der Druck weiterzumachen, um diese Kosten »hereinzuholen«, ist immens. Was solche öffentlichen Bauprojekte angeht, sind versunkene Kosten ein altes Lied.

Jahrzehnte zuvor, zwischen 1970 und 1984, erlebte die Tennessee-Tombigbee-Wasserstraße[1] dasselbe Schicksal wie der Hochgeschwindigkeitszug und wurde zu einem der teuersten öffentlichen Bauvorhaben, das jemals von der Bundesregierung durchgeführt wurde. Jimmy Carter mühte sich erfolglos, es wegen Geldverschwendung zu beenden. Die *New York Times* bemerkte: »Kongressmitglieder aus anderen Regionen bezeichneten es als 2-Milliarden-Dollar-Verschwendung, als schlimmste Form der Kirchturmpolitik.«

Paradoxerweise wurden die explodierenden Folgekosten zur Rechtfertigung dafür, das Projekt *nicht* einzustellen.

Die Fertigstellung der Wasserstraße hing ab von einer Gruppe Senatoren (aus den Staaten, wo das Geld ausgegeben wurde), die erfolgreich argumentierten, »das Projekt zu beenden, nachdem bereits ein Großteil ausgegeben wurde, wäre die Vergeudung von Steuergeldern«. Der Senator von Alabama, Jeremiah Denton, sagte: »Ein Projekt einzustellen, in das 1,1 Milliarden Dollar investiert wurden, ist ein verantwortungsloser Missbrauch von Steuermitteln.«

Es war zwar nicht Senator Dentons Absicht, aber ich weiß nicht, ob es je eine bessere Erklärung für den Fehler der versunkenen Kosten gegeben hat.

Das New Yorker Atomkraftwerk Shoreham, Gegenstand einer Studie von Jerry Ross und Barry Staw, war ein weiteres, noch viel teureres öffentliches Bauprojekt, das ähnlich unter eskalierendem Commitment zu leiden hatte. Die ursprünglich 1966 für das Werk geschätzten Kosten betrugen 75 Millionen Dollar für eine Fertigstellung 1973. Nur allein die Einholung der Genehmigung durch die Atomenergiekommission, mit dem Bau *beginnen* zu dürfen, überstieg die vorhergesagten Kosten des gesamten Werks und zog sich über den geplanten Fertigstellungstermin hinaus.

Im Jahr 1979 teilten die Projektverantwortlichen mit, die Arbeit an dem Werk sei zu 80 Prozent abgeschlossen. Als es 1983 immer noch nicht fertig war, räumte ein Sprecher der Werkseigentümer das Problem der versunkenen Kosten ein und hob hervor, wenn die Entscheidung neu getroffen werden müsste, würden sie nicht fortfahren: »Hätten wir gewusst, dass wir über ein 3-Milliarden-Dollar-Werk sprechen und wie viel Ärger damit verbunden sein würde – die Genehmigung, die politischen Probleme –, dann hätten wir uns, glaube ich, nicht dafür entschieden.«

Und doch machten sie weiter! Erst nach *weiteren* sechs Jahren und 2,5 Milliarden Dollar wurde die Arbeit an dem immer noch unfertigen Atomkraftwerk beendet.

Man kann sich leicht solche Katastrophen anschauen, die Augen verdrehen und denken: »Typische Verschwendung der Regierung.« Doch der Effekt der versunkenen Kosten lässt uns alle auf die eine oder andere Art eine Zugstrecke von nirgendwo nach nirgendwo bauen und uns gegen ein Aufhören wehren, weil wir nicht verlieren wollen, was wir bereits ausgegeben haben.

Vielleicht ist es jemand, der in seinem Groschengrab von Wohneigentum bleibt. Unsere Zugstrecke nach Nirgendwo könnte unsere Weigerung sein, unser Studienfach zu wechseln, obwohl es uns unglücklich macht, weil wir schon so viele Seminare besucht und so viel Zeit hineingesteckt haben. Oder wir geben einen Beruf nicht auf, für den wir eine jahrelange Ausbildung gemacht haben, weil das heißen würde, dass die Ausbildung umsonst war. Oder wir gucken uns weiter einen schlechten Film an, weil wir schon Zeit dafür aufgewendet haben.

Weil wir Zeit oder Mühe oder Geld in alles gesteckt haben, was wir angefangen haben, beeinflusst der Fehler der versunkenen Kosten all unsere Abbruchentscheidungen.

Katamari

Es gab 2004 ein beliebtes Videospiel namens *Katamari Damacy*. Es war ein albernes Spiel mit seltsam hohem Suchtfaktor und einer grandiosen, aber einfachen Geschichte. Sie steuern das Handeln eines winzigen Prinzen, dessen Vater, der König des Ganzen Kosmos, ihm einen Katamari gibt (japanisch für »Klumpen«), einen klebrigen Ball, den man herumrollen kann und der Müll und Abfälle vom Boden aufsammelt, wodurch er immer größer und größer wird.

Warum Sie auf dieser Mission sind? Der König war betrunken und hat versehentlich einige Sterne und Sternbilder zerstört. Sie müssen den Ball vergrößern, bis er groß genug ist, um als Stern die vom König zerstörten Sterne zu ersetzen. Die Geschichte ist bescheuert, aber auch nicht bescheuerter als das, was Sie bei *PacMan* zum Essen von Punkten und Früchten motivieren soll oder zum Aufeinanderstapeln von Bausteinen bei *Tetris*.

Der Katamari kann nicht über etwas hinwegrollen, das größer ist als er selbst. Tut er es doch, so wird er dadurch beschädigt, was Ihren Ball kleiner macht. Anfangs ist Ihr Katamari nur gerade groß genug, um so etwas wie Ameisen, Reißnägel und Knöpfe aufzusammeln. Der Zusammenstoß mit einer Maus kann eine Katastrophe werden.

Doch wenn Sie erfolgreich Müll aufsammeln, wird der Ball größer. Dann jagen Sie der Maus Angst ein. Sie rollen über Batterien, Teller, Radios, Schuhe, Haustiere. Kühe, Bären, Sumoringer, Autos, Monster, Gebäude, Inseln, Berge.

Ein Rezensent schrieb nach einer Auflistung einiger der alltäglichen kleinen Gegenstände: »Fünfundzwanzig Minuten später reißt das verdammte Ding Regenbögen aus dem Boden.«

So wie beim Katamari, der im Herumrollen Müll aufsammelt und dadurch an Masse gewinnt, um immer mehr und größere Abfälle zu sammeln, gibt es einen sich selbst verstärkenden Aspekt des Fehlers der versunkenen Kosten, auf den wir wirklich achtgeben müssen.

Auch wenn wir mit einem Vorhaben anfangen, sammeln wir Müll auf – die Zeit, das Geld und die Mühen, die wir hineingesteckt haben. Indem wir Kosten anhäufen, wächst die Masse, unser Commitment eskaliert, und es wird immer schwieriger aufzuhören. Die Entscheidung weiterzumachen lässt uns dann weitere Kosten anhäufen, und die erhöhen dann die Wahrscheinlichkeit noch mehr, dass wir weitermachen, wenn wir das nächste Mal über einen Ausstieg nachdenken. Und so neigt sich die Waagschale immer mehr in Richtung Fortsetzen.

Wie eine Lawine.

Sie sehen das bei den Studenten, die auf ein Kreuzworträtsel-Wörterbuch warten, das nie kommt. Haben sie erst mal angefangen zu warten, lässt die bereits aufgewendete Zeit sie noch länger warten, was die Zeit erhöht, die sie ins Warten investiert haben, was sie veranlasst, noch länger zu warten. Und die ganze Zeit verringert sich ihr Entgelt.

Das ist uns allen schon mal passiert, und sei es bei so simplen Dingen wie dem Anstehen an der Supermarktkasse.

Wenn wir vor der Entscheidung stehen, an welcher Kasse wir uns anstellen sollen, handeln wir wie ein Einstein. Wir vergleichen nicht nur die Länge der verschiedenen Schlangen, sondern ziehen auch unseren ersten Eindruck von der Schnelligkeit und Erfahrung des Kassenpersonals in Betracht. Wir kalkulieren die Position von Kunden, die ihr

Geld nicht bereithalten oder von ihren Kindern abgelenkt wirken oder mit Coupons herumhantieren oder in deren Wagen sich die Waren besonders hoch stapeln.

Doch stehen wir erst mal in der Schlange und haben Wartezeit investiert, wenden wir nicht dieselbe Entschlossenheit auf die Entscheidung an, in eine neue Reihe zu wechseln. Wenn wir sehen, dass der Kassenmitarbeiter nebenan schon drei Kunden abgefertigt hat, während der in unserer Reihe Small Talk macht und bisher erst einen Kunden abkassiert hat, seufzen wir und verdrehen wir die Augen? Auf jeden Fall. Wechseln wir die Warteschlange? Kaum jemals.

Und je länger wir warten – je mehr Zeit wir in die Reihe versenkt haben, für die wir uns entschieden haben –, umso weniger bereit sind wir zu wechseln. So tappen wir in die Falle.

Eine Beziehung, die nicht gut läuft, wird zu einem *Katamari*-Spiel. Ihre Freundin beklagt sich, dass sie in einer unglücklichen Beziehung steckt. Wenn Sie fragen: »Warum machst du nicht einfach Schluss?«, sagt sie häufig: »Weil ich so viel Zeit in den Versuch investiert habe, dass es besser klappt.« Manchmal sagt sie sogar: »Ich hab mein Herz und meine Seele da reingesteckt.« Je mehr Zeit sie investiert hat, desto weniger wahrscheinlich wird sie Schluss machen, was dazu führt, dass sie noch mehr Zeit investiert, damit es besser klappt. Das macht es noch unwahrscheinlicher, dass sie Schluss macht. Und so weiter.

Kein Wunder, dass Sie dasselbe wieder und immer zu hören bekommen, wenn Sie erst mal ein solches Gespräch mit der Freundin geführt haben. Ihre dysfunktionale Beziehung rollt sich immer mehr Masse an – Absprachen über die Alltagsgestaltung, Freunde, Haustiere, gemeinsame Anschaffungen, Hauseigentum –, bis sie Regenbögen aus dem Boden reißt.

Etwas Ähnliches haben wir bei Sarah Olstyn Martinez erlebt, ehe sie ihre Ausstiegsentscheidung als das Werterwartungsproblem betrachten konnte, das sie eigentlich war. Je mehr Zeit sie in ihre Karriere steckte, umso schwerer wurde das Aufhören. Sie hatte bereits fünfzehn Jahre hineingesteckt, ehe sie über einen Wechsel nachzudenken anfing. Bis sie Kontakt zu mir aufnahm, war ein weiteres Jahr vergangen und hatte noch mehr Widerstand gegen den Abbruch geschaffen.

Das ist einer der Gründe, warum Aktientrader an absteigenden Positionen festhalten. Stellen Sie sich vor, Sie sind in dieser Situation: Sobald Ihr Wertpapier Verluste einfährt, löschen Sie Ihre Stop-Loss-Order, weil Sie die Verluste aufholen wollen. Das führt oft dazu, dass Sie noch mehr Verlust machen, wodurch es noch weniger wahrscheinlich ist, dass Sie die Aktie abstoßen.

Ich konnte das eskalierende Commitment mit eigenen Augen am Pokertisch erleben. Wenn ein Spieler verlor, fing er an, höhere Einsätze zu machen, um die Verluste aufzuholen, die er zuvor angehäuft hatte, was dann dazu führte, dass er noch mehr einsetzte. Diese Entscheidung löste weitere Verluste aus, was ihn sogar noch mehr aufs Spiel setzen ließ, und manchmal erreichte das ziemliche Größenordnungen.

Die Spieler gerieten in die Falle.

Und deshalb sind Stewart Butterfield und Alex Honnold so außergewöhnlich.

Beide waren in der Lage, ihre Verluste zu begrenzen, trotz der enormen Ressourcen, die sie bereits in ihre Zielerreichung investiert hatten. Butterfield hatte vier Jahre und über 10 Millionen Dollar seiner Investoren hineingesteckt, als er die Arbeit an *Glitch* einstellte. Honnold hatte monatelang trainiert, um El Capitan zu besteigen, doch obwohl die Filmcrew eines Freundes im Berg hing, um seine Vorbereitung zu dokumentieren, und die Fertigstellung des Films von seinem Vorhaben abhing, war er noch in der Lage, die Besteigung 2016 abzubrechen.

Wie groß wird der Katamari?

In Barry Staws klassischem Experiment von 1976, *Knee-Deep in the Big Muddy: A Study of Escalating Commitment to a Chosen Course of Action*, stellte er die Frage, wie stark vorheriges Engagement für ein Vorhaben zukünftige Entscheidungen über das Weitermachen oder Aufhören beeinflusst.

Er fand heraus, dass die Antwort lautet: *sehr stark.*

Staw bildete zwei Gruppen von Business-School-Studenten, die individuell entscheiden sollten, wie ein Unternehmen bestimmte F&E-

Mittel unter zweien seiner Abteilungen aufteilte. Um diese Entscheidung zu erleichtern, bekamen die Studenten Einblick in die finanziellen Ergebnisse der letzten zehn Jahre sowohl des Unternehmens als auch der beiden fraglichen Abteilungen.

Jeder Teilnehmer musste dann eine Alles-oder-nichts-Entscheidung darüber treffen, welche Abteilung die 10 Millionen Dollar F&E-Mittel erhalten sollte, das heißt, sie hatten nur zwei Optionen: die gesamten 10 Millionen der einen Abteilung zuteilen und die andere leer ausgehen lassen oder umgekehrt.

Angesichts der Zahlen, die den Studenten zur Verfügung gestellt wurden, gab es vernünftige Argumente für die Ressourcenzuteilung für jede der beiden Abteilungen. Während die eine mehr Gewinne erzielte, wuchs die andere schneller.

Tatsächlich trafen die Teilnehmer, die alle unvoreingenommen zu ihrer Entscheidung gelangten, ihre Wahl im Verhältnis 50:50.

Staw wollte herausfinden, ob diese ursprüngliche Entscheidung darüber, welche Abteilung die Mittel bekam, sich auf zukünftige Zuweisungsentscheidungen auswirken würde, besonders nachdem die Teilnehmer erfahren hatten, dass ihre erste Entscheidung nicht so gut gewesen war. Mit anderen Worten, Staw erforschte, ob Menschen, die einen Verlust in eine neue Zuweisungsentscheidung hineintrugen, eher weitermachen und erneut diejenige Abteilung fördern würden, in die sie zuvor Ressourcen versenkt hatten.

Um diese Frage zu beantworten, gab er allen Studenten eine Simulation der Finanzergebnisse des Unternehmens für die nächsten fünf Jahre. Egal welche Abteilung sie mit Fördermitteln bedacht hatten, die zusätzlichen Zahlen zeigten, dass die von ihnen gewählte Abteilung ein halbes Jahrzehnt lang stagnierende Absätze und wachsende Verluste aufwies und deutlich schlechter abschnitt als die Abteilung, die sie übergangen hatten.

Nachdem man ihnen diese Zahlen gezeigt hatte, bekamen die Teilnehmer ein neues Budget von 20 Millionen Dollar, das sie jetzt *anteilmäßig* zwischen den beiden Abteilungen aufteilen konnten. Staws Hypothese war, dass die Studenten, die eine negative Rückmeldung zu ihrer ersten Entscheidung bekamen, ihr Commitment für ihr ursprüngliches Vorhaben *verstärken* und bei der zweiten Zuteilung dieselbe Abteilung favorisieren würden.

Und so war es tatsächlich. Die Teilnehmer teilten im Durchschnitt über 13 Millionen der 20 Millionen Dollar der Abteilung zu, der sie ursprünglich die F&E-Mittel hatten zukommen lassen, und nur etwas unter 7 Millionen Dollar der Abteilung, die sie beim ersten Mal nicht gewählt hatten.

Um ganz sicherzugehen, hatte er noch eine separate Gruppe von Teilnehmern, welche ganz unvoreingenommen über die Zuweisung der 20 Millionen Dollar entscheiden sollte. Sie erhielten dieselben Finanzergebnisse und die Information über eine vor fünf Jahren erfolgte F&E-Zuweisung von 10 Millionen Dollar (durch einen inzwischen ausgeschiedenen Finanzchef) an die Abteilung, die in der Folge schwächere Leistungen ablieferte. In diesem Fall waren sie nicht diejenigen, die zunächst die Entscheidung getroffen hatten, die F&E-Mittel der einen oder der anderen Abteilung zuzuteilen.

Bei der anteilmäßigen Verteilung der 20 Millionen Dollar wiesen diese neuen Teilnehmer im Durchschnitt nur 9 Millionen der Abteilung zu, welche die vorherige Förderung erhalten hatte, viel weniger als die 13 Millionen, die ihr von den Teilnehmern zugeteilt worden waren, welche die versunkenen Kosten dafür mit sich herumtrugen, dass sie selbst die vorherigen Verluste verursacht hatten.

Um es auf den Punkt zu bringen: Die Teilnehmer, die für die erste verlustreiche Entscheidung verantwortlich waren, teilten derselben Abteilung *fast 50 Prozent mehr* der 20 Millionen Dollar zu als die anderen mit denselben Informationen zur Unternehmensgeschichte, die keine persönliche Verantwortung für vorherige Entscheidungen trugen.

Staws Arbeit zeigt, wie stark die Vorgeschichte einer Entscheidung Einfluss auf eskalierendes Commitment haben kann, wohingegen jemand Unvoreingenommenes einfach aussteigen würde. In *Big Muddy* erkannte er auch, dass solche Durchhalteentscheidungen sich selbst verstärken: »Um vorheriges Verhalten zu rechtfertigen, kann ein Entscheider sein Engagement angesichts negativer Folgen noch verstärken, und dieses höhere Engagement kann wiederum weitere negative Folgen nach sich ziehen.«

Staws Erkenntnisse legen auch offen, was mit seinem Vater los war. Da Harold Staws kalifornische Niederlassungen schon seit einiger Zeit Verluste einfuhren und die Sache immer schlechter aussah, ist es einigermaßen verwunderlich, dass er das Übernahmeangebot von Fred Meyer Inc. ausschlug.

Doch die Arbeit seines Sohnes lässt uns einen Einblick in die Gründe dafür gewinnen. Harold Staws zunehmende Verluste, während er weiterhin seinen schwächelnden kalifornischen Läden aus der Klemme helfen wollte, eskalierten sein Commitment so weit, dass er selbst angesichts des beinahe vollständigen Ruins die Chance zum Ausstieg ablehnte.

Mentale Buchführung

Unter Spitzen-Pokerspielern kursiert die Redensart, dass Poker ein einziges langes Spiel ist.

Damit sollen sie daran erinnert werden, dass die Runde, die sie gerade spielen, nicht die letzte ist, die sie je spielen werden, oder dass irgendein beliebiger Spieltag nicht ihr letzter Spieltag ist. Ein Pokerspieler spielt Tausende und Abertausende Runden im Laufe seines Lebens, deshalb spielt es für das große Ganze kaum eine Rolle, ob er eine einzelne Runde verliert oder nicht. Entscheidend ist, dass er seine Werterwartung über all diese Tage und all diese Runden hinweg maximiert. Das ist mit diesem einen langen Spiel gemeint.

Dieses Mantra soll Profispielern bei der Überwindung des Versunkene-Kosten-Fehlers helfen, der sich im Poker darin ausdrückt, dass man das bereits in eine Runde investierte Geld bewahren will, indem man nicht aussteigt, oder dass man ein Spiel nicht beenden will, wenn man in die Verlustzone geraten ist. Und was beim Pokern gilt, trifft natürlich auch auf das Leben zu.

Wir alle brauchen eine solche Erinnerung aufgrund einer Macke in unserer mentalen Buchführung. Wenn wir mit etwas anfangen, sei es, dass wir beim Pokern Geld einsetzen, eine Beziehung oder eine Arbeit beginnen oder eine Aktie kaufen, eröffnen wir ein mentales Konto.

Wenn wir mit der Sache aufhören, sei es, indem wir passen, eine Beziehung beenden, eine Stelle kündigen oder die Aktie wieder verkaufen, schließen wir das mentale Konto ab.

Wie sich zeigt, schließen wir mentale Konten nicht gern mit einem Verlust ab.

Wenn wir bei einer Pokerrunde schlechte Karten haben, wollen wir nicht passen, denn das würde bedeuten, den Verlust des Geldes zu realisieren, das wir in den Pot gelegt haben. Wenn wir beim Pokern verlieren, wollen wir nicht aufhören, denn das würde bedeuten, mit weniger Geld weggehen zu müssen, als wir mitgebracht haben. Wenn wir in einer Beziehung oder einer Arbeitsstelle sind, wollen wir nicht gehen, denn das würde sich anfühlen, als hätten wir all die Zeit und Mühe vergeudet oder verloren, die wir investiert haben.

Das ist natürlich irrational. Wirklich entscheidend ist es, Ihre Werterwartung zu maximieren bei *allem,* was Sie beginnen, quer durch alle Ihre mentalen Konten. Wenn Sie in ein paar Aktien investieren, werden einige steigen und andere fallen. Wichtig ist, dass Sie mit Ihrem gesamten Portfolio gewinnen, nicht ob ein einzelnes Investment steigt oder fällt.

Aber so denken wir nicht von Natur aus. Wir denken nicht an das gesamte Portfolio unserer Aktien. Jede einzelne ist mit einem eigenen mentalen Konto verknüpft, das wir nicht abschließen wollen, solange wir keinen Gewinn damit erzielt haben.

Was für eine Aktie oder eine Pokerrunde gilt, trifft ebenso auf eine individuelle Entscheidung oder ein Projekt zu, auf das Bergsteigen oder die Eröffnung eines Geschäfts in einem ehemaligen Hühnerstall. Wenn wir mit irgendetwas anfangen, eröffnen wir ein mentales Konto. Wenn es nicht mehr gut läuft, wollen wir nicht aussteigen, denn wir schließen Konten nicht gern in der Verlustzone ab.

Deshalb erinnern Pokerspieler sich selbst daran, dass Poker ein einziges langes Spiel ist. Wir täten alle gut daran zu bedenken, dass auch das Leben ein einziges langes Spiel ist.

Die am schwersten zu tragenden Kosten

Je größer die versunkenen Kosten, desto schwerer wird der Ausstieg. Und die größten Kosten sind natürlich der Verlust eines Menschenlebens. Deshalb ist die Entscheidung, ob oder wann ein Krieg beendet werden soll, so herzzerreißend schwer.

Der pensionierte Vier-Sterne-General Tony Thomas, Commander des U.S. Special Operations Command (USSOCOM), diente zwischen 2001 und 2013 bei Missionen in Afghanistan (mit Ausnahme eines Jahres, in dem er im Irakkrieg diente). Er nahm an vielen Militärbegräbnissen teil und überreichte vielen Gold-Star-Familien eine amerikanische Flagge. Er beschrieb mir diese demutsvollen Erlebnisse und wie derartige tragische Verluste jene Versunkene-Kosten-Probleme verstärken, die wir alle kennen und die es für ein Land besonders schwierig machen, sich aus einem Krieg zurückzuziehen, nachdem es solche Verluste erlitten hat.

Einmal griff eine Gold-Star-Mutter, die gerade ihren Sohn verloren hatte, nach seiner Hand und sagte: »Machen Sie weiter, und bringen Sie das zu Ende.« Dem General wurden fast die Knie weich. In diesem Augenblick wäre er für sie durch eine Mauer gerannt.

Die unausgesprochene Botschaft, die bei diesen Beerdigungen nie formuliert wurde, die er jedoch in den Herzen all jener trauernden Eltern spüren konnte, lautete: »Sag mir, dass mein Sohn nicht vergebens gestorben ist.«

Es ist verständlich, dass ein Gold-Star-Elternteil sagt: »Machen Sie weiter, damit mein Kind nicht vergebens gestorben ist«, und es ist unmöglich, von einer solchen emotionalen Bitte ungerührt zu bleiben. Wir alle verspüren etwas von dieser Last, ob wir an der Entscheidung zur Fortsetzung beteiligt sind oder einfach Teil der Öffentlichkeit, für die jene Soldaten und ihre Angehörigen ein solches Opfer gebracht haben. Kein fühlender Mensch kann sich davor verschließen.

Die Realität ist jedoch, dass es bei den Entscheidungen über das Weitermachen oder den Rückzug darum geht, ob es sich lohnt, das nächste Leben aufs Spiel zu setzen, so sehr wir uns auch instinktiv wünschen mögen, dass die bereits verlorenen Leben berücksichtigt würden. Wenn wir weitermachen, sind unsere Aussichten auf das gewünschte Ergebnis es wert, weitere Leben zu riskieren und noch weiteren Familien solche Verluste zuzumuten?

Der Unterschied zwischen Wissen und Machen

Man hat viele intuitive Vorstellungen über kognitive Verzerrungen, einschließlich des Fehlers der versunkenen Kosten. Eine der häufigsten ist, dass man aufhört, den Fehler zu begehen, wenn man darüber Bescheid weiß.

Ich weiß, wir haben schon eine Menge Zeit mit Storys über das Bergsteigen verbracht. Aber um den Unterschied zwischen Wissen und Machen zu verdeutlichen, sehen Sie mir bitte nach, dass ich noch eine weitere erzähle.

Es geht darin um einen erfahrenen Outdoor-Experten und Bergsteiger namens Jeffrey R., der sich das Ziel gesetzt hatte, die hundert höchsten Gipfel in New England zu erklimmen. In der Kletter-Community gilt das als maßgebliche Errungenschaft. Viele dieser Gipfel haben keine offiziellen Kletterrouten und können nur über Schneemobil-Pfade, alte Forststraßen oder Viehwege erreicht werden. Bei einigen ist »Bushwhacking« erforderlich, das heißt, der Bergsteiger muss sich durch bewaldete oder überwucherte Bereiche kämpfen.

Jeffrey R. hatte neunundneunzig dieser Gipfel erklommen und war auf dem Weg zum letzten, Fort Mountain in Maine. Als das Wetter umschlug und Nebel aufzog, entschied sein Kletterpartner umzukehren. Jeffrey R. war dagegen und stieg allein weiter hoch.

Einige Tage später wurde sein Leichnam gefunden. Er war offenbar abgestürzt.

Warum erzähle ich Ihnen diese Geschichte, die einigen der anderen so ähnelt? Einer ist umgekehrt. Der andere ist weitergegangen, mit tragischen Folgen.

Der Jeffrey R. in dieser Geschichte ist Jeffrey Rubin, derselbe Jeffrey Rubin, der gemeinsam mit Joel Brockner das Verhalten von Menschen untersucht hat, die auf nie eintreffende Kreuzworträtsel-Wörterbücher warteten, und der im Folgenden bis zu seinem Tod 1995 weitere beeindruckende und einflussreiche Arbeiten über eskalierendes Commitment verfasste. Wenn irgendjemand verstand, was es bedeutete, in einer Handlung festzustecken und die Verluste einfach nicht begrenzen zu können, selbst angesichts klarer Signale, dass man aufhören sollte, dann war er es.

Und doch tappte auch er eines Tages in diese Falle.

Das sollte uns allen eine Warnung sein. Glauben Sie nicht, nur weil Sie dieses Buch bis hierhin gelesen oder den Fehler der versunkenen Kosten verstanden haben, würde dieses Wissen allein Ihnen helfen, ihn zu überwinden. Wenn selbst Rubin nicht in der Lage war, aufzuhören, sollte uns das die Augen dafür öffnen, wie schwer es erst für uns andere ist.

Wissen ist nicht dasselbe wie Machen.

Sie können Ihren Verstand nicht austricksen

Viele Menschen, die vom Fehler der versunkenen Kosten wissen, sagen mir, dass sie eine Lösung dafür gefunden haben. Egal welche Geschichte ihre Entscheidung hat, im Wesentlichen fragen sie sich: »Wenn ich ganz unvoreingenommen vor dieser Entscheidung stünde, würde ich dann diesen Weg einschlagen wollen?«

Stellen Sie sich beispielsweise vor, Sie besitzen eine Aktie, deren Kurs unter den gefallen ist, für den Sie sie gekauft haben. Mit anderen Worten, Sie machen Verluste. Sie würden sich fragen: »Wenn ich dies als neue Gelegenheit betrachtete, wäre ich dann Käufer oder Verkäufer?« Würden Sie eine unvoreingenommene Entscheidung treffen, die Aktie zu kaufen, dann würden Sie sie behalten (denn Behalten heißt, Sie besitzen die Aktie weiterhin, was bedeutet, es ist dasselbe wie Kaufen). Würden Sie die Aktie nicht kaufen, dann verkaufen Sie sie.

Funktioniert so ein gedanklicher Jedi-Trick überhaupt?

Die Antwort finden wir abermals bei Barry Staw.

In einer der Folgestudien des *Big Muddy*-Experiments baten Itamar Simonson und Staw die Teilnehmer, eine unternehmerische Entscheidung über die Zuteilung von Marketingbudgets an zwei Produkte zu treffen, ein alkoholfreies Bier und ein Light-Bier. Die erste Entscheidung war wieder eine Alles-oder-nichts-Wahl, welches Produkt zusätzliche 3 Millionen Dollar Marketingbudget erhalten sollte. Nachdem die Teilnehmer sich entschieden hatten und eine Simulation der Ergebnisse dreier Jahre auf Grundlage dieser Entscheidung erhalten hatten, trafen sie eine zweite Entscheidung über die Aufteilung weiterer 10 Millionen Dollar Marketingbudget zwischen den beiden Produkten.

Die Wissenschaftler testeten mehrere Möglichkeiten, um ein eskalierendes Commitment für das Produkt zu umgehen, das die ersten 3 Millionen Dollar erhalten hatte. Eine davon war der Jedi-Trick, bei dem sie einige der Teilnehmer aufforderten, die Wahl unvoreingenommen zu treffen, und sie anwiesen, eine Analyse vorzunehmen, bei der sie eine Pro-und-Kontra-Liste für die Zuteilung der Mittel auf die jeweiligen Produkte *mit Blick auf die Zukunft* erstellten.

Trotz der Anweisung, bei dieser neuen Entscheidung vorwärts und nicht rückwärts zu blicken, nahmen die Teilnehmer eine ähnliche Zuteilung (5,1 Millionen Dollar) für das Produkt vor, dem sie auch die erste Zuwendung zugeteilt hatten, wie jene Teilnehmer, die dieselbe nicht erfolgreiche Entscheidung getroffen hatten, aber nicht angewiesen worden waren, nur nach vorn zu blicken. Im Gegensatz dazu steckten Teilnehmer, die die zweite Zuteilung tatsächlich unvoreingenommen vornahmen, nur 3,7 Millionen Dollar in das Produkt, das nach der früheren Zuteilung von Marketingmitteln Verluste eingefahren hatte.

Die Anweisung, sich unvoreingenommen zu entscheiden, trug praktisch nichts dazu bei, die Eskalation des Commitments zu verringern.

Es hilft also nichts, einfach nur über den Effekt der versunkenen Kosten Bescheid zu wissen. Der Jedi-Trick nützt nichts. Das sind eine Menge schlechte Nachrichten über versunkene Kosten.

Es wird Zeit, zu den guten Nachrichten zu kommen.

Zusammenfassung Kapitel 5

- Der Effekt der versunkenen Kosten ist eine kognitive Illusion, bei der man Ressourcen berücksichtigt, die man zuvor in ein Vorhaben versenkt hat, wenn man entscheiden musste, ob man weitermacht und noch mehr hineinsteckt.
- Der Effekt der versunkenen Kosten lässt Menschen in Situationen ausharren, aus denen sie aussteigen sollten.
- Wenn es ums Bleiben oder Gehen geht, haben wir Angst, dass wir im Falle des Gehens die Ressourcen vergeudet haben, die wir in den Versuch investiert haben.
- Sie erleben den Fehler der versunkenen Kosten möglicherweise, wenn Sie denken: »Wenn ich diese Arbeit nicht mache, habe ich Jahre meines Lebens vertan!«, oder: »Wir können sie jetzt nicht entlassen, sie ist schon seit Jahrzehnten in der Firma!«
- Versunkene Kosten wachsen wie ein Katamari. Die bereits investierten Ressourcen machen es weniger wahrscheinlich, dass Sie aussteigen, was es wahrscheinlicher macht, dass Sie weitere versunkene Kosten anhäufen, was es wiederum weniger wahrscheinlich macht, dass Sie aussteigen, und so weiter. Die wachsende Last Ihres früheren Commitments macht es immer schwerer, den Absprung zu finden.
- Wir schließen mentale Konten nicht gern mit Verlusten ab.
- Über den Effekt der versunkenen Kosten Bescheid zu wissen, hält Sie nicht davon ab, ihm zum Opfer zu fallen.
- Sie können sich nicht selbst austricksen, die versunkenen Kosten nicht zu berücksichtigen, indem Sie versuchen, die Situation unvoreingenommen zu betrachten. Zu fragen, ob Sie weitermachen würden, wenn es eine ganz unvoreingenommene Entscheidung wäre, umgeht den Effekt der versunkenen Kosten nicht so stark, wie Sie intuitiv glauben.

KAPITEL 6

Affen und Podeste

AUF DER HIGHSCHOOL FANDEN ERIC TELLERS FREUNDE, dass seine Frisur aussehe wie der Kunstrasen von AstroTurf, deshalb fingen sie an, ihn Astro zu nennen. Er nahm den Spitznamen an wie eine zweite Haut und malte im College sogar Astro, den Zeichentrickhund aus *The Jetsons*, auf seine Autotür.

Astro Teller machte 1998 an der Carnegie Mellon University seinen PhD in Künstlicher Intelligenz. Während seines Aufbaustudiums war er Mitschöpfer einer interaktiven Galerieinstallation, bei der Porträtmalerei und Computerwissenschaft miteinander verknüpft wurden. Zu dieser Zeit schrieb er auch seine ersten beiden Romane.

Zwischen damals und 2010 war er Mitgründer von fünf Unternehmen. Eins davon war ein Hedgefonds, der Investments durch die Technik des maschinellen Lernens auswählte. Ein weiteres stellte erfolgreich tragbare Körpermonitoren her. Er arbeitete außerdem als Professor in Stanford.

Gemeinsam mit Larry Page, Sergey Brin und Sebastian Thrun entwickelte er den internen Innovations-Hub bei Google. Page und Brin waren zwei der Mitgründer von Google. Der damalige Vice President Thrun war vorher Professor an der Carnegie Mellon und in Stanford gewesen. Er war ein Robotik-Innovator, leitete das unternehmenseigene Projekt des autonomen Fahrzeugs und gründete später Udacity, eine Online-Bildungseinrichtung.

Sie nannten das Unternehmen zunächst »X« als Platzhalter, denn sie hielten den Namen für ein relativ unwichtiges Detail, das auch später noch festgelegt werden konnte. X blieb jedoch der Unternehmensname, was gut passt, weil Google seinen Namen später in Alphabet veränderte.

Teller wurde CEO von X, seine tatsächliche Berufsbezeichnung lautet allerdings »Captain of Moonshots«. Seine einzige Bedingung, um diese Stelle anzunehmen, war vollständige Autonomie über das Unternehmen, was ihm von den Google-Gründern zugesichert wurde. Obwohl X ein Tochterunternehmen von Alphabet ist, bestand er immer auf einer kulturellen Trennung.

X wurde zu einer bekannten Ideenschmiede in der nicht-traditionellen Tradition von Bell Labs, Xerox PARC und Thomas Edisons Laboren. Die Mission von X ist es, Technologien zu entwickeln und einzuführen, um »das Leben von Millionen, ja sogar Milliarden Menschen besser zu machen«.

Sie beschäftigen sich insbesondere mit der Identifikation und der Beschleunigung von weltverändernden Ideen. Das heißt, sie lehnen viele gute Ideen ab, weil der Wandel, den diese Ideen herbeiführen würden, für ihre Mission zu gering wäre. Einer der Slogans von X lautet: »Zehnfache Wirkung auf die vertracktesten Probleme der Welt, nicht bloß 10 Prozent Verbesserung.«

Teller könnte der perfekte Mann sein, um ein Innovationslabor mit derart ambitionierten Zielen zu leiten. Doch revolutionäres Denken ist ihm nicht einfach zugeflogen. Sein Großvater väterlicherseits war Edward Teller, der legendäre Physiker, der zu den Erfindern der Wasserstoffbombe gehört. Sein Großvater mütterlicherseits war Gerard Debreu, ein mit dem Nobelpreis ausgezeichneter Ökonom und Mathematiker. Sein Vater war Philosoph der Quantenmechanik, und seine Mutter war Modedesignerin und Lehrerin für hochbegabte Kinder.

Innovation, ob im wörtlichen oder im übertragenen Sinne, liegt ihm einfach im Blut.

X ist ein Innovations-Hub, aber es geht nicht um irgendeine Innovation zu irgendeinem Preis oder mit irgendeinem Zeithorizont. X hat eine sehr spezifische Zielsetzung: die besten Ideen innerhalb von fünf bis zehn Jahren vom Konzept bis zur kommerziellen Rentabilität zu bringen. Es reicht nicht aus, dass die Idee eine weltverändernde Lösung ist oder auch nur dass die angestrebte Lösung machbar ist. Es muss auch gewiss sein, dass sie ökonomisch sinnvoll ist, damit sie sich selbst trägt und Gewinn bringt.

Die Begründung für den Zeithorizont von fünf bis zehn Jahren ist: Wenn die Lösung in kürzerer Zeit entwickelt werden könnte, arbeitet wahrscheinlich schon ein anderer daran. Wenn es länger dauert als zehn Jahre, könnte die Technologie veraltet sein, bis sie auf den Markt kommt.

Hat ein Projekt erst mal den Punkt erreicht, an dem es seine Produkte verfeinert oder seine Operationen erweitert, erhält es von X seinen »Doktortitel«. Der berühmteste Doktorand von X war eins seiner ersten Projekte, ein selbstfahrendes Auto. Im Jahr 2017 wurde es Waymo, ein Alphabet-Unternehmen. Bis Anfang 2021 hatte Waymo einen Wert von 30 Milliarden Dollar. Weitere Projekte, die es bis zur Marktreife schafften, waren Google Brain (eins der größten neuralen Netzwerke für maschinelles Lernen, das es je gab), Verily Life Sciences (eine Zusammenstellung von medizinischen Technologien wie beispielsweise eine intelligente Kontaktlinse, die den Glukosewert bestimmt) und die Lieferdrohne Wing.

Viele der Projekte, die es nicht geschafft haben, waren tolle, innovative Ideen für die Lösung globaler Probleme. Projekt Loon entwickelte eine Technologie zur Schaffung eines Netzwerks von riesigen hoch fliegenden Ballons, um einer Milliarde Menschen in den letzten nicht angebundenen Regionen der Welt Zugriff auf das Internet zu geben. Projekt Foghorn sollte als saubere, im Überfluss vorhandene Alternative zum Öl Seewasser in Treibstoff verwandeln.

X braucht eine Menge große Anläufe und weiß, dass die meisten davon Rohrkrepierer sind. Teller betrachtet jedes Projekt so, als würde er eine Option auf die Zukunft einkaufen. Wie bei den meisten Optionen muss man immer weiter und immer größere Beträge bezahlen, um sie zu behalten.

»In den nächsten paar Jahren werden wir tausend Optionen kaufen«, sagte er mir. »Wir brauchen nur vier pro Jahrzehnt, um zu Sundar zu gehen [Pichai, der CEO von Alphabet].« Teller fasst seine Tätigkeit so auf, dass er durch kluges Handeln mit möglichst wenig Geld ein wertvolles Portfolio aufbauen soll.

Selbst wenn man Alphabet gehört, hat man nur begrenzte Zeit-, Geld- und Aufmerksamkeitsressourcen. Das bedeutet, Teller muss die Projekte identifizieren, die sich nicht schnellstmöglich bewähren. Um radikale Ideen zu verfolgen, muss er ein radikaler Verlustbegrenzer sein. Jeder Dollar, den sie einsparen, indem sie schnell die Bremse ziehen, ist ein Dollar, den sie auf etwas verwenden können, das *tatsächlich* die Welt verändern könnte.

Damit die X-Mitarbeiter besser loslassen können, hat Astro Teller ein besonderes mentales Modell ersonnen, das in die Struktur von X eingewoben ist: Affen und Podeste.

Stellen Sie sich vor, Sie wollen einem Affen beibringen, mit brennenden Fackeln zu jonglieren, während er in einem öffentlichen Park auf einem Podest steht. Wenn Sie so ein eindrucksvolles Schauspiel hinkriegen, haben Sie eine einträgliche Nummer.

Teller erkennt, dass zwei Bestandteile erforderlich sind, um bei diesem Vorhaben Erfolg zu haben: den Affen trainieren und das Podest bauen. Ein Teil der Sache stellt ein möglicherweise unüberwindliches Hindernis auf dem Weg zum Erfolg dar. Und der andere ist das Errichten des Podests. Podeste wurden schon bei den alten Griechen und möglicherweise auch davor gebaut. Im Laufe von mehr als zwei Jahrtausenden sind Podeste gründlich ausgereift. Heutzutage kann man sie im Möbelladen oder im Baumarkt kaufen, oder man dreht einfach einen Bierkasten um.

Der Engpass, das Schwierige, ist das Trainieren des Affen, der mit den brennenden Fackeln jongliert.

Zweck dieses mentalen Modells ist es, Sie daran zu erinnern, dass es keinen Sinn hat, das Podest zu bauen, wenn Sie den Affen nicht trainieren können.

Mit anderen Worten, Sie sollten den schwierigsten Teil des Problems zuerst angehen.

»Affen und Podeste« ist in den Sprachgebrauch der Organisation eingeflossen. Wenn die X-Leute Projektpräsentationen machen, sieht man #MONKEYFIRST und Affen-Icons. So identifizieren sie das

Schwierige, das erledigt werden muss, damit das Projekt umsetzungswürdig ist.

Die Lektion dabei lautet: Wenn Sie Ihr Unternehmen starten, sollten Sie nicht als Erstes die perfekte Visitenkarte gestalten oder in das schönste Logo investieren oder sich den coolsten Namen ausdenken.

So hat X schließlich überhaupt seinen Namen bekommen.

Den Affen vom Tisch bekommen

Projekt Foghorn, bei dem X eine Technologie entwickelt, um Meerwasser in Treibstoff zu verwandeln, bietet ein Beispiel dafür, wie das mentale Modell mit dem Affen und dem Podest funktioniert. Der erste Affe wäre der Machbarkeitsnachweis, aber den haben schon die Wissenschaftler geliefert, mit denen sie eine Partnerschaft geschlossen haben und deren Arbeit ihre Aufmerksamkeit auf diese Innovation gelenkt hat. Der zweite Affe war die kommerzielle Nutzbarkeit. Der Treibstoff musste zu Kosten produziert werden, die deutlich niedriger sind als der gegenwärtige Benzinpreis, um breite Marktakzeptanz zu erzielen.

Als sie anfingen, wären 8 Dollar pro Gallone des Benzinäquivalents an den teuersten Märkten wie Skandinavien wettbewerbsfähig gewesen. Die erste Hürde waren die enormen Kosten für die Errichtung von Rohrleitungen im Meer. Sie dachten, sie hätten eine Lösung gefunden, indem sie sich mit der vorhandenen Entsalzungs-Infrastruktur zusammenschlossen. Doch schnell erkannten sie, dass die weltweite Kapazität dieser existierenden Fabriken ihre Produktionsbedürfnisse kaum ansatzweise erfüllen konnte. Da halfen auch die seinerzeit sinkenden Kosten traditioneller Treibstoffe nichts.

Sie erkannten, dass sie den Affen nicht zu fassen kriegten. Da es zu unwahrscheinlich war, dass sie innerhalb der nächsten drei Jahre konkurrenzfähig würden, wurde Foghorn fallen gelassen.

Die Anwendung des Prinzips von Affen und Podesten bedeutet manchmal, etwas nach zwei Jahren zu beenden oder nach fünf Jahren oder, wie es bei Loon der Fall war (dem Projekt, das abgelegene Gebiete mit Internetzugang versehen sollte), nach neun Jahren. Es spielt eigentlich keine Rolle, ob es zwei, fünf oder neun Jahre sind, solange man es früher beendet, als man es anderenfalls getan hätte.

Wenn Sie Ihre Verluste früher begrenzen können, ist das ein enormer Gewinn. Ein zusätzlicher Bonus ist, dass es Ihnen Freiraum verschafft, sodass Sie Ihre begrenzte Aufmerksamkeit und Ressourcen in aussichtsreichere Vorhaben stecken können, die eine höhere Werterwartung haben, was die Opportunitätskosten verringert.

»Wenn wir die Achillesferse finden«, sagte mir Teller, »dann danken wir Gott, dass wir sie nach 2 Millionen Dollar gefunden haben statt nach 20 Millionen.«

Astro Teller hat eindeutig verstanden, dass man durch Aussteigen schneller ans Ziel kommt.

Je schneller Sie erkennen, dass Sie aufgeben sollten, umso schneller können Sie zu etwas Besserem übergehen. Und je eher das geschieht, umso mehr Ressourcen sparen Sie ein, die Sie dann in aussichtsreichere Vorhaben stecken können.

Das Schöne am mentalen Modell der Affen und Podeste ist, dass es Ihnen manchmal schon vor dem Beginn zum Ausstieg verhilft.

Vor Jahren befasste X sich mit der Entwicklung dessen, was jetzt als Hyperloop bekannt ist, ein experimentelles Hochgeschwindigkeits-Schienensystem. Das Konzept war prima. Aus Ingenieurssicht war der Aufbau der physischen Infrastruktur kein allzu großes Problem.

Die Affen, um den Hyperloop rentabel zu machen, waren beispielsweise, ob man Passagiere oder Fracht sicher an und von Bord bringen konnte und ob man das System ohne Zwischenfälle beschleunigen und abbremsen konnte. Ein paar Hundert Meter Schienenstrecke konnten nichts darüber aussagen, ob diese Herausforderungen zu bewältigen waren. Genau genommen fanden Teller und das Team heraus, dass man praktisch das ganze Ding bauen musste, ehe man wusste, ob es funktionierte. Man würde eine Reihe von Podesten bauen müssen, ehe man herausfand, ob die Affen störrisch waren.

Sie beschlossen rasch, den Plan nicht zu verfolgen.

Eine von Tellers wertvollen Erkenntnissen ist, dass das Podestbauen die Illusion des Fortschritts erzeugt anstelle des Fortschritts selbst.

Wenn Sie etwas tun, von dem Sie bereits wissen, dass Sie es schaffen, lernen Sie nichts Wichtiges darüber, ob das Vorhaben die Umsetzung lohnt. Sie wissen bereits, dass Sie das Podest bauen können. Das Problem ist, ob Sie den Affen trainieren können.

Teller erkennt außerdem, dass Sie durch den Podestbau versunkene Kosten anhäufen, die den Ausstieg schwerer machen, selbst wenn Sie feststellen, dass Sie den Affen nicht dazu bringen können, mit den Fackeln zu jonglieren. Indem Sie sich zuerst auf den Affen konzentrieren, verkleinern Sie natürlich den Trümmerberg, den Sie anhäufen, wenn Sie zuerst etwas lösen, das in Wirklichkeit bereits gelöst ist.

Diese Fortschrittsillusion durch Podestbau sehen wir beim kalifornischen Schnellzug. Wir haben in flachem Gelände überall zahllose Kilometer Eisenbahnschienen verlegt. Im Wesentlichen hat man das schon vor über 150 Jahren herausgefunden und Eisenbahngesellschaften dadurch im letzten Viertel des 19. Jahrhunderts zu den profitabelsten Unternehmen der Welt gemacht. Dass wir diese Infrastruktur schaffen können, wissen wir bereits.

Das heißt, jede Schiene, die im inneren Bereich der Strecke verlegt werden kann, ist ein Podest. Und doch war der erste genehmigte Gleisabschnitt im Jahr 2010 auf flachem Land zwischen Madera und Fresno.

Astro Teller versteht auch einen subtileren, aber nicht weniger wichtigen Faktor, nämlich dass wir die Tendenz haben, angesichts eines schwer lösbaren Affen unsere Aufmerksamkeit lieber auf das Podestbauen zu richten als auf das Aufgeben.

Wir bevorzugen die Illusion des Fortschritts gegenüber dem Aufgeben und dem Eingeständnis des Scheiterns.

Auch dies lässt sich wieder mit dem kalifornischen Schnellzug illustrieren. Angesichts der großen Affen des Pacheco-Passes und der Tehachapi Mountains fing die Authority an, zwei weitere Podeste zu bauen, die Strecke zwischen Bakersfield und Merced und, nachdem diese fertig war, die Strecke zwischen San Francisco und Silicon Valley, die 2019 von Gouverneur Newsom abgesegnet wurde.

Wären die Entscheidungsträger in Kalifornien so an die Probleme des Projekts herangegangen, wie X es tut, nämlich mit Affen und Podesten, dann hätten sie das Projekt wohl so rasch fallen gelassen, wie X den

Hyperloop fallen gelassen hat. Doch stattdessen wächst ihr Katamari immer weiter und macht es immer schwieriger, den Hochgeschwindigkeitszug loszulassen.

Auf einen unlösbaren Affen zu stoßen und sich dann dem Podestbau zuzuwenden, ist eine Katastrophe an zwei Fronten. Sie stecken nicht nur weiterhin Ressourcen in etwas, nachdem Sie klare Signale erhalten haben, dass Sie keinen Erfolg damit haben werden, sondern dies sind auch Ressourcen, die Sie anderswo besser einsetzen könnten. Jeder Dollar, den die Authority weiterhin in dem Hochgeschwindigkeitszug versenkt, steht nicht für andere große Ideen zur Verfügung, die eine höhere Wahrscheinlichkeit aufweisen, den kalifornischen Steuerzahlern von Nutzen zu sein.

Affen und Podeste lassen sich auf einige sehr gute Ratschläge reduzieren:

- *Gehen Sie als Erstes die schwierige Sache an.*
- *Versuchen Sie, diese schnellstmöglich zu lösen.*
- *Hüten Sie sich vor falschen Fortschritten.*

K.-o.-Kriterien

Wir wissen bereits, dass wir nicht besonders gut rational auf Signale reagieren können, die uns den Abbruch nahelegen. Tatsächlich neigen wir dazu, auf schlechte Nachrichten zu reagieren, indem wir unser Commitment noch *verstärken,* anstatt unsere Verluste zu begrenzen. Einfach nur das Problem zu erkennen, nützt nichts, ebenso wenig wie der Jedi-Trick: »Wie wär's, wenn ich mir vorstelle, ganz unvoreingenommen an diese Entscheidung heranzugehen?«

Aber es gibt etwas, das helfen kann.

Wenn wir im Voraus die Signale identifizieren, auf die wir achten sollten, und einen Plan erstellen, wie wir darauf reagieren, können wir die Chance erhöhen, dass wir unsere Verluste dann begrenzen, wenn es angeraten ist.

Das heißt im Wesentlichen: Wenn Sie mit einem Vorhaben beginnen, stellen Sie sich vor, was Ihnen signalisieren könnte, dass es die

Mühe nicht länger lohnt. Fragen Sie sich: »Welche Signale würden mich, wenn ich sie in der Zukunft entdecke, zum Verlassen meines Weges veranlassen? Was könnte ich über den Zustand der Welt oder meiner selbst erfahren, das mein Commitment für diese Entscheidung verändern würde?«

Diese Liste bietet Ihnen eine Reihe von *K.-o.-Kriterien,* also im wahrsten Sinne des Wortes Kriterien, die ein Projekt k. o. gehen lassen oder Sie davon abbringen, um die Verluste zu begrenzen. Es ist eins der besten Instrumente, um herauszufinden, wann Sie rechtzeitig aussteigen können.

K.-o.-Kriterien können Informationen sein, die Ihnen deutlich machen, dass der Affe nicht trainierbar ist oder dass die Zielerreichung nicht wahrscheinlich genug ist oder dass das Schicksal sich gegen Sie gewendet hat.

Wir können uns potenzielle K.-o.-Kriterien für viele der von uns betrachteten Beispiele vorstellen. Für Harold Staw hätte es sein können, dass ein Verkauf dringend angeraten ist, wenn die Profitabilität der Läden unter einen gewisse Grenzwert sinkt. Oder Ihr K.-o.-Kriterium könnte eine Verlustgrenze sein, bei der Sie das Unternehmen verkaufen oder schließen würden, sobald Sie persönlich zusätzliches Geld (oder mehr als einen bestimmten Betrag) zuschießen müssen, um die Läden am Laufen zu halten. Oder im Extremfall könnte es sein, dass vertrauenswürdige Ratgeber Ihnen sagen, Sie sollen den Kurs ändern, zum Beispiel wenn Ihr bester Freund und Anwalt bei einem Prozess die Seiten wechselt.

Im Falle von *Glitch* könnte es ein K.-o.-Kriterium für den Ausstieg sein, wenn Sie bis zu einem bestimmten Datum nicht eine bestimmte Zahl von treuen Kunden erreicht haben.

Was den kalifornischen Hochgeschwindigkeitszug angeht, so kann man sich viele anwendbare K.-o.-Kriterien vorstellen, zum Beispiel aufzugeben, wenn sich das ursprünglich eingeplante Budget mehr als verdreifacht hat.

Eins der eindeutigsten Beispiele für ein K.-o.-Kriterium ist die Umkehrzeit auf dem Mount Everest. Wenn man es bis 13 Uhr nicht auf den Gipfel geschafft hat, kann man vor Einbruch der Dunkelheit nicht sicher zum Lager 4 hinabsteigen, daher muss man den Anstieg abbrechen.

Itamar Simonson und Barry Staw untersuchten 1992 die Wirkung einer solchen Vorausplanung als Bestandteil derselben Studie, in der die Teilnehmer einer von zwei Biersorten ein Budget zuteilten, schlechte Nachrichten erhielten und dann die Chance zu einer zweiten Zuteilung erhielten.

Die Forscher wollten wissen, ob Vorausplanung den Teilnehmern helfen würde, Zuteilungen vorzunehmen, die eher denjenigen der Teilnehmer glichen, die unvoreingenommen die Entscheidung trafen.

Wie Sie sich erinnern werden, gaben die Probanden, die unvoreingenommen die zweite Zuteilung (10 Millionen Dollar) vornahmen, 3,7 Millionen Dollar dem Produkt, das schon zuvor die finanzielle Förderung erhalten hatte, im Vergleich zu etwas über 5 Millionen Dollar derjenigen, die diese vorherige erfolglose Entscheidung getroffen hatten. Wir wissen bereits, dass die Aufforderung an die Teilnehmer, eine unvoreingenommene Analyse der Pros und Kontras mit Blick nach vorn vorzunehmen, keine Verhaltensänderung bewirkt hatte.

Was jedoch funktionierte, war, dass man eine Gruppe vor der ersten Entscheidung Benchmarks in Form von Minimalzielen für Umsätze und Gewinne setzen ließ. Nachdem diese Teilnehmer die schlechten Performance-Daten erhalten hatten, teilten sie nur 3,9 Millionen Dollar demselben Produkt zu, das sie zuvor gewählt hatten. Ihre Zuteilung entsprach nun derjenigen der Probanden, die tatsächlich unvoreingenommen entschieden hatten. Und es war eine große Verringerung im Vergleich zu den anderen, die beide Zuteilungen vorgenommen, aber keine Benchmarks gesetzt hatten.

Das deckt sich mit vielen nachfolgenden Studien, die über alle möglichen Arten von Vorbindungsverträgen gemacht wurden. Ob es um das Befolgen von Diät-, Arbeits- oder Studienplänen geht, solche Vorbindungsverträge lassen Menschen rationaler handeln.

Grundsätzlich schaffen K.-o.-Kriterien einen Vorbindungsvertrag für den Ausstieg.

Tunnelblick

Sie können sich wahrscheinlich viele Anwendungsfälle für K.-o.-Kriterien in Ihrem Leben vorstellen. Wenn Sie zum ersten Mal mit jemandem ausgehen, denken Sie voraus. Was könnte passieren, das Sie denken lassen würde, es sei Zeit, die Beziehung zu beenden? Oder im Falle eines einzigen Dates, was würde Sie das Treffen beenden lassen wollen? Dasselbe können Sie auch mit dem Besuch einer bestimmten Uni, der Auswahl eines Studienfachs, der Berufswahl oder der Annahme einer Stelle machen.

Eine offensichtliche und wertvolle Anwendung von K.-o.-Kriterien hat mit dem Trichtermanagement der Verkaufsfunktion eines Geschäfts zu tun. Ein großes Problem für Verkaufsmitarbeiter ist es, all die Gelegenheiten an der oberen Seite des Trichters zu handhaben: Welche verfolgt man? Und wenn man erst mal eine aufgegriffen hat, wann lässt man sie wieder los?

Es liegt im Interesse eines Unternehmens, dass die Verkaufsmitarbeiter ihre Zeit für die aussichtsreichsten Optionen aufwenden, und zwar basierend auf einer Kombination aus Abschlusswahrscheinlichkeit und potenziellem Vertragsumfang.

Natürlich sind viele dieser Schwierigkeiten nicht auf den Verkauf beschränkt. Wenn man erst mal angefangen hat, eine Verkaufsgelegenheit zu verfolgen, steckt man Zeit und Mühe hinein. Diese Zeit und Mühe machen es schwierig, von der Gelegenheit abzulassen, und je mehr Ressourcen man investiert, umso schwieriger wird es, aufzugeben und den Schaden zu begrenzen.

Abgesehen von der Ressourceninvestition in erfolglose oder geringwertige Verkaufsaktivitäten gibt es auch noch die Opportunitätskosten. Sie haben begrenzte Ressourcen. Jede Minute, die Sie für etwas mit geringer Werterwartung aufwenden, ist eine Minute, die Ihnen für andere Gelegenheiten mit größerem Wert fehlt.

Diese Probleme sind sogar noch größer, wenn Sie Verkäufer haben, die von ihrem Charakter her bis zum bitteren Ende einfach nicht von einer möglichen Verkaufsgelegenheit ablassen können. Verkäufer sind von Natur aus hartnäckig. Diese Einstellung gibt ihnen (ähnlich wie Pokerspielern, die nicht passen wollen, solange es noch irgendeine Chance auf den Gewinn gibt) die Gewissheit, dass sie niemals etwas aufgeben und sich dann fragen: »Was wäre, wenn?« Doch das ist, genau wie bei den Pokerspielern, eine schlechte Ressourcennutzung und ein Rezept zum Pleitegehen.

Das Aufstellen von K.-o.-Kritierien kann sehr wertvoll sein, um innerhalb des Vertriebs rationalere und effizientere Entscheidungen zu treffen.

Ein Beispiel: Mit einem meiner Kunden, mParticle, arbeitete ich an der Entwicklung und Anwendung von K.-o.-Kriterien im Verkaufsprozess. mParticle ist ein SaaS-Unternehmen (Software as a Service) und bietet eine Kundendatenplattform (KDP), mit der Teams ihre Kundendaten vereinheitlichen und mit verschiedenen Marketing- und Analyse-APIs (Application Programming Interfaces) verknüpfen können.

Zu Beginn unserer Zusammenarbeit fiel es ihren Verkaufsmitarbeitern schwer, die geringwertigen Kaufinteressenten fallen zu lassen, zum Teil weil die Kultur die Vorstellung stärkte, das Unternehmen würde Boden verlieren, wenn man eine Gelegenheit verpasste.

Die Zeit eines Verkaufsmitarbeiters ist kostbar und eine begrenzte Ressource. Die Zeit, die er für geringer bewertete Interessenten aufwendet, kann er nicht den höher bewerteten Interessenten oder der Entwicklung neuer Gelegenheiten widmen. Wenn er also nicht rasch die wahrscheinlichen Sackgassen identifiziert und verlässt, verlangsamt das in der Realität den Fortschritt.

Die Aufstellung einer Reihe von K.-o.-Kriterien könnte dem Team helfen, den Schaden schneller zu begrenzen, wenn die Signale deutlich sind.

Um solche Kriterien zu entwickeln, arbeiteten wir mit dem Vertrieb zusammen und erstellten eine Liste von Signalen, die ihnen anzeigten, wann es sich nicht lohnte, eine Gelegenheit weiter zu verfolgen. Dazu schickten wir den Verkaufsmitarbeitern und der Vertriebsleitung die folgende Anregung:

Stellen Sie sich vor, Sie hätten eine Gelegenheit verfolgt, die durch eine Angebots- oder Informationsanfrage entstanden ist. Jetzt ist es sechs

Monate später, und aus dem Geschäft ist nichts geworden. Rückblickend erkennen Sie frühe Anzeichen dafür, dass kein Abschluss erzielt werden würde. Welche waren das?

Im Allgemeinen bezeichnet man diese Idee, sich selbst in die Zukunft zu versetzen, sich ein Scheitern vorzustellen und dann zurückzusehen, um die Gründe dafür herauszufinden, als *Prämortem*. Das Prämortem ist ein sehr gutes Instrument für die Entwicklung von hochwertigen K.-o.-Kriterien.

Diese spezielle Anregung zielte auf die Frühwarnzeichen des Scheiterns ab, die Verkaufsmitarbeiter (und wir alle) gern übersehen, wegargumentieren oder ignorieren. Mit anderen Worten, wir suchten nach jenen Hinweisen darauf, dass etwas schlecht läuft, die wir intuitiv beachten sollten, was wir aber nicht tun.

Wir baten die Teammitglieder, außerhalb einer Gruppenanordnung auf die Anregung zu antworten, unabhängig und asynchron, damit wir die größtmögliche Bandbreite an Antworten erhielten, die von der Meinung der anderen unbeeinflusst waren. Wir ließen sie auch rein hypothetisch antworten, nicht im Hinblick auf irgendeine bestimmte Gelegenheit, die sie gerade verfolgten oder versäumt hatten. Das machten wir, weil wir wussten, dass die Perspektive am stärksten voreingenommen ist, wenn man unmittelbar vor einer Ausstiegsentscheidung steht oder eine soeben verpasste Chance analysiert.

Es gab mehrere Signale, die in den Antworten wiederholt genannt wurden, zum Beispiel: Der potenzielle Kunde hat nie jemanden aus der Geschäftsleitung zu den Meetings mitgebracht, die Anfrage wurde erkennbar von einem Konkurrenzangebot beeinflusst, oder der Interessent kam direkt zum Preis, ohne sich nach anderen Informationen zu erkundigen.

Wir verwandelten diese Signale dann in eine Reihe von K.-o.-Kriterien. Einige Signale auf der Liste waren stark genug, um die Bemühungen unverzüglich einzustellen, wenn man ihnen begegnete. Wenn der Interessent beispielsweise sofort auf den Preis zu sprechen kam, galt das als ausreichend starkes Anzeichen, dass die Angelegenheit in eine Sackgasse mündete, denn es signalisierte, dass der potenzielle Kunde den Verkäufer nur als Strohmann nutzte, um den Preis eines Mitbewerbers zu drücken.

Andere Signale dagegen erforderten weiteres Handeln. Wir identifizierten für jedes davon die Informationen, die der Verkäufer so schnell wie möglich beim potenziellen Kunden entdecken musste. Je nach Ergebnis würde der Verkäufer die Geschäftsgelegenheit entweder weiterverfolgen oder liegen lassen.

Wenn zum Beispiel während der ersten paar Meetings kein Mitglied der Geschäftsführung dabei war (ein weniger gewisses K.-o.-Kriterium), wurde der Verkäufer angewiesen, beim nächsten Meeting eine Absprache mit der Geschäftsleitung zu treffen. Er erklärte dann dem potenziellen Kunden, dass die Geschäfte seiner Erfahrung nach reibungsloser ablaufen, wenn Führungskräfte beider Seiten anwesend sind, und bot an, bei der nächsten Besprechung jemanden von seiner Geschäftsführung mitzubringen, wenn der potenzielle Kunde dasselbe tue. Wurde dieses Angebot abgelehnt, ließ der Verkäufer den Deal platzen.

Die Erstellung dieser K.-o.-Kriterien verhalf dem Verkaufsteam zu einem effizienteren Trichtermanagement und sorgte dafür, dass die Verkäufer mehr von ihrer Zeit auf die Gelegenheiten mit dem höchsten Potenzial verwendeten, während sie die mit geringem Potenzial schnellstmöglich liegen ließen. Die K.-o.-Kriterien gaben auch den Verkäufern von mParticle eine neue Gewinnchance. Natürlich umfassen die Firmenevaluationen von Verkäufern immer noch die Frage, wie viel Umsatz sie bringen, aber jetzt zählt dazu auch, wie gut die Verkäufer beim Umgang mit ihren Geschäftsgelegenheiten die K.-o.-Kriterien handhaben.

Für von Natur aus hartnäckige Menschen, die immer kurz vor einem Abschluss stehen, ist ein solcher zusätzlicher Weg zum Gewinn entscheidend, um zum richtigen Zeitpunkt den Absprung zu schaffen.

Wir neigen dazu, die Vorstellung von Trichtermanagement mit Verkäufern oder Investoren zu verknüpfen. Doch jeder von uns hat einen Trichter zu managen: die Interessen, die wir verfolgen können, die Kurse, die wir besuchen können, die Projekte, die wir bei der Arbeit übernehmen können, die Stellen, auf die wir uns bewerben können, die Personen, mit denen wir Dates verabreden können.

Wir alle müssen diese Entscheidungen darüber treffen, welche Gelegenheiten wir verfolgen und welche wir auslassen oder fallen lassen. Beim Treffen dieser Entscheidungen wollen wir möglichst wenig Zeit mit dem verbringen, das sich nicht lohnt, und möglichst viel Zeit mit dem anderen.

Sie können K.-o.-Kriterien festlegen, ehe Sie bei einem Unternehmen eine Stelle annehmen oder sich für ein Studienfach oder eine Universität entscheiden, oder beim Kauf eines Hauses oder bei der Entscheidung für Ihren Wohnort. Wenn Sie Geld für ein Konzertticket ausgeben, können Sie darüber nachdenken, welche Wetterverhältnisse herrschen müssten, damit Sie auf die Kosten pfeifen und zu Hause bleiben.

K.-o.-Kriterien funktionieren auch gut bei Marktinvestitionen. Das Setzen einer Stop-Loss- oder Gewinnmarke sind Beispiele für K.-o.-Kriterien, Sie können diese aber auch breiter fassen und sich im Vorfeld fragen, welche Marktsignale Sie veranlassen würden, Ihre Investitionsstrategie zu ändern.

Das Gute an K.-o.-Kriterien ist, dass Sie Ihre Chance, sie zu setzen, nicht verpasst haben, wenn Sie das Vorhaben bereits angeschoben haben. Ob es um jemanden geht, mit dem Sie sich treffen, oder um ein Haus, das Sie bereits besitzen, oder um ein Investment, das Sie vornehmen, oder um eine Universität, die Sie besuchen – Sie können zu jedem Zeitpunkt über irgendeinen zukünftigen Zeitrahmen nachdenken, sich vorstellen, dass Sie mit Ihrer Situation unzufrieden sind, und die Benchmarks festlegen, die Sie verpasst haben, oder die Signale, die Ihnen verdeutlicht haben, dass Sie aufgeben sollten. Vielleicht haben Sie beim Kauf einer Aktie keine Stop-Loss- oder Gewinnmarke gesetzt, aber Sie können es jetzt tun.

Schließlich hat die Gegenwart immer einen Vorsprung vor etwas.

Zustände und Zeitpunkte

Die besten Abbruchkriterien vereinen zwei Dinge: einen Zustand und einen Zeitpunkt. Ein Zustand ist genau das, wonach es klingt: eine objektive, messbare Verfassung, in der Sie oder Ihr Projekt sich befinden, eine Benchmark, die Sie erreicht oder verfehlt haben. Ein Zeitpunkt ist das Wann.

Im Allgemeinen enthalten K.-o.-Kriterien sowohl Zustände als auch Zeitpunkte, also »Wenn ich zu einem bestimmten Zeitpunkt einen bestimmten Zustand erreicht habe (oder nicht), muss ich abbrechen.« Oder: »Wenn ich X nicht bis Y (Zeit) erreicht habe, höre ich auf.« Oder: »Wenn ich X nicht bis zu dem Zeitpunkt erreicht habe, an dem ich Y (Geld, Mühe, Zeit oder andere Ressourcen) aufgewendet habe, sollte ich es bleiben lassen.«

Eins der K.-o.-Kriterien für mParticle war das Fehlen von Entscheidungsträgern im Besprechungszimmer, was das Angebot einer Einbeziehung der Geschäftsleitung beim nächsten Treffen auslöste. Übersetzt in Zustände und Zeitpunkte: »Wenn ich beim nächsten Meeting (Zeitpunkt) keinen Geschäftsführer im Raum sehe (Zustand), lasse ich das Geschäft platzen.«

Um ein Beispiel für das Zusammenspiel von Zuständen und Zeitpunkten zu finden, brauchen Sie sich nur die Prinzipien von X anzusehen. Die Projekte von X müssen das Potenzial haben, zehnfach die Welt zu verändern (ein Zustand), und sie müssen innerhalb von fünf bis zehn Jahren (ein Zeitpunkt) kommerziell tragfähig sein (ein Zustand).

Admiral McRaven bewies eine einzigartige Umsetzung dieses Konzepts der Zeitpunkte und Zustände mit hohem Einsatz, als er die Planung für die Operation Neptune Spear beschrieb, den Angriff auf Osama bin Laden. Die Operation wurde in 162 Phasen aufgeteilt. In jeder Phase wusste man, welchen Zustand man erreichen musste, um weiterzumachen, und bei welchem Zustand man in dieser Phase abbrechen musste. Da all dies im Voraus geplant wurde, hatte McRaven, wie er mir sagte, spontan nur noch etwa fünf Befehlsentscheidungen zu treffen, nachdem die Mission begonnen hatte und sie bereits mittendrin waren.

Er nannte zwei Beispiele für die Kriterien, die ihn zu einem Abbruch der Mission veranlasst hätten. Wären sie an irgendeinem Zeitpunkt eine Stunde hinter den Plan zurückgefallen, hätten sie abgebrochen. Oder hätten sie entdeckt, dass sie zu irgendeinem Zeitpunkt bis zu 50 Prozent der Wegstrecke zu bin Ladens Unterschlupf von der pakistanischen Regierung aufgespürt und verraten worden waren, wären sie umgekehrt. Wären sie jenseits der 50-Prozent-Marke verraten worden, so wäre dies eine Befehlsentscheidung gewesen, die McRaven spontan hätte treffen müssen.

Der Überfall war natürlich erfolgreich, und McRaven musste diese K.-o.-Kriterien nicht anwenden. Aber das gilt nicht für alle Missionen. Ein berühmtes Beispiel ist die »Operation Eagle Claw« von 1980, als man während der Carter-Regierung versuchte, vom Iran festgehaltene amerikanische Gefangene zu befreien. Eins der K.-o.-Kriterien bei dieser Operation war: Wenn der Bestand an Luftfahrzeugen unterhalb von sechs einsatzfähigen Hubschraubern sank, würden sie die Mission abbrechen. Sie schickten acht Hubschrauber in die erste Phase, doch nur fünf kehrten betriebsbereit zurück, was dieses K.-o.-Kriterium auslöste, deshalb brachen sie ab. Hätten sie solche Bedingungen nicht im Voraus festgelegt, kann man sich leicht vorstellen, wie schwierig es in diesem Moment, da so viel auf dem Spiel stand, gewesen wäre, die Abbruchentscheidung zu treffen.

Die Wichtigkeit des Nachdenkens über Zustände und Zeitpunkte beim Festlegen von K.-o.-Kriterien im Voraus wurde in Situationen mit hohem Einsatz entwickelt und getestet, bei der eine große Zahl von Menschenleben und gigantische, weltverändernde Entscheidungen auf dem Spiel standen. Doch die Konzepte sind auch auf Ihre persönlichen Entscheidungen anwendbar, wenn Sie versuchen, Ihre Ressourcen auf die wichtigen Dinge zu verteilen, und das Podestbauen vermeiden wollen, wenn Sie eigentlich aufgeben sollten.

Kevin Zollman, Professor an der Carnegie Mellon University und Fachmann für Spieltheorie, gab ein hervorragendes Beispiel für die Anwendung von Zuständen und Zeitpunkten bei der akademischen Stellensuche. Es gibt nur relativ wenige Tenure-Track-Stellen[2] für PhDs in Geisteswissenschaften. Diese beschränkte Zahl ist recht gut bekannt und wird sich wohl nicht groß ändern.

Ein frischgebackener PhD steht bei seiner Suche nach einer Tenure-Track-Stelle zwei großen Problemen gegenüber, die dem Aufstellen von K.-o.-Kriterien im Voraus eine hohe Bedeutung geben. Das erste ist, dass es bei den Geisteswissenschaften als Einbahnstraße betrachtet wird, wenn man den akademischen Raum verlässt. Entscheiden Sie sich, aus dem akademischen Betrieb auszusteigen, ist es unglaublich schwer, dorthin zurückzukehren. Das Wissen, dass diese Entscheidung endgültig ist, macht einen Ausstieg schwerer, selbst wenn die dafür sprechenden Signale recht deutlich sind.

Das zweite Problem ist, dass man in den Geisteswissenschaften eine Menge Podeste bauen kann in Form von endlosen Anstellungen als wissenschaftliche Hilfskraft oder Doktorand. Das sind zwar keine Tenure-Track-Positionen, aber sie schaffen die Illusion des Fortschritts, dass man in seiner Karriere vorankommt.

Man kann sich leicht von einem Podest zum nächsten bewegen, vom Doktoranden zur wissenschaftlichen Hilfskraft und so weiter, und glauben, dass der große Durchbruch gleich um die Ecke wartet. Natürlich häuft man mit jedem Podest versunkene Kosten an, steckt immer mehr Zeit und Mühe in das Vorhaben, und das macht es immer schwerer, den Absprung zu finden.

Um nicht in diese Falle zu geraten, legen Sie im Vorfeld Benchmarks in Form von Zeitpunkten und Zuständen fest. Ermitteln Sie die Durchschnittszeit, die ein frischgebackener PhD braucht, um sich eine Tenure-Track-Stelle zu sichern, und kreisen Sie dieses Datum auf Ihrem Kalender als Ausstiegsfrist ein. Wenn das zum Beispiel vier Jahre nach Ihrem PhD liegt und Sie innerhalb von vier Jahren (Zeitpunkt) keine Tenure-Track-Position ergattert haben (Zustand), sollten Sie aufgeben.

Wenn es Ihr Ziel ist, ein Olympia-Läufer zu werden, finden Sie heraus, wie schnell die besten Läufer der Welt als Fünfzehnjährige im Hundert-Meter-Lauf waren, oder als Achtzehnjährige, oder als Läufer in der Universitätsmannschaft. Sie können diese Meilensteine auf dem Weg kennzeichnen, und wenn Sie sie erreichen, machen Sie weiter (solange es Sie immer noch glücklich macht). Verfehlen Sie sie dagegen, hören Sie auf und suchen sich ein neues Ziel.

Zustände und Zeitpunkte können Sie auch auf Beziehungen anwenden. Wenn Ihr Ziel die Ehe ist (oder eine gleichwertige langfristige und bindende Gemeinschaft), Ihr Partner aber bis zu einem bestimmten Zeitpunkt keinen Antrag gemacht hat (oder Ihren Antrag nicht angenommen hat oder anderweitig eine langfristige Verpflichtung eingegangen ist), sollten Sie weiterziehen und jemanden suchen, der sich ebenso gern fest an Sie binden möchte wie Sie sich an ihn.

Dasselbe gilt auch für Ihre Karriere. Wenn Sie in einer Einstiegsposition arbeiten, die eine gewisse Aussicht auf Beförderung hat, ermitteln Sie so früh wie möglich die Zwischen-Meilensteine für die Erfolgreichen, seien es Gehaltserhöhungen oder Beförderungen oder eine Erweiterung der Verantwortung oder was immer in diesem Unternehmen üblich ist. Informieren Sie sich darüber, wann andere, die es geschafft haben, diese Signale auf dem Weg nach oben erhalten haben, und fügen Sie diese Zustände und Zeitpunkte Ihren K.-o.-Kriterien hinzu.

Besser, nicht perfekt

Als ich Poker spielte, stellte ich eine Reihe von K.-o.-Kriterien auf, die mir beim Aussteigen halfen (aus Runden und aus Spielen). Ein Beispiel war eine Stop-Loss-Marke. Wenn ich einen bestimmten Betrag verloren hatte, stieg ich aus. Das war besonders zu Beginn meiner Laufbahn wichtig, denn gerade Pokerneulinge können schlecht unterscheiden, ob sie verlieren, weil sie schlecht spielen oder weil sie einfach Pech haben. (Gewinnmarken ergeben beim Poker keinen Sinn, deshalb wendete ich dieses Instrument nicht an.)

Auch nachdem ich Profi geworden war, hielt ich die Stop-Loss-Marke aufrecht. Spitzen-Pokerspieler sind sogar noch schlechter bei Abbruchentscheidungen, wenn sie mittendrin stecken, besonders wenn sie mittendrin stecken *und verlieren*. Selbst nachdem ich Erfahrungen gesammelt und einen besseren Eindruck von der Qualität meines Spiels und von den kurzfristigen Schwankungen des Glücks gewonnen hatte, setzte ich noch Verlustgrenzen.

Ich merkte auch, dass ich besser in Sessions von sechs bis acht Stunden oder weniger spielte, daher nahm ich mir vor, nach diesem Zeitraum aufzuhören. Da ich mir der Wichtigkeit der Spielbedingungen stärker bewusst war, entschied ich mich auch zum Aufhören, wenn die Qualität der Spieler sich auf ungünstige Weise drastisch veränderte, weil einige Spieler sich ihre Gewinne auszahlen ließen und andere ihre Plätze einnahmen.

Diese K.-o.-Kriterien ließen mich beim Abbrechen von Spielen besser werden. Aber war ich perfekt? Nicht mal annähernd.

Hörte ich immer auf, wenn ich meine Verlustgrenze erreicht hatte? Nein. Wenn ich im Casino noch Mittel zur Verfügung hatte, kam es vor, dass ich mir noch etwas Geld nahm und weiterspielte.

Hörte ich immer nach sechs bis acht Stunden zu spielen auf? Definitiv nicht. Es gab Zeiten, da ich über vierundzwanzig Stunden am Stück spielte. Und ebenso gab es Zeiten, in denen ich mich davon überzeugte, dass ich immer noch in einem guten Spiel war, obwohl die Spieler, die es so gut gemacht hatten, gegangen und von viel härteren ersetzt worden waren.

Ich war keineswegs makellos, aber besser, als ich ohne diese K.-o.-Kriterien gewesen wäre. In dem einzigen langen Spiel meiner Pokerkarriere war meine Bilanz sicherlich eine positive, weil ich – einen Teil der Zeit – die mentalen und finanziellen Ressourcen verringern konnte, die ich in Situationen mit negativer Werterwartung investierte.

Entscheidend ist, besser zu sein, nicht perfekt. Wir sind schließlich alle nur Menschen, und wir agieren unter ungewissen Bedingungen. Es ist schwer, den perfekten Zeitpunkt fürs Aufhören zu finden.

Astro Teller weiß, dass sie bei X nicht immer zum genau richtigen Zeitpunkt aufhören. Das ist für ihn okay, denn sie machen es insgesamt besser, weil sie es immer versuchen. »Das ist genau der Grund, warum X so enorme Erträge einfährt. Nicht weil wir perfekt sind in dem, was wir erreichen wollen, sondern weil wir so unablässig danach streben, dass wir bescheidene Erfolge erzielen, und die erweisen sich als enorm groß.«

Zusammengenommen helfen uns das mentale Modell der Affen und Podeste sowie die K.-o.-Kriterien, unsere Abneigung gegen den Ausstieg in der Verlustzone zu überwinden. Erstens lassen sie uns schneller Nein sagen, was die beim Ausstieg zu ertragenden Verluste auf natürliche Weise mindert. Und je weniger man im Minus ist, desto leichter fällt das Aufhören.

Zweitens: Wenn man im Voraus klare K.-o.-Kriterien aufstellt und sich fest vornimmt, beim Auftauchen dieser Signale aufzuhören, ist es einfach wahrscheinlicher, dass man sich daran hält, selbst angesichts von Verlusten. Wann immer Sie im Voraus eine Entscheidung über die Schadensbegrenzung treffen können, finden Sie leichter den Absprung.

Zusammenfassung Kapitel 6

- Affen und Podeste ist ein mentales Modell, das Ihnen früher auszusteigen hilft.
- Podeste sind der Teil des Problems, von dem Sie wissen, dass Sie es lösen können, wie die Gestaltung der perfekten Visitenkarte oder des Logos. Das Schwierigste ist es, den Affen zu trainieren.
- Wenn Sie einem komplexen, ehrgeizigen Ziel gegenüberstehen, sollten Sie (a) zuerst das Schwierige identifizieren, (b) es schnellstmöglich zu lösen versuchen und (c) sich vor falschen Fortschritten hüten.
- Das Bauen von Podesten schafft die Illusion, dass Sie Ihrem Ziel näher kommen, aber das Einfache zu erledigen ist Zeitverschwendung, wenn das Schwierige im Grunde unmöglich ist.
- Sich zuerst um den Affen zu kümmern, lässt Sie früher Nein sagen, begrenzt die Zeit, die Mühen und die finanziellen Mittel, die Sie in ein Projekt stecken, und macht den Absprung leichter.
- Wenn wir vor einem schwierigen Problem stehen, das wir nicht lösen können, haben wir die Tendenz, uns dem Podestbau zu widmen, statt uns für den Ausstieg zu entscheiden.
- Vorausplanung und Vorbindungsverträge erhöhen die Wahrscheinlichkeit, dass Sie früher aufhören.
- Wenn Sie mit einem Vorhaben beginnen, legen Sie eine Reihe von K.-o.-Kriterien fest. Das ist eine Liste von Signalen, die Sie in Zukunft sehen könnten und die Ihnen sagen, dass es Zeit zum Aufgeben ist.
- K.-o.-Kriterien schützen Sie vor schlechten Entscheidungen, wenn Sie »mittendrin stecken«, indem sie die Zahl der Entscheidungen begrenzen, die Sie treffen müssen, wenn Sie bereits Gewinne oder Verluste gemacht haben.

- In Organisationen geben K.-o.-Kriterien den Beschäftigten eine andere Belohnungsmöglichkeit jenseits der verbissenen und blinden Weiterverfolgung eines Projekts bis zum bitteren Ende.
- Eine gängige, einfache Methode für die Aufstellung von K.-o.-Kriterien ist die Arbeit mit »Zuständen und Zeitpunkten«: »Wenn ich bis (Zeitpunkt) (Zustand) erreicht/nicht erreicht habe, höre ich auf.«

EINSCHUB 2

Gold oder gar nichts

Als die siebenjährige Alexandra »Sasha« Cohen 1992 begann, sich für Eiskunstlauf zu interessieren, hatten die amerikanischen Frauen bei allen Olympischen Winterspielen seit 1968 Medaillen gewonnen. Bis sie bei hochrangigen Jugendmeisterschaften antrat, war Eiskunstlauf der Frauen das Ereignis der Winterolympiade mit den meisten Zuschauern. Amerikanische Eisläuferinnen wie Kristi Yamaguchi, Nancy Kerrigan, Tara Lipinski und Michelle Kwan waren jedem ein Begriff.

Ein riesiges amerikanisches Publikum sah sich Qualifikationsausscheidungen und nicht-olympische Meisterschaften an auf der Suche nach dem neuen Superstar. Cohen war vier Jahre jünger als Kwan und zwei Jahre jünger als Lipinski (die nach der Olympiade von 2002 aus dem Sport ausschied) und eins von Tausenden sportlichen jungen Mädchen bei stark konkurrenzorientierten, anspruchsvollen Regionalligen, die sich zu hundert Prozent auf diese Rolle konzentrierten.

Sasha Cohen sollte eine der besten Eiskunstläuferinnen ihrer Zeit werden. Von Ende der Neunzigerjahre bis zu ihrer Silbermedaille bei den Olympischen Winterspielen 2006 in Turin (mit einundzwanzig) war sie Spitzenathletin bei Jugendwettkämpfen, nationalen und internationalen Ausscheidungen.

Mit gerade mal fünfzehn erlangte Cohen Berühmtheit, als sie im Jahr 2000 bei der amerikanischen Eiskunstlauf-Meisterschaft Zweite hinter Michelle Kwan wurde, die zu diesem Zeitpunkt bereits zwei Weltmeisterschaften und eine Olympia-Silbermedaille gewonnen hatte. Bei der amerikanischen Meisterschaft war Kwan ungeschlagen, sie gewann 1996 und dann in acht aufeinanderfolgenden Jahren von 1998 bis 2005.

Cohen war dicht hinter ihr. Mit Ausnahme von 2001, als sie aufgrund einer Ermüdungsfraktur im Rücken pausieren musste, errang sie bei den amerikanischen Meisterschaften zwischen 2000 und 2006 Silber, Silber, Bronze, Silber, Silber und Gold. Nur Michelle Kwan (und die amtierende Olympiasiegerin Sarah Hughes 2003) lagen vor Sasha Cohen.

Als Siebzehnjährige wurde sie 2002 Vierte bei der Olympiade in Salt Lake City und gewann Goldmedaillen in sechs Grand-Prix-Wettbewerben in den Jahren 2002 und 2003 (einschließlich dem Grand Prix der Eiskunstlauf-Finalisten 2003). Zwischen 2001 und 2005 gewann sie sechs weitere internationale Ausscheidungen und erkämpfte sich Medaillen bei den Weltmeisterschaften 2004 (Silber), 2005 (Silber) und 2006 (Bronze).

Während ihrer aktiven Eiskunstlaufzeit waren Cohens Fokussiertheit und ihre Hartnäckigkeit das, was wir von Spitzensportlern der Weltklasse erwarten. Sie begann als Siebenjährige mit dem Eislaufen und trat regelmäßig bei Wettbewerben an, bis sie elf war. Dann nahm sie Hausunterricht, um ihre Übungs-, Trainings- und Wettbewerbszeiten maximieren zu können. Die Intensität ihres Engagements führte zu zahlreichen Verletzungen und den damit verbundenen Rückschlägen. Sie litt weiterhin unter den Rückenproblemen, die sie die US-Meisterschaft von 2001 hatten verpassen lassen, was ihre Wettbewerbserfolge 2004 und 2005 einschränkte.

Doch 2006 schien Sasha Cohens Jahr zu werden. Michelle Kwan war inzwischen fünfundzwanzig und hatte für die Olympiade trainiert, sagte jedoch drei Wettbewerbe Ende 2005 aufgrund einer Hüftverletzung ab. Sie zog auch kurz vor dem Beginn der US-Meisterschaft im Januar ihre Teilnahme zurück und beendete damit ihre achtjährige Siegsträhne.

Cohen gewann Gold und wurde endlich amerikanische Meisterin.

Kwan beantragte eine ärztliche Ausnahmegenehmigung für die Olympiade und erhielt sie auch, musste dann aber einen Rückzieher machen, nachdem sie während ihres ersten Trainings in Turin eine Verletzung erlitten hatte. Das kennzeichnete das Ende von Michelle Kwans Wettbewerbskarriere im Eiskunstlauf. Nun war Cohen ihre offensichtliche Nachfolgerin in der amerikanischen Eislaufdynastie, und dazu gehörten Medaillen bei zehn aufeinander folgenden Olympiaden, fünf davon Gold, zusätzlich zu den dreien aus den vorangegangenen vier Olympiaden.

Cohen lag nach dem Kurzprogramm in Führung, und die Goldmedaille war ihr schon so gut wie sicher. Doch weniger als dreißig Sekunden nach Beginn ihrer Kür bei der Endausscheidung stürzte sie. Ihre wahre Größe zeigt sich daran, dass sie trotz des Sturzes und der sofortigen Erkenntnis, nicht mehr gewinnen zu können, eine fehlerlose Leistung ablieferte und damit immerhin noch die Silbermedaille gewann, was zu ihrer langen Liste von Errungenschaften beiträgt.

Wäre sie nicht gestürzt, so hätte sie sich nach dem Gewinn der Goldmedaille vielleicht aus dem Wettbewerb zurückgezogen. Sie hatte bereits Rückenprobleme und erst kürzlich eine Hüftverletzung erlitten. Bis zur nächsten Olympiade wäre sie fünfundzwanzig, im selben Alter wie Michelle Kwan bei ihrem Olympia-Anlauf von 2006, der damit endete, dass sie aufgrund von drei verschiedenen Verletzungen nicht antreten konnte.

Stattdessen kündigte sie im April 2006, nur zwei Monate nach den Olympischen Spielen, ihre Rückkehr an und bewarb sich für einen Platz im Team von 2010. Sie legte eine Wettbewerbs-, aber keine Eiskunstlaufpause ein. Die Jahre 2006 bis 2009 verbrachte sie unter ähnlich anspruchsvollen Eislaufbedingungen.

Der Lohn für eine erfolgreiche Karriere im amerikanischen Eiskunstlauf ist die Chance, bei professionellen Shows aufzutreten und mit *Champions on Ice* und *Stars on Ice* auf Tour zu gehen, und Cohen konnte diesen Lohn einheimsen und trat von 2007 bis 2009 als Headliner in Erscheinung.

Sasha Cohen hatte keine Freude an Tourneen. Es war ein lukrativer Job, aber: »Es war nicht das Leben, das ich wollte. Ich wollte nicht in den Eingeweiden einer Halle herumhängen und immer und immer wieder dasselbe tun wie bei *Und täglich grüßt das Murmeltier.*«

Da stellt sich einem natürlich die Frage: Warum hat sie nicht aufgehört, wenn sie so unglücklich war?

Cohen fragte sich das selbst, gelangte aber zu keiner klaren Antwort. Sie konnte dem Eislauf einfach nicht den Rücken kehren, denn das erschien ihr »zu dauerhaft und zu endgültig. Es hätte eine Identität beendet. … Ich glaube, ich musste erst so unglücklich werden, dass ich nicht mehr funktionierte.«

Sie fühlte sich verpflichtet, es noch einmal mit dem olympischen Team zu versuchen. Eislauf war ihre Identität, und Durchhalten war ihre Identität. Alles andere »wäre schwach gewesen, oder ich würde aufgeben, weil es schwer war, wenn ich mich nicht bemühte«.

Im Mai 2009 begann sie mit dem Training, um wieder in den Wettkampf zu gehen. Nachdem sie zwei Grand Prix wegen einer Sehnenscheidenentzündung in der rechten Wade abgesagt hatte (wieder so eine unvermeidliche Ballung körperlicher Rückschläge nach fünfzehn Jahren einer derart anstrengenden Tätigkeit), trat sie 2010 bei den US-Meisterschaften an. Sie hätte einen der ersten beiden Plätze erreichen müssen, um sich für die Olympiade in Vancouver zu qualifizieren, wurde aber Vierte.

Nun machte sie endlich Schluss mit dem Eislauf, wenn auch mehr aufgrund äußerer Umstände als aus freien Stücken. Das Wettkampf-Zeitfenster für Eiskunstläuferinnen schloss sich mit fünfundzwanzig. Sie war dafür zu alt, was sie »nicht als Aufhören interpretierte. Es kam mir einfach so vor, als wäre ich frei.«

Obwohl ihre Eislaufkarriere weit hinter ihr liegt, lebt ihr Vermächtnis fort. Aufgrund ihrer Silbermedaille von 2006, mit der sie die Erfolgsserie der amerikanischen Eiskunstläuferinnen auf elf aufeinander folgende Olympiagewinne ausdehnte, bleibt sie auch 2022 die letzte Amerikanerin, die im Einzelkunstlauf eine Medaille bei der Olympiade gewann.

Nachdem sie gezwungen war, das Eislaufen aufzugeben, führte sie ein glückliches Leben.

Mit sechsundzwanzig begann sie zu studieren, fünfzehn Jahre nach ihrem letzten Schulunterricht. Sie machte den Abschluss an der Columbia University 2016 und hielt in diesem Jahr auch Einzug in die Hall of Fame des amerikanischen Eiskunstlaufs. Sie wurde Investmentmanagerin bei Morgan Stanley, heiratete und bekam zwei Kinder, die im Januar 2020 und im August 2021 geboren wurden.

Aus Sasha Cohens Geschichte lässt sich viel über das Aufhören lernen. Da ist die offensichtliche Anhäufung von versunkenen Kosten in Form all der Zeit, des Geldes und der Mühen, die sowohl von ihr als auch von ihrer Familie in ihre Karriere gesteckt wurden. Da war Verlustangst und die Unfähigkeit (bis sie gezwungen wurde), sich ihr Leben auf der anderen Seite vorzustellen.

Doch wie wir in Teil 3 ergründen werden, lässt sich aus ihrer Erfahrung noch mehr lernen, und das hat mit Identität zu tun. Sasha Cohen hatte viele Gemeinsamkeiten mit anderen in diesem Buch, darunter die Bergsteiger, die den Mount Everest besteigen wollten, so wie der verstorbene Doug Hansen: schon so viel in das Vorhaben investiert, die Betonung auf einem Alles-oder-nichts-Ziel und das Gefühl zu scheitern, wenn man es nur beinahe geschafft hat. Dem musste man durch einen weiteren Versuch begegnen.

Wir sind zu großen Teilen das, was wir tun, und unsere Identität ist eng verknüpft mit dem, auf das wir uns fokussieren, darunter unsere Karriere, Beziehungen, Projekte und Hobbys. Wenn wir etwas davon aufgeben, müssen wir uns mit der Vorstellung konfrontieren, einen Teil unserer Identität aufzugeben. Und das tut weh.

TEIL 3

Identität und andere Hindernisse

KAPITEL 7

Dir gehört, was du gekauft und was du gedacht hast – Besitztumseffekt und Status-quo-Fehler

IM JAHR 2006 GRÜNDETE ANDREW WILKINSON METALAB, ein Unternehmen, das Apps für Technologieunternehmen entwickelt. Es war augenblicklich profitabel und wuchs rasch. Zu seinem Kundenkreis gehörten Apple, Google, Disney, Walmart und bekannte erfolgreiche Start-ups wie Slack und Coinbase.

Im Laufe der Jahre setzte er einen Teil dieser Gewinne ein, um über zwanzig Firmen zu gründen. Eine davon, das 2014 gegründete Tiny, hatte außerdem in Dutzende von Internetunternehmen investiert oder sie gekauft. Weil Wilkinson den Ruf hatte, schnelle Deals abzuschließen, ein lockerer Käufer zu sein und langfristig dabeizubleiben, nannte man ihn den »Warren Buffett für Start-ups«.

Wilkinsons Unternehmergeist machte sich schon früh bemerkbar. Als er Anfang der 2000er-Jahre noch zur Highschool ging, schuf er gemeinsam mit ein paar Freunden die Technews-Website MacTeens.com. Er arbeitete intensiv an dem Projekt und konnte sogar ein Interview mit Steve Jobs ergattern. Die Seite war so erfolgreich, dass sie zwischen Personalmanagement, Werbeverhandlungen und Contentschöpfung zu einem Vollzeitjob wurde. Das Projekt nahm so viel Zeit in Anspruch, dass er kaum seinen Abschluss schaffte.

Nach einem kurzen Ausflug in das Studienfach Journalismus brach er die Uni ab und gründete MetaLab. Als er 2009 feststellte, dass er eine Möglichkeit finden wollte, damit sein Team To-do-Listen untereinander austauschen konnte, beschloss er, sein eigenes Listentool zu entwickeln. Die Idee wurde zu einem Softwareprodukt namens Flow, das er bis 2021 finanzierte und begleitete.

Der Markt für SaaS-Tools wie Google Docs und Slack (die MetaLab 2013 beauftragten, ihre Oberfläche zu gestalten) ist inzwischen explodiert, doch als er damals die Idee entwickelte, steckte er noch in den Kinderschuhen. Er war einer der Ersten in diesem Bereich und sah die potenzielle Marktgröße für solche Produkte richtig voraus. MetaLab war erfolgreich genug geworden, um Flow selbst auf die Beine zu stellen, um das Unternehmen selbst zu finanzieren, statt externe Investoren wie Venture-Capital-Firmen in Anspruch nehmen zu müssen.

Nach neunmonatiger Arbeit mit zwei Entwicklern von MetaLab gelang es Wilkinson, eine Betaversion des Listentools herzustellen. Er schilderte seinen Stolz auf das Produkt: »Es war echt richtig cool. Vom ersten Tag an war es ein absoluter Knaller.«

Die Betaversion von Flow erzielte rasch wiederkehrende monatliche Umsätze von 20.000 Dollar und wuchs bald um 10 Prozent monatlich. Das Produkt war begehrt. Alle großen Venture-Capital-Firmen kamen auf ihn zu.

In der Community von Menschen, die neue Projekte aushecken (und der größeren Community von Menschen, die dem nachfolgen, was diese tun), wurde lange und intensiv über die Vor- und Nachteile von Venture-Finanzierung und Eigenfinanzierung debattiert. Wilkinson gehörte zu denjenigen, die sehr öffentlich für Eigenfinanzierung als bessere Option eintraten, sowohl für ihn selbst als auch als allgemeine Strategie. Das trug sicherlich dazu bei, dass er all die Venture-Capital-Angebote ausschlug, die ihm unterbreitet wurden.

Flow war eine spartanische Unternehmung, doch die Aufwendungen überstiegen deutlich die vielversprechenden ersten Verkaufserträge, was für ein neues Unternehmen in diesem Bereich wenig überraschend ist. Wilkinson stellte bereitwillig die Schecks aus, um die steigenden Kosten zu decken. Er hatte Kapital, ein Produkt, das ihn begeisterte, und den häufig geäußerten Wunsch, die Verwässerung zu vermeiden, die mit externen Investoren einhergeht.

Auch wenn der anfängliche Erfolg von Flow bestätigte, dass es eine Nachfrage für ein SaaS-Tool gab, das Teams die Handhabung und das Austauschen von To-do-Listen erleichterte, erkannte er, dass die potenzielle Nachfrage auch andere Anbieter auf den Plan rufen würde.

Kurz nach der Einführung von Flow hörte Wilkinson von einem anderen Produkt namens Asana. Er hatte Grund zur Besorgnis, was Asana anging. Es wurde von Dustin Moskovitz mitgegründet und geleitet. Moskovitz war Mitgründer von Facebook, ein Milliardär mit enormer Glaubwürdigkeit und Achtung bei potenziellen Investoren, Beschäftigten und potenziellen Nutzern.

Als Asana Ende 2011 auf den Markt kam, stieß Wilkinson einen Seufzer der Erleichterung aus. »Das war hässlich! Es war von Technikern designt worden. Kompliziert und schwer anzuwenden. Nicht die geringste Bedrohung.«

Durch den Vergleich von Flow mit dieser Debütversion von Asana fühlte er sich bestätigt. »Mit einem nur ein Viertel so großen Team und einem Bruchteil des Geldes hatten wir etwas geschaffen, das meiner Meinung nach das überlegene Produkt war.«

Nachdem Asana herausgekommen war, nahm Dustin Moskovitz Kontakt zu Andrew Wilkinson auf. Sie trafen sich auf einen Kaffee in San Francisco, wo Asana seine Büroräume hatte. Bei dieser Begegnung sprach Moskovitz ganz offen darüber, wie viel Geld sie hatten und was für Talente sie ins Unternehmen holten.

Hinterher war Wilkinson überzeugt, die Botschaft sei gewesen, dass Asana bessere Ressourcen hätte und Flow nicht würde mithalten können. Viel später erklärte Moskovitz öffentlich, dass er das Meeting ganz anders in Erinnerung habe. Er dachte, er lote die Möglichkeit aus, dass Asana und Flow sich zusammenschließen, vielleicht im Rahmen einer Akquisition, um es besser gegen die größeren, etablierten Mitbewerber in diesem Bereich aufnehmen zu können.

Es ist schwer zu sagen, warum sie die Ereignisse bei diesem Treffen so unterschiedlich interpretierten. Doch was Wilkinson verstand, stimmt sicherlich mit seinen Überzeugungen in Bezug auf Eigenfinanzierung und Venture-Capital überein. Es bestärkte auch seinen Standpunkt, dass Flow der schäbige Außenseiter war und Asana nicht so sehr ein weiteres um Anerkennung ringendes neues Projekt, sondern eins von »denen« in einem Wir-gegen-die-Krieg zwischen Eigenfinanzierern und von Venture-Capital finanzierten Gründern.

Innerhalb weniger Monate nach dem Erscheinen von Asanas Bezahlprodukt (im April 2012) hatte es drei Finanzierungsrunden hinter sich, in deren letzter das Unternehmen mit einer Bewertung von 280 Millionen Dollar 28 Millionen Dollar aufbrachte.

Wilkinson hätte das als negativ für Flow betrachten können. Schließlich florierte sein Hauptkonkurrent, schwamm im Geld und war eindeutig eine heiße Nummer auf dem Venture-Markt. Stattdessen wertete er es als gute Nachricht für die Aussichten von Flow. Wenn erfahrene Venture-Investoren dachten, Asana sei 280 Millionen Dollar wert, musste sein Unternehmen mit dem besseren Produkt doch viel mehr wert sein.

Zu diesem Zeitpunkt überstiegen die Ausgaben von Flow die monatlichen Einkünfte um das Zwei- oder Dreifache, und es würden noch höhere Ausgaben nötig sein, wenn das Mithalten mit Asana Priorität hatte. Als sein besorgter CFO das vorbrachte, sagte Wilkinson ihm, sie müssten durchhalten. Aufgrund seiner Argumentation, dass Flow mehr wert sein musste als Asana, lohnte es sich eindeutig, weiterhin seine persönlichen Ressourcen in das Produkt zu stecken.

Dieser selbst auferlegte Kreuzzug gegen Asana wurde rasch zu einem Zermürbungskrieg. Damit Flow auf zahlreichen Plattformen verfügbar war (so wie Asana), die von den Kunden gewünschten Features eingeführt werden konnten und man wenigstens einen Bruchteil des Marktniveaus von Asana erreichen konnte, verdoppelte sich die Cash-Burn-Rate von Flow rasch.

Wilkinson blieb bei seiner Überzeugung, dass die Qualität von Flow es rechtfertigte, weiterhin Geld hineinzupumpen. »Wir fingen an, Geld für Werbung und Personaleinstellungen rauszuhauen, nur um den Fuß in der Tür zu halten, aber hauptsächlich konzentrierten wir uns darauf, das Produkt besser zu machen als ihres. Unser einer verbleibender Vorteil.«

Während sie dem Produkt immer neue Features hinzufügten, schlichen sich immer mehr Bugs ein (ein wohlbekanntes Problem in der Softwareentwicklung). Trotz der regelmäßigen Geldspritzen waren das Entwicklungs- und das Designteam unterbesetzt und überarbeitet. Sie konnten einfach nicht Schritt halten mit dem endlosen Strom von Fehlermeldungen der Kunden. Das monatliche Wachstum verlangsamte sich von 20 auf 5 Prozent.

Im September 2015 brachte Asana eine neue Version heraus, die nicht mal entfernt dem Produkt ähnelte, das Wilkinson in seiner ursprünglichen Form so negativ bewertet hatte. Es hatte jetzt alle Features, die Flow hatte, und alle, von denen er wünschte, dass Flow sie hätte. Es funktionierte auf mehr Plattformen und war im Gegensatz zu Flow nicht von Bugs geplagt.

Inzwischen betrug die Burn-Rate von Flow 150.000 Dollar pro Monat. Wilkinsons Gesamtinvestition betrug über 5 Millionen Dollar, und es war kein Ende in Sicht. Die Welt sagte ihm, dass in diesem Fall ein schäbiges selbst finanziertes Unternehmen einen aussichtslosen Kampf führte gegen ein solide finanziertes, von Venture-Capital gestütztes Unternehmen. Doch er gab es immer noch nicht auf, sondern führte es sieben weitere Jahre fort, bis er schließlich 11 Millionen Dollar in die Firma gesteckt hatte. In diesem Zeitraum verlangsamte sich das Wachstum und erstarb schließlich vollends, während Asana (sowie die anderen Mitbewerber in diesem Bereich) ihre Produkte immer weiter verbesserten.

Bei alledem schlug er ein Angebot aus, Flow für 6 Millionen Dollar aufzukaufen. Er lehnte ab, weil er 11 Millionen Dollar hineingesteckt hatte und den sicheren Verlust von 5 Millionen nicht realisieren wollte. Der klassische Fehler der versunkenen Kosten.

Erst nach zwölf Jahren und »10 Millionen+ verbrannten Dollar«, wie Wilkinson es formulierte, erkannte er, was allen anderen längst klar gewesen war. Asana war in jeder Hinsicht besser: Marketing, Produkt, Features, Support, Integration.

Flow war zu einem Schatten seiner selbst geschrumpft und schloss (bei geringem Wachstum) mit weniger als einem Drittel seiner vorherigen Jahreseinnahmen ab.

Doch noch bemerkenswerter war, dass Andrew Wilkinson seine Erwartungen für Flow fallen ließ. Im Jahr 2021 war das Unternehmen zwar technisch gesehen noch aktiv, aber er hat erkannt, dass er seine Investition niemals zurückholen wird und dass Flow niemals einen großen Anteil des Markts für Produktivitätstools erobern wird.

Wilkinsons Geschichte zeigt, wie Besitz sich mit unserer Fähigkeit des Aufgebens in die Quere kommen kann, besonders wenn wir das, was wir besitzen, selbst geschaffen haben.

Ein Weinliebhaber unter Ökonomen

Wenn wir etwas besitzen, messen wir ihm einen höheren Wert zu als einem identischen Gegenstand, der uns nicht gehört. Richard Thaler war der Erste, der diese kognitive Illusion benannte, er bezeichnete sie als *Besitztumseffekt*. Genau genommen erwähnte er den Besitztumseffekt erstmals in der Arbeit von 1980, in der er auch den Begriff »versunkene Kosten« geprägt hatte. Er beschrieb ihn als »die Tatsache, dass Menschen oft mehr verlangen, um ein Objekt aufzugeben, als sie für seinen Erwerb zu bezahlen bereit wären«.

Thaler nannte dafür das Beispiel eines wohlhabenden befreundeten Wirtschaftswissenschaftlers, der sich Ende der Fünfzigerjahre eine Kiste mit gutem Wein für 5 Dollar pro Flasche kaufte. Ein paar Jahre später war der Wein stark im Wert gestiegen. Sein Weinhändler bot ihm an, den Wein für 100 Dollar pro Flasche zu kaufen. Obwohl er selbst nie mehr als 35 Dollar für eine Flasche Wein bezahlt hatte, lehnte er es ab, irgendeine Flasche für 100 Dollar zu verkaufen. Doch er lehnte es auch ab, weitere Flaschen zu diesem Preis zu erwerben. Das ist ein sehr seltsames Verhalten.

Seine Weigerung zu verkaufen drückte aus, dass jeder, der seine Flaschen kaufte, weniger bezahlen würde, als die Flaschen wert waren. Doch indem er bestimmt hatte, dass es ein zu großes Schnäppchen wäre, den Wein zu verkaufen, lehnte er es zugleich ab, selbst von diesem Schnäppchen zu profitieren und eine identische Flasche zu eben diesem Preis zu kaufen.

Der Bullenmarkt für Bordeaux-Weine setzte sich fort. Elf Jahre später, im Jahr 1991, brachte Thaler gemeinsam mit Daniel Kahneman und dem Wirtschaftskollegen Jack Knetsch die Situation seines Freundes und des Weins auf den neuesten Stand. Der Wein wurde nun bei Auktionen für 200 Dollar pro Flasche verkauft. Gelegentlich trank der Freund etwas von dem Bordeaux, doch nach wie vor war er weder »bereit, den Wein zum Auktionspreis zu verkaufen, noch wollte er weitere Flaschen zu diesem Preis kaufen«.

Die Sache erheiterte sie alle, aber aus wirtschaftlicher Perspektive fanden sie sie rätselhaft. Da er die Chance hatte, die Flaschen mit Gewinn zu verkaufen, erklärte der Effekt der versunkenen Kosten sein Verhalten nicht. Thaler stellte die Hypothese auf, es habe etwas damit zu tun, dass der Wein in seinem Besitz war, die Tatsache des Eigentums. Diese Eigentümerschaft veranlasste ihn, den Flaschen einen höheren Wert beizumessen als Flaschen, die ihm nicht gehörten.

Wenn ein Wirtschaftswissenschaftler dieser Illusion zum Opfer fallen kann, selbst nachdem seine Freunde sich jahrelang in akademischen Zeitschriften über ihn lustig gemacht haben, dann stellen Sie sich mal vor, wie schlimm es erst für uns andere ist.

Während der letzten vierzig Jahre haben Forscher in weit über einhundert nachfolgenden Studien Thalers ursprüngliche Arbeit aufgegriffen und erweitert. Die ersten Beweise des Besitztumseffekts im Labor waren ganz simpel.

In einem von Jack Knetschs ersten Experimenten verpflichteten sich die Studenten, einen Fragebogen auszufüllen. Vor dem Ausfüllen erhielt eine Gruppe der Teilnehmer ihre Bezahlung in Form eines Kaffeebechers. Eine zweite Gruppe erhielt ihre Vergütung in Form eines großen Schokoriegels.

(Eine dritte Gruppe durfte zwischen beidem wählen als unvoreingenommene Entscheidung ohne vorheriges Besitztum des einen oder des anderen. Die Gruppe teilte sich recht gleichmäßig auf, 56 Prozent bevorzugten den Kaffeebecher und 44 Prozent den Schokoriegel.)

Knetsch wollte wissen, ob das Besitztum des Kaffeebechers oder des Schokoriegels bei den ersten beiden Gruppen einen Einfluss darauf hätte, wie die Teilnehmer diese Gegenstände bewerteten. Dazu gab er den Teilnehmern in diesen Gruppen, nachdem sie den Fragebogen ausgefüllt hatten, die Möglichkeit, ihre Vergütung gegen den anderen Gegenstand zu tauschen. Mit anderen Worten, die Studenten mit dem Becher konnten diesen gegen einen Schokoriegel tauschen, und die Studenten mit dem Schokoriegel konnten diesen gegen einen Kaffeebecher tauschen.

Gäbe es keinen Besitztumseffekt, so müsste man davon ausgehen, dass die ersten beiden Gruppen nach dem Tausch zum jeweils bevorzugten Gegenstand am Ende denselben Anteil von Bechern und Schokoriegeln hätten wie jene, die sich unvoreingenommen entschieden hatten. Rund die Hälfte der Teilnehmer in jeder Gruppe würde tauschen, vielleicht etwas mehr in der Gruppe, die mit der Schokolade angefangen hatten, und etwas weniger in der Gruppe, die mit dem Becher begonnen hatte.

Doch das ist es nicht, was Knetsch herausfand. Es stellte sich heraus, dass das Besitztum an einem Gegenstand selbst für eine so kurze Zeit einen ziemlich starken Effekt darauf hatte, wie viel Wert sie den Dingen beimaßen. 89 Prozent derjenigen, die den Kaffeebecher bekommen hatten, lehnten es ab, ihn gegen einen Schokoriegel zu tauschen. Von denen, die Schokolade bekommen hatten, bevorzugten 90 Prozent die Schokolade, und nur 10 Prozent tauschten sie gegen einen Becher.

Gemeinsam mit mehreren Kollegen (darunter Thaler und Kahneman) führte Knetsch weitere Experimente durch, um die Ungleichheit aufzudecken, die der Besitztumseffekt bei Kauf- und Verkaufspreisen bewirkt. Diese Studien waren ein Versuch, das Verhalten des befreundeten Ökonomen abzubilden, der fand, dass 200 Dollar zu viel seien, um sie für eine Flasche Wein zu bezahlen, aber denselben Betrag zu gering fand, um sie dafür zu verkaufen.

Bei einem dieser Experimente wurden einige Teilnehmer mit Bargeld und andere mit einem Kaffeebecher bezahlt. Wer den Becher bekommen hatte, füllte den Fragebogen aus und wurde dann gefragt: »Welchen Minimalbetrag würden Sie für Ihren Kaffeebecher akzeptieren?« Wer Bargeld bekommen hatte, bekam nach Ausfüllen des Fragebogens den Becher gezeigt und wurde gefragt: »Was würden Sie maximal dafür bezahlen?«

Für etwas so Simples wie einen Kaffeebecher mit einem Universitätslogo darauf war die Ungleichheit zwischen Kauf- und Verkaufspreisen erstaunlich groß. Bei den Becherbesitzern war der minimale Verkaufspreis mindestens *doppelt* so hoch wie der maximale Preis, den die Bargeldempfänger dafür zu bezahlen bereit waren. Dieses Verhältnis blieb auch in den Jahrzehnten späterer Experimente bestehen, bei denen Schirmmützen, Sweatshirts, Stiftboxen und anscheinend so ungefähr alles verwendet wurde, was ein Forscher dem Unibuchladen aus den Rippen leiern konnte.

Die Ergebnisse dieser Experimente stimmten auch mit unseren allgemeinen Erfahrungen überein.

Sie haben ein Auto und denken darüber nach, es zu verkaufen. Wenn Sie den Wert in der Schwacke-Liste nachsehen, denken Sie: »Auf keinen Fall. Mein Auto ist mehr wert.« Oder: »Es ist mindestens so viel wert. Es liegt eindeutig im oberen Bereich, wenn nicht noch darüber.« Aber wenn Sie dann ein Auto kaufen wollen und ein identisches Fahrzeug sehen, für das ein Preis im oberen Bereich der Schwacke-Liste verlangt wird, ist Ihre Reaktion: »Die spinnen ja wohl. Das sind Halsabschneider. Da ist doch eine Delle im Kotflügel.«

Der Besitztumseffekt hat einen klaren Bezug zum Abbruchverhalten. Etwas zu verkaufen, das Ihnen gehört, ist das Äquivalent des Aufhörens; Sie beenden Ihr Besitztum.

Etwas nicht zu verkaufen, das Ihnen gehört, ist eine Form des Festhaltens. Wenn Sie entscheiden, ob Sie Ihren Wein oder Ihr Auto oder Ihr Haus verkaufen, treffen Sie eine Wahl, ob Sie am Eigentum dieses Gegenstands festhalten wollen oder nicht.

Was du gekannt hast, gehört dir auch

Die ursprüngliche Grundlage für den Besitztumseffekt war die Verlustangst. Einfach formuliert: Wenn wir Verluste stärker gewichten als Gewinne in derselben Höhe, sind wir mehr darüber besorgt, etwas zu verlieren, das wir bereits besitzen, als wir danach streben, den gleichen Gegenstand zu erwerben, der uns nicht gehört.

Jahrzehntelange Forschungen haben erwiesen, dass wir noch aus anderen Gründen als Verlustangst an Dingen hängen können. In diesem Prozess hat sich ein tieferes Verständnis dafür entwickelt, was wir für unseren Besitz halten.

Bei der ursprünglichen Arbeit über den Besitztumseffekt ging es um den physischen Besitz von Objekten und den zusätzlichen Wert, den wir diesen Dingen beimessen, sobald sie sich in unserem Besitz befinden. Doch in einer kritischen Betrachtung der Literatur wiesen Carey Morewedge und Colleen Giblin 2015 darauf hin, dass wir an viel mehr als nur an physischen Objekten hängen können. Als die Forschung zum Besitztumseffekt ausgeweitet wurde, erwies sich immer mehr, dass wir auch an unseren Überzeugungen, unseren Vorstellungen und unseren Entscheidungen festhalten können.

Wenn wir Überzeugungen und Vorstellungen haben, werden sie zu unserem Besitz. Wir besitzen, was wir gekauft *und* was wir gedacht haben.

Wenn wir uns für eine Vorgehensweise entscheiden, so bedeutet das in gewisser Weise, dass wir diese Entscheidung jetzt besitzen. Der Wert, den wir Dingen beimessen, seien es Weinflaschen oder unsere Handlungsentscheidungen, wird größer sein, als wenn diese gleichen Dinge anderen gehören, und höher als der Wert, den andere ihnen beimessen.

Der Besitztumseffekt ist besonders stark, wenn Sie das, was Sie besitzen, auch geschaffen haben. Aus offensichtlichen Gründen ist das auch als IKEA-Effekt bekannt. Die meisten Möbel, die Sie bei IKEA kaufen, müssen Sie selbst zusammenbauen. Wir bewerten diesen Nachttisch, den wir aufgebaut haben, viel höher als einen identischen, der fertig montiert war.

Der IKEA-Effekt ist einer der Gründe, warum wir mit dem Podestbau äußerst vorsichtig sein müssen. Wenn Sie etwas bauen, von dem Sie bereits sicher sind, dass es sich bauen lässt, wie etwa der Beginn des kalifornischen Hochgeschwindigkeitszugs mit dem Abschnitt zwischen Madera und Fresno oder dem zwischen Bakersfield und Merced oder zwischen San Francisco und Silicon Valley, schaffen Sie ein doppeltes Problem. Ohne nützliche Informationen darüber, ob Sie die Strecke komplettieren können, stecken Sie Zeit, Mühe und Geld hinein, was ein Problem der versunkenen Kosten erzeugt. Darüber hinaus hängen Sie an dem, was Sie gebaut haben, und das macht es noch schwerer, vom Kurs abzuweichen.

Wenn Sie schon die Waage zuungunsten des Aufhörens manipulieren, indem Sie der Mischung den persönlichen Bezug hinzufügen, achten Sie wenigstens darauf, dass Sie Ihr Herz an etwas hängen, das echten Fortschritt bei der Lösung eines schwierigen Problems repräsentiert.

Der Besitztumseffekt

Der Besitztumseffekt hilft bei der Lösung des Rätsels, warum Harold Staw sich *zwei Mal* weigerte, seine Läden zu verkaufen. In seinem Kampf gegen die texanischen Aktionäre, bei dem sein guter Freund und Anwalt zur anderen Seite überlief, hatte er einen persönlichen Bezug zu den kalifornischen Läden, den die auf der anderen Seite nicht hatten. Er war nicht willens, die kalifornischen Läden zu verkaufen, die er geschaffen und aufgebaut hatte, um den Wert der texanischen Läden zu schützen, die er nicht geschaffen und aufgebaut hatte.

Als Fred Meyer Inc. ihm ein Kaufangebot unterbreitete, dachte er erneut, der Preis sei zu gering, ungeachtet der Tatsache, dass seine Läden tief in den roten Zahlen steckten. Bei jedem Schritt des Weges hielt er das Geschäft, das er von einem Hühnerstall in ein Imperium verwandelt hatte, für wertvoller als diejenigen, die es von außen betrachteten. Sie erkannten das schwächelnde Geschäft als das, was es geworden war, und er konnte das nicht.

Der Besitztumseffekt bietet auch Einblicke in die Gründe, warum Andrew Wilkinson so viel von seinem persönlichen Vermögen in Flow steckte. Wilkinsons Geschichte ist eine besonders gute Illustration der Schichten von kognitivem Geröll, die ein übermäßiges Ausharren verursachen.

Wilkinson hing auf vielerlei Arten an Flow. Zunächst und ganz schlicht war Wilkinson der tatsächliche Besitzer von Flow. Zudem war es seine Idee. Er hatte es sich ausgedacht. Er hatte es geschaffen.

Er verliebte sich augenblicklich in sein Produkt, und dieses Gefühl verstärkte sich, als er es mit Asana verglich, einer ähnlichen Art von Produkt, das er sofort als »hässlich«, »kompliziert« und »schwer bedienbar« beschrieb. Flow war ein wunderschöner, funktionaler Kaffeebecher, während Asana ein Schokoriegel war, den er nicht anrühren würde. Schwer zu sagen, ob seine Überzeugung vom Wert von Flow anfangs vernünftig war, aber ganz sicher war sie es nicht während der letzten Jahre seines Engagements für das scheiternde Unternehmen.

Der Besitztumseffekt veranlasste Wilkinson eindeutig, sein Produkt überzubewerten, aber man sieht auch, wie sich das mit dem Effekt der versunkenen Kosten zu einem sehr destruktiven kognitiven Gebräu vermischte. Als er den Punkt erreichte, an dem er bereits entschieden hatte, sein Engagement für Flow zurückzufahren, lehnte er dennoch das Angebot ab, es für 6 Millionen Dollar zu verkaufen, denn damit hätte er seinen Gesamtverlust von 11 Millionen Dollar nicht ausgleichen können.

Der Besitztumseffekt fügt dem Katamari mehr Masse hinzu, noch über das hinaus, was bereits durch den Effekt der versunkenen Kosten beigesteuert wurde. Wenn Sie eine Aktivität beginnen und im Folgenden Entscheidungen treffen, diese Aktivität fortzusetzen, häufen Sie nicht nur weitere versunkene Kosten an, sondern hängen auch Ihr Herz immer stärker an Ihre Ideen, an die Überzeugung, auf dem richtigen Kurs zu sein. Wenn Sie Dinge schaffen, seien es Schienenwege, Bücherregale, Beziehungen oder Aufsätze, die Sie für den Unterricht geschrieben haben, manipuliert der Besitztumseffekt die Waage noch mehr und steigert Ihr Engagement für zum Scheitern verurteilte Angelegenheiten.

Profisportmannschaften und ihr eskalierendes Commitment für hohe Draft Picks

Nachdem Barry Staw das eskalierende Commitment zwanzig Jahre lang im Labor untersucht hatte, wollte er seine Ergebnisse durch Feldstudien validieren. Mit als Erstes befasste er sich mit Entscheidungen zum Spielereinkauf im Profisport. In einer Studie von 1995 hatten Staw und

Ha Hoang untersucht, ob die Draftreihenfolge eines Spielers Auswirkungen auf seine darauf folgende Spielzeit und die Dauer seiner Laufbahn in der NBA hatte, unabhängig von seinem Qualifikationsniveau.

Wenn eine NBA-Mannschaft einen hohen Draft Pick[3] verwendet, um einen Spieler einzukaufen, dann ist das eine realitätsbezogene Entscheidung mit hohem Risiko, bei der versunkene Kosten und Besitztum potenzielle Probleme darstellen. Einen hohen Draft Pick herzugeben, um einen Spieler einzukaufen, verbrennt eine wertvolle begrenzte Ressource und geht mit höheren Bezügen einher, die für diesen Spieler bezahlt werden müssen. Auch das Besitztum spielt eine Rolle, denn die Mannschaften treffen eine sehr öffentliche Entscheidung, eine Entscheidung, für die sie die Verantwortung tragen. Da die Mannschaften mit den schlechtesten Leistungsergebnissen die höchsten Picks erhalten, verknüpft ihr Pick in der ersten Runde die Zukunft der Mannschaft sehr eindeutig mit diesem Spieler.

Hatten versunkene Kosten und Besitztum Einfluss auf zukünftige Entscheidungen, diese hoch gedrafteten Spieler öfter spielen zu lassen und stärker zu binden als andere, gleichermaßen produktive Spieler?

In Anbetracht der hohen Anreize für NBA-Mannschaften, ihre besten Spieler ins Rennen zu schicken, dürfte es Sie überraschen, dass die Antwort Ja lautet.

Die NBA und andere professionelle Sportligen sind eine besondere Umgebung für die Untersuchung von Abbruchverhalten. Entscheider im Profisport bekommen eine Menge kontinuierliches, rasches und eindeutiges Feedback bezüglich der Spielerproduktivität. Der Profibasketball bietet eine Fülle von Daten und viele objektive Messwerte der Spielerleistung für Spielergebnisse (Punkte, Field-Goal-Prozentsatz, Freiwurf-Prozentsatz), Härte (Rebounds und Blocks) und Schnelligkeit (Assists und Steals). Trainer und Mannschaftsmanagement sind in hohem Maße motiviert, die besten Spieler in den richtigen Situationen einzusetzen und natürlich zu gewinnen.

Im Gegensatz dazu treffen wir in der restlichen Welt die meisten unserer Entscheidungen ohne ein solches Maß an Informationen, um die Werterwartung oder unterschiedliche Optionen mit hoher Präzision berechnen zu können. Wenn wir entscheiden, welchen von zwei

Bewerbern wir für eine Stelle auswählen (oder welche von zwei Stellen wir annehmen), haben wir nicht annähernd so viele Informationen wie NBA-Funktionäre, wenn sie darüber entscheiden, welcher von zwei Spielern an den Start gehen oder noch eine Saison in der Mannschaft bleiben soll.

Unsere wohlbegründeten Vermutungen sind viel weniger wohlbegründet.

Das heißt, wenn Trainer und Funktionäre bei Spielerentscheidungen Fehler begehen, können sie sich nicht einfach damit herausreden, dass sie die Zahlen nicht gekannt hätten. Das lässt sich mit der Transparenz der Optionen vergleichen, die den Teilnehmern bei Kahnemans und Tverskys erster Studie über die Prospect Theory gegeben wurden. Wenn die Teilnehmer eine Wette mit positiver Werterwartung ablehnten oder eine Wette mit negativer Werterwartung annahmen, lag es nicht daran, dass sie nicht wussten, ob die Wetten günstig oder ungünstig waren. Trotz der Eindeutigkeit der Entscheidung zeigte sich, dass die Leute bereit waren, schlechte Wetten anzunehmen, wenn sie Verluste gemacht hatten, und gute Wetten ablehnten, wenn sie auf dem Papier Gewinne gemacht hatten, die sie in sichere Gewinne hätten verwandeln können, indem sie aufhörten.

In der NBA stand, anders als in Kahnemans und Tverskys Studien, bei den Personalentscheidungen viel auf dem Spiel, und man sollte ein enormes Maß an Motivation vermuten, sie richtig zu machen. Doch so wie die Spielteilnehmer annahmen und ablehnten, treffen auch die NBA-Funktionäre nicht immer rationale Entscheidungen.

Staw und Hoang wollten wissen, ob im Vergleich zweier Spieler von gleicher Qualifikation derjenige mit dem höheren Draft mehr Einsatzzeit bekäme, eine längere Karriere hätte und weniger wahrscheinlich ausgetauscht würde. Dazu analysierten sie die Draftreihenfolge der NBA-Drafts von 1980 bis 1986, neun Kennzahlen für die Spielerleistung, die Einsatzminuten aus fünf Spielzeiten, die Dauer der Laufbahn und ob ein Spieler ausgetauscht wurde.

Wie sich herausstellte, hatte die Draftreihenfolge tatsächlich eine unabhängige Wirkung auf künftige Einsatzzeiten und Spielaufstellungsentscheidungen. »Die Ergebnisse belegten, dass die Mannschaften den am höchsten gedrafteten Spielern mehr Einsatzzeit gewährten und sie länger behielten, selbst nachdem sie ihre Leistungen auf dem Spielfeld, die Verletzungen, den Transferwert und die gespielte Position kontrolliert hatten.«

In den ersten fünf Jahren der Spielerkarrieren war die Draftreihenfolge ein maßgeblicher Indikator für die Spielzeit. Wenn die Mannschaften ein Jahr lang Spieldaten erzielt hatten, spielten die Picks aus der ersten Runde 522 Minuten mehr in ihrer zweiten Spielzeit als die Picks aus der zweiten Runde mit gleicher Qualifikation. Jeder nächstniedrigere Platz in der Draftreihenfolge eines Spielers verringerte seine Einsatzzeit um 23 Minuten (das heißt, der zweite Pick in der ersten Runde spielte im Laufe einer Spielzeit 23 Minuten länger als der dritte Pick in der ersten Runde).

Hatte eine Mannschaft erst mal einen Spieler in der ersten Runde ausgewählt, blieb dieser Spieler im Durchschnitt 3,3 Jahre länger in der Liga als Picks aus der zweiten Runde mit ähnlichen Spielfeldleistungen. Jede weitere Verminderung der Draftreihenfolge erhöhte die Wahrscheinlichkeit, dass der Spieler entlassen wurde, um 3 Prozent. Sie stellten auch fest, dass Picks aus der zweiten Runde mit um 72 Prozent höherer Wahrscheinlichkeit verkauft wurden als Spieler der ersten Runde, wobei die Wahrscheinlichkeit mit jedem weiteren Abstieg in ihrer Draftreihenfolge um 3 Prozent stieg.

Wenn wir ein solches eskalierendes Commitment sogar in einem gut mit Daten versehenen Umfeld erleben können, bei dem viel auf dem Spiel steht und die Qualität des Spieler aktiv gemessen werden kann, sollte es wohl nicht überraschen, dass Beschäftigte zu lange auf ihrem Arbeitsplatz ausharren. Oder dass Studenten viel mehr für ihren Kaffeebecher verlangen, als er wert ist. Oder dass ein Professor der Wirtschaftswissenschaften seine Weinflaschen nicht zu einem Preis verkaufen will, zu dem er sie auch nicht kaufen würde.

Colin Camerer und Roberto Weber versuchten 1999, die Ergebnisse Staws mit aktualisierten Daten zu replizieren (von Spielern, die bei den NBA-Drafts 1986 bis 1991 gewählt worden waren), und verwendeten zusätzliche Variablen und Methoden, die andere Erklärungen ausschließen konnten. Ihre Ergebnisse deckten sich weitgehend mit denen

Staws. Aufgrund der zusätzlichen Variablen stellten sie fest, dass der Effekt des eskalierenden Commitments nicht so stark war, aber immer noch signifikant genug, um sagen zu können, dass er »den schlüssigsten verfügbaren Feldbeleg für irrationale Eskalation darstellt«.

Der Fairness halber sollte erwähnt werden, dass Staws und Camerers Analysen der NBA vor der *Moneyball*-Ära im Sport durchgeführt wurden, durch die Entscheidungen viel stärker analytisch geprägt wurden. Man könnte behaupten, dass Daten damals nicht im gleichen Maße genutzt oder gewürdigt wurden wie heute. Das wirft die Frage auf: Lassen sich der Effekt der versunkenen Kosten und der Besitztumseffekt noch heute im Profisport erkennen?

Quinn Keefer, Professor für Wirtschaftswissenschaften an der California State University San Marcos, führte seit Mitte der 2010er-Jahre diverse Feldstudien über die Auswirkungen der Draftreihenfolge und der Spielervergütung auf die Einsatzzeit in der NFL und der NBA durch. Bestandteil dieser Studien waren auch Entscheidungen aus der Post-*Moneyball*-Ära. Er verwendete zudem fortgeschrittene Analysemethoden zur Erfassung der Spielerleistungen. Auch wenn das Ausmaß des Effekts geringer war, so war es doch immer noch signifikant und spiegelte die ursprünglichen Erkenntnisse aus den 1980ern und 1990ern wider.

Die Ergebnisse der Feldstudien über den Profisport sollten extrem alarmierend sein für jeden, der denkt, er könne objektiv mit Ausstiegsentscheidungen umgehen. Wir haben es da mit intelligenten Menschen, einer großen Menge Daten, einem kontinuierlichen straffen Feedback und einer hohen Motivation zu tun. Bei den meisten Ausstiegsentscheidungen, die wir treffen, verfügen wir über weitaus weniger Informationen und haben längere, ungenauere Feedbackschleifen.

Der Status quo ist schwer aufzugeben

Der Besitztumseffekt und der Effekt der versunkenen Kosten gehen auf eine Weise Hand in Hand, die das eskalierende Commitment verstärkt. Der Status-quo-Fehler trägt zu dieser Mischung von kognitiven Kräften, die die Waage manipulieren, ebenfalls bei.

Einfach ausgedrückt ist der Status quo der Weg, auf dem man sich bereits befindet, oder die Art, wie man etwas immer schon gemacht hat. Der Fehler ist, dass wir eine Präferenz dafür haben, an solchen Entscheidungen, Methoden und Wegen festzuhalten, und eine Abneigung dagegen, zugunsten von etwas Neuem oder anderem davon abzuweichen. Das gilt ebenso für das Nachdenken über einen beruflichen Wechsel wie bei Sarah Olstyn Martinez und Sasha Cohen wie für den Abbruch einer Beziehung und die Kontaktaufnahme mit jemand Neuem oder für den Wechsel von Studienfächern oder Universität. Ist ein Spieler bei der NBA erst mal in der Mannschaft, wird er Teil des Status quo. Wenn man ihn auf die Ersatzbank setzt oder verkauft oder entlässt, weicht man von diesem Status quo ab.

In einer bahnbrechenden Arbeit von 1988 führten die Ökonomen Richard Zeckhauser aus Harvard und William Samuelson von der Boston University den Begriff »Status-quo-Fehler« ein. Sie führten sowohl Labor- als auch Feldstudien an, die zeigten, dass Individuen ganz überwiegend an der Option des Status quo festhalten, selbst wenn diese Option mit einer geringeren Werterwartung einhergeht. Der Fehler ist allgemein bekannt, sehr widerstandsfähig und trifft auf die Entscheidungen von Individuen ebenso zu wie auf die von Organisationen.

Der Status quo stellt ein mentales Konto dar, das wir bereits eröffnet haben und mit dem versunkene Kosten verbunden sind, also Zeit, Geld oder Mühen, die bereits in die Art und Weise geflossen sind, wie wir etwas tun. Dieses Konto zu schließen, indem wir zu etwas Neuem wechseln, kann uns das Gefühl vermitteln, dass wir die bereits investierten Ressourcen verschwenden.

Wir hängen auch an dem Status quo und übernehmen Verantwortung für die Entscheidungen, die uns in dieses Fahrwasser gebracht haben, sowie für alles, was wir auf diesem Wege geschaffen haben.

Ein weiterer Faktor für unser Festhalten am Status quo ist eine Asymmetrie dessen, wie wir die Verlustangst erleben. Wir sorgen uns viel mehr über die potenziellen Nachweise einer Kursänderung als über die potenziellen Nachteile des Weiterverfolgens unseres Wegs.

Das lässt sich gut an Dr. Olstyn Martinez' Dilemma erkennen. Ihr Nachdenken über einen Berufswechsel war eindeutig von Verlustangst geprägt. »Was, wenn ich weggehe und etwas anderes mache und es dann nicht gut läuft?« Das hat zu dem Hemmnis beigetragen, das sie davon abhielt, eine neue Stelle anzutreten.

Gleichzeitig hatte sie nicht annähernd so viel Angst vor der Aussicht auf dasselbe schlechte Ergebnis – Unzufriedenheit – durch das Verharren in ihrer gegenwärtigen Position, obwohl sie bereits erkannt hatte, dass Unzufriedenheit eine hundertprozentige Gewissheit war, wenn sie nicht ging.

Sie verteilte die mit dem jeweiligen Weg verknüpften potenziellen Verluste auf asymmetrische Weise.

John Maynard Keynes, einer der einflussreichsten Ökonomen des 20. Jahrhunderts, brachte dieses Phänomen gut auf den Punkt: »Die Lebensweisheit lehrt uns, dass es besser für die Reputation ist, auf konventionelle Weise zu scheitern, als auf unkonventionelle Weise Erfolg zu haben.« Unkonventioneller Erfolg birgt das Risiko, das Scheitern als ein Ergebnis des Abweichens vom Status quo zu erleben.

Eine größere Misserfolgswahrscheinlichkeit wird eher bei ausgetretenen Pfaden toleriert. Denn wie lautet die übliche Ausrede in einem Postmortem, nachdem wir eine Entscheidung getroffen haben, die nicht funktioniert hat? »Ich habe genau die Abläufe befolgt«, oder »Ich habe mich an den Status quo gehalten«, oder »Ich habe mich der Mehrheit gebeugt«.

Konventionelles Scheitern fühlt sich nicht so schlimm an und wird auch von denjenigen, die Sie beurteilen, nicht so behandelt.

Im Kern all dieser Kräfte, die Abbruchentscheidungen entgegenstehen, steckt die Tatsache, dass wir ein Festhalten am Status quo nicht im gleichen Maße als aktive Entscheidung betrachten wie das Wechseln. Wir sorgen uns viel mehr um Handlungsfehler als um Unterlassungsfehler (gescheitertes Handeln). Wir haben mehr Angst davor, durch unser Handeln ein schlechtes Ergebnis zu »verursachen«, als etwas durch Untätigkeit »geschehen zu lassen«.

Dieses Phänomen ist als Unterlassungs-Handlungs-Fehler bekannt.

Etwas anderes zu tun, zum Beispiel eine neue Stelle anzutreten, ein neues Studienfach zu wählen, eine neue Beziehung einzugehen oder eine neue Geschäftsstrategie einzuführen, wird als neue und aktive Entscheidung wahrgenommen. Im Gegensatz dazu betrachten wir das Festhalten am Status quo gar nicht als Entscheidung.

Sie haben andere (und sich selbst) beim Nachdenken über einen neuen Weg sicher schon sagen hören: »Ich will im Moment keine Entscheidung treffen.« Das haben Sie wahrscheinlich als vernünftig akzeptiert. Aber wenn Sie mal näher darüber nachdenken, erkennen Sie, dass die Entscheidung, nichts zu verändern, ebenfalls eine Entscheidung ist. Bei der Verfolgung eines Ziels entscheiden Sie zu jedem Zeitpunkt, ob Sie auf dem bisherigen Weg bleiben oder den Kurs ändern. Den Weg fortzusetzen, ist ebenso sehr eine Entscheidung wie der Entschluss aufzuhören.

Genau genommen ist die Entscheidung, *ob* man bleibt oder geht, per definitionem dieselbe Entscheidung.

Einer der Schritte auf dem Weg zu einem besseren Aussteiger ist es, den Satz »Ich bin noch nicht bereit, eine Entscheidung zu treffen« nicht als sinnvolle Aussage zu akzeptieren. In jedem Augenblick Ihres Lebens haben Sie die Wahl, ob Sie bleiben oder gehen. Wenn Sie sich fürs Bleiben entscheiden, entscheiden Sie gleichzeitig, nicht zu gehen. Wenn Sie sich entscheiden aufzuhören, entscheiden Sie gleichzeitig, nicht weiterzumachen. Es ist wichtig zu erkennen, dass es sich dabei um dieselben aktiven Entschlüsse handelt.

Als Sasha Cohen erkannte, dass das Reisen von Arena zu Arena, um in Eislaufshows aufzutreten, nicht das Leben war, das sie sich wünschte, war nicht aufzuhören ebenso sehr eine Entscheidung wie die, sich nach ihren letzten Olympischen Spielen aus dem aktiven Sport zurückzuziehen. Dasselbe gilt auch für Sarah Olstyn Martinez während der letzten Jahre, in denen sie an ihrer Stelle als Notärztin und Direktorin festhielt, und ihre letztliche Entscheidung aufzuhören. Harold Staw und Andrew Wilkinson trafen eine Entscheidung, als sie weiterhin ihre Geschäftsverluste subventionierten.

Hätten Hutchison, Taske und Kasischke beschlossen, weiter zum Gipfel aufzusteigen, als sie feststellten, dass sie um 11.30 Uhr noch drei Stunden zurücklagen, wäre das ebenso sehr eine Entscheidung gewesen wie die umzukehren. Hätte Stewart Butterfield beschlossen, mit *Glitch* weiterzumachen, wäre das ebenso sehr eine Entscheidung gewesen wie die, es einzustellen.

Doch der Unterlassungs-Handlungs-Fehler lässt uns diese Entscheidungen nicht als gleichwertig betrachten. Deshalb akzeptieren wir die Erklärung »Ich bin noch nicht so weit, eine Entscheidung zu treffen« von anderen und von uns selbst. In Wirklichkeit bedeutet das natürlich: »Ich bin nicht bereit, vom Status quo abzuweichen.«

Wenn Sie das nächste Mal sagen: »Ich bin noch nicht bereit für eine Entscheidung«, sollten Sie eigentlich sagen: »Im Moment denke ich, dass der Status quo die beste Wahl ist.« Vielleicht brauchen Sie noch mehr Informationen, um wissen zu können, ob Sie wechseln sollen. Was Sie jedoch nicht vom Aufhören abhalten sollte, ist, dass ein Wechsel zu furchteinflößend ist, weil die Verlustangst zu intensiv ist.

Das bekannte Übel

Zu diesem Durcheinander trägt bei, dass wir das Bekannte dem Unbekannten vorziehen, dem Mehrdeutigen und Undefinierten. Was immer Sie bereits tun, ob es funktioniert oder nicht, Sie haben viel mehr Gewissheit darüber als über etwas, das Sie noch nie erlebt haben.

Daher kommt die Redensart: »Von zwei Übeln wählt man lieber das, was man schon kennt.«

Das sieht man deutlich bei Olstyn Martinez. Als ich sie fragte, ob sie an ihrem derzeitigen Arbeitsplatz zufrieden sei, fiel ihr die Antwort nicht schwer. Es war eine bereits bekannte Größe, und sie wusste, dass sie unzufrieden war. Aber als ich sie fragte, ob sie an ihrer neuen Stelle zufrieden wäre, sagte sie, sie wüsste es nicht. Dies ist ein Ausdruck von Ungewissheit bezüglich dessen, was vor ihr liegen mochte, wenn sie wechselte, denn sie hatte die neue Stelle ja noch nicht erlebt. Diese Ungewissheit trug zu ihrer Angst vor dem Wechsel bei.

Die Frage, ob sie an ihrer neuen Stelle mehr als 0 Prozent der Zeit zufriedener sein würde, half ihr zu erkennen, dass in einem Stellenwechsel eine Art Gewissheit lag. Insbesondere hatte sie eine größere Chance darauf, ihr Ziel schneller zu erreichen, wenn sie wechselte.

In diesem Moment erkannte sie, dass das nicht bekannte Übel die bessere Wahl war.

Der Preis des Bleibens

Zusätzlich dazu, wie diese Voreingenommenheit gegen das Aufhören unser persönliches Leben betrifft, lassen all die Kräfte, die Entscheidungen für den Status quo fördern, Organisationen auch einen enormen Preis bezahlen. Der Profisport bietet zufälligerweise zahlreiche Beispiele für mangelhaftes Abbruchverhalten in Form eines Festhaltens an Strategien, die nachweislich versagen.

Eins der am besten erkennbaren Beispiele ist, wie bemerkenswert langsam NBA-Mannschaften darin waren, die Vorteile von Dreipunktwürfen zu nutzen. Das wurde mehrfach dokumentiert, unter anderem von Michael Mauboussin und Dan Callahan in einem Artikel vom September 2021 über das Überwinden von Hindernissen im Sport und im Geschäftsleben.[4]

Die NBA führte den Dreipunktwurf 1980 ein. Bis 1990 machte ihn die Wurfquote für lange Würfe zu einer Entscheidung mit höherer Werterwartung als ein Zweipunkter, und das, obwohl die Spieler dieser Zeit nur selten Dreipunktwürfe durchführten. Mauboussin und Callahan zitierten Larry Bird, der sagte, vor dem jährlichen Dreipunktwettbewerb des All-Star Games »kann ich mich gar nicht erinnern, den Wurf schon mal gemacht zu haben«.

Bird gewann die ersten drei dieser Wettbewerbe 1986, 1987 und 1988, ehe er verletzungsbedingt fast die gesamte Saison von 1988 bis 1989 versäumte. Er war bereits ein Rekordhalter, der beste Dreipunktwerfer seiner Generation, einer der besten reinen Werfer aller Zeiten und legendär für seine Trainingshingabe. Stellen Sie sich vor, um wie viel großartiger er hätte sein können, wenn er den Wert dieses Wurfs maximiert hätte.

Einer der frühen Irrtümer, den die Mannschaften machten, war die fehlerhafte Berechnung. Sie verglichen den Wert der Dreipunktwürfe mit (allen) Zweipunktwürfen statt den der Dreipunktwürfe mit Zweipunktwürfen, die gerade innerhalb der Dreipunktlinie ausgeführt werden. Die Ungleichheit bei der Werterwartung wird deutlich größer, wenn Sie die Wahl betrachten, welche die Spieler tatsächlich treffen müssen, nämlich zwischen einem begrenzten Zweipunkter oder einem etwas längeren Dreipunktversuch. Die Antwort auf diesen Vergleich ist eindeutig und war das auch innerhalb von zehn Jahren, nachdem die League diese Regel eingeführt hatte: Drei Punkte zu erzielen statt zweien (ein Zuwachs von 50 Prozent), ist weitaus mehr wert als die paar Prozentpunkte Genauigkeitsunterschied zwischen den beiden Würfen.

Diese Berechnung wurde bis Anfang der 1990er angestellt. Doch erstaunlicherweise begannen Dreipunktversuche erst in der Spielzeit 2014/2015, über die gesamte League hinweg die Zweipunktversuche zu überwiegen.

Es gibt noch weitere wohlbekannte und dokumentierte Misserfolgsstrategien, von denen Profimannschaften nur langsam abließen: bei der NFL immer beim Fourth Down zu kicken (statt zu laufen); immer zu versuchen, nach Touchdowns Extra-Point Kicks zu erzielen (statt Two-Point Conversions); wenn MLB-Mannschaften Innenfeldspieler auf den traditionellen Stellen positionieren (statt zu wechseln); Bunting und Base Stealing als Offensivstrategie bei der MLB; der Widerwille von NHL-Mannschaften, ihren Tormann früher oder beim Auftreten von kleineren Defiziten auszuwechseln.

Im Profisport bringen Innovationen (oder einfach das Nachahmen erfolgreicher Innovatoren) enorme Vorteile mit sich. Die Innovatoren und die Schnellangepassten haben brilliert, so etwa die Oakland A's und die Tampa Bay Rays im Baseball und die Houston Rockets im Basketball, und fortwährend siegreiche Mannschaften mit historisch geringen Bezügen hervorgebracht. Im Football haben die New England Patriots eine zwanzig Jahre währende Dynastie aufgebaut ohne den Vorzug dieser begehrten Top-Draft-Entscheidungen.

Im Geschäftsleben sind die Kosten des Status-quo-Fehlers tatsächlich noch viel höher als im Sport. Wenn man beim Sport nicht innoviert oder sich nicht anpasst, mag man Spiele oder Fans verlieren, aber das Geschäftsmodell existiert weiter. Eine Sportmannschaft hat die Chance, aufzuholen und wieder den Anschluss zu bekommen. Im Geschäftsleben erhält man diese Chance oft nicht, denn bis Sie aufgeholt haben, sind Sie möglicherweise schon draußen. Wenn Sie sich den Friedhof der Werbetreibenden des Superbowl von 2002 ansehen, wird diese häufige Todesursache deutlich. Ob Blockbuster oder RadioShack, das gehörte zu den Dingen, die ihnen passiert sind.

Wir alle haben schon erlebt, sei es im Geschäftsleben oder bei persönlichen Entscheidungen, wie diese kognitiven Effekte – Verlustangst, Angst vor dem sicheren Verlust, der Effekt der versunkenen Kosten, Besitztumsfehler, Status-quo-Fehler und Unterlassungs-Handlungs-Fehler – eine komplizierte Gemengelage schaffen, die es uns schwer macht, rechtzeitig auszusteigen.

Wie es scheint, gehört noch eine weitere Zutat in den Kessel: Identität, der wir uns als Nächstes zuwenden werden.

Zusammenfassung Kapitel 7

- Der Besitztumseffekt ist eine kognitive Verzerrung, durch die wir einer Sache, die wir besitzen, mehr Wert beimessen, als würde sie uns nicht gehören.
- Wir können an Objekten, aber auch an unseren eigenen Ideen und Überzeugungen hängen.
- Dieses emotionale Festhalten ist ein Hindernis für den Ausstieg, denn wenn wir unserem Eigentum einen irrationalen Wert beimessen, berechnen wir seine Werterwartung falsch. Wir denken, das von uns gegründete Unternehmen oder das von uns entwickelte Projekt oder unsere Überzeugung sei mehr wert, als dies tatsächlich der Fall ist.
- Wir bleiben lieber beim Status quo.
- Wir sind toleranter gegenüber negativen Ergebnissen, die daraus erwachsen, dass wir an etwas festhalten, das wir bereits tun, als gegenüber Ergebnissen, die aus dem Wechsel zu etwas Neuem entstehen. Dieses Phänomen ist Teil des Unterlassungs-Handlungs-Fehlers.
- Wenn Sie sagen: »Ich bin noch nicht bereit, mich zu entscheiden«, sagen Sie eigentlich: »Für den Augenblick wähle ich den Status quo.«
- Selbst wenn wie beim Profisport viele Daten zur Verfügung stehen, haben kognitive Verzerrungen wie die der versunkenen Kosten, des Besitztums und des Status quo Einfluss auf die Entscheidungsfindung.

KAPITEL 8

Das Ich lässt sich am schwersten aufgeben – Identität und Dissonanz

DER AUFSTIEG UND FALL DER FIRMA SEARS, ROEBUCK und Co. vom Erscheinen ihres ersten Sears-Versandhauskatalogs im Jahr 1896 bis zu ihrem Bankrott im Jahr 2018 ist wohlbekannt. In den ersten dreißig Jahren ihres Bestehens verkaufte Sears ausschließlich per Versandbestellung. Die Entstehung des Sears-Katalogs profitierte von der Entwicklung von Trends, die dem neuen Unternehmen bei der Revolutionierung des Einzelhandels halfen.

Zwei Drittel der Amerikaner lebten in ländlichen Gebieten und hatten praktisch keinen Zugang zu massenproduzierten Waren. Die Ausbreitung von Eisenbahnstrecken sowie ein Projekt des U.S. Postal Service von 1896 mit dem Namen Rural Free Delivery ließ den Postdienst enorm zunehmen. Dank dem anfangs sogenannten *Book of Bargains* (532 Seiten) hatten Menschen in Kleinstädten und auf abgelegenen Farmen plötzlich die Möglichkeit, Fahrräder, Kinderwagen, Kleidung, Möbel, landwirtschaftliche Geräte, Nähmaschinen, nicht verschreibungspflichtige Medikamente und anscheinend alles andere auf der Welt zu kaufen.

Rasch wurde Sears zu einem phänomenal erfolgreichen Anbieter von Bestellware. Als der Gründer Richard Sears 1908 in den Ruhestand ging, wurde sein Vermögen auf 25 Millionen Dollar geschätzt.

Um das enorme Wachstum von Sears zu fördern, sponserte Goldman Sachs den 40-Millionen-Dollar-Börsengang des Unternehmens im Jahr 1906. Sears war das erste amerikanische Einzelhandelsunternehmen, das an die Börse ging. Sein Wachstum galt als so eindrucksvoll, dass es dabei als einer der Ersten sein Kurs-Gewinn-Verhältnis veröffentlichte. Als Goldman Sachs 2019 ihren 150. Geburtstag feierten, bezeichneten sie den Sears-Börsengang als historisches Highlight und erwähnten auch dessen beeindruckende Größe: »Nach heutigem Maßstab betrug der Unternehmenswert damals 26,2 Milliarden Dollar.«

In den folgenden fünfzehn Jahren wuchs Sears weiterhin rapide, bis die 1920er-Jahre eine Reihe von Herausforderungen für sein Geschäftsmodell schufen: die durch das Automobil entstandene Mobilität, mehr Wettbewerb, eine landwirtschaftliche Depression und eine demografische Verlagerung in Richtung der Städte.

Sears reagierte durch eine Kehrtwende bei seinem Verbrauchergeschäft vom Katalogversand zu Ladengeschäften.

Bis 1929 betrieb Sears über dreihundert Kaufhäuser. Sogar während der Weltwirtschaftskrise florierte das Unternehmen und verdoppelte beinahe die Zahl seiner Filialen. Zwischen 1941 und 1954 verdreifachten sich die Jahresumsätze auf 3 Milliarden Dollar. In den folgenden zwanzig Jahren verdoppelten sich die Jahresumsätze erneut auf 10 Milliarden Dollar, da Sears zu einem wichtigen Ankermieter in Hunderten Einkaufszentren überall in den amerikanischen Vorstädten wurde.

Bis Anfang der 1970er-Jahre war Sears das Aushängeschild der amerikanischen Konsumkultur. Sein Jahresumsatz betrug rund 1 Prozent des Bruttoinlandsprodukts. Zwei von drei Amerikanern gingen mindestens einmal pro Quartal bei Sears einkaufen.

Im Jahr 1969 kündigte Sears Pläne an, eine neue Hauptniederlassung zu bauen, die das höchste Gebäude der Welt werden sollte. Der 110-stöckige Sears Tower wurde 1973 fertiggestellt.

Kaum war Sears in den gleichnamigen Wolkenkratzer gezogen, stand es vor Problemen für sein Einzelhandelsgeschäft, die ernster waren als alles, was ihm im letzten halben Jahrhundert begegnet war. Wie schon in den Zwanzigerjahren waren demografische Veränderungen und eine verstärkte Konkurrenz in hohem Maße daran beteiligt.

Sears hatte sein Image bei den amerikanischen Verbrauchern seit den 1890er-Jahren kultiviert und gepflegt, nun wurde ihm eben dies zum Verhängnis. Zum einen kratzte die Ausbreitung von Niedrigpreis-Warenhäusern (besonders Walmart, Kmart und Target) am Image von Sears als günstigste Bezugsquelle. Sears war zu kopflastig, um preislich mit den neuen Ketten mithalten zu können, und führte einen aussichtslosen Kampf um dieses Geschäft, während die Ketten sich ausbreiteten. Zum anderen tendierten die wohlhabenderen Verbraucher zu dem gehobenen Image von Kaufhäusern wie Saks Fifth Avenue, Nordstrom, Macy's und Neiman Marcus.

Paradoxerweise war es gerade die Ausdehnung des Unternehmens in Richtung Shoppingmalls, die viele Einkäufer mit diesen Mitbewerbern in Berührung brachte. Darüber hinaus war die Angebotsbreite von Sears von einem Vorteil zu einem Nachteil geworden. Die Einkaufszentren öffneten ihre Türen nicht nur für konkurrierende Kaufhäuser, sondern boten auch Fachgeschäften (zum Beispiel Gap und Limited) eine Chance, den riesigen Verbrauchermarkt zu erreichen.

Sears geriet in einen verlustreichen Kampf um die Kunden.

Die jährlichen Merchandising-Einnahmen sanken von 1978 auf 1979 um 13 Prozent und dann noch mal um 43 Prozent von 1979 auf 1980. Zwischen 1978 und 1980 stürzte der Return on Investment der Einzelhandelsabteilung von mehr als 15 Prozent *über* dem Branchenmedian auf 31 Prozent *darunter*. Die Kapitalrendite lag fast 40 Prozent unter der von Walmart.

Sears versuchte sein wohlbekanntes Einzelhandelsproblem auf verschiedenste Arten zu lösen, von denen keine den fortgesetzten Untergang aufhalten konnte. Das Unternehmen war nicht mehr der erfolgreichste Einzelhändler und Anfang der Neunzigerjahre auch nicht mehr der größte. Im Februar 1991 überholten es sowohl Walmart als auch Kmart und wurden die Nummern eins und zwei unter den Einzelhändlern.

Die letzten Kapitel des Untergangs von Sears sind besonders gut bekannt: veraltete, heruntergekommene oder geschlossene Ladenlokale; wiederholte Versprechungen, die Geschäfte instand zu setzen oder zu modernisieren; die katastrophale Fusion mit Kmart von 2005 (die von mindestens einer Quelle als »doppelter Suizid« bezeichnet wurde); die

Aufzehrung des Investitionskapitals und schließlich der lang erwartete Bankrott im Jahr 2018.

Das ist die vertraute Geschichte von Leben und Sterben eines einstmals großen Handelsunternehmens. Weniger bekannt dagegen ist die Geschichte von Sears, dem Finanzdienstleister. *Dieses* Sears florierte auch dann noch, als das Einzelhandelsunternehmen zugrunde ging.

Diese Geschichte beginnt 1899, nur drei Jahre nach dem ersten Sears-Katalog, als das Unternehmen eine Abteilung für Bankwesen eröffnete. Ab 1911 konnten die Kunden auf Kredit einkaufen.

Als 1931 immer mehr Kunden ein Auto besaßen, erkannte Sears eine Marktgelegenheit darin, ihnen Fahrzeugversicherungen zu verkaufen. Sie gründeten Allstate, dessen Versicherungsprodukte anfänglich über den Katalog und drei Jahre später dann an Standorten innerhalb der Sears-Geschäfte angeboten wurden. Allstate wurde zu einem florierenden Mitglied der Sears-Familie.

Bis zu den Fünfzigerjahren expandierten die Verkaufsstandorte über die Sears-Geschäfte hinaus, und Allstate wurde zu einem breit aufgestellten Versicherungsanbieter einschließlich Auto, Haftpflicht, Leben, Gesundheit, Handel und Eigentum.

Die Siebziger waren ein Zeitraum erheblichen Wachstums für den Finanzdienstleistungsbereich. Die Sears-Kreditkarte war beliebter als Visa oder Mastercard. Fast 60 Prozent der amerikanischen Haushalte besaßen eine. Allstate hatte sich als einer der größten Unfallversicherer des Landes etabliert.

Bis Ende der Siebzigerjahre, als Sears versuchte, seinen schwächelnden Einzelhandelsbereich zu retten, begann Allstate auch aggressiv expandierend seinen Fußabdruck in der Finanzdienstleistungsbranche zu hinterlassen.

Im Oktober 1981 teilte Sears zwei große Akquisitionen mit. Erstens hatten sie für 175 Millionen Dollar Coldwell Banker gekauft, den landesweit größten Immobilienmakler. Zweitens hatten sie für 600 Millionen Dollar Dean Witter gekauft, einen der größten Effektenmakler. Diesen Akquisitionen ließ Sears im Jahr 1985 die Einführung einer neuen, überall einsetzbaren Kreditkarte folgen, die mit Visa und Mastercard konkurrierte, der Discover Card.

Anfang der Neunziger waren Allstate, Dean Witter, Discover und Coldwell Banker erfolgreiche, wachsende, gewinnbringende Tochterunternehmen von Sears. Damals hatten sie einen gemeinsamen Marktwert von über 16,6 Milliarden Dollar. Sie waren und sind (mit Ausnahme von Dean Witter) bekannte Unternehmen, auch wenn kaum jemand wusste, dass sie einmal Sears gehört haben.

Das wirft natürlich die Frage auf, warum Sears insolvent werden konnte, wo ihnen doch so beneidenswerte Marken gehörten?

Schuld daran ist das Aussteigen. Genauer gesagt, das Aussteigen aus den falschen Sachen.

Als die Einzelhandelsgeschäfte immer schlechtere Finanzergebnisse lieferten, setzten die institutionellen Anleger, denen der Großteil der Unternehmensaktien gehörte, das Management unter Handlungsdruck.

Die Reaktion des Managements? Im September 1992 kündigte Sears an, sein Finanzdienstleistungsimperium aufzugeben. Diese Unternehmensbereiche sollten verkauft und das Geld genutzt werden, um Sears »zurück zu seinen Einzelhandels-Wurzeln« zu bringen.

In den folgenden zweieinhalb Jahren entäußerte Sears sich all dieser profitablen Vermögenswerte. Sie verkauften 20 Prozent von Allstate bei einem Börsengang, was über 2 Milliarden Dollar einbrachte. Den restlichen Wert von Allstate verteilten sie in Form einer Aktiendividende in Höhe von 9 Milliarden Dollar an die Anteilseigner. In demselben zweiteiligen Prozess stießen sie auch Dean Witter Discover ab, erzielten 900 Millionen Dollar durch einen Börsengang und verteilten die restlichen Aktien (im Wert von etwa 4,5 Milliarden Dollar) als Dividende. Schließlich verkauften sie Coldwell Banker direkt für 230 Millionen Dollar.

Natürlich gelang es Sears nicht, die Probleme im Einzelhandel zu lösen, und es machte Pleite. Die erfolgreichen Finanzdienstunternehmen, die sie gegründet, klug erworben und mit Sachverstand geführt hatten, gediehen weiter.

Der Börsenwert von Allstate lag im Oktober 2021 bei fast 40 Milliarden Dollar. Es ist der größte börsennotierte private Versicherungsanbieter und versichert rund 16 Millionen Haushalte.

Nicht einmal fünf Jahre nachdem Sears Dean Winter Discover abgestoßen hatte, kaufte Morgan Stanley das Unternehmen für 10 Milliarden Dollar in Aktien, was 40 Prozent des kombinierten Unternehmenswerts ausmachte. Der Börsenwert von Morgan Stanley im Oktober 2021 lag bei über 180 Milliarden Dollar. Darin ist nicht der Wert von Discover enthalten, das 2007 ein eigenes Börsenunternehmen wurde (als Discover Financial Services). Der Börsenwert von Discover betrug im Oktober 2021 fast 40 Milliarden Dollar.

Coldwell Banker fusionierte mit einigen anderen Immobilienfirmen und ging 2012 als Realogy Holdings an die Börse. Realogy war 2020 an 1,4 Millionen Immobilientransaktionen beteiligt und hatte im Oktober 2021 einen Börsenwert von über 2 Milliarden Dollar.

Als Einzelhändler führte Sears von Mitte der Siebzigerjahre an einen aussichtslosen Kampf. Anfang der Neunzigerjahre war die Lücke zwischen Sears und seinen Konkurrenten auf allen Seiten noch weiter gewachsen. Im selben Zeitraum führte Sears auch ein unglaublich erfolgreiches Finanzdienstleistungsunternehmen.

Als Sears sich entscheiden musste, welche Assets sie verkaufen und welche sie behalten wollten, wäre das für einen Außenstehenden wohl eine einfache Entscheidung gewesen. Ob es sich dabei um einen rational denkenden Finanzprofi gehandelt hätte oder um einen der Unternehmensplünderer, von denen Sears sich umkreist fühlte, die Antwort hätte gelautet, *mit* dem Finanzdienstleistungsbereich *von* dem zugrunde gehenden Einzelhandelsbereich wegzurennen.

Doch Sears machte das Gegenteil. Sie eskalierten ihr Commitment für die Ladengeschäfte und opferten alle anderen Besitztümer, um den Kampf zu finanzieren.

Warum passierte das?

Ein Teil des Problems ist, dass Sie Sears wahrscheinlich nur als Einzelhandelsunternehmen kennen (oder in Erinnerung haben). »Sears« und »Einzelhandel« sind Synonyme. Einzelhandel war ihre Identität.

Hätten sie an den Finanzdienstleistungen festgehalten und den Einzelhandel dichtgemacht oder verkauft, dann hätten sie in gewisser Weise aufgehört, Sears zu sein, zumindest das Sears, das jeder kannte. Das ist die Entscheidung, vor der sie standen.

Wenn es ums Aufgeben geht, so lässt sich das am schwersten aufgeben, was man ist.

Der Identitätskult

Leon Festinger, einer der bekanntesten Psychologen des 20. Jahrhunderts, las 1954 einen Zeitungsartikel über eine Weltuntergangssekte.

Ein interessantes Merkmal einer Weltuntergangssekte ist, dass sie das genaue Datum voraussagt, an dem der Weltuntergang eintreten wird, in diesem Falle der 21. Dezember 1954. Aus diesem Grunde interessierte Festinger sich für den Artikel, weil er wissen wollte, was mit den Mitgliedern der Sekte passierte, wenn der Tag kam und die Welt nicht unterging, wenn sie klar und unmissverständlich erfuhren, dass die Überzeugungen, die sie der Sekte und allem, was dazugehört, hatten beitreten lassen, falsch waren. Würden sie sie aufgeben oder daran festhalten?

Festinger sowie seine Kollegen Henry Riecken und Stanley Schachter gehörten zu den ersten Psychologen, die diese Frage aufwarfen, als sie 1956 ihre klassische Feldstudie *When Prophecy Fails* veröffentlichten.

Die Geschichte, die die Forscher lasen, handelte von der Vorstadthausfrau Marian Keech, die Botschaften von einer außerirdischen überlegenen Intelligenz von einem Planeten namens Clarion erhalten hatte. Diesen Botschaften zufolge würde eine verheerende Flut am 21. Dezember große Teile der westlichen Hemisphäre auslöschen.

Die Psychologen nahmen Kontakt mit Keech auf und erfuhren, dass sie eine der Führerinnen der Seekers war, deren Mitglieder glaubten, die Welt würde an diesem Tag untergehen, und Aliens würden um Mitternacht ein Raumschiff schicken, um die wahren Gläubigen zu retten.

Die Anhänger dieser Sekte trafen eine Reihe von lebensverändernden Maßnahmen. Sie kündigten ihre Stellen, gingen nicht mehr zur Schule und brachen die Beziehungen zu Freunden und Angehörigen ab, falls diese Skeptiker waren und der Sekte nicht folgten. Sie verkauften oder verschenkten ihr Hab und Gut.

Die Psychologen schleusten sich in die kleine Gruppe der Sektenanhänger ein, um beobachten zu können, wie Menschen sich in dieser lebensechten Situation verhielten, nachdem ihre Überzeugungen als Irrtum entlarvt worden waren. Festingers Team verbrachte in den Tagen vor dem 21. Dezember möglichst viel Zeit mit Keech und ihren Anhängern.

Am frühen Abend des 20. Dezember hatten sich fünfzehn Menschen in Marian Keechs Haus versammelt, um auf das Raumschiff und das Ende der Welt zu warten. Als es auf Mitternacht zuging, saßen alle im Wohnzimmer, die Mäntel auf dem Schoß liegend, die Stille nur durchbrochen vom Ticken zweier Kaminuhren.

Als eine der Uhren Mitternacht schlug und die Aliens nicht kamen, gab es einen Augenblick der Verwirrung, bis einer der Gläubigen darauf hinwies, dass die andere Uhr noch nicht geschlagen habe, also gehe die erste wohl vor.

Ein paar Minuten darauf schlug auch die zweite Uhr zwölf, und immer noch waren keine Außerirdischen gekommen. Zwei der Seekers waren vom Ausbleiben des mitternächtlichen Flugs nach Clarion hinreichend überzeugt, um nicht länger auf die Flut zu warten. Sie gingen nach Hause und kehrten nicht zurück, ein Verhalten, wie man es von einem rationalen Menschen erwarten würde, dessen Überzeugungen (egal wie schrullig) gerade so unverkennbar widerlegt worden sind.

Damit blieben noch acht echte Gläubige und Festingers Beobachter.

Das in *When Prophecy Fails* berichtete, hinlänglich bekannte Ergebnis war, dass die anderen acht Mitglieder nicht bereit waren, ihren Glauben an die Prophezeiung abzulegen, obwohl sie nachweislich falsch gewesen war. Im Gegenteil, die Anhänger eskalierten sogar ihr Commitment.

Obwohl die Seekers die Medienaufmerksamkeit bisher gescheut hatten, suchten sie sie nun aktiv. Während Keech eine Vielzahl neuer Botschaften von Clarion erhielt, welche die Situation erklärten, neue Vorhersagen machten und weitere bevorstehende Erscheinungen versprachen, gaben die Anhänger häufige und ausführliche Interviews und gaben Neuigkeiten über den jüngsten Kontakt mit den Außerirdischen preis. Sie nahmen jeden auf, der neugierig auf ihre Gruppe geworden war, ungeachtet seiner Interessen oder seiner potenziellen Motive.

Überraschenderweise waren die beiden Gruppenmitglieder, die vor dem prophezeiten Ende der Welt am skeptischsten gewesen waren, Cleo Armstrong und Bob Eastman, jetzt die fanatischsten, vor allem Cleo. Ihr Vater, Dr. Thomas Armstrong, Arzt in einer kleinen Universitätsstadt, war gemeinsam mit Keech einer der Anführer der Seekers geworden. Auch ihre Mutter Daisy war eine Gläubige. Bob Eastman betrachtete Dr. Armstrong als seinen Mentor und lebte bis Dezember praktisch mit der Familie zusammen.

Eine Reihe von Ereignissen in den letzten Tagen vor dem Weltuntergang ließ Cleo und Bob daran zweifeln, worauf sie sich eingelassen hatten. Sie besuchten und hörten die Aufzeichnung von zwei Séancen eines Mediums namens Ella Lowell. Das Ganze entwickelte sich zu einer stümperhaften Abfolge von verwirrenden, unzusammenhängenden und widersprüchlichen Prophezeiungen und Botschaften. Cleo und Bob waren auch desillusioniert von der Leichtgläubigkeit der anderen Seekers, die blindlings an die Echtheit der Botschaften glaubten, die angeblich von Clarion stammten, aber offensichtlich Streiche der ortsansässigen Jugendlichen waren.

Doch »in den Tagen nach dem 21. erfuhr ihr Verhalten eine erstaunliche Wende. Obwohl es höchst plausibel gewesen wäre, dass sie ihre Überzeugungen nach dem Ausbleiben des Ereignisses aufgaben, geschah genau das Gegenteil.«

Bei der PR-Offensive der Sekte am 22. Dezember und die ganze Woche hindurch übernahm Cleo häufig das Beantworten der Reporterfragen für ihren Vater und für Marian Keech. Anders als bei ihrem vorherigen Verhalten den Journalisten gegenüber (nämlich ihnen gänzlich aus dem Weg zu gehen oder sie anzulügen, um sie loszuwerden), wurde sie nun bereitwillig zur Stimme der Überzeugungen der Sekte.

Fünf Monate später wartete sie in der Tiefgarageneinfahrt eines örtlichen Hotels erneut die ganze Nacht auf das Eintreffen der Außerirdischen. Ella Lowell hatte sich an Dr. Armstrong gewandt und ihm gesagt, seine Familie würde an diesem Tag an diesem Ort abgeholt. Cleo, die jetzt an der Uni studierte, hatte in ihrem Wohnheim keine Erlaubnis für nächtliches Wegbleiben eingeholt, vielleicht weil sie glaubte, es würde keine Rolle spielen, wenn sie erst auf dem Weg zu Clarion sei.

Für jemanden, dessen Glaube im Dezember noch geschwankt hatte, ehe die Außerirdischen nicht auftauchten, war dieses eskalierende Commitment bis hin zu nächtlichem Warten auf ein Raumschiff in einer Tiefgarage einigermaßen bizarr.

Einer Sekte anzugehören, wird zu einem integralen Bestandteil der Identität. Man ist ein Seeker. Man glaubt an die Prophezeiung. Die Mitgliedschaft wird zu dem, was man ist, besonders weil die Überzeugungen, denen man anhängt, so extrem sind, ebenso wie die Handlungen, die man aufgrund dieser Überzeugungen ausführt. Den Kontakt zu Familie und Freunden abbrechen. Alle Besitztümer aufgeben. Sich selbst zum Gespött der restlichen Welt machen.

Wir wünschen uns eine beständige Identität. Da unsere Glaubenssätze die Beschaffenheit dieser Identität prägen, sind wir auch motiviert, unsere Überzeugungen intakt zu halten. Wenn die Sekte Ihre Identität ist, wie können Sie dann Beständigkeit wahren, falls Sie Informationen erhalten, die mit den Überzeugungen kollidieren, die Sie überhaupt erst zum Anhänger dieser Sekte gemacht haben?

Sie könnten jetzt natürlich verächtlich auf die Seekers herabsehen und sagen: »Diese Leute haben nichts mit mir zu tun, die sind ja offensichtlich verrückt. *Die haben eine Sekte gegründet.* Wie soll man da erwarten, dass sie rational denken?«

Aber Sie müssen begreifen, dass wir alle in einer Sekte unserer eigenen Identität sind.

Warum beschloss Sears, die profitablen Unternehmensbereiche zu verkaufen und den Einzelhandelsbereich zu retten, der seit über fünfzehn Jahren in Schieflage war? Sears war in seiner Identität als Einzelhändler gefangen. So definierte sich das Unternehmen, und so wurde es auch von der Welt betrachtet.

Hätte Sears den Einzelhandelsbereich abgestoßen, so hätte es in diesem Moment aufgehört, Sears zu sein, zumindest das Sears, wie es die Öffentlichkeit kannte.

Sasha Cohens Identität war ohne jeden Zweifel »Sasha Cohen, die Eiskunstläuferin«. Mit fünfundzwanzig hatte sie achtzehn Jahre ihres Lebens dem Eislauf gewidmet, schlimme Verletzungen durchgestanden und war weltberühmt. So sah sie sich selbst, und so wurde sie von der

Öffentlichkeit gesehen. Zum Teil erklärt das, warum sie bereit war, zu leiden, unglücklich mit der Schinderei eines endlosen Kreislaufs von Eisshows und Vorführungen. Aufhören hätte in gewisser Weise bedeutet, sich selbst aufzugeben.

Sie müssen nicht weltberühmt sein, damit diese Identitätsproblematik sich intensiv auf Ihre Fähigkeit der Schadensbegrenzung auswirkt. Das gilt für jeden. Wenn Sie sagen: »Ich bin Lehrer«, oder: »Ich bin Programmierer«, oder: »Ich bin Arzt«, oder: »Ich bin Gamer«, dann treffen Sie eine Aussage darüber, wer Sie sind.

Erwachsene fragen Kinder: »Was willst du mal werden, wenn du groß bist?« Sie fragen nicht: »Welchen Beruf möchtest du haben?«

Wir fragen, wer sie werden wollen, nicht was sie tun wollen. Das ist ein Unterschied mit einer großen Abgrenzung.

Und Kinder verstehen das. »Ich werde Feuerwehrmann«, oder: »Ich werde Ärztin«, oder: »Ich werde Basketballer.«

Wenn Ihre Identität das ist, was Sie tun, dann lässt sich das, was Sie tun, schwer aufgeben, denn es bedeutet, dass Sie aufgeben, wer Sie sind.

Kognitive Dissonanz

Festinger setzte voraus, dass das Verhalten der Seekers nach dem Ausbleiben der Außerirdischen durch kognitive Dissonanz zu erklären war. Er stellte die Theorie auf, dass wir eine Dissonanz erleben, wenn neue Informationen unseren vorherigen Überzeugungen widersprechen. So etwas flößt uns Unbehagen ein, und wir wollen dieses Unbehagen beenden. Daher argumentieren wir die neuen Informationen weg, um unsere vorherigen Glaubenssätze zu verteidigen.

Elliot Aronson, einer von Festingers ersten Studenten und selbst Pionier der Sozialpsychologie, erklärte, was bei solchen Konflikten geschieht: »Wir bringen uns selbst oft in ein verwirrendes Durcheinander von Selbstrechtfertigung, Leugnung und Verzerrung.«

Wenn die Welt uns mitteilt, dass unsere Überzeugungen überholt werden müssen, wenn neue Informationen mit etwas kollidieren, an das wir glauben, sagt uns unsere Intuition, dass wir diesen Konflikt lösen, indem wir unsere Überzeugung ändern. Doch allzu oft reden wir wie die Sektenanhänger die neuen Informationen klein, um unsere vorherige Überzeugung zu verteidigen und daran festhalten zu können.

So brauchen wir nicht einzugestehen, dass wir einen Fehler gemacht oder an etwas geglaubt haben, das gar nicht stimmt.

»Ich habe *nicht* grundlos meine Familie verlassen und all meine weltlichen Besitztümer abgegeben.«

Nehmen wir ein einfaches Beispiel. Sie stellen ein Wahlplakat für einen bestimmten Kandidaten in Ihrem Vorgarten auf, weil Sie ihn unterstützen. Seine Politik deckt sich mit Ihren Wertvorstellungen. Sie helfen im Wahlbüro mit. Sie werben für ihn um Stimmen. Sie kleben Sticker auf Ihr Auto. Dann kommt ans Licht, dass der Kandidat in einen schlimmen Skandal verwickelt war. Der Skandal ist gravierend genug, dass Sie den Kandidaten niemals unterstützt hätten, wenn Sie das schon vor Beginn des Wahlkampfs gehört hätten, bevor Sie Ihre Entscheidung getroffen haben.

Aber jetzt haben Sie Ihre Unterstützung des Kandidaten schon öffentlich gemacht. Ihre Nachbarn wissen, dass Sie für ihn eintreten. Genau wie jeder, der Sie zu Hause besucht hat oder vorbeigefahren ist und das Schild in Ihrem Vorgarten gesehen hat.

Was machen Sie jetzt?

Die Dissonanztheorie sagt, Sie reißen nicht das Schild aus der Wiese und knibbeln nicht die Autoaufkleber ab. Stattdessen setzen Sie Ihre Unterstützung fort, eskalieren sogar Ihr Commitment, indem Sie die neuen Informationen kleinreden. Die Gegenseite versucht, Ihren Kandidaten fertigzumachen. Das Establishment will ihn nicht hochkommen lassen. Das ist es ja gerade, was Sie an ihm mögen, dass er dem Establishment eine lange Nase dreht.

Es sind nicht nur neue Informationen, die mit Ihren vorherigen Überzeugungen in Konflikt geraten können. Manchmal können auch Ihre eigenen Handlungen Dissonanz erzeugen.

Stellen Sie sich vor, Sie halten sich für einen wahrheitsliebenden Menschen, und eines Tages kommen Sie zu spät zur Arbeit, weil Sie verkatert sind und den Wecker nicht gehört haben. Als Ihr Chef fragt, warum Sie zu spät sind, sagen Sie, Sie hätten im Stau gestanden.

Diese Handlung des Lügens verstößt gegen Ihre Überzeugung, ein wahrheitsliebender Mensch zu sein. Das schafft Dissonanz. Halten Sie sich jetzt also plötzlich für einen Lügner? Nein. Sie relativieren die Unwahrheit, die Sie Ihrem Chef erzählt haben.

»Es hat ja keinem geschadet. Ich mach das ja nicht regelmäßig. Das war bloß eine Ausnahme.«

Ob es nun Ihr eigenes Handeln ist oder eine neue und widerlegende Information – wenn es zu einem Kampf zwischen den Fakten und der Veränderung Ihrer Überzeugungen kommt, verlieren allzu oft die Fakten.

Wie die anderen von uns betrachteten Kräfte fügt die kognitive Dissonanz dem Katamari neues Volumen hinzu und macht den Ausstieg noch schwerer. Jedes Mal, wenn Sie neue Informationen wegargumentieren, um an einem Glaubenssatz festhalten zu können, wird dieser Glaubenssatz fester in Ihre Identität verwoben. Der Vorgang des Zurückweisens von Fakten wird zu etwas Wiederkehrendem. Wenn Sie das nächste Mal auf widerlegende Informationen stoßen oder Ihr Handeln nicht mit Ihren Überzeugungen übereinstimmt, sind Sie sogar noch stärker motiviert, an diesen festzuhalten.

Das erklärt, warum einige der Seekers so eindeutige Signale dafür zurückweisen konnten, dass Marian Keech *keinen* direkten Draht zu superintelligenten Wesen von einem anderen Planeten hatte. Sie waren gezwungen, das Ausbleiben der Außerirdischen und der Flut mit ihrer Entscheidung in Einklang zu bringen, den Kontakt zu ihren Familien und Freunden abzubrechen und ihr Hab und Gut abzugeben, also relativierten sie das Ausbleiben des Weltuntergangs.

Ihre Hingabe könnte das Ende der Welt abgewendet haben. Das war alles nur ein Test, und die Seekers haben ihn bestanden. Es gab kein Raumschiff, weil die Außerirdischen bereits auf der Erde *waren* und sich bald zu erkennen geben würden.

So lösten sie den Konflikt, genau wie wir alle es tun.

Der Spiegel und das Fenster

Wenn es um Identität geht, wollen wir alle ein positives Selbstnarrativ aufrechterhalten. Wir wollen gut über uns denken. Wir wollen glauben, dass wir beständig und rational sind, dass wir keine Fehler machen, dass es stimmt, was wir über die Welt glauben.

Wenn wir in den Spiegel sehen, wollen wir jemanden sehen, über den wir gut denken können.

Wir wollen auch, dass andere uns genauso sehen. Wir fürchten, wenn andere Ungereimtheiten zwischen unseren gegenwärtigen und unseren früheren Entscheidungen oder Handlungen erkennen, halten sie uns für im Irrtum, irrational, launenhaft und fehleranfällig.

Der Wunsch, ein positives Selbstbild aufrechtzuerhalten, trägt zu dem Problem mit dem Aufhören bei. Wenn Sie aufhören, schließen Sie ein mentales Konto, und wir wissen, dass wir diese Konten nicht gerne mit Verlust abschließen.

Wenn Sie eine Überzeugung aufgeben, ist dies der Moment, in dem Sie eingestehen, dass Sie sich geirrt haben. Wenn Sie eine Richtung einschlagen und dann Ihre Meinung ändern, bewegen Sie sich von »scheiternd« zu »gescheitert«. Und wenn Sie gescheitert sind, heißt das nicht, dass es ein Fehler war, überhaupt erst damit anzufangen?

Die Antwort lautet natürlich nein. Aber so fühlt es sich für uns nicht an.

Wenn Sie einem Kult angehören und aussteigen, warum sind Sie dann überhaupt erst beigetreten? Warum haben Sie Ihr ganzes Geld weggegeben? Warum haben Sie mit Ihrer Familie gebrochen?

Wenn Sie den Eiskunstlauf aufgeben, was bedeutet das für all die Zeit, die Sie in dieses Vorhaben gesteckt haben? Heißt das, alle diese Entscheidungen waren falsch? Heißt das, Sie haben Ihr Ziel verfehlt?

Der Wunsch, die interne Folgerichtigkeit aufrechtzuerhalten, hindert uns am Aufhören, wie wir bereits gesehen haben. Das gilt auch für die Sorge, dass andere uns mehr verurteilen als wir uns selbst.

Barry Staw zeigte, wie viel schwerer der Ausstieg ist, wenn man sich Sorgen über das Urteil anderer macht. Denken Sie an *Big Muddy*, wo die Teilnehmer, die einer von zwei Abteilungen eines Unternehmens ein Budget zuteilten und dann erfuhren, dass diese anschließend schlecht abschnitt, ihr finanzielles Engagement für dieselbe Abteilung verstärkten im Vergleich zu Personen, die diese Entscheidung unvoreingenommen trafen. Während diejenigen, die ganz neu an die Verteilung der 20 Millionen Dollar herangingen, der verlustreichen Abteilung, die zuvor ein zusätzliches Budget erhalten hatte, 9 Millionen Dollar zuteilten, gaben diejenigen, die vorher die Zuteilungsentscheidung getroffen hatten, ihr unter ansonsten identischen Umständen 13 Millionen Dollar.

Diese Eskalation scheint deutlich beeinflusst zu sein von dem Wunsch, eine innere Folgerichtigkeit zu bewahren. Wenn ich dieser Abteilung erst Geld zuteile und dann den Kurs ändere, würde das nicht bedeuten, dass die ursprüngliche Entscheidung ein Fehler war?

Wird dieses eskalierende Commitment schlimmer, wenn man die Motivation hinzufügt, von anderen in einem positiven Licht gesehen zu werden?

Gemeinsam mit Frederick Fox von der University of Illinois ging Staw 1979 genau dieser Frage nach, ob der Wunsch nach *äußerer* Bestätigung die Zuteilungen für die Abteilung noch weiter erhöht, die schon bei der vorherigen Entscheidung bevorzugt wurde.

Dazu wurde einigen der Studienteilnehmer gesagt, ihre Stelle als Financial Officer des Unternehmens sei befristet. Ihre Zuteilung von 20 Millionen Dollar könne darüber entscheiden, ob sie bleiben konnten oder nicht. Man sagte ihnen auch, nachdem sie die erste Budgetentscheidung getroffen hätten, habe der Vorstand dies mit einiger Skepsis aufgenommen und nur zögerlich genehmigt.

Diese Teilnehmergruppe erhöhte ihr Commitment noch stärker und teilte nun der zuvor gewählten Abteilung *16 Millionen Dollar* zu. Das ist eine gewaltige Schadwirkung, eine fast 25-prozentige Steigerung gegenüber denen, die der Abteilung schon zuvor Geld zugewiesen hatten, und eine rund 75-prozentige Steigerung gegenüber den unvoreingenommenen Entscheidern.

Warum erfährt dieses irrationale Verhalten eine solche Stärkung, wenn man den Teilnehmern sagt, dass andere ihre Entscheidung beurteilen werden?

Wir alle versuchen uns dagegen zu verteidigen, wie andere uns *unserer Vorstellung nach* beurteilen. In unseren Köpfen macht es einen negativen Eindruck, wenn wir nicht an unserer ursprünglichen Entscheidung festhalten.

Die Ironie an der Sache ist: Der Wunsch, von anderen für rational gehalten zu werden, lässt uns in unseren Entscheidungen weniger rational werden.

Wenn jemand weiß, dass er beurteilt wird, nimmt er vernünftigerweise an, dass seine Entscheidung mit dem Standard dessen verglichen wird, wie ein rationaler Mensch sich in dieser Situation verhalten würde.

Sie könnten nun annehmen, das würde Ihre Entscheidungen angemessener machen, doch das Gegenteil ist der Fall. Darüber nachzudenken, wie Sie eingeschätzt werden, wenn Sie aufgeben, lässt Sie noch weiter von dieser Benchmark der Vernunft abweichen.

Am Ende geben Sie weniger auf und engagieren sich stärker.

Allein auf weiter Flur

Es erweist sich, dass die Beliebtheit Ihrer Überzeugungen im umgekehrten Verhältnis zu Ihrer Entschlossenheit steht, unter allen Umständen dafür zu kämpfen. Wie Katy Milkman, Professorin an der Wharton School und Autorin des Bestsellers *How to Change* von 2021, und John Beshears, der jetzt an der Harvard Business School lehrt, gezeigt haben, erhöht eine Position abseits des Mainstreams die Wahrscheinlichkeit, dass Sie Ihr Commitment angesichts von gegenteiligen Informationen verstärken.

Die Forscher betrachteten dafür nichts so Exzentrisches wie Weltuntergangssekten. Stattdessen untersuchten sie achtzehn Jahre Gewinnschätzungen von Konzernen und die Aktualisierungen von über sechstausend Börsenanalysten.

Ein wichtiger Bestandteil der Arbeit eines Börsenanalysten ist es, Gewinnschätzungen für Konzerne vorzunehmen und zu aktualisieren. Wenn wir an Finanzanalysten denken, stellen wir uns einen sehr rationalen und sehr analytischen Beruf vor. Der Begriff »Analyst« steckt ja schon in der Berufsbezeichnung.

Milkman und Beshears wollten wissen, was mit Analysten passiert, die Gewinnschätzungen weit außerhalb des allgemeinen Konsens vorgenommen hatten, wenn sich diese Schätzungen später als sehr weit von den tatsächlichen Gewinnen entfernt entpuppten.

Würden die Analysten stur an ihren ursprünglichen Prognosen festhalten, oder würden sie die Vorhersagen aufgrund der neuen Informationen anpassen?

Die Leser dieses Buches wird es kaum überraschen, dass sie sehr oft stur blieben. Die Analysten eskalierten ihr Commitment für ihre extreme Position, und das trotz der Information, dass die tatsächlichen Ergebnisse nicht mit der Prognose übereinstimmten.

Das scheint kognitive Dissonanz und Identität in Aktion zu sein. Sie machten eine Prognose, die vom allgemeinen Konsens abwich. Sie machten dies öffentlich. Wenn die tatsächlichen Gewinne ihrer Prognose widersprachen, legten sie noch einen drauf, genau wie die Sektenanhänger, als die Außerirdischen nicht auftauchten.

Börsenanalysten haben keinen finanziellen Anreiz dafür, an fehlerhaften Schätzungen festzuhalten. Genau genommen ist das Gegenteil der Fall. Die Autoren stellten fest, dass die Analysten nicht von der Aufmerksamkeit als Querdenker oder einsame Wölfe profitierten. Vielmehr wurden sie für ihre Sturheit bestraft, wenn sie falsche Gewinnvorhersagen trafen.

Wenn sie für die Aufrechterhaltung solcher Prognosen bestraft wurden, warum machten sie das dann?

Das Bedürfnis nach Folgerichtigkeit ist stark und scheint sich noch zu verstärken, wenn man einmal vom Status quo abgewichen ist. Wenn Sie diese extremen Positionen einnehmen, vergrößern Sie die Distanz zwischen sich und der breiten Masse. Diese Distanz verknüpft Ihre Position stärker mit Ihrer Identität, ein Teil dessen, wie Sie sich selbst im Vergleich zu anderen definieren.

Um diesen Punkt hervorzuheben, untersuchten Milkman und Beshears, wie Analysten auf aktualisierte Gewinninformationen reagierten, je nachdem, ob ihre Schätzungen von denen der Allgemeinheit abwichen oder ihnen entsprachen. Wenn extreme Positionen stärker definieren, wer wir sind, sollte man bei denjenigen mit eher angepassten Positionen weniger eskalierendes Commitment erleben.

Genau das fanden sie auch heraus.

Analysten, die angepasste Prognosen getroffen hatten, die sich später als weit von den tatsächlichen Gewinnen entfernt erwiesen, schienen vollkommen bereit, diese Prognosen zu revidieren. Nur die Analysten mit den extremen Vorhersagen waren so stur.

Das war eins der Probleme, die Andrew Wilkinson bei der Schadensbegrenzung mit Flow hatte. Er nahm eine nicht dem allgemeinen Konsens entsprechende, sehr öffentliche Position bezüglich der Überlegenheit von Eigenfinanzierung gegenüber der Venture-Capital-Unterstützung ein. Das brachte ihn dazu, die Flut von Angeboten an Venture-Capital abzulehnen. Später räumte er die Wichtigkeit ein, die er dieser Position und seinen Aussagen beigemessen hatte. »Ich habe das glorifiziert, und das war meine Identität. Ich habe wirklich Wert darauf gelegt.« Als seine fremdkapitalgestützten Mitbewerber ihn zu überflügeln begannen, hatte dies vermutlich Einfluss auf sein fortgesetztes Engagement, lange nachdem die Welt ihm gezeigt hatte, dass seine Investitionen keine positive Werterwartung hatten.

Die Lektion des Ganzen ist, dass wir unsere Identität nicht zu sehr an eine einzige Sache binden sollten, an die wir glauben. Und besonders vorsichtig müssen wir sein, wenn die Überzeugung vom Mainstream abweicht und öffentlich ist, denn so ist es viel schwerer, von ihr abzulassen, zur Hölle mit den Tatsachen.

Falsch verstandene Identität

Das Tragische an der Sache ist, dass wir uns oft falsche Vorstellungen davon machen, wie andere uns sehen. Das heißt, einige der irrationalen Entscheidungen, die wir über das Aufgeben treffen, beruhen auf einer falschen Angst davor, wie das für andere aussehen mag.

Diese Vorstellungen sind ehrlich gesagt oft unfreundlich und wenig großzügig unseren Mitmenschen gegenüber, weil wir annehmen, dass andere uns für gescheitert halten, wenn wir aufgeben, selbst wenn dies offensichtlich die richtige Entscheidung ist. Dass sie uns für wankelmütig oder schwach halten. In diesen Szenarios glauben wir nicht, dass es irgendeine Form von Empathie oder Verständnis dafür geben wird, warum wir so entschieden haben, wie wir entscheiden haben.

Doch diese Einschätzung anderer ist für gewöhnlich nicht gerechtfertigt. Wie sich zeigt, denken andere oft überhaupt nicht so, wenn wir aufgeben. Diese Sorgen, die wir auf andere projizieren, sind nur das Kopfkino, mit dem wir uns herumplagen.

So war es auch bei Sarah Olstyn Martinez. »Ich fürchtete, meine Notarztkollegen würden mich für einen Schwächling halten, für ein Weichei, das nicht klarkam. Ich machte mir Sorgen darüber, wie meine Supervisoren mich sehen würden.« Sie fürchtete sich davor, ihrem Chef Bescheid zu sagen, weil sie annahm, er würde verärgert oder traurig sein.

Als Olstyn Martinez es ihm endlich sagte, war ihr Chef tatsächlich sehr verständnisvoll. Am Ende des Gesprächs entschuldigte er sich dafür, bei ihr versagt zu haben, ihr die Arbeit nicht weniger stressig gemacht zu haben, sodass sie hätte weitermachen können. Ihr Einsatzleiter sagte dasselbe, was eine große Bestätigung für sie war.

Wir wachsen vielleicht rasch über die ausgedachten Kindergeschichten von Furcht einflößenden Monstern, Drachen und Hexen hinaus. Die Gruselgeschichten über das Urteil anderer, die an ihre Stelle treten, quälen uns jedoch als Erwachsene weiterhin und sind genauso wenig real.

Ein Hoffnungsschimmer

Auch wenn es zahlreiche Geschichten über Menschen gibt, die einfach nicht aufhören können, sei es aufgrund von Identität, versunkenen Kosten, Status-quo-Fehler oder einer anderen der Kräfte, welche die Waage manipulieren, so sind Sie doch nicht dazu verurteilt, es genauso zu halten. Wir wissen, dass Stewart Butterfield, Sarah Olstyn Martinez und Alex Honnold nur drei Beispiele sind, die uns Hoffnung geben.

Bei Unternehmen wie Sears, Blockbuster oder ABC Stores erkennen wir die Handschrift der Identität in ihrem Untergang. Doch auch hier gilt: Nicht jedes Geschäft ist zu diesem Schicksal verdammt. Es gibt beachtenswerte Beispiele für Firmen, die sich von dem Kerngeschäft getrennt haben, das ihre Identität bestimmte, und damit einen nachhaltigen Erfolg schufen.

So sehr, wie Sears in der Öffentlichkeit als Einzelhändler wahrgenommen wurde, galt Philips als die Firma, die Glühbirnen verkaufte. Das war ihre Identität. In unserer Jugend stand der Name »Philips« auf der Packung, wenn eine Glühbirne gewechselt werden musste, und auch auf der Birne selbst war »Philips« aufgedruckt.

Sowohl Sears als auch Philips wurden in den 1890ern gegründet. Im Jahr 2012, Jahrzehnte nach dem Einsetzen der Todesspirale von Sears, war Philips der weltweit größte Hersteller von Leuchtmitteln und verkaufte in 180 Länder. Seit den 1960er-Jahren war Philips zudem bekannt für Verbraucherelektronik und erfand Kassetten, CDs, VCRs und DVDs. Sie waren nicht nur eng mit diesen Produkten verbunden, weil sie die Technologie entwickelt hatten, sondern auch hier stand ihr Name direkt darauf.

Obwohl die Unternehmensidentität jegliches Potenzial dafür hatte, sich dem Wandel zu widersetzen, verkaufte Philips ab 2020 überhaupt keine Leuchtmittel mehr. Seine drei Geschäftsbereiche, die 98 Prozent der Umsätze schaffen, sind Diagnose & Behandlung, Connected Care und Personal Health.

Philips ist nun ein Unternehmen des Gesundheitswesens mit fast 20 Milliarden Euro Jahresumsatz.

Genau wie Sears mit den Finanzdienstleistungen begann Philips schon früh, seine medizinischen Abteilungen aufzubauen, in Verbindung mit dem besser bekannten Beleuchtungsgeschäft.

Die Brüder Philips gründeten 1914 etwas, das man heute als Innovations-Hub bezeichnen würde, ein Labor zur Entwicklung neuer Produkte. Im Jahr 1919 begann Philips, Röntgengeräte herzustellen. Seither nahm das Unternehmen immer weiter große Investitionen in die Forschung vor und stieß in den Bereich Gesundheitswesen vor. Bis 2014, fast ein Jahrhundert nach dem Beginn der Produktion von Röntgengeräten, machte die Medizintechnik 40 Prozent ihrer Geschäfte aus.

So wie die allermeisten Menschen keine Ahnung hatten, dass Sears Allstate oder eins der anderen Finanzdienstleistungsunternehmen besaß, galt das auch für Philips und die Medizintechnik. Wenn man vor zehn Jahren jemanden auf der Straße gefragt hätte: »Was stellt Philips her?«, so hätte er gesagt: »Glühbirnen und Fernsehapparate.«

Während Sears seine profitablen Geschäftsbereiche verkaufte, um das Commitment für seine Kernidentität zu eskalieren, tat Philips genau das Gegenteil und kündigte 2014 an, das Kernbeleuchtungsgeschäft zu verkaufen, um sich auf das Gesundheitswesen zu konzentrieren. Im Jahr 2016 stieß das Unternehmen 25 Prozent von Philips Leuchtmittel durch einen Börsengang ab. Auch der Verkauf der restlichen 75 Prozent wurde angekündigt und bis Ende 2019 durchgeführt.

Anders als Sears teilte sich Philips in zwei Unternehmen auf und hielt an dem Teil fest, der weniger bekannt war, aber für die Zukunft eine höhere Werterwartung hatte.

Wir kennen die kognitiven und identitätsbezogenen Fallstricke, wenn es ums Aufhören geht. Irgendwie haben diese bemerkenswerten Personen und Unternehmen es geschafft, diese Hindernisse zu überwinden. Mit dem Verständnis für den damit verbundenen wissenschaftlichen Hintergrund können wir aus diesen Beispielen lernen und uns ein Vorbild für bessere Ausstiegsentscheidungen schaffen.

- *Wähle sorgfältig aus, woran du festhältst.*
- *Halte an dem fest, das wichtig ist, das dich glücklich macht und das dich näher ans Ziel bringt.*
- *Lass alles andere los, um die Ressourcen freizusetzen, damit du deine Ziele verfolgen kannst, und halte nicht an Dingen fest, die dich ausbremsen.*

Wir haben bereits einige Strategien dafür ausgelotet: als Erstes den schwierigen Teil bestimmen und bearbeiten, um falsche Fortschritte zu vermeiden; über die Umstände nachdenken, unter denen man aussteigen kann, bevor man mit dieser Entscheidung konfrontiert wird; Vorbindungsverträge und K.-o.-Kriterien schaffen.

Richten wir unsere Aufmerksamkeit nun auf eine andere Strategie: sich externe Hilfe holen.

Zusammenfassung Kapitel 8

- Was das Aussteigen angeht, so ist das Loslassen dessen, was man ist, am schwierigsten. Unsere Vorstellungen, Überzeugungen und Handlungen sind Bestandteil unserer Identität.
- Wenn neue Informationen mit einer Überzeugung in Konflikt geraten, erleben wir eine kognitive Dissonanz.
- Um den Konflikt zu lösen, können wir entweder die Überzeugung ändern oder die neue Information relativieren. Allzu häufig entscheiden wir uns für das Letztere.
- Dissonanz kann auch entstehen, wenn neue Informationen in Konflikt mit unseren zurückliegenden Handlungen geraten.
- Wir haben den Wunsch, die innere Beständigkeit aufrechtzuerhalten, bei der unsere früheren Überzeugungen und Handlungen sich mit den gegenwärtigen Überzeugungen und Handlungen decken.
- Wir wollen auch von anderen als beständig wahrgenommen werden. Wir fürchten, dass andere uns für fehlerhaft, irrational, launenhaft und anfällig für Irrtümer halten, wenn sie Widersprüche zwischen unseren gegenwärtigen und früheren Entscheidungen, Überzeugungen oder Handlungen sehen.
- Wenn wir wissen oder glauben, dass unsere Entscheidungen von anderen bewertet werden, sagt uns unsere Intuition, dass wir rationaler agieren, doch das Gegenteil ist der Fall. Externe Bewertung verstärkt das eskalierende Commitment.
- Je extremer eine Position, desto mehr kognitive Verrenkungen nehmen wir vor, um sie zu verteidigen. Die Fakten bringen Sie eher von einer allgemein verbreiteten Meinung weg als von einer Randposition.
- Die Angst davor, wie andere uns sehen, wenn wir aufgeben, ist im Allgemeinen übertrieben.

KAPITEL 9

Suchen Sie jemanden, der Sie liebt, aber sich nichts aus verletzten Gefühlen macht

RON CONWAY IST BEKANNT ALS DER GRÖSSTE ANGEL Investor aller Zeiten. Er sollte jedoch ebenso bekannt sein für seine Kompetenz als Ausstiegscoach.

Conway, der Gründer von SV Angel, einem Venture-Fonds für das Frühstadium, investiert schon seit den Neunzigern in Start-ups und ist in der Venture-Capital-Community eine Legende. Seine Liste erfolgreicher Angel Investments sucht ihresgleichen, darunter sind die bekanntesten Unternehmen der letzten fünfundzwanzig Jahre wie Facebook, Google, PayPal, Dropbox, Airbnb, Pinterest, Twitter und Snapchat.

Conway ist offensichtlich hervorragend im Auswählen von Gewinnern.

Eine neue Unternehmung zu gründen, erfordert Durchhaltevermögen. Conway ist dafür bekannt, dass er Gründern durch die schwierigen Höhen und Tiefen des Wachstums dessen hinweghilft, was als bloße Vision beginnt und sich in eine erfolgreiche, weltverändernde Firma verwandelt.

Es wird Sie nicht überraschen, dass jemand von Ron Conways Format enorm wertvoll dabei ist, diesen Gründern bei der Entwicklung der richtigen strategischen Vision zu helfen, sie daran festhalten und die Sache funktionieren zu lassen. Aber vielleicht überrascht es Sie, dass er besonders stolz auf seine Fähigkeit ist, Gründern beim Ermitteln des richtigen Zeitpunkts für den Ausstieg zu helfen.

Er fasst seine Philosophie in fünf Wörtern zusammen: Das Leben ist zu kurz.

Conway erkennt, dass wir alle nur eine begrenzte Zeit auf dieser Erde haben, um sie verschiedenen möglichen Gelegenheiten zu widmen. Ein Start-up zu gründen, zu führen und wachsen zu lassen, ist bereits brutal harte Arbeit. Seiner Erfahrung nach sind Gründer meist motivierte, beharrliche und brillante Personen. Menschen mit diesen Qualitäten sind bei etablierten Firmen sehr begehrt und können Stellen mit angenehmen Arbeitszeiten und großzügiger Bezahlung bekommen. Aber die Gründer haben sich alle für einen anderen Weg entschieden, und damit gehen Hundert-Stunden-Wochen, pausenloser Stress und so gut wie keine Bezahlung einher. Bekanntlich haben einige Gründer überwiegend – wenn überhaupt – in der elterlichen Garage oder auf dem Bürofußboden geschlafen.

Natürlich können die Chance, die Welt zu verändern, und die mit dem Erfolg einhergehenden überdimensionalen Erträge es ihnen wert sein, das durchzustehen. In Conways Vorstellung ist das Leben jedoch zu kurz, um all dieses Leiden auf sich zu nehmen, wenn erst einmal deutlich wird, dass dies alles höchstwahrscheinlich außer Reichweite bleiben wird.

Trotz Conways Händchen für Wertschöpfung werfen nur ungefähr 10 Prozent der Start-ups, in die er investiert, Gewinne ab. Das bedeutet im Umkehrschluss, dass 90 Prozent dieser Ventures scheitern. Es wäre grausam, jemanden mit so vielversprechenden Aussichten *nicht* zum Weitermachen zu ermutigen, eine traurige Vergeudung von menschlichem Potenzial.

Das ist es, was Conway meint, wenn er sagt: »Das Leben ist zu kurz.«

Natürlich ist es fast niemals der Fall, dass Gründer selbst den Augenblick erkennen, in dem ihr Weg die Fortsetzung nicht mehr lohnt, denn sie betrachten die Sache aus der Innenperspektive. Als kompetenter Außenstehender mit einem reichen Erfahrungsschatz kann Conway es erkennen, ehe sie selbst es tun. Er betrachtet es als seine Pflicht, den Gründern ein Verständnis für die Vergeblichkeit des Weitermachens zu vermitteln, damit diese brillanten Menschen sich lohnenswerteren Gelegenheiten zuwenden können.

Das erste Hindernis, dem Conway gegenübersteht, ist das offensichtlichste: die Gründer zu der Einsicht zu bringen, dass ihr Vorhaben scheitert und dass es an der Zeit ist, es aufzugeben. Conway kämpft dabei gegen die kognitiven und motivationalen Kräfte an, die eben dies den Entrepreneuren so erschweren. Sie sind die Gründer des Unternehmens. Es gehört ihnen. Es ist ihre Idee. Es ist Teil ihrer Identität. Sie haben unendlich viel Zeit und Mühe und Geld hineingesteckt. Sie haben so viel dafür geopfert.

Was würde es bedeuten, wenn sie jetzt aufgeben? Würde das heißen, dass es von Anfang an ein Fehler war? Dass sie ihre Zeit vergeudet haben? Würden sie nicht sich selbst aufgeben?

Wenn er erkennt, dass es nicht gut läuft, setzt er sich trotzdem mit dem Gründer zusammen und teilt ihm seinen Standpunkt mit. Unweigerlich widerspricht dieser und ist überzeugt, dass der Erfolg gleich hinter der nächsten Ecke wartet. Diese Entrepreneure sind im Allgemeinen geübt darin, ihre Vision zu verkaufen, und sie setzen all ihr Können ein, um auch ihn zu überzeugen.

»Das ist nur ein erster Entwurf.« »Wir müssen bloß die nächste Version fertigstellen.« »Es dauert einfach, bis das Produkt sich durchsetzt.« »Ich weiß genau, was zu tun ist, um das Ruder herumzureißen.«

Was tut Conway, um diese vehementen Argumente zu erwidern?

Nichts.

Er stimmt ihnen zu, dass sie es schaffen können. Er versucht die Gründer nicht davon zu überzeugen, dass sie im Irrtum sind.

Stattdessen fragt er sie, wie der Erfolg während der nächsten paar Monate aussehen würde. Und er fragt nach *Details.* Dieses Gespräch ermöglicht es ihm, gemeinsam mit dem Gründer Benchmarks festzulegen, die dem Unternehmen signalisieren würden, dass es auf dem richtigen Weg ist. Dann einigen sie sich darauf, wann diese Benchmarks überprüft werden sollen und, falls das Vorhaben sie nicht erreicht hat, ein ernsthaftes Gespräch über seine Einstellung zu führen.

Das klingt wahrscheinlich so, als würde Conway K.-o.-Kriterien verwenden, was daran liegt, dass er genau das tut.

Der Gründer verlässt das Gespräch im Glauben, Conway davon überzeugt zu haben, dass er dem Ganzen eine Wendung geben kann. Conways Meinung hat sich, wie Sie sich wohl denken können, nicht geändert. Er glaubt immer noch, wenn der Gründer sehen könnte, was er sieht, würde er sein Vorhaben noch heute aufgeben. Doch er weiß, dass es im Allgemeinen müßig ist, ihn jetzt sofort davon überzeugen zu wollen.

Durch das Festlegen dieser K.-o.-Kriterien, an denen der Gründer mitgewirkt hat, hat Conway deutlich die Wahrscheinlichkeit erhöht, dass der Gründer bei einer erneuten Betrachtung des Problems über seine eigenen Voreingenommenheiten hinausblicken kann und zur richtigen Entscheidung kommt.

Das Geschickte an Conways Vorgehensweise ist, dass er die Aufmerksamkeit der Gründer, die vor einer Entscheidung stehen und weniger rational sind, weil sie mitttendrin stecken, auf einen Punkt in der Zukunft lenken kann. Diese Umlenkung lässt den Gründer rationaler an seine Entscheidung herangehen.

Mit dieser Ausstiegsstrategie geht einher, dass der Gründer noch ein paar Monate lang Zeit, Geld und Mühe in etwas stecken wird, das Conway als eindeutig gescheitert erkennt. Doch er betrachtet diese zusätzlichen Monate als großen Gewinn, denn sie bringen den Gründer dazu, das Vorhaben viel früher zu beenden, als er es anderenfalls getan hätte.

Ohne eine solche Intervention ziehen die Gründer, die von Natur aus hartnäckig sind, die Sache allzu oft bis zum bitteren Ende durch. Ein paar Monate zu opfern, um Jahre zu retten, ist eine lohnende Angelegenheit, denn es entlässt den Gründer viel früher in die Freiheit, etwas Neues zu beginnen, das größere Erfolgschancen hat.

Trotzdem erlebt Conway oft Widerstand, nachdem das Unternehmen die Benchmarks verpasst hat. Das ist nicht überraschend, denn nichts von alledem funktioniert perfekt. Diese Instrumente versuchen bloß, uns schneller und häufiger zu einem Nein zu bringen, als es sonst der Fall wäre.

Eine der häufigsten Arten von Widerstand vonseiten der Gründer ist ihre Behauptung, sie hätten den Investoren gegenüber die Verpflichtung, alles hineinzustecken, was sie haben. Abgesehen von dieser Verpflichtung glauben sie, wenn sie nicht weitermachen, sondern das verbleibende Kapital zurückerstatten, würden ihre Unterstützer schlechter von ihnen denken, sie als Versager betrachten und nie wieder in irgendein zukünftiges Projekt von ihnen investieren wollen.

So wie wir alle sind Gründer oft irrational in ihrer Vorstellung dessen, was andere denken oder wie sie reagieren, und Conways Aufgabe ist es, ihnen ihren Irrtum erkennen zu helfen. Da er selbst Investor ist, befindet er sich in einer besonderen Position, um diesen Gründern eine zutreffendere Perspektive der Leute zu vermitteln, denen sie diese Reaktionen unterstellen.

In dieser Hinsicht, in praktisch jeder Hinsicht denken Investoren das *Gegenteil* dessen, was die Gründer annehmen.

Es ist nichts Ehrenhaftes, das Geld der Investoren mit einem zum Scheitern verurteilten Vorhaben bis auf den letzten Cent auszugeben. Den Investoren Kapital zurückzugeben, ist unter diesen Umständen eine verantwortungsvolle Entscheidung und beweist die Fähigkeit, schwere Entschlüsse zu treffen, wenn dies das Richtige ist. Es zeigt ein Verständnis für die Werterwartung und die Fähigkeit, flexibel statt starr auf neue Informationen und veränderte Umstände zu reagieren.

All das sind Eigenschaften einer Person, in die sie *gern* wieder investieren würden.

Conway betont, dass eine Rückgabe des Kapitals – anders als die Gründer glauben – die Chancen *erhöht*, dass diese Investoren erneut mit ihnen zusammenarbeiten. Er nennt sogar Beispiele dafür aus seiner eigenen Investitionserfahrung.

Nicht nur das Gefühl der Verpflichtung gegenüber den Investoren macht die Schadensbegrenzung so schwierig für die Gründer. Sie denken auch, dass sie es ihren Mitarbeitern schuldig sind weiterzumachen. Wenn sie das Unternehmen schließen, verlieren diese Menschen ihre Arbeitsplätze. Sie haben eng mit dem Gründer zusammengearbeitet, haben Herz und Seele eingebracht, haben so viele Opfer gebracht, um das Unternehmen voranzubringen. Selbst Stewart Butterfield, dessen

Entscheidung für das Aufgeben von Glitch stabil war, äußerte diese Bedenken.

Ist der Gründer es seinen Mitarbeitern nicht schuldig, es durchzustehen?

Erneut weist Conway darauf hin, dass das Leben zu kurz ist, und das gilt auch für das Leben der Beschäftigten.

Bei einem Start-up zu arbeiten, heißt, wenig Geld zu bekommen, dafür aber das Versprechen auf Beteiligung. Diese talentierten Personen sind bereit zu diesem Tauschhandel, weil sie glauben, dass sie an etwas Weltveränderndem mitwirken und im Erfolgsfall den Lohn dafür erhalten. Wenn erst einmal klar ist, dass dies nicht geschehen wird, fesselt man sie durch eine Fortsetzung nur an ein Unternehmen, das zum Scheitern verurteilt ist. Das hindert sie daran, zu etwas Besserem zu wechseln.

So wie Conway nicht möchte, dass die Gründer an ein sinkendes Schiff gekettet sind, sollten die Gründer das auch nicht für ihre Beschäftigten wollen.

In einer idealen Welt wären wir bei unseren Abbruchentscheidungen genauso rational wie jemand, der ganz unvoreingenommen an die Sache herangeht. Aber wir wissen, dass wir das nicht können. Wenn Sie bezüglich dieser Entscheidung eine Vorgeschichte haben mit all den dazugehörigen angehäuften Verflechtungen, unterliegen Sie Kräften, die ein Aufhören schwer machen.

Im Wesentlichen bietet Ron Conway seinen Gründern die unvoreingenommene Perspektive, dass wir alle uns schwertun, das zu erkennen, solange wir mittendrin stecken. Diese Perspektive und sein geschickter Einsatz von K.-o.-Kriterien machen ihn zu einem legendären Ausstiegscoach.

(Übertriebener) Optimismus

Helen Keller sagte einmal: »Optimismus ist der Glaube, der zu Errungenschaften führt.«

Diese Überzeugung, dass Optimismus uns schneller ans Ziel bringt, ist in der Populärkultur tief verankert, das zeigt auch eine Vielzahl von Dauerbrenner-Bestsellern wie Norman Vincent Peales *Die Kraft des positiven Denkens,* Napoleon Hills *Denke nach und werde reich* und *Das Geheimnis,* um nur einige zu nennen. Zusammengenommen wurden nur allein diese drei Titel über 74 Millionen Mal verkauft. Nicht zu vergessen der Kinderbuchklassiker *The Little Engine That Could* mit seiner Botschaft »Ich glaube, ich kann das«. Unverändert ist die Forderung, die von einem riesigen Publikum aufgesaugt wird. Glaub einfach an dich selbst, und deine Erfolgsaussichten wachsen.

Selbst William James, der Vater der modernen Psychologie, sagte: »Pessimismus führt zu Schwäche, Optimismus zu Macht.« James glaubte an die Kraft der positiven Visualisierung, die er ausgerechnet mit einem Bergsteiger-Beispiel beschrieb. Er versicherte, wenn man einen Berg besteigt und an einer Stelle stecken bleibt, wo man einen »kühnen, gefährlichen Sprung« machen muss, solle man sich vorstellen, dass man es kann, damit das Selbstvertrauen einem zum Erfolg verhilft. Kommen Sie jedoch durch Selbstzweifel ins Wanken, so springen Sie ins Leere und stürzen in eine Gletscherspalte.

Don Moore, Professor der Haas School of Business an der University of California in Berkeley, wies auf die Absurdität von James' Beispiel hin. In seinem Buch *Perfectly Confident* von 2020 erklärte Moore, selbst wenn Optimismus in dieser Situation hilfreich sei, müsse es Grenzen dafür geben, *wie sehr* er hilft. Sagen wir, ausreichend energetischer Optimismus könne Ihnen dazu verhelfen, eine zwei Meter breite Gletscherspalte zu überspringen. Ist der Graben jedoch zwanzig Meter breit, hilft Ihnen Optimismus nicht so sehr weiter wie eine realistische Anpassung Ihres Selbstvertrauens.

Und das kann Moore wahrhaftig mit Narben beweisen. Demütig räumt er ein: »Der Glaube an mich selbst hat mich nicht davor bewahrt, mir beim Laufen über glühende Kohlen die Füße zu verbrennen.«

Gemeinsam mit den Kolleginnen Elizabeth Tenney von der University of Utah und Jennifer Logg von der Georgetown University erforschte Moore, ob Menschen tatsächlich glauben, dass mehr Optimismus zu besseren Leistungen führt. In ihrer Arbeit von 2015 untersuchen sie Leistungen aus den verschiedensten Bereichen, von mathematischen Aufgabenstellungen bis zu »Wo ist Waldo?«-Rätseln.

Die Forscher brachten einige Teilnehmer dazu, optimistisch in Bezug auf ihre wahrscheinliche Leistung zu sein. Als andere gebeten wurden einzuschätzen, wie gut diese Teilnehmer abschneiden würden im Vergleich zu den weniger optimistischen, stellten Moore und seine Kolleginnen fest, dass die Leute tatsächlich an *The Little Engine That Could* glauben. Den Personen, die glaubten, dass sie den Berg besteigen oder mehr Matheaufgaben lösen oder Waldo finden könnten, wurde eine höhere Wahrscheinlichkeit attestiert, es tatsächlich zu schaffen.

Dieser ungebremste Glaube an die Macht des Optimismus ist natürlich besonders in Silicon Valley weitverbreitet, was Ron Conway zu einem Ausreißer macht in einer Welt, in der übermäßiger Optimismus nicht nur als berufliche Anforderung für Gründer gilt, sondern auch aktiv ermutigt wird. Und diese Einstellung spiegelt sich in den tatsächlichen Überzeugungen der Gründer wider. Eine Umfrage unter dreitausend Entrepreneuren ergab, dass 81 Prozent der Gründer ihre Erfolgsaussichten auf 70 Prozent und höher einschätzten und ein Drittel der Gründer auf 100 Prozent.

Wenn man bedenkt, dass nur eins von zehn ehrgeizigen Vorhaben, in die Conway investiert, positive Erträge erzielt, grenzt ein solcher Optimismus ans Wahnhafte.

Klar, wenn Optimismus tatsächlich die Leistung verbessert, könnte sich wahnhaftes Selbstvertrauen lohnen. In einem Geschäftsbereich mit nur 10 Prozent Erfolgsaussichten könnte Optimismus Ihre Chancen vielleicht auf 40 Prozent erhöhen. Selbst wenn das noch weit von den 70 Prozent entfernt ist, die Sie zu haben glauben, könnte der Anschub die Kosten einer mangelhaften Justierung wert sein.

Moore und seine Kolleginnen überprüften genau diese Idee, um herauszufinden, ob die optimistischeren Teilnehmer bessere Ergebnisse bei den Rechenaufgaben erzielten oder Waldo häufiger fanden. Sie stellten zwar fest, dass die optimistischeren Personen sich länger mit den Aufgaben beschäftigten, aber nicht messbar besser abschnitten als die weniger optimistischen Probanden.

Mit anderen Worten, sie stiegen später aus, ohne dass dies einen Vorteil gehabt hätte.

Was für das Durchhalten gilt, trifft auch auf den Optimismus zu. Optimismus lässt Sie an Dingen festhalten, die es wert sind. Aber Optimismus lässt sie auch an Dingen festhalten, die sich nicht mehr lohnen. Und dafür ist das Leben zu kurz.

Das Problem ist, dass Optimismus Sie sowohl die Wahrscheinlichkeit als auch das Ausmaß des Erfolgs überschätzen lässt. Das heißt, jede Berechnung Ihrer Werterwartung läuft völlig aus dem Ruder.

Das Ergebnis? Wird Optimismus nicht durch Realismus gegengeprüft, hindert er Sie daran auszusteigen, wenn Sie es tun sollten.

Natürlich erwartet und will Ron Conway zuversichtliche Gründer. Er möchte, dass sie sich selbst und ihren Mitarbeitern gegenüber positiv eingestellt sind, aber nicht in dem Maße, dass sie in eine Sackgasse rennen.

Es ist schwierig für diese hochmotivierten Entrepreneure, zwischen Optimismus und Realismus umzuschalten. Sie brauchen die Hilfe und die Perspektive eines guten Ausstiegscoachs. Selbst dann braucht der Ausstiegscoach noch Geduld, denn wenn es einen solchen Schalthebel gibt, sind es die Gründer, die ihn umlegen müssen.

Der Unterschied zwischen nett und freundlich

Als ich Daniel Kahneman fragte, was seiner Ansicht nach das Geheimnis eines guten Aussteigers ist, sagte er: »Jeder braucht einen Freund, der ihn wirklich liebt, sich aber in dem Moment nicht viel aus verletzten Gefühlen macht.«

Wenn Sie mittendrin stecken und vor der Entscheidung stehen, ob Sie abbrechen oder auf Kurs bleiben sollen, ist Ihre Entschlusskraft am anfälligsten für kognitive Verzerrungen, die Ihnen das Aufhören schwer machen. Kahnemans Einsicht ist, dass ein externer Beobachter, etwa ein Freund oder Angehöriger, viel eher eine rationale Sicht auf Ihre Situation hat, weil er nicht so wie Sie darin verwickelt ist.

Das Problem ist nur: Wenn Sie der externe Beobachter sind und sehen, dass jemand in eine Sackgasse rennt, werden Sie wahrscheinlich denken, es wäre netter, die Wahrheit für sich zu behalten, denn Sie wissen, dass es den anderen verletzen würde, das zu hören. Doch im Bemühen, nett zu sein und seine Gefühle zu schonen, verwehren Sie ihm die Chance, das zu sehen, was Sie sehen.

Sie wollen seine Gefühle schonen, weil Sie ihn gernhaben. Aber Sie schonen seine Gefühle nur kurzfristig. Er steuert auf einen zukünftigen Misserfolg zu, und das wird ihn viel mehr verletzen.

Wir alle brauchen jemanden, der uns mag, der aber auch versteht, dass es für unser langfristiges Glück besser ist, die unbequeme Wahrheit auszusprechen, wenn wir uns auf einem Weg befinden, den wir verlassen sollten.

Das ist der Kern dessen, was Daniel Kahneman sagte.

Wenn Sie einen solchen Freund finden, bitten Sie ihn, Ihr Ausstiegscoach zu werden, derjenige zu sein, der Ihnen herauszufinden hilft, wann Sie aufgeben sollten.

Wenn Daniel Kahneman, der sein Lebenswerk der Untersuchung von kognitiven Verzerrungen und Entscheidungsfehlern gewidmet hat, einen Ausstiegscoach braucht, dann braucht wohl jeder einen. Der von Kahneman ist zufällig der ebenfalls mit dem Nobelpreis ausgezeichnete Richard Thaler.

Die meisten von uns haben nicht das Glück, die Rolle mit jemandem von diesem Format besetzen zu können, aber wir alle sollten versuchen, einen Menschen in unserem Leben zu finden, der uns die Wahrheit sagt, sei es ein guter Freund, ein Mentor, ein Kollege, ein naher Verwandter oder ein Elternteil.

Es muss bloß jemand sein, dem unser langfristiges Wohlergehen wichtig ist und der bereit ist, uns zu sagen, was wir hören müssen, nicht was wir hören wollen.

Natürlich haben wir fast alle schon das Gegenteil erlebt, dass jemand unsere Gefühle geschont hat, statt uns die Situation klar erkennen zu helfen. Sie machen mit jemandem Schluss, und plötzlich sagt Ihre beste Freundin: »Ich finde, das hättest du schon vor Monaten machen sollen.« Oder Sie kündigen Ihre Stelle, und jemand aus Ihrer Familie sagt: »Ich hab gemerkt, wie unglücklich du warst. Du hast aber echt lange gebraucht, um das rauszufinden.«

Wenn uns so etwas gesagt wird, reagieren wir alle gleich: »Wenn du das schon die ganze Zeit gewusst hast, warum hast du es mir dann nicht früher gesagt?«

Und die Antwort ist immer dieselbe: »Ich wollte dir nicht wehtun.«

Sie können darüber hinwegkommen, wenn man Ihnen sagt, dass Sie etwas aufgeben sollten. Aber wenn Sie Monate oder Jahre an einem Arbeitsplatz oder in einer Beziehung verbringen, die Sie auf lange Sicht nicht glücklich machen, bekommen Sie diese Zeit nie mehr zurück.

Andrew Wilkinson erlebte das, nachdem er den CEO eines seiner Geschäfte entlassen musste. Einige seiner Freunde sagten ihm, sie hätten schon länger erkannt, dass das nötig sei. Als er fragte: »Warum habt ihr mir das nicht gesagt?«, erwiderten sie: »Wir wollten dich nicht aufregen.«

Das war ärgerlich, denn Wilkinson erkannte sofort, dass er die Entscheidung früher getroffen hätte, wenn seine Freunde offen mit ihm geredet hätten, was ihm wertvolle Zeit und Ressourcen erspart hätte.

Darum ist Ron Conway so stolz auf die Rolle, die er für seine Gründer spielt, und deshalb betrachtet er es als so großen Gewinn, wenn er sie aufgrund dieser unvoreingenommenen Perspektive zum Aufgeben bewegen kann.

Wenn es um geschäftliche Vorhaben, Berufsentscheidungen oder private Beschlüsse geht, sollten wir alle nach zweierlei streben: Erstens sollte man mindestens einen Menschen finden, der als Ausstiegscoach fungiert. Zweitens sollte man versuchen, diese Rolle für die Menschen zu spielen, die einem nahestehen.

Manche Coaches können den Stöpsel ziehen

Auch wenn ein Ausstiegscoach Sie durch eine unvoreingenommene Sichtweise unterstützen kann, die nicht von Ihrem wachsenden Katamari beeinflusst ist, sind doch letztlich Sie derjenige, der die Entscheidung zum Aufhören treffen muss, und das heißt, Sie können den Rat Ihres Ausstiegscoachs auch ignorieren. Einen Coach zu haben, erhöht die Chance, dass Sie früher den Absprung finden. Doch genau wie die Gründer von Conway werden Sie ihn auch oft abblitzen lassen.

Es gibt natürlich manchmal Situationen, in denen der Ausstiegscoach tatsächlich die Autorität besitzt, die Ausstiegsentscheidung zu treffen. Vorgesetzte können Menschen beispielsweise zwingen, ein Projekt abzubrechen, und Vertriebsleiter können die Verkäufer zwingen, die Bemühungen um einen Interessenten einzustellen.

Die Kombination von K.-o.-Kriterien und einem Ausstiegscoach, der die Macht hat, den Abbruch zu erzwingen, ist die effizienteste und wirkungsvollste Methode, um Menschen zur Schadensbegrenzung zu bringen, besonders wenn diese Menschen ungewöhnlich beharrlich sind.

Navy SEALs sind allein schon aufgrund dessen, dass sie die SEAL-Ausbildung geschafft haben, legendär für ihr Durchhaltevermögen. Wir alle erinnern uns an die klassischen Filmszenen mit zermürbendem Training, wenn die Rekruten unter Beweis stellen müssen, dass sie unter Bedingungen ausharren, die die meisten Menschen aufgeben lassen würden. Es gibt diese berühmte Messingglocke, welche die Auszubildenden läuten können, um die Strafe des stundenlangen Untertauchens in eiskaltem Wasser, der Tage ohne Schlaf und der pausenlosen körperlichen Herausforderungen zu beenden. SEALs werden diejenigen, welche die Glocke nicht läuten. Sie sind im wahrsten Wortsinne auserwählt, weil die Navy es für unmöglich befunden hat, sie zum Aufgeben zu bringen.

Zu Admiral McRavens Aufgaben gehört es, Menschen im Zaum zu halten, die tatsächlich eher sterben würden, als aufzugeben. Er formuliert es so: »Man will, dass sie die Jungs werden, die das Nest mit MG-Schützen ausheben und Menschenleben retten und die Ehrenmedaille bekommen. Man braucht diese Burschen, aber man braucht auch Commander, die sagen können: Es gibt eine Zeit und einen Ort für so was, und das gilt nicht für jede Mission.«

McRavens Vorteil war natürlich, dass er als Commander der Verantwortliche für den Abbruch war, wenn eine Mission mit den K.-o.-Kriterien konfrontiert wurde. Er konnte nach eigenem Ermessen Schluss machen, egal ob die Navy SEALs weitermachen wollten (was wahrscheinlich immer der Fall war).

Ron Conway wäre gern in McRavens Position, ein Ausstiegscoach, der die Zügel in die Hand nehmen kann. Doch wenn er sieht, dass ein Start-up gegen die Wand läuft, und weiß, dass es richtig wäre, den Schlussstrich zu ziehen, muss er stattdessen den Gründer weitermachen lassen, bis er in den Ausstieg einwilligt, denn es ist seine Entscheidung, nicht Conways.

Wir waren alle schon mal in der frustrierenden Situation, dass wir zusehen mussten, wie jemand immer weitermachte, obwohl wir wussten, dass er hätte aufhören sollen. Wäre es nicht viel besser, da einfach zu übernehmen und die Entscheidung für ihn zu treffen, besonders weil derjenige, der am wenigsten zu einer rationalen Abbruchentscheidung fähig ist, die Person ist, die mit dieser Entscheidung konfrontiert wird?

Wir kennen diesen Frust alle, aber täuschen Sie sich nicht: Wir waren alle auch schon mal auf der anderen Seite der Gleichung. Es ist *unsere* Entscheidung, ob wir aufhören, und *wir* sind diejenigen, die am wenigsten zu einer rationalen Entscheidung fähig sind.

Wenn Sie jemals für jemand anderen die Zügel übernehmen wollten, heißt das zwangsläufig, dass Sie auch manchmal besser beraten wären, die Zügel einem Ausstiegscoach zu übergeben.

Teile und herrsche

Wir kehren noch mal zu Barry Staw zurück, um zu betrachten, wie erfolgreich das Übergeben der Zügel an einen anderen als Ausstiegsstrategie ist. Gemeinsam mit Sigal Barsade von der Yale University und Kenneth Koput von der University of Arizona untersuchte Staw 1997 die

Entscheidungen von Banken über die Gewährung und Bedienung von Unternehmenskrediten. Wenn eine Bank einen Kredit gewährt, sind Mitarbeiter der Bank für das Treffen und Genehmigen dieser Entscheidung verantwortlich. Leistet der Darlehensnehmer pünktlich seine Ratenzahlungen und zahlt er das Darlehen schließlich ab, müssen darüber keine weiteren Entscheidungen getroffen werden.

Hat ein Unternehmen jedoch Zahlungsschwierigkeiten, so fragt der Schuldner vielleicht nach einem weiteren Darlehen im Versuch, sein Geschäft zu retten, oder womöglich bittet er um eine Neuverhandlung der Vertragsbedingungen. Die Bank muss nicht nur darüber befinden, ob sie diese Anliegen gewährt, sondern weil sie von Gesetzes wegen den Anteilseignern und den Aufsichtsbehörden einen genauen Finanzbericht vorzulegen hat, muss sie auch entscheiden, ob sie dieses Darlehen weiterhin als Aktivposten führt oder ob sie ihn abschreibt und als Verlust ausweist.

Bei all diesen Entscheidungen erkennt man das Potenzial für eskalierendes Commitment. Nach allem, was wir bereits wissen, können wir annehmen, dass bei einer Gefährdung der Kreditrückzahlung die Personen, die ursprünglich das Darlehen gewährt haben, dieses nicht als Verlust ansehen müssen wollen und daher eher ein zweites Darlehen oder eine Vertragsänderung genehmigen würden als jemand, der diese Entscheidung unvoreingenommen trifft.

Genau das stellten Staw und seine Kollegen fest, als sie sich die Kredite von 132 kalifornischen Banken über neun Jahre hinweg anschauten. Wenn es einen Führungswechsel gab, erkannte die neue Führung viel schneller, dass ein Kredit gefährdet war. Da sie nicht die ursprüngliche Entscheidung über seine Gewährung getroffen hatten, schrieben sie ihn mit wesentlich größerer Wahrscheinlichkeit als Verlust ab.

Ich würde sagen, eine Lektion aus Staws Untersuchung ist: Wenn Ihre Firma einen Kredit bekommen hat und Sie sich jetzt in finanziellen Schwierigkeiten befinden, sollten Sie wieder zu demjenigen gehen, der Ihnen das Geld geliehen hat. Sie bekommen mit viel größerer Wahrscheinlichkeit, was Sie wollen.

Auf einer etwas ernsthafteren Ebene ziehen wir daraus auch eine gute Strategie für Unternehmen, die bessere Ausstiegsentscheidungen treffen wollen: *Wenn möglich, teile und herrsche.* Lass die Menschen, die beschließen, etwas in Gang zu setzen, nicht dieselben sein, die darüber befinden, es zu beenden.

Den institutionellen Investoren unter meinen Kunden habe ich diese Strategie vorgeschlagen, um ihre Verkaufsentscheidungen zu verbessern. Lassen Sie einen anderen Ausschuss über die Käufe entscheiden als über die Verkäufe. Das ist natürlich nur praktikabel, wenn das Team groß genug ist.

In vielen geschäftlichen Situationen gibt es Möglichkeiten, die Arbeit aufzuteilen. Wenn Sie jedoch allein arbeiten, können Sie sich nicht zweiteilen. Sie können nicht den Jedi-Trick anwenden, so zu tun, als wären Sie jemand anderes, der die Entscheidung unvoreingenommen trifft.

Das ist ein weiterer Grund dafür, sich einen Ausstiegscoach zu suchen, denn damit können Sie dieser Teile-und-herrsche-Strategie etwas näher kommen.

Die Wichtigkeit des Erteilens und Erhaltens von Genehmigungen

Damit Ihre Beziehung zum Ausstiegscoach funktioniert, müssen Sie ihm die Genehmigung erteilen, diese Rolle auszuüben. Dazu gehört explizit, dass Sie offen gegenüber den unbequemen Wahrheiten sind, die er Ihnen möglicherweise sagen muss. Deshalb ist Richard Thaler ein erfolgreicher Ausstiegscoach für Daniel Kahneman, denn Kahneman hat Thaler die Erlaubnis erteilt, ihm die Dinge zu sagen, die er nicht hören will.

Wenn Sie ohne eine solche Vereinbarung um Rat bitten, wird der andere eher dazu tendieren, nett zu sein, nett im Sinne von Beweihräucherung, und Ihnen das sagen, von dem er glaubt, dass Sie es hören wollen. Selbst wenn Sie wirklich bereit für die bittere Wahrheit sind – wenn Sie das dem, von dem Sie einen Rat erbitten, nicht mitteilen, wird der meist davon ausgehen, dass Sie lediglich Bestätigung suchen. Und mehr bekommen Sie dann auch nicht.

Stehen Sie auf der anderen Seite der Gleichung, also als Ratgeber, müssen Sie ebenfalls verstehen, dass die Bitte um einen Rat nicht notwendigerweise bedeutet, dass der andere wirklich Ihre ehrliche Meinung hören will. Nicht, wenn er Ihnen nicht explizit die Erlaubnis dazu erteilt hat.

Andrew Wilkinson sagte mir, er habe aus dieser Erfahrung gelernt. Nachdem er seinen CEO hatte entlassen müssen und feststellte, dass keiner seiner Freunde ihm gesagt hatte, was sie als Außenstehende glasklar erkannt hatten, beschloss er, jederzeit ungeschönt seine Meinung zu äußern, wenn jemand ihn um Rat bat.

Sie bitten ihn um Rat. Er sagt ihnen die brutale Wahrheit. Und es kommt nichts Gutes dabei heraus. Er ändert ihre Meinung nicht. Tatsächlich stellt er fest, dass sie dichtmachen und jetzt mit allen Mitteln beweisen wollen, dass er sich irrt. Mit anderen Worten, das typische eskalierende Commitment.

Verwechseln Sie die Bitte um einen Ratschlag nicht mit der Genehmigung zum Ehrlichsein.

Nutzen Sie stattdessen besser Ron Conways Vorgehensweise, die sich in diesen vier Schritten zusammenfassen lässt.

- Schritt 1: Lassen Sie den anderen wissen, dass Sie glauben, er solle übers Aufhören nachdenken.
- Schritt 2: Wenn er Widerstand leistet, geben Sie nach, und stimmen Sie ihm zu, dass er das Ruder herumreißen kann.
- Schritt 3: Legen Sie sehr klare Bedingungen dafür fest, wie Erfolg in der nahen Zukunft aussehen muss, und prägen Sie sie als K.-o.-Kriterien ein.
- Schritt 4: Einigen Sie sich darauf, die Unterhaltung später wiederaufzunehmen, und wenn die Benchmarks für den Erfolg nicht erreicht wurden, führen Sie ein ernsthaftes Gespräch über das Aufhören.

Implizit in den Schritten 3 und 4 ist, dass die von Ihnen beratene Person Ihnen nicht die Genehmigung erteilt hat, offen und ehrlich über den Ausstiegskurs zu sprechen.

Natürlich sollten Sie den anderen die ganze Zeit über daran erinnern, dass das Leben zu kurz ist.

Die Genehmigung auf beiden Seiten der Gleichung ist der Schlüssel für eine fruchtbare Beziehung zwischen einem Coach und dem zu Coachenden. Selbst wenn der Ratsuchende die Genehmigung erteilt, ist es immer noch besser, wenn Sie ihn dazu bringen können, die Entscheidung selbst zu treffen, als ihm zu sagen, was er tun soll.

Als Sarah Olstyn Martinez Kontakt zu mir aufnahm, erteilte sie mir die Erlaubnis zu einem ehrlichen Gespräch. Trotzdem sagte ich ihr nicht, welche Entscheidung sie treffen sollte. Ich stellte ihr lediglich Fragen, die ihr dabei halfen, ihre Entscheidung als ein Problem der Werterwartung einzuordnen. Das ließ sie die Lösung recht schnell selbst erkennen.

Astro Teller ist ein hervorragendes Beispiel dafür, wie man ein guter Ausstiegscoach sein kann, wenn man sich in einer Führungsposition befindet. Er hilft den Leuten bei X, besser mit Dingen abzuschließen, indem sie sich um die Affen kümmern, das Bauen von Podesten vermeiden und K.-o.-Kriterien aufstellen, welche die Chance erhöhen, dass sie schneller zu einer rationalen Entscheidung gelangen. All das ist Bestandteil einer von ihm geschaffenen Kultur, die das Aufgeben nicht nur nicht mehr stigmatisiert, sondern sogar begrüßt.

Aufgeben ist schwer, zu schwer, um es ganz allein zu bewältigen. Als Individuen werden wir durcheinandergebracht von der Vielzahl der Verzerrungen wie dem Fehler der versunkenen Kosten, dem Besitztumsfehler, dem Status-quo-Fehler und der Verlustangst, die zu einem eskalierenden Commitment führen. Unsere Identität ist eng mit dem verflochten, was wir tun. Instinktiv wollen wir diese Identität schützen, was uns noch stärker an Dingen festhalten lässt.

Wenn Sie eins aus diesem Buch gelernt haben, dann dies: Das Problem zu erkennen, sich in einem gedanklichen Experiment in die Perspektive eines anderen zu versetzen und zu versuchen, von außen auf sich selbst zu schauen, funktioniert einfach nicht. Deshalb glaubt Daniel Kahneman, dass er einen Ausstiegscoach braucht, und deshalb sollten wir alle diese Notwendigkeit erkennen.

Das Leben ist einfach zu kurz, um unsere Zeit mit Dingen zu vergeuden, die es nicht wert sind. Wir alle brauchen Menschen um uns herum, die uns sagen, wenn wir auf dem falschen Weg sind.

Zusammenfassung Kapitel 9

- Optimismus verringert die Wahrscheinlichkeit, dass Sie aufgeben, erhöht aber nicht Ihre Erfolgschancen. Das heißt, übermäßiger Optimismus lässt Sie länger an Dingen festhalten, die es nicht wert sind. Besser ist eine gute Ausgewogenheit.
- Das Leben ist zu kurz, um Ihre Zeit mit Optionen zu verbringen, die sich nicht länger lohnen.
- Wenn jemand die Dinge von außen betrachtet, sieht er Ihre Situation im Allgemeinen rationaler, als Sie es können.
- Der beste Ausstiegscoach ist jemand, der Sie genügend liebt, um Ihr langfristiges Wohl zu wollen. Er ist bereit, Ihnen die bittere Wahrheit zu sagen, selbst wenn das heißt, dass er kurzfristig Ihre Gefühle verletzen kann.
- Abbruchentscheidungen werden besser, wenn die Personen, die etwas anzufangen beschlossen haben, andere sind als jene, die damit aufzuhören beschließen.
- Um den bestmöglichen Nutzen aus einem Ausstiegscoach zu erzielen, muss er die Genehmigung haben, die Wahrheit auszusprechen.

EINSCHUB 3

Die Ameisen marschieren … meistens

Falls Sie jemals eine Natursendung oder irgendeinen beliebigen Cartoon mit Ameisen darin gesehen haben, kommt Ihnen wahrscheinlich das klassische Bild in den Sinn, wie die Ameisen in einer Reihe auf ein gemeinsames Ziel zumarschieren. *So marschieren die Ameisen, eine nach der anderen, hurra, hurra!* Das ist unsere Vorstellung von ihnen. Und Wanderameisen marschieren wirklich so.

Meistens.

Wenn Sie näher hinsehen, stellen Sie fest, dass zwar die meisten Ameisen in einer Reihe zu einer Nahrungsquelle und zurück laufen, doch es gibt immer einen gewissen Anteil an Wanderameisen, die scheinbar ziellos umherwuseln.

Sie folgen dem Programm nicht.

Sie sehen verdächtig nach Schmarotzern aus, die sich vor der Verantwortung drücken, Nahrung in den Bau zu transportieren. Sind das Ameisen mit einer bestimmten Einstellung? Sind sie Rebellen? Faule Herumlungerer? Ameisenanarchisten? Anti-Establishment-Ameisen?

Wie sich herausstellt, dienen diese Ameisen einem entscheidenden Zweck, und dieser Zweck hat eine Menge mit dem Aufhören zu tun.

Um sich die Vorgehensweise zu vergegenwärtigen, ist es hilfreich zu begreifen, wie die Ameisen überhaupt erst diese Reihe bilden.

Wenn Ameisen ein neues Territorium betreten, wandern sie herum, über das ganze Gebiet verteilt, das Gegenteil der klassischen Marschlinie, die wir zu sehen erwarten. Denn es gibt noch keine etablierte Nahrungsquelle, und die Ameisen sind auf der Suche danach.

Findet eine Ameise Nahrung, trägt sie sie zum Bau. Auf dem Weg hinterlässt sie einen chemischen Geruchsstoff, der Pheromonspur genannt wird und nur schwach ist, wenn er von lediglich einer Ameise kommt. Jede Ameise, die diesen Geruch wahrnimmt, folgt demselben Weg. Und wenn die Nahrungsquelle hochwertig genug ist, findet auch sie Nahrung und legt eine eigene Pheromonspur auf demselben Rückweg zum Bau.

Während der chemische Geruch stärker wird, beginnen auch andere Ameisen, dem Weg zu folgen. Je besser die Nahrungsquelle, desto stärker der Verkehr, was wiederum den Pfad stärker und stärker macht. So kommt am Ende das klassische Bild der in einer Reihe marschierenden Ameisen zustande.

Der Pfad ist wie ein Pheromon-Katamari.

Die Entscheidung der Aufteilung von Zeit zwischen der Suche nach Neuem und der Nutzung des bereits Entdeckten ist Teil des klassischen Exploration-Exploitation-Problems.[5] Wie viel Zeit sollten Sie mit dem Erforschen der Landschaft nach neuen Gelegenheiten verbringen, und wie viel Zeit sollten Sie der Nutzung von Dingen widmen, die bereits eine positive Werterwartung aufweisen?

Exploitation in diesem Sinne bedeutet nicht Manipulation oder etwas heimlich zu tun. Es bedeutet nur, dass Sie von einer Chance profitieren, die Sie bereits haben.

Bei einem Unternehmen, das über ein etabliertes Produkt verfügt, werden die Ressourcen, die in die Fortsetzung der Vermarktung, der Produktion und des Verkaufs dieses Produkts gesteckt werden, für die Exploitierung von etwas aufgewendet, das bereits entdeckt wurde, so wie Blockbuster ein profitables Geschäftsmodell des Ausleihens und Verkaufens von Videos in Ladenlokalen exploitierte. Dagegen werden Ressourcen, die in die Erforschung und Entwicklung neuer Produkte oder Strategien investiert werden, für die Exploration aufgewendet, die Entdeckung neuer Produkte oder Geschäftsmodelle, denen das Unternehmen nachgehen könnte. Da Firmen begrenzte Ressourcen haben, erkennen Sie sofort, wie wichtig es ist, das

Gleichgewicht zwischen Exploration und Exploitation herauszufinden. Wenn das nicht gelingt und man zu wenig exploriert, hört man auf zu innovieren und hält an dem fest, was früher gut geklappt hat, bis man irgendwann raus ist aus dem Geschäft.

Dasselbe gilt natürlich für unser Privatleben und wie wir unsere Zeit-, Geld-, Aufwands- und Aufmerksamkeitsressourcen zwischen dem Erforschen neuer Möglichkeiten und dem Festhalten an den bereits vorhandenen aufteilen.

Wenn Akademiker über das Exploration-Exploitation-Problem nachdenken, führen sie häufig die Ameisen als Beispiel für die angemessene Balance zwischen den beiden an.

Das führt uns zu dem Rätsel der herumwuselnden Ameisen. Wenn die Pheromonspur so ein verlässliches Signal ist und fast alle Ameisen sie sofort aufgreifen und anfangen, die Nahrungsquelle zu nutzen, was ist dann mit diesen paar anderen los?

Die Antwort ist, dass diese Ameisen weiterhin das Territorium erforschen. Das erfüllt für die Kolonie aus zwei Gründen einen wichtigen Zweck.

Erstens werden die Ameisen manchmal gezwungen, die von ihnen ausgebeutete Nahrungsquelle aufzugeben. Schließlich können Nahrungsquellen instabil sein. Die Ameisen können Pech haben. Die Nahrungsquelle kann verschwinden. Für die Kolonie ist es besser, einen Ausweichplan zu haben. Diese Ameisen, die weiter die Gegend erkunden, suchen genau diesen.

Zweitens: Selbst wenn die Nahrungsquelle stabil bleibt, heißt das nicht, dass es nicht noch eine bessere gibt als die derzeit genutzte. Nur weil die Ameisen etwas Gutes haben, heißt das nicht, dass es nicht noch etwas Besseres zu finden gibt.

Wenn alle Ameisen in den Exploitierungsmodus gehen und 100 Prozent von ihnen im Gleichschritt denselben Pheromonpfad entlangmarschieren, werden sie diese bessere Nahrungsquelle nie entdecken, weil keiner von ihnen danach Ausschau hält.

Das ist schlecht für das Überleben der Ameisen, denn wenn es da draußen eine hochwertigere Nahrungsquelle gibt, sollten die Ameisen zu dieser überwechseln, aber das können sie nur, wenn sie davon wissen.

Deshalb stellt sich heraus, dass die Ameisenanarchisten überhaupt keine Anarchisten sind.

Natürlich liegt darin eine Lektion für uns Menschen. Wenn die Ameisen neu in ein Territorium kommen, erforschen sie es nach Gelegenheiten. Haben sie eine Gelegenheit gefunden, eine hochwertige Nahrungsquelle, beginnen sie mit deren Ausbeutung. Doch ein gewisser Prozentsatz von ihnen hört nicht mit dem Erforschen auf. Das ermöglicht es ihnen, Alternativpläne zu entdecken. Diese Alternativpläne sind wirklich nützlich, wenn die Ameisen zum Aufhören gezwungen werden, wenn sie Pech haben und die Nahrungsquelle verschwindet. Doch ebenso wichtig ist, dass sie bei der Suche nach einem Plan B manchmal etwas finden, das sogar noch besser ist als Plan A.

So müssen wir auch denken. Wenn wir etwas finden, das für uns gut funktioniert, sei es ein Arbeitsplatz, ein Beruf, ein Produkt, das wir entwickeln, eine Geschäftsstrategie oder auch ein Lieblingsrestaurant, zu dem wir gern gehen, ist es in einer so ungewissen Welt wie der unseren eine gute Strategie, weiterhin zu erforschen, welche weiteren Optionen zur Verfügung stehen könnten.

Hören Sie nie auf zu forschen.

Diesem Thema wenden wir unsere Aufmerksamkeit im letzten Teil des Buches zu.

TEIL 4

Opportunitätskosten

KAPITEL 10

Lektionen aus dem erzwungenen Abbruch

ALS MAYA SHANKAR SECHS JAHRE ALT WAR, HOLTE ihre Mutter eine kleine Geige vom Dachboden des Familienwohnsitzes in Connecticut. Mayas Mutter hatte das Instrument, das ihrer Mutter gehörte, aus Indien mitgebracht, als sie in die Vereinigten Staaten emigriert war. Mayas drei ältere Geschwister hatten es bereits als uncool abgetan. Aber Maya war sofort davon angetan.

Rasch erwies sie sich als Wunderkind. Mit neun Jahren bestand sie das Vorspielen für den Vorkurs an der Juilliard School, dem legendären Konservatorium für darstellende Künste in New York. Jeden Samstag brachte ihre Mutter sie für ein intensives zehnstündiges Bootcamp zur Juilliard und holte sie wieder ab.

Maya brillierte so sehr, dass sie es mit dreizehn in ein heiß umkämpftes Vorspielen mit Itzhak Perlman schaffte, der allgemein als einer der besten Violinisten der Welt gilt und sechzehn Grammys, einen Grammy für sein Lebenswerk sowie vier Emmys gewonnen hat.

Perlman nahm sie als seine Privatschülerin an. Maya Shankar, die so früh so viel erreicht hatte, war auf dem Weg zu einer beispiellosen Karriere auf dem höchsten Niveau der Berufsmusiker.

Doch all das wurde ihr genommen, als sie eines Tages im Sommer vor ihrem Abschlussjahr an der Highschool beim Spielen einer schwierigen Passage aus Paganinis Caprice Nr. 13 einen Sehnenriss im Finger erlitt.

Sie ließ sich operieren, um die Sehne wiederherzustellen, doch die Schmerzen blieben. Im folgenden Jahr versuchte sie, dagegen anzuspielen, indem sie Schmerzmittel nahm. Schließlich wurde zusätzlich zu dem Sehnenriss eine juvenile rheumatoide Arthritis bei ihr diagnostiziert. Diese Diagnose bedeutete nicht nur, dass sie das Geigenspielen aufgeben musste, sondern sie stand auch vor einer Zukunft, in der sie tagtäglich unter Schmerzen leiden und möglicherweise am Ende nicht mehr laufen können würde.

Es war das plötzliche Ende einer vielversprechenden Laufbahn.

Die Frage ist, was macht man, wenn man gezwungen ist, ein Ziel aufzugeben, auf das man sein ganzes Leben lang hingearbeitet hat? Die Antwort lautet natürlich, dass man sich ein neues Ziel suchen muss.

Wir alle erleben Zeiten, in denen die Welt uns mit dem aufzuhören zwingt, was wir tun. Wenn Sie in einer Beziehung sind, kann Ihr Partner sich entschließen, mit Ihnen Schluss zu machen, obwohl Sie lieber weitermachen würden. Ständig verlieren Menschen ihre Arbeit. Ihr Chef könnte unzufrieden mit Ihren Leistungen sein und Sie deshalb entlassen. Oder es hat gar nichts mit Ihren Leistungen zu tun, sondern die Firma, für die Sie arbeiten, muss Einsparungen vornehmen oder stellt den Betrieb ein. Das kann auch zutreffen, wenn Sie es sind, der das Unternehmen führt. Ein Mitarbeiter könnte Sie verlassen. Ein Mitbewerber könnte Ihnen einen verlässlichen Vertrag abjagen. Ihr Kapital könnte aufgezehrt sein und Sie zum Aufgeben zwingen.

Manchmal treffen Sie die Entscheidung zum Abbruch, und manchmal trifft die Welt die Entscheidung für Sie.

Es ist natürlich schmerzlich, wenn die Ausstiegsentscheidung nicht bei Ihnen liegt. Aber wenn das geschieht, müssen wir letztlich alle wieder aufstehen, uns den Staub abklopfen und nach etwas Neuem Ausschau halten.

Und genau das tat Maya Shankar. Nachdem sie ihre Verbitterung darüber überwunden hatte, dass ihre Leidenschaft – ihre Identität – ihr regelrecht entrissen worden war, bewarb sie sich für das College und wurde in Yale angenommen. Im Sommer vor ihrem ersten Semester fand sie ein altes Lehrbuch ihrer Schwester im Keller, Steven Pinkers *Der Sprachinstinkt*. Die Idee, Linguistik zu studieren, »traf mich wie ein Blitzschlag«, sagte sie.

Sie machte in Yale ihren Abschluss in kognitiver Psychologie, erhielt ein Rhodes-Stipendium und machte in Oxford ihren PhD.

Während ihres Studiums in Oxford erfuhr Shankar, dass die rheumatoide Arthritis eine Fehldiagnose gewesen war. Diese Nachricht war der Aufschub einer Zukunft, die, wie sie gefürchtet hatte, von einem gesundheitlichen Abbau eingeschränkt sein würde. Und möglicherweise bedeutete sie einen Weg zurück zur Geige. Sie trat einige Male auf und begann, nach Konzertwettbewerben Ausschau zu halten, aber das Spielen auf Eliteniveau war keine Option mehr, weil sich aufgrund der zurückliegenden Operationen an ihrer Hand Narbengewebe gebildet hatte.

Nachdem sie ihren Doktor gemacht hatte, kehrte sie in die Vereinigten Staaten zurück und absolvierte ein postdoktorales Forschungsstipendium am Cognitive and Systemes Neuroscience Laboratory der Stanford University. Dort erkannte sie, dass das Alltagsleben einer Neurowissenschaftlerin sie nicht glücklich machte, denn ihre Tätigkeit bedeutete, stundenlang allein in einem Kellerlabor zu sitzen und fMRT-Aufnahmen zu verwalten und auszuwerten.

Sie sehnte sich nach Zusammenarbeit. Sie wollte eine Arbeit mit einer sozialen Komponente.

Das hatte sie über sich selbst gelernt, als sie gezwungen gewesen war, das Geigenspiel aufzugeben. Im Laufe der Zeit hatte Shankar erkannt, dass sie zwar vieles am Spielen des Instruments liebte, eine ganz bestimmte Sache jedoch überhaupt nicht mochte: den Solo-Part der Solo-Violinistin.

Im Keller des Stanford-Labors erkannte sie, dass sie schon wieder solo arbeitete, genau jener Aspekt ihrer Zeit als Violinistin, der nichts für sie war, wie sie festgestellt hatte.

Deshalb hörte sie auf.

Shankar beschloss, ihre akademische Karriere an den Nagel zu hängen, sobald sie das postdoktorale Projekt abgeschlossen hatte. Sie tat es trotz des kognitiven Gegenwinds. Desselben Gegenwinds, den so viele Menschen erlebt hatten, deren Geschichten dieses Buch erzählt. Tatsächlich sind das die Hindernisse, die wir alle überwinden müssen.

Hindernisse wie versunkene Kosten, die zehn Jahre Zeit und Mühe, die sie in ihren Abschluss investiert hatte. Ihre innere Verbundenheit mit den Forschungsprogrammen, die sie entwickelt und durchgeführt hatte, ebenso wie all die Auszeichnungen, Stipendien und Abschlüsse, die sie bekommen hatte. Was mit diesen Abschlüssen einherging, war ein PhD hinter ihrem Namen, und das machte einen Großteil ihrer Identität aus. Dr. Maya Shankar.

Ich vermute, einer der Gründe, warum sie aufhören und all das überwinden konnte, was die Waage manipulierte, war ihre frühere Erfahrung mit dem erzwungenen Abbruch, die sie gelehrt hatte, dass es immer andere Möglichkeiten gibt, die man vernachlässigt, wenn man ein Ziel verfolgt. Man erkennt sie bloß nicht, weil man nicht danach sucht.

Nachdem sie ausgestiegen war, befand sie sich erneut in der Position, herausfinden zu müssen, was sie als Nächstes tun wollte.

Es gab für Shankar keinen mühelosen oder selbstverständlichen nächsten Schritt. »Was macht ein Postdoktorand in kognitiver Neurowissenschaft, wenn er erkennt, dass er kein Akademiker sein oder allgemeiner Managementberater werden will?«, sagte sie zu mir. »Der Weg war nicht klar vorgezeichnet.«

Bei einer Hochzeit begegnete sie ihrer Doktormutter aus Yale, Dr. Laurie Santos, und sie verabredeten sich zum Tee. Santos erzählte ihr von der unglaublichen Arbeit in angewandter Verhaltensökonomie, die gerade in der Regierung stattfinde und besonders die Stärke von Standards nutze, um ein positives Verhalten zu fördern. Diese Standards sind als »Nudges« bekannt und erlangten Berühmtheit durch den Bestseller *Nudge* von Richard Thaler und Cass Sunstein. Santos stellte die Verbindung zwischen Shankar und Sunstein her, der sie dann mit Tom Kalil bekannt machte, dem wissenschaftlichen Berater von Präsident Obama und leitenden Direktor des Büros für Wissenschafts- und Technologiepolitik.

Sie brachte Kalil die Idee nahe, eine neue Stelle für sie einzurichten und ein Team von Experten für Verhaltenswissenschaft zusammenzustellen, um die Bundesbehörden zu politischen Strategien aufgrund von verhaltenswissenschaftlichen Erkenntnissen zu beraten. Ihm gefielen ihre Ideen, und er stellte sie als Leitende verhaltenswissenschaftliche Beraterin ein. Anfangs hatte sie kein Budget, keine Vollmacht und kein Team. Doch innerhalb eines Jahres hatte sie eine behördenübergreifende Gruppe aus Verhaltenswissenschaftlern, politischen Fachleuten und Programmmachern zusammengestellt, die das erste sozial- und verhaltenswissenschaftliche Team des Weißen Hauses gründeten und leiteten.

Als Obama im Januar 2017 aus dem Amt schied, ging auch Shankar und wurde Global Director für Verhaltenswissenschaften bei Google. Im Jahr 2021 wurde sie auch Schöpferin, Gastgeberin und Produzentin des Podcasts *A Slight Change of Plans*, der zweifellos von den maßgeblichen und keineswegs geringfügigen Änderungen ihrer eigenen Pläne inspiriert wurde.

Maya Shankars Laufbahn war von abrupten Veränderungen gekennzeichnet, und ob sie nun zum Abbruch gezwungen wurde oder freiwillig aufhörte, sie ist immer wieder auf den Füßen gelandet.

Es läuft natürlich nicht immer alles so glatt. Ein Sehnenriss endet nicht immer mit einem Rhodes-Stipendium. Die wissenschaftliche Karriere auszuschlagen, endet nicht immer mit einem Job im Weißen Haus oder einer Führungsposition bei Google.

Doch auch wenn die meisten von uns nicht dafür bestimmt sind, das zu erreichen, was Maya Shankar erreicht hat, so können wir doch alle etwas aus ihrer Geschichte lernen. Hätte sie sich nicht die Sehne gerissen, dann hätte sie sich nie mit der kognitiven Psychologie beschäftigt, was sie letztlich ins Weiße Haus und dann zu Google führte, denn sie hätte nicht nach einer anderen Tätigkeit Ausschau gehalten.

Sie werden nicht immer etwas Besseres finden, wenn Sie zum Aufgeben gezwungen werden, aber manchmal schon. Das Problem ist, dass die meisten von uns niemals diese anderen Chancen entdecken, weil wir nicht sehen können, wonach wir nicht einmal suchen.

Die Lektion dabei ist, dass wir nicht darauf warten sollen, zum Suchen eines Plans B gezwungen zu werden. Wir sollten immer ein bisschen Forschung betreiben, besonders weil der Plan B sich manchmal als besser erweisen kann als das, was wir bereits tun.

In der Zwischenzeit

Bis zum Alter von sechsundzwanzig Jahren folgte ich der beruflichen Laufbahn einer Akademikerin und Wissenschaftlerin. Diese Laufbahn begann mit meiner ersten Woche als Columbia-Studentin. Ich bewarb mich für studentische Hilfstätigkeiten und entdeckte die Ausschreibung einer Stelle als Forschungsassistentin von Dr. Barbara Landau, einer Kognitionswissenschaftlerin mit Schwerpunkt Erstspracheneerwerb. Ich bekam die Stelle und arbeitete vier Jahre lang mit ihr zusammen, während meiner ganzen Studienzeit in Columbia. Barbara wurde zu einer Mentorin und Freundin und ermutigte mich, bei ihren Mentoren an der University of Pennsylvania zu studieren, der legendären Lila Gleitman und ihrem ebenso legendären Mann Henry.

Ich verbrachte fünf Jahre an der Penn, erhielt ein Stipendium der National Science Foundation und machte meine Doktorandenseminare sowie die Forschungen für meine Dissertation. Im Winter meines letzten Jahres an der Graduiertenfakultät hatte ich eine Reihe von prestigeträchtigen Bewerbungsgesprächen zum Beispiel an der New York University, der Duke, der University of Texas in Austin und der University of Oregon. Ich war auf dem besten Wege, mir eine Tenure-Track-Stelle zu sichern.

Doch zugleich hatte ich in diesem letzten Jahr mit chronischen Magenproblemen zu kämpfen, die mir viel Ärger und die ganze Zeit Übelkeit verursachten. Ich war beim Arzt gewesen und hatte die Diagnose Gastroparese bekommen, eine potenziell gefährliche Krankheit, bei der der Magen sich nicht richtig entleert. Mein Plan war, das auszuhalten, die Bewerbungsgespräche durchzustehen, meine Dissertation zu beenden und meine Aufmerksamkeit dann auf meine Gesundheit zu richten.

Aber mein Körper hatte andere Pläne.

Ein paar Tage vor meinem ersten Vorstellungsgespräch an der NYU wurde die Sache akut, und ich landete für ein paar Wochen im Krankenhaus, unfähig, irgendwelche Nahrung oder Flüssigkeit bei mir zu behalten. Meinen Eintritt ins Arbeitsleben musste ich verschieben. Ich wurde zu der Entscheidung gezwungen, die Uni eine Zeit lang ruhen zu lassen, um mich zu erholen und mich um meine Gesundheit zu kümmern.

Da mein Körper mich zwang, die Graduiertenfakultät zu verlassen, hatte ich das Stipendium nicht mehr, das mir ein bescheidenes Auskommen ermöglichte.

Ich brauchte dringend Geld.

Da begann ich mit dem Pokern, um in der Zwischenzeit etwas zu tun zu haben. Es war zehn Jahre bevor Poker im Fernsehen allgegenwärtig wurde und bevor Online-Poker zu einer angesagten Sache wurde. Den meisten Menschen kam wahrscheinlich überhaupt nie in den Sinn, dass Pokern ein Beruf sein konnte.

Doch zufällig spielte mein Bruder, Howard Lederer, schon seit zehn Jahren Poker und verdiente sich seinen Lebensunterhalt in New York bei hoch dotierten Spielen, an denen einige der besten Spieler der Ostküste teilnahmen. Er hatte auch schon Erfolge auf einer größeren Bühne erzielt und mit dreiundzwanzig Jahren das Finale der jährlichen Hauptveranstaltung der World Series of Poker in Las Vegas erreicht, womit er damals der jüngste Spieler war, dem dies je gelungen war.

Während ich an der Graduiertenfakultät war, hatte er mir angeboten, mich mit zum Golden Nugget zu nehmen und ihn während seiner jährlichen Teilnahme an den World Series zu begleiten. Ich ergriff die Chance, denn natürlich konnte ich mir so eine Urlaubsreise selbst nicht leisten.

Bei dieser Reise probierte ich es zum ersten Mal selbst am Pokertisch mit geringen Einsätzen. Da ich meinem Bruder zu Collegezeiten stundenlang zugesehen hatte, als wir beide in New York wohnten, verstand ich genug von dem Spiel, um einen gewissen bescheidenen Erfolg zu erzielen.

Als ich dann schlagartig gezwungen war, die akademische Laufbahn zu verlassen, war es mein Bruder, der vorschlug, ich solle doch Poker spielen, um meinen Lebensunterhalt zu verdienen, bis ich die Dissertation beenden und wieder in den Schoß der Wissenschaft zurückkehren konnte.

Die Umstände schränkten meine Möglichkeiten dessen, was ich für meinen Lebensunterhalt tun konnte, sehr stark ein. Ich wusste von einem Tag zum anderen nicht, wie es mir gehen würde, daher brauchte ich flexible Zeiten. Ich hatte absolut die Absicht, irgendwann nächstes Jahr Professorin zu werden, deshalb brauchte ich etwas, das ich mühelos abbrechen konnte, wenn es so weit war.

Poker entsprach meinen Bedürfnissen sehr gut. Wenn ein Spiel läuft, kann man mitmachen oder nicht, wann immer man will. Man kann sich aussuchen, an welchen Tagen man arbeitet, wann man anfängt und wann man das Spiel verlassen will. Und wenn man Poker für etwas anderes aufgeben möchte, muss man niemanden davon informieren oder sich darüber sorgen, dass man jemandem Scherereien macht, der von einem abhängig ist.

Der Rest meiner Geschichte ist wohlbekannt. Ich verliebte mich in die Herausforderungen des Pokerspiels, selbst in die Version, die dort gespielt wurde, wo ich anfing, nämlich im verrauchten Keller einer Bar in Billings, Montana. Ich hatte das Lern- und Kognitionsverhalten studiert, und Poker war eine lebensnahe, risikoreiche Anwendung dieser Themenbereiche. Mir gefiel die fortwährende Prüfung, mich in einer so ungewissen Umgebung durchsetzen zu müssen, besonders die Überwindung genau der kognitiven Verzerrungen, über die wir in diesem Buch gesprochen haben.

Ich ging im nächsten Frühjahr nicht zurück an die Penn … und auch nicht im Frühjahr danach.

Ich blieb beim Poker, gewann schließlich die Meisterschaft der World Series of Poker, das WSOP Tournament of Champions und die NBC National Heads-Up Poker Championship, und hatte eine sehr ertragreiche und lange Karriere. Was eigentlich etwas »für die Zwischenzeit« hatte sein sollen, dauerte am Ende achtzehn Jahre.

Im Alter von sechsundzwanzig Jahren war jede andere als die akademische Laufbahn praktisch unerforschtes Territorium. Als ich diese Reisen nach Las Vegas plante, kam mir überhaupt nicht in den Sinn, dass Poker irgendetwas anderes sein könnte als etwas, das ich zum Spaß im Urlaub spielte, bestenfalls vielleicht ein Hobby, das ich im weiteren Leben gelegentlich ausüben würde.

Ich hatte Freude an dem Spiel und gewann während dieser Urlaubsreisen ein bisschen Geld, aber Poker als irgendeine Chance zu betrachten, war so albern, dass ich sogar mit Lila Witze darüber riss. Als ich sie nach einer dieser Reisen zum ersten Mal wieder an der Uni traf, erzählte ich ihr scherzhaft: »Ich hatte so viel Spaß beim Pokern, dass ich fast nicht zurückgekommen wäre.«

Wir lachten beide darüber.

Um Poker als ernsthafte Karriereoption zu betrachten, musste ich erst gezwungen werden, die Uni zu verlassen, meine Chance verpassen, mindestens ein Jahr lang die nächste Stufe meiner akademischen Laufbahn zu nehmen, verzweifelt ein Einkommen brauchen und aufgrund meiner Gesundheit sehr eingeschränkt sein.

Sowohl für mich als auch für Maya Shankar und für jeden, der gezwungen ist, einen mit viel Leidenschaft verfolgten Weg zu verlassen, können das Momente der Entdeckung sein. Manchmal bringt ein erzwungener Abbruch einen dazu, neue Chancen zu erforschen, so wie Maya, als sie ihre Liebe zur Kognitionswissenschaft entdeckte. Und manchmal sieht man, wenn man zum Aufhören gezwungen wird, Optionen in einem neuen Licht, die man die ganze Zeit direkt vor der Nase hatte.

So ging es mir mit dem Pokern.

Was Ameisen uns über den Plan B lehren können

Die Welt ist unsicher. Was immer Sie in Angriff genommen haben – ein Projekt, eine Sportart, eine Arbeit, eine Beziehung –, könnte morgen nicht mehr vorhanden sein. Die Welt könnte Ihnen das entreißen, was Sie vorhaben. Oder Sie selbst beschließen es aufzugeben, wenn die Umstände sich verändern.

Vielleicht haben Sie Ihre Arbeit geliebt, solange Sie einen Chef hatten, der Sie gefördert hat, aber dann geht er weg und wird von jemand Toxischem ersetzt. Vielleicht leben Sie in einer Wohnung, die Ihnen total gefällt, und dann macht Ihr neuer Nachbar in der Etage über Ihnen jede Nacht um zwölf Stepptanz. Oder Sie steigen auf einen Berg, und es zieht dichter Nebel auf.

In all diesen Situationen ist die Werterwartung Ihres Vorhabens nicht mehr dieselbe wie bei der anfänglichen Entscheidung dafür.

Nicht immer ist es die Welt, die sich verändert. Manchmal sind Sie es, der sich verändert. Ihr Geschmack, Ihre Vorlieben und Ihre Werte entwickeln sich im Laufe der Zeit. Ein Job, den Sie mit zwanzig toll fanden, ist vielleicht kein so toller Job mehr, wenn Sie dreißig sind. Wenn Sie jünger sind, sind hoher Druck und 80-Stunden-Wochen vielleicht genau das, was Sie wollen. Aber mit dreißig werten Sie Ihre Zeit womöglich anders und sind weniger bereit, Zeit mit Ihrer Familie zu opfern, um Ihre Karriere voranzutreiben.

Ob es nun die Welt ist, die sich ändert, oder ob Sie selbst es sind, manchmal haben Sie die Wahl, mit etwas aufzuhören, und manchmal trifft die Welt diese Entscheidung für Sie.

Realistischerweise werden wir alle ein, zwei solcher Situationen in wichtigen Angelegenheiten erleben, vielleicht sogar viele Male in unserem Leben. So oder so ist das Ergründen anderer Gelegenheiten und das Bereithalten wenigstens eines *Anfangs* oder eines Plans B ein Eckstein für leichteres Aussteigen.

Die Ameisen machen das ganz richtig.

Wenn sie etwas finden, das toll aussieht, zum Beispiel eine Melone, die auf einer Terrasse vom Tisch gerollt und zerplatzt ist, suchen mindestens einige von ihnen weiter nach anderen Nahrungsquellen. Schließlich kann die Melone verschwinden, wenn die Familie sie wegräumt oder die Terrasse mit dem Gartenschlauch abspritzt. Einige Ameisen halten also weiter Ausschau, auch wenn die Melone noch da ist.

Wir Menschen dagegen tun das leider oft nicht, bis wir dazu gezwungen werden.

Maya Shankars Melone war die Geige. Meine war die kognitive Psychologie. Beide nahmen wir keinerlei gezielte Exploration von Ausweichplänen vor, weil es keiner von uns jemals in den Sinn kam, dass wir zum Aufgeben gezwungen werden könnten. Keine von uns fing an, sich nach einem anderen Ziel umzuschauen, solange wir das Äquivalent einer exploitierbaren Nahrungsquelle hatten. Das gilt auch für viele der Personen, denen wir in diesem Buch begegnet sind.

Während Stewart Butterfield auf *Glitch* konzentriert war, fiel ihm das Einhorn direkt vor seiner Nase nicht mal auf. Slack war die ganze Zeit da, aber er musste erst *Glitch* aufgeben, um sein Potenzial zu erkennen. Dasselbe war Butterfield schon zuvor passiert, als ihm erst das Geld für *Game Neverending* ausgehen musste, damit er das Potenzial von Flickr erkannte.

Sasha Cohen war gezwungen, den Eiskunstlauf aufzugeben, weil sie zu alt dafür wurde. Das befreite sie von etwas, mit dem sie unzufrieden war, und ließ sie andere Dinge explorieren, denen sie sich widmen konnte. Schließlich machte sie einen Abschluss an der Columbia, wurde Investmentmanagerin bei Morgan Stanley und gründete eine Familie. Das schenkte ihr mehr Zufriedenheit, als sie in den letzten Jahren ihrer Karriere empfunden hatte, als sie unglücklich auf Tournee ging, aber erst nachdem sie gezwungen worden war, danach zu suchen.

Die Ameisen treffen das richtige Gleichgewicht zwischen Exploitation und Exploration. Die Stärke der Pheromonspur bestimmt den Anteil von Ameisen, die weitersuchen, doch egal wie ausgeprägt dieser Geruch ist, die Zahl der suchenden Ameisen fällt niemals auf null, und das ist auch vollkommen sinnvoll. Die Welt, in der die Ameisen leben, enthält immer ein bestimmtes Maß an Ungewissheit. Dinge verändern sich. Sprichwörtlich gar nichts bleibt oder dauert ewig.

Wir leben natürlich in derselben Welt. Und wir sollten diese Lektion für uns nutzen.

Ameisen kommen extrem gut zurecht. Sie überleben schon seit über 100 Millionen Jahren. Sie gedeihen in jedem Klima und jeder Region. Auch deshalb sind sie so gut im Überleben, weil sie immer explorieren.

Einfach formuliert verschafft dieser kleine Anteil an Exploration der Kolonie einen Ausweichplan, *bevor* sie gezwungen sind, eine Nahrungsquelle aufzugeben. Darüber hinaus ermöglicht es den Ameisen, etwas noch Besseres zu finden.

Wir Menschen täten gut daran, dem Beispiel der Ameisen zu folgen und immer auf der Suche zu bleiben. Wir sollten nicht damit warten, bis wir zum Aufgeben gezwungen werden.

Einmal hielt ich einen Vortrag vor einer Gruppe von Verkaufsprofis, und am Ende fragte mich einer von ihnen, ob er die Anrufe von

Headhuntern annehmen solle, obwohl er seine derzeitige Arbeit wirklich liebte.

Ich sagte ihm, das solle er selbstverständlich tun. Erstens könnte sein Arbeitsplatz verschwinden. Das Unternehmen (ein Start-up) könnte pleitegehen oder Stellenkürzungen vornehmen müssen. Unter diesen Umständen wäre es sicherlich von Vorteil, schon mal Beziehungen zu Headhuntern aufgebaut zu haben. Außerdem könnte auch etwas innerhalb des Unternehmens passieren, das sich auf die Freude an der Arbeit auswirken konnte. Das Produkt könnte floppen, oder sie könnten einen neuen Vertriebsleiter bekommen, mit dem er nicht zurechtkäme. In diesem Fall würde es eine rationale Entscheidung über das Bleiben oder Gehen wesentlich einfacher machen, die verfügbaren Optionen zu kennen.

Und es könnte sich auch gar nichts ändern. Er könnte weiterhin einen tollen Job haben und ihn gern ausüben, aber wenn er nicht gelegentlich mal bei diesen Headhuntern die Fühler ausstreckte, würde er nie herausfinden, ob es nicht noch etwas Besseres gab.

An dieser Stelle sind Ameisen dem Menschen wirklich überlegen, denn eine Ameise hätte mir so eine Frage nie gestellt. Sie würde die Anrufe einfach entgegennehmen.

Anmerkungen aus der Londoner U-Bahn

Pendler sind wie Ameisen: Wenn sie in einen anderen Ort ziehen oder eine neue Stelle an einem neuen Standort antreten, fangen sie an, alle möglichen verschiedenen Wege zur Arbeit zu erforschen, um die effizienteste Route zu ermitteln. Doch wenn sie einmal eine gefunden haben, wird diese – anders als bei den Ameisen – rasch zum Status quo, und von da an nehmen sie jeden Morgen und jeden Abend denselben Weg und stellen die Suche nach Alternativen ein.

Es sei denn, sie werden dazu gezwungen.

So wie es 2014 vielen der zwei Millionen Menschen erging, die täglich zwei Fahrten mit der Londoner U-Bahn machen (die auch als »Tube« bekannt ist). Die Tube umfasst elf Linien, 270 Stationen und über 400 Schienenkilometer, das heißt, es gibt viele unterschiedliche Arten, um von A nach B zu gelangen.

Im Januar 2014 rief Großbritanniens größte Transportgewerkschaft zu einem 48-stündigen Streik auf, der am Dienstagabend des 4. Februars beginnen sollte. Als der Streik aufgenommen wurde, wurden 171 der 270 U-Bahn-Stationen für diese beiden Tage geschlossen. Das heißt, viele Pendler waren gezwungen, alternative Strecken zu finden.

Was geschah also, als viele dieser Pendler nur für zwei Tage einen neuen Weg zur Arbeit finden mussten? Shaun Larcom aus Cambridge sowie seine Kollegen Ferdinand Rauch aus Oxford und Tim Willems vom Internationalen Währungsfonds werteten die Daten aus, um die Antwort auf diese Frage eines erzwungenen Ausstiegs zu finden.

Sie stellten fest, dass viele Leute vor dem Streik einen Umweg gemacht hatten, um zur Arbeit zu kommen. Es mag überraschend sein, dass so viele Pendler nicht die kürzestmögliche Strecke gefunden hatten, aber wenn Sie mal einen Blick auf den Plan der Londoner U-Bahn werfen, verstehen Sie es.

Der Plan ist eindeutig nicht maßstabgerecht. Seine Einfachheit, Strukturiertheit und Symmetrie machen ihn zu einer der am besten lesbaren Nahverkehrsübersichten, aber es ist unmöglich, damit die Distanz oder die Fahrtzeit von A nach B mit verschiedenen Linien zu ermitteln.

Bei diesem großen Einbruch mussten 70 Prozent der Pendler für zwei Tage einen anderen Arbeitsweg finden. Nach Beendigung des Streiks blieben etwa 5 Prozent bei ihrer neu entdeckten Fahrtstrecke. Diese Menschen hatten ihre Fahrtzeit im Durchschnitt um über sechs Minuten pro Fahrt verringert. Bei einer durchschnittlichen Fahrtzeit von 32 Minuten verringerten die Dauerwechsler ihre Fahrzeit um etwa 20 Prozent, das heißt, sie sparten zwölf Minuten täglich, eine Stunde pro Woche und vier Stunden im Monat ein.

Diese Alternativstrecken hatten die Pendler die ganze Zeit direkt vor der Nase gehabt. Aber sie mussten erst gezwungen werden, ihre übliche Strecke aufzugeben, um eine bessere zu ermitteln.

Stellen Sie sich nur vor, wie viele Menschen gewechselt hätten, wenn der Streik länger gedauert hätte und sie länger als zwei Tage hätten explorieren müssen. Das ist eine wertvolle Lektion darüber, warum wir auch dann explorieren sollten, wenn wir nicht dazu gezwungen werden. Viele Londoner haben diese Lektion anscheinend gelernt, denn die Forscher stellten fest, dass neben den 5 Prozent, die dauerhaft wechselten, die Pendler selbst nach dem Streik noch verstärkt Alternativstrecken erforschten.

Durch den Zwang zum Aufhören begannen die Pendler, sich mehr wie Ameisen zu verhalten.

Nur ein Tag

Mike Neighbors ist ein legendärer Basketballtrainer für weibliche Universitätsmannschaften. Seine Errungenschaften während seiner ersten acht Spielzeiten als Cheftrainer (2013 bis 2021), darunter vier Jahre an der University of Washington und vier an der University of Arkansas, sind praktisch unerreicht von Trainern der NCAA Division I in dieser Stellung: 176 Siege (das zweitbeste Ergebnis aller Zeiten) und sechs Spielerinnen, die in die WNBA gedraftet wurden, was noch kein anderer Trainer innerhalb dieses Zeitraums geschafft hat.

Trainer Neighbors schreibt seinen Erfolg zu großen Teilen dem Aussteigen zu.

Nachdem er sich über zehn Jahre lang als Assistenztrainer an diversen Schulen hochgearbeitet hatte, bekam er schließlich 2013 seine Chance als Cheftrainer an der University of Washington. Er übernahm eine Liga, in der die studentischen Sportlerinnen an sechs Tagen wöchentlich spielten oder trainierten, was für Universitäts-Basketballteams der Status quo war. Die NCAA verlangt, dass Spieler der Division I mindestens einen sportfreien Tag pro Woche bekommen sollen, und praktisch jeder NCAA-Trainer behandelt diese Minimal- als Maximalanforderung.

Nach vielen sieglosen Jahren waren die Huskies in den vorangegangenen zwei Spielzeiten unter Trainer Kevin McGuff (der Neighbors als Co-Trainer holte) wieder auf die Beine gekommen. Als McGuff als Cheftrainer an der Ohio State anfing, oblag es Neighbors, die steigenden Erwartungen zu erfüllen.

Sofort geriet seine Mannschaft ins Schlingern, verlor die ersten beiden Spiele, darunter eine furchtbare Niederlage von 91:77 im Eröffnungsheimspiel gegen die University of Portland, ein Team, das die Huskies im Jahr zuvor unter Trainer McGuff um 20 Punkte geschlagen hatten.

Sie wurden ein bisschen besser und gingen mit 6:4 in die Weihnachtspause, aber Neighbors war klar, dass er noch mehr Veränderungen vornehmen musste. Kleine Verletzungen häuften sich, und er erkannte, dass seine Sportlerinnen in Anbetracht der Trainingsintensität bei den Spielen nicht Vollgas geben konnten.

Während der Pause hatte er die Zeit und den Freiraum, um über mögliche Umwälzungen nachzudenken, und als er quer über den Kontinent zurück nach Washington flog, entschied er sich zu einer drastischen Veränderung.

Er beschloss, einen weiteren Trainingstag pro Woche wegzunehmen, seinen Spielerinnen also zwei freie Tage statt einem zu gewähren.

Für diesen unkonventionellen Schritt entschied er sich, weil seine Mannschaft von Verletzungen heimgesucht wurde. Sie waren körperlich ausgelaugt, und er wusste aus all seinen Jahren als Assistenztrainer, dass die Verletzungen sich mit Fortschreiten der Spielzeit häufen würden. Er vermutete, der zusätzliche Erholungstag würde seinen Spielerinnen mehr Zeit auf dem Platz geben, wenn es am meisten darauf ankam – während der Spiele.

Um zu verstehen, wie kühn diese Entscheidung war, müssen Sie sich bewusst machen, dass kein anderer Trainer der Division I dies tat. Es war Ende 2013, lange bevor der Begriff Selbstfürsorge in Mode kam. Er wusste, er ging ein Risiko ein, und er würde die Schuld tragen, wenn es nicht klappte. Doch wenn die Huskies und seine Trainerkarriere untergingen, so drückte er es aus, dann gingen sie wenigstens auf seine Weise unter.

Während die meisten Trainer versuchten, jede Sekunde Trainingszeit aus ihren Spielern herauszuquetschen, die die NCAA-Regeln ihnen durchgehen ließ, schockierte Coach Neighbor nach der Rückkehr der Huskies aus der Weihnachtspause mit der Verkündung seines Plans, der Mannschaft einen zusätzlichen freien Tag zu gewähren.

Sofort wurde er aus allen Richtungen kritisiert. Aus der Herrenliga hieß es: »Die geben einfach auf. Die bemühen sich nicht mal.« Als er seine Mentoren in seinen Plan einweihte, sagten sie: »Mann, wenn Sie das machen, werden Sie entlassen.« Sein Spitzen-Neuzugang und beste Spielerin, die Erstsemester-Studentin Kelsey Plum, attackierte ihn für seine Entscheidung: »Wir trainieren nicht genug. Das ist doch verrückt. Das wird nicht funktionieren.«

Plum änderte ihre Meinung, und ihre Mannschaftskameradinnen stimmten ihr vollkommen zu, als sie die Veränderungen bemerkten, beginnend mit einem Spiel im nächsten Monat gegen die auf Platz 3 rangierende Stanford-Mannschaft, die sie im Jahr zuvor um 35 Punkte geschlagen hatte. Jetzt, bei Neighbors erstem Spiel im nationalen Fernsehen, stoppten sie nach 62 Spielen ihre Pac-12-Gewinnsträhne mit einem schockierenden Umsturzsieg von 87:82.

Das war kein Glückstreffer. Washington spielte eine starke Saison, verdiente sich die Zulassung zur WNIT und gewann drei Spiele, ehe die Mannschaft im Viertelfinale ausschied. In seiner zweiten Spielzeit gelang den Huskies die Rückkehr in die NCAA-Ausscheidung. Ein Jahr später schafften sie es unter die Final Four. Im Abschlussjahr dieser Mannschaft waren sie eins der besten Teams landesweit, schlossen mit 29:6 ab und schafften die Sweet Sixteen. Jede Mannschaft gewann mehr Spiele als die Mannschaft im Jahr zuvor.

Als dieser Jahrgang seinen Abschluss machte, bat Neighbors Alma Mater, die University of Arkansas, ihn darum, eine Kehrtwende bei ihrer Damen-Basketballmannschaft vorzunehmen, und er wurde Cheftrainer der Razorbacks. In seinen ersten vier Spielzeiten an der Arkansas hatte die Mannschaft den größten Erfolgslauf ihrer Geschichte.

Der zusätzliche freie Tag machte die Mannschaften von Trainer Neighbor nicht weniger konkurrenzstark oder ließ sie weniger gewinnen. Sie fingen an, mehr Siege zu erzielen.

Und dieser zusätzliche freie Tag verschaffte ihnen nicht nur mehr Siege auf dem Spielfeld. Er gab den Spielerinnen auch Zeit und Raum, andere Gelegenheiten und Interessen auszuloten, die sie nicht hätten ausloten können, wenn sie einen weiteren Tag mit dem Training hätten verbringen müssen. Sie nutzten diesen Tag auf eine Art, die ihnen weit über ihre College-Basketball-Karriere hinaus zum Vorteil gereichte.

Es ist verblüffend, was man an einem einzigen Tag schaffen kann.

Manche Spielerinnen mit dem Ehrgeiz, in der WNBA zu spielen, so wie Kelsey Plum, verbrachten den zusätzlichen Tag im Fitnessstudio. Sie hatte später eine der größten College-Basketball-Karrieren aller Zeiten und war erster Pick beim WNBA-Draft von 2017.

Andere Spielerinnen nutzen die Zeit zum Lernen, was ihren Notendurchschnitt anhob und sich natürlich positiv auf ihre künftigen Berufsaussichten auswirkte. Einige erforschten neue potenzielle Berufslaufbahnen. Eine Spielerin arbeitete an ihrer Immobilienmaklerlizenz. Sie wurde eine der erfolgreichsten Maklerinnen der Region Seattle für den gehobenen Preisbereich. Eine andere Spielerin nutzte den freien Tag, um sich ein Praktikum bei Nike zu verschaffen. Nach ihrem Abschluss arbeitete sie dort weiter und stieg rasch im Unternehmen auf.

Viele Menschen glauben (besonders im Sport, aber auch in vielen anderen Bereichen), dass man sich fokussieren muss, um Erfolg zu haben, und einen Plan B zu haben, erhöhe nur die Wahrscheinlichkeit des Scheiterns. Doch Trainer Neighbors räumte mit dieser Vorstellung auf. Obwohl viele seiner Spielerinnen sich an ihrem Tag der Exploration einen Plan B zurechtlegten, wurden seine Mannschaften sogar noch besser.

Die Gelegenheiten diversifizieren

Trainer Neighbors traf die Entscheidung, seinen Spielerinnen einen zusätzlichen freien Tag zu geben, weil er Verletzungen verringern wollte, doch damit ging einher, dass seine Spielerinnen diese Zeit nutzen konnten, um ihre Interessen, Qualifikationen und Chancen zu diversifizieren. Das lässt sich mit dem vergleichen, was die Ameisen tun. Indem sie weiter explorieren, diversifizieren die Ameisen das Nahrungsquellenportfolio für die Kolonie. Diese Diversifizierung hilft, die Auswirkungen von Pech zu verringern. Wenn eine Nahrungsquelle versiegt, stehen ihnen bereits andere Optionen zur Verfügung.

Die Stärke der Diversifizierung ist in der Investmentwelt natürlich wohlbekannt. Investoren wollen aus denselben Gründen wie Ameisen ein diversifiziertes Portfolio, um die Auswirkungen auf ihren Nettoertrag zu verringern, falls eins der Investments danebengeht.

Das trifft nicht nur auf Investoren oder Ameisen zu. Wir alle können uns durch ein breit gefächertes Portfolio an Interessen, Qualifikationen und Chancen vor Ungewissheit schützen.

Gäbe es keine Ungewissheit und Sie wüssten ohne jeden Zweifel, wie die Dinge sich entwickeln, dann bräuchten Sie keine Diversifizierung. Ihre Nahrungsquelle stünde Ihnen immer zur Verfügung, und es wäre immer die beste. Ein Investment, nämlich das mit der sicheren höchsten Werterwartung, würde Ihnen in Ihrem Portfolio genügen. Sie würden sich immer nur den besten Arbeitsplatz aussuchen und diesen niemals verlieren.

Aber so ist die Welt natürlich nicht. Und deshalb sollten Sie die Anrufe des Headhunters annehmen. Weil diese Explorationsgespräche Sie schützen können für den Fall, dass das Unternehmen, bei dem Sie arbeiten, in die Insolvenz geht, oder dass Stellenkürzungen vorgenommen werden, oder dass Sie einfach merken, dass Ihr Job Ihnen keinen Spaß mehr macht.

Dass ich das Pokern in meinem Portfolio hatte, ermöglichte mir – wenn auch unbeabsichtigt –, dass ich mich mit etwas beschäftigen konnte, als ich meine akademische Laufbahn unterbrechen musste. Dass Stewart Butterfield Flickr und Slack in seinem Portfolio hatte, ließ ihn sich schnell von den Misserfolgen mit *Game Neverending* und *Glitch* erholen.

Wir alle sollten es uns zum Ziel machen, in jedem unserer Portfolios eine größtmögliche Diversifizierung von Interessen, Qualifikationen und Chancen herbeizuführen.

Das können Sie in Ihrem eigenen Leben auf alle möglichen Arten tun. Beispielsweise ist es eine gute Idee, an Ihrem Arbeitsplatz weitere Positionen zu explorieren, indem Sie um Teilnahme an allen Ihnen zur Verfügung stehenden Onboardings oder Schulungen bitten, solange sich das nicht negativ auf die Arbeit auswirkt, für die Sie in erster Linie zuständig sind.

Diese anderen Positionen auszuloten, nutzt Ihnen auf mehrere Arten. Es maximiert die Zahl der Stellen, für die Sie qualifiziert sind, und lässt Sie andere Laufbahnen ausprobieren, die Sie anderenfalls nicht in Betracht gezogen hätten. Wenn Ihr Arbeitsplatz dann aus irgendwelchen Gründen verschwindet, haben Sie mehr Möglichkeiten, denen Sie sich zuwenden können.

Manchmal entdecken Sie vielleicht, dass Ihnen eine andere Position besser gefällt als Ihre gegenwärtige. Mit den durch Exploration entwickelten neuen Qualifikationen in Ihrem Portfolio können Sie leichter in diese neue Position wechseln.

Dasselbe Prinzip greift auch bei Ihrer Ausbildung. Gehen Sie nicht mit der festen Vorstellung eines bestimmten Hauptfachs an die Uni. Erwägen Sie mehrere Fächer, deren Inhalte oder zukünftigen Berufsaussichten Sie interessieren könnten. Wenn Sie Ihre Seminare auswählen, nehmen Sie diejenigen, die den Anforderungen für möglichst viele Fächer entsprechen. Damit maximieren Sie die Anzahl der Ihnen zur Verfügung stehenden Optionen und diversifizieren Ihre Qualifikationen. Wenn Sie die Wahl zwischen zwei Hauptfächern haben, nehmen Sie das, mit dem Ihnen die meisten Karrieremöglichkeiten offenstehen.

In Ihrem ersten Studienjahr sollten Sie im Wesentlichen so viele Fächer wie möglich »daten«. Was persönliche Beziehungen angeht, so hilft Ihnen diese Explorationsphase (Dating), bessere Entscheidungen darüber zu treffen, an wen Sie sich letztlich binden. Doch im Gegensatz zu einer festen Beziehung sollte Ihr Maß an Exploration in praktisch allen anderen Bereichen, ob Ausbildung, Karriere, Hobbys oder sogar der Arbeitsweg, niemals auf null sinken.

Diversifikation ermöglicht Ihnen nicht nur eine weichere Landung, wenn Sie zum Aufgeben gezwungen sind. Sie hilft Ihnen auch, rationalere Entscheidungen über die Abkehr von etwas zu treffen, das sich nicht länger weiterzuverfolgen lohnt. Denn es ist leichter, einer Sache den Rücken zu kehren, wenn man weiß, worauf man *zugeht*.

Andere Optionen verfügbar zu haben, nimmt einen Teil der Ungewissheit darüber, was als Nächstes kommen soll, die Sie vom Aufgeben abhalten kann.

Philips hat bewiesen, um wie viel leichter das Aufhören ist, wenn man mehr darüber weiß, wohin man sich wendet. Vor über hundert Jahren hatten die Gebrüder Philips eine Innovationsschmiede gegründet, sodass sie ihr Portfolio durch die Entwicklung neuer Produkte und Technologien diversifizieren konnten. Diese Schmiede brachte das Unternehmen auf den Weg zur Medizintechnologie. Indem es die Diversifizierung seines Produktportfolios fortsetzte, konnte es geringerwertige Gelegenheiten loslassen, darunter das Kerngeschäft mit den Leuchtmitteln, und sich den besseren zuwenden, die es auf diesem Weg entdeckt hatte.

Hier gilt natürlich dasselbe wie für alles andere, was das Abbruchverhalten verbessert: Nur weil Ihr Portfolio diversifiziert ist, heißt das noch lange nicht, dass Sie auch gute Entscheidungen darüber treffen, wovon Sie ablassen und was Sie weiterverfolgen. Schließlich hat Sears ein lukratives und wachsendes Finanzdienstleistungsimperium aufgebaut, das es abzustoßen beschloss, um sein strauchelndes Einzelhandelsgeschäft zu retten.

Andere Möglichkeiten zu haben, gibt Ihnen aber wenigstens die Chance, bessere Entscheidungen darüber zu treffen, womit Sie aufhören und woran Sie festhalten. Wenn Sie immer weiter neue Gelegenheiten ausloten, um die Diversifizierung Ihres Portfolios zu erhöhen, hilft Ihnen das, wenn Sie zum Aufhören gezwungen werden, wenn das, was Sie tun, sich nicht mehr weiter zu tun lohnt, und wenn etwas gut läuft, lässt es Sie erkennen, ob sich eine bessere Möglichkeit bietet.

Aus welchen Gründen Sie auch mit etwas aufhören mögen, Sie müssen sich jedenfalls immer vergegenwärtigen, dass das, was Sie für Ihren Plan B halten, oft zu Ihrem Plan A wird.

Der große Rückzug

Im März und April 2020, als Covid-19 die Vereinigten Staaten eiskalt erwischte, erzeugte die Pandemie einen riesigen erzwungenen Abbruch. Innerhalb dieser zwei Monate verloren 20 Millionen Menschen ihre Arbeit, zeitweise waren es 1 Million pro Tag.

Für die rund 28 Millionen Amerikaner, die im Einzelhandel, im Beherbergungsgewerbe und in der Gastronomie beschäftigt sind, hörte die Arbeit einfach auf. Es gab keine Kunden mehr. Eine riesige Anzahl dieser Unternehmen schloss vorübergehend oder dauerhaft. Viele andere mussten ihre verbleibenden Beschäftigten entlassen, zwangsbeurlauben oder ihre Stundenzahl drastisch kürzen. Die Ungewissheit für diese Arbeitskräfte und Betriebe blieb bis Ende 2020 äußerst groß.

Als die Menschen sich wieder wohler damit zu fühlen begannen, in Läden, Hotels und Restaurants zurückzukehren, hätte man annehmen sollen, dass nach all dieser Ungewissheit die Entlassenen voller Eifer zu ihrer Arbeit zurückkehren würden. Doch etwas Überraschendes war geschehen. Ab April 2021 gab es eine zweite Welle von Massenkündigungen, nur dass sie diesmal von den Beschäftigten ausging.

Der große Rückzug hatte begonnen.

Im April kündigten fast 4 Millionen Menschen freiwillig ihre Stelle, die höchste Zahl, seit das Amt für Arbeitsstatistik 2001 mit seiner Zählung begonnen hat. Die höchste Kündigungsrate fand sich bei den Beschäftigten im Dienstleistungsbereich, genau jenen, die zu Beginn der Pandemie zum Gehen gezwungen worden waren. Über 1,3 Millionen dieser Arbeitskräfte hörten im April auf. Mit anderen Worten, nur allein in diesem Monat nahm einer von zwanzig Beschäftigten in Dienstleistungsberufen seinen Hut.

Fast ebenso viele Mitarbeiter in diesem Bereich kündigten im Mai. Ein neuer Kündigungsrekord wurde im Juni erreicht und im Juli erneut übertroffen. Und dann noch einmal im August.

Warum kündigten so viele Menschen, die während der Pandemie ihre Arbeitsplätze verloren hatten, gerade dann, als die Stellen wieder da waren?

Auf Grundlage dessen, was wir in diesem Buch über Ausstiegsentscheidungen gelernt haben, können wir ein paar Mutmaßungen anstellen.

Erstens waren die Menschen, die zu Beginn der Pandemie ihre Arbeit verloren hatten, gezwungen, andere Optionen auszuloten, mit denen sie ihren Lebensunterhalt verdienen konnten, was sie im Allgemeinen unter anderen Umständen nicht getan hätten. Das gab ihnen ein besseres Gefühl für den Arbeitsmarkt und ließ sie Chancen erkennen, die sie sonst vernachlässigt hätten.

Zweitens ermöglichte es ihnen auch, ihre eigenen Präferenzen neu zu erkunden. So wie Maya Shankar herausfand, dass sie nicht gern allein arbeitete, ließ die Kündigung sie die Frage stellen, was ihnen an der Arbeit gefallen hatte und was nicht. Wollten sie am Arbeitsplatz physisch präsent sein oder lieber von zu Hause aus arbeiten? Wollten sie ihre Arbeitszeit flexibler gestalten können? Mochten sie ihre Arbeit? Fanden sie sie erfüllend? Gab es etwas, das sie zufriedener machen würde? Man könnte meinen, dass die Menschen sich die ganze Zeit solche Fragen stellen, aber oft muss man erst zum Aufhören gezwungen werden, ehe man genauer hinschaut.

Drittens hat man als derzeit Beschäftigter ein offenes mentales Konto. Die Kündigung veranlasste all diese Menschen, die Konten zu schließen. Wir wissen, dass es schwer ist, zu gehen, wenn man ein Konto offen hat. Man fühlt sich wie ein Versager, als wäre man gescheitert oder hätte aufgegeben. So viele kognitive Kräfte arbeiten gegen einen. Aber als diese Massenkündigungen stattfanden, schlossen die Menschen, die zum Gehen gezwungen wurden, diese mentalen Konten und machten Tabula rasa.

Wenn Ihnen so etwas passiert, wird Ihr Katamari wieder zu einem kleinen Klumpen. Jetzt sind Sie eher so wie die Ameisen, die ein neues Territorium betreten und die Gegend erkunden, um zu sehen, was es alles gibt.

Durch den erzwungenen Abbruch von allen Lasten befreit, war es für die Entlassenen leichter, sich zu fragen: »Wie gut gefällt mir eigentlich das, was ich da mache?« Es fiel ihnen auch leichter, diese Frage rational zu beantworten, vor allem weil sie im Wesentlichen gezwungen waren, Alternativen auszuloten. Viele Menschen fanden heraus, dass sie ihre Tätigkeit nicht weiterführen wollten, und sie wollten sich neuen Gelegenheiten zuwenden.

Sie können natürlich nur zu etwas Neuem wechseln, wenn es Wechselmöglichkeiten gibt, und mit dem großen Rückzug ging die große Neueröffnung einher. Als alles wieder aufmachte, wurde ein neuer Rekord in der Schaffung von Arbeitsplätzen aufgestellt. Für diejenigen, die hatten wechseln wollen, gab es eine Menge Möglichkeiten.

Die große Wiedereröffnung schuf ein viel stärker diversifiziertes Portfolio an Gelegenheiten für Menschen, die danach Ausschau hielten.

Das beschleunigte das Wachstum neuer Arbeitsplätze in vielen Branchen, doch die Kündigungs- und Wechselwelle war stärker bei denjenigen ausgeprägt, die zu Beginn der Pandemie gezwungen worden waren, ihre Stelle aufzugeben. Genau wie die Passagiere der Londoner U-Bahn, nachdem alle Stationen wieder bedient wurden, suchten diejenigen, die ihre Stelle verloren hatten, auch dann online weiter, als diese Stellen wieder zurückgekommen waren.

Sie lernten die Lektion, die die Ameisen perfekt beherrschen: *Warte mit dem Erkunden von Alternativen nicht, bis du zum Gehen gezwungen wirst.*

Wenn wir auf uns selbst gestellt sind, neigen wir dazu, uns so stark auf unsere Tätigkeit zu fokussieren, dass es praktisch alles andere ausschließt. Nicht nur, dass wir keine anderen Möglichkeiten explorieren. Wir erkennen sie nicht mal, wenn sie direkt vor uns liegen. Wir werden kurzsichtig. Diese Unfähigkeit, andere Optionen zu erkennen, erschwert es zusätzlich zu all den anderen Kräften, welche die Waage manipulieren, unsere Tätigkeit zu wechseln, denn wie kann man schließlich zu etwas wechseln, von dem man nicht mal weiß, dass es existiert?

Mit dieser Kurzsichtigkeit werden wir uns als Nächstes beschäftigen.

Zusammenfassung Kapitel 10

- Wenn man zum Gehen gezwungen wird, fängt man an, neue Optionen und Chancen auszuloten. Man sollte aber damit anfangen, bevor man dazu gezwungen wird.
- Selbst wenn Sie einen Weg gefunden haben, an dem Sie festhalten möchten, explorieren Sie weiterhin. Die Dinge verändern sich, und was Sie jetzt gerade tun, ist in der Zukunft vielleicht nicht der beste Weg für Sie. Mehr Optionen zu haben, gibt Ihnen eine Wechselmöglichkeit, wenn der Zeitpunkt gekommen ist.
- Die Exploration hilft Ihnen, Ihr Portfolio von Qualifikationen, Interessen und Gelegenheiten zu diversifizieren.
- Ein diversifiziertes Portfolio bietet Ihnen Schutz gegen Ungewissheit.
- Ausweichpläne sind eine gute Sache, besonders weil sie sich als besser erweisen können als das, was wir bereits tun.

KAPITEL 11

Die Kurzsichtigkeit der Ziele

DER LONDON MARATHON VON 2019 WAR DER GRÖSSTE in der Geschichte dieses Events; über 42.000 Teilnehmer absolvierten die 42 Kilometer. Bei so vielen Teilnehmern überrascht es nicht, dass das Rennen voller ungewöhnlicher Geschichten und Errungenschaften war. Das Guinness-Buch der Rekorde vergab an diesem Tag achtunddreißig Titel, darunter »schnellster Marathon mit zwei durch Handschellen aneinandergeketteten Läufern (gemischt)«, »schnellster Marathon als Weihnachtsbaum verkleidet (männlich)« und, seltsamerweise vier Minuten langsamer als der Weihnachtsbaum, »schnellster Marathon als Baum verkleidet (männlich)«.

Und dann ist da noch die Geschichte von Siobhan O'Keeffe. O'Keeffe hatte vier Monate für das Ereignis trainiert und hoffte, es in ungefähr fünf Stunden zu schaffen. Nach 6 Kilometern fing ihr Knöchel an zu schmerzen und wurde immer schlimmer. Sie rannte trotzdem weiter und ignorierte die Signale, die ihr Körper ihr schickte.

Nach weiteren 6 Kilometern brach ihr Wadenbein in zwei Teile.

Warum rannte jemand mit wachsenden Schmerzen, wie O'Keeffe sie verspürte, so lange weiter, bis er sich das Bein brach?

Wenn jemand, der einen Marathon laufen will, *wüsste*, dass er sich nach 12 Kilometern das Bein bricht, sagt uns allen unsere Intuition, dass er gar nicht erst antreten würde. Und wenn man jemanden fragt, der bereits gestartet ist, ob er zu laufen aufhören würde, *bevor* er sich das

Bein bricht, da einer solchen Verletzung doch wohl erhebliche Schmerzen vorausgehen müssen, wäre seine Antwort ebenfalls ein deutliches Ja.

O'Keeffe verstößt gegen unsere Intuition. Und die Sache wird sogar noch seltsamer.

Die Mediziner rieten ihr, den Lauf abzubrechen – kein Wunder, immerhin war ihr Wadenbein durchgebrochen –, doch sie weigerte sich. Sie legte die letzten 30 Kilometer unter schier unerträglichen Schmerzen zurück und *beendete den Marathon* in 6:14:20.

Vielleicht halten Sie das für eine bizarre, schräge, abwegige Story, aber eigentlich ist sie gar nicht so ungewöhnlich, wie man meinen sollte. Genau genommen brach sich am selben Tag, beim selben Marathon und an derselben Stelle des Rennens ein *weiterer* Läufer den Fuß und legte damit die restlichen 30 Kilometer zurück. Steven Quayle war nach 12 Kilometern auf eine weggeworfene Wasserflasche getreten und hatte sich dabei den rechten Fuß, die Wade und die Hüfte verletzt. Die Schmerzen wurden schlimmer. Bei Kilometer 25 musste er zur Behandlung an einem Physiozelt anhalten, der erste von vier oder fünf solcher Stopps, ehe er in 3:57:33 durchs Ziel ging.

Vier Wochen später, beim Edinburgh Marathon, brach sich Mike Lewis-Copeland bei Kilometer 25 das Wadenbein. Der Schmerz war anders als alles, was er je erlebt hatte, aber er humpelte weiter, zog das Bein hinterher und bewältigte die restlichen 17 Kilometer, ehe er in 4:30 durchs Ziel ging.

Beim London Marathon von 2014 hatte Graham Colborne genau dasselbe getan wie Steven Quayle fünf Jahre später: Nach 12 Kilometern trat er auf eine Wasserflasche, brach sich einen Fußknochen und rannte die restlichen 30 Kilometer unter Höllenqualen weiter.

Eine rasche Google-Suche ergibt etliche solcher Geschichten nur allein vom London Marathon. Im Jahr 2012 brach sich Darren Oliver nach nur anderthalb Kilometern das Bein und rannte die restliche Strecke bis zum Ziel unter furchtbaren Schmerzen. Beim Marathon 2021 hatte Angie Hopson schon beim Start Schmerzen. Es wurde so unerträglich, dass sie nach 9 Kilometern anhalten musste, aber nur kurz. Sie legte die letzten 33 Kilometer zurück und stellte am nächsten Tag fest, dass sie dies mit einem gebrochenen Bein getan hatte.

Viele dieser Verletzungen widerfuhren passionierten Langstreckenläufern. Indem sie unter Schmerzen weiterliefen, riskierten sie nicht nur ihre Gesundheit oder den Schmerz einer noch schlimmeren Verletzung. Sie gefährdeten auch ihre Fähigkeit zum Trainieren und zur Teilnahme an weiteren Rennen, also etwas, das sie sehr liebten und dem sie in ihrem Leben Priorität einräumten. Sowohl Oliver als auch Hopson klagten darüber, wie lange sie würden aussetzen müssen, ehe sie wieder laufen konnten. Lewis-Copeland, der 2019 den London Marathon gelaufen war, ehe er sich in Edinburgh das Wadenbein brach, erkannte an, dass seine Erholung und Rehabilitation ihn von seinen Plänen abhalten würde, in diesem Jahr noch sechs weitere Marathons zu laufen.

Warum missachten diese Läufer ihren Schmerz bis zu dem Punkt, dass ihr Weitermachen zu Knochenbrüchen führt? Und warum laufen sie nach der Verletzung weiter und setzen ihre zukünftige Teilnahme an weiteren Rennen aufs Spiel?

Weil es eine Ziellinie gibt.

Ziellinien sind eine komische Sache. Entweder erreicht man sie oder nicht. Entweder hat man Erfolg, oder man scheitert. Es gibt nichts dazwischen. Der dabei zurückgelegte Fortschritt spielt kaum eine Rolle.

Wenn wir berücksichtigen, wie falsch unsere Intuition liegt, dass wir aufhören, wenn die Umstände deutlich machen, dass wir dies tun sollten, machen uns diese Marathonläufer verständlich, warum wir uns da so irren. Hat man das Rennen erst einmal begonnen, wird der Erfolg nur am Erreichen der Ziellinie gemessen. Und selbst ein gebrochenes Bein lässt uns nicht aufhören, wenn wir vor der Wahl stehen, zu versagen oder unter Schmerzen weiterzumachen.

Das Alles-oder-nichts-Problem

Die Vorteile der Zielsetzung sind wohlbekannt. Ziele definieren Ihre Richtung und geben Ihnen etwas, das Sie anstreben können. Sie motivieren Sie zum Durchhalten, wenn es anstrengend wird. Wiederholt wurde nachgewiesen, dass Ziele, die sowohl herausfordernd als auch spezifisch sind, einen härter arbeiten lassen und effektiver sind als schwammigere und allgemeinere Ziele. Wenn Sie sagen: »Ich will 25 Kilometer pro Woche laufen«, oder: »Ich möchte meinen Notendurchschnitt im nächsten Semester um eine halbe Note verbessern«, machen Sie mehr Fortschritte bei der Erreichung dieser Dinge, als wenn Sie sagen: »Ich möchte mehr laufen«, oder: »Ich will mir im Unterricht mehr Mühe geben.«

Aber nur weil das Setzen von Zielen viele Vorteile hat, heißt das noch lange nicht, dass es nicht auch Nachteile mit sich bringt. Wie Sie vielleicht bereits vermuten, sollten klar definierte Ziellinien mit einer Warnung versehen sein: *Achtung, Gefahr von eskalierendem Commitment.*

In einer Reihe von Veröffentlichungen stellten Maurice Schweitzer von der Wharton School, die damals an der University of Arizona tätige Lisa Ordóñez sowie mehrere andere Wissenschaftler wie Max Bazerman, Adam Galinsky und Bambi Douma die Behauptung auf, dass Ziele auch eine dunkle Seite haben. Sie verwiesen auf zahlreiche negative Folgen der Zielsetzung, von denen einige das rationale Ausstiegsverhalten beeinträchtigen. Im Besonderen verweisen sie auf den Alles-oder-nichts-Aspekt von Zielen, ihre Inflexibilität und dass sie möglicherweise dazu verleiten, andere verfügbare Chancen zu ignorieren.

Ein wiederkehrender Hinweis der Autoren lautet, dass Ziele uns zwar zu mehr Durchhaltevermögen verhelfen, dass Durchhalten aber nicht immer eine Tugend ist. Wie Sie bereits wissen, ist Beharrlichkeit gut, um schwierige, aber lohnenswerte Vorhaben umzusetzen, doch sie lässt einen auch an schwierigen, *nicht mehr* lohnenswerten Zielen festhalten.

Was Ziele so effektiv macht, ist zum Teil, dass sie Ihren Fokus auf die Ziellinie lenken und Sie zum Weitermachen motivieren. Die Dualität ist jedoch, dass Ziele Sie auch davon abhalten, in einer schlimmen Situation auszusteigen, weil sie Ihren Fokus auf die Ziellinie lenken und Sie zum Weitermachen motivieren.

Warum? Zum Teil weil sie nur »erreicht« oder »verfehlt« kennen.

Um zu begreifen, warum dieser Alles-oder-nichts-Faktor von Zielen Fortschritt verhindern und eskalierendes Commitment verstärken kann, machen wir mal ein Gedankenexperiment. Was fühlt sich schlimmer an? Wenn Sie gar nicht erst versuchen, einen Marathon zu laufen, oder wenn Sie es versuchen und nach 25 Kilometern abbrechen müssen? Im ersten Fall haben Sie nie für einen Marathon trainiert, sind nie bei einem gestartet und haben nie einen beendet. Sie laufen 0 Kilometer. Im zweiten Fall beschließen Sie, es zu versuchen, Sie trainieren, Sie gehen an den Start, und nach 25 Kilometern müssen Sie aufhören.

Ich glaube, wir neigen intuitiv alle dazu, dass der letztere Fall schlimmer ist, obwohl diese Version Ihrer selbst den Langstreckenlauf trainiert hat und tatsächlich 25 Kilometer eines 42-Kilometer-Rennens bewältigt hat, verglichen mit der Version Ihrer selbst, die den Hintern gar nicht erst vom Sofa hochbekommen hat.

Der Grund dafür, dass es sich schlimmer anfühlt, ist der: Wenn Sie es nicht versuchen, wenn Sie nicht an den Start gehen, ist die Nichterreichung der Ziellinie kein Scheitern, denn Sie haben sich dieses Ziel ja gar nicht erst gesetzt.

Die Alles-oder-nichts-Beschaffenheit von Zielen behindert Ihren Fortschritt, weil sie Sie davon abhält, mit etwas anzufangen, aus Angst, dass Sie es nicht beenden können. Kein Zweifel, die Person, die trainiert hat und 25 Kilometer eines Marathons gelaufen ist, ist fitter als jene Person, die gar nicht erst angefangen hat. Wenn Ihr Ziel eine bessere Fitness ist, dann hat die erste Person eindeutig mehr Fortschritte in diese Richtung gemacht.

Aber viele von uns lässt diese Angst vor dem Scheitern gar nicht erst anfangen.

»Wenn eine Olympia-Goldmedaille die einzige Möglichkeit zum Bestehen ist«, witzelte Richard Thaler, »will man eigentlich nicht mal einen ersten Gymnastikkurs machen.«

Haben wir uns erst mal ein Ziel gesetzt, so messen wir uns daran. Wenn wir einen Marathon laufen, ist alles außer 42,195 Kilometern ein Versagen. So verstärken Ziele die Eskalation des Commitments, denn alles diesseits der Ziellinie ist für uns inakzeptabel. Es spielt keine Rolle, was in der Welt oder in unserem Körper passiert. Wir wollen uns nur einfach nicht als Versager fühlen.

Wir rennen einfach weiter zur Ziellinie, bis wir uns das Bein brechen.

Das Problem unserer Abneigung gegen das Abschließen von Konten im Verlustbereich wird durch den Alles-oder-nichts-Aspekt von Zielen noch verstärkt. Sobald man sich ein Ziel setzt, gerät man sofort in die Verlustzone, zumindest im Verhältnis zur eigenen Entfernung von diesem Ziel. Sobald man die Startlinie überquert hat, hat man die Ziellinie nicht erreicht.

Wenn ein Wirtschaftsfachmann darüber spricht, in der Gewinn- oder Verlustzone zu sein, meint er damit, ob man im Vergleich zur Ausgangssituation gerade gewinnt oder verliert. Doch wie es so häufig der Fall ist, schert sich unsere Kognition nur sehr wenig um die Aussagen von Wirtschaftsfachleuten, wenn es um Ziele geht.

Im Verlustbereich zu sein, ist ebenso ein Geisteszustand wie alles andere. Wir sehen uns nicht in der Gewinnzone, obwohl wir weiter sind als zu Anfang, weil wir uns nicht daran messen, wie weit wir die Startlinie hinter uns gelassen haben. Wir messen uns nur daran, dass wir noch nicht die Ziellinie erreicht haben.

Weil wir mentale Konten nicht mit Verlusten abschließen wollen, rennen wir einfach weiter auf die Ziellinie zu, selbst wenn wir das Gefühl haben, unser Bein würde bald brechen, und sogar danach.

Wenn Sie 90 Meter vor dem Gipfel des Mount Everest umkehren, wird sich das wie ein Scheitern anfühlen. So müssen Rob Hall und sein Kunde Doug Hansen sich gefühlt haben, als sie 1995 so nah am Gipfel umkehrten, in dem Jahr, ehe die Expedition in Jon Krakauers Buch beschrieben wurde.

Egal, dass Hansen über 8500 Meter hoch geklettert war, etwas, das die meisten Menschen niemals geschafft haben.

Hansen beschrieb dieses Gefühl des Scheiterns im vorherigen Jahr gegenüber Krakauer sehr prägnant: »Der Gipfel wirkte sooo nah. Glaub mir, es ist seither kein Tag vergangen, an dem ich nicht daran gedacht hätte.«

Als Hall Hansen überredete, zurückzukommen und es noch einmal zu versuchen, ließ das die beiden in der Verlustzone starten. Sie eröffneten ein neues Konto, einen zweiten Versuch, den Everest zu besteigen, und jedes Nichterreichen des Gipfels würde ein erneutes Scheitern bedeuten.

Hall fühlte sich verpflichtet, Hansen diesmal die Ziellinie erreichen zu lassen, und so wartete er, der ansonsten als extrem methodischer Bergführer und Expeditionsleiter bekannt war, zwei Stunden am Gipfel auf Hansens Ankunft, bis die Umkehrzeit, die er für seine Kunden festgelegt hatte, längst vorüber war. Natürlich endete das mit einer Tragödie für die beiden.

Der Fortschritt auf dem Weg sollte eine Rolle spielen, doch wir wischen ihn beiseite, denn bei Zielen heißt es »erreicht« oder »verfehlt«, alles oder nichts, ja oder nein. Es werden keine Teilkredite gegeben.

Insgesamt kann dieser Alles-oder-nichts-Aspekt von Zielen den Fortschritt behindern, eskalierendes Commitment verursachen und uns davon abhalten, den auf unserem Weg erzielten Fortschritt als Erfolg zu betrachten.

Das Schlimme an der Sache ist, dass diese Ziellinien oft willkürlich sind.

Wenn man im Kontext eines 5K 5 Kilometer schafft, ist man erfolgreich. Läuft man aber genauso weit im Kontext eines Halbmarathons, ist das ein Versagen. Wenn man 21 Kilometer im Kontext eines Halbmarathons läuft, ist das ein Erfolg, im Kontext eines Vollmarathons dagegen hat man versagt. Und die erfolgreiche Bewältigung von 42 Kilometern wird zum Scheitern, wenn man einen Ultramarathon laufen wollte.

Wenn wir begreifen wollen, warum Sasha Cohen nach der Olympiade von 2006 drei Jahre lang unglücklich war, müssen wir uns nur den Alles-oder-nichts-Faktor von Zielen vor Augen führen. Ihre Ziellinie, die sie als Favoritin der Olympischen Spiele 2006 erreichen wollte, war die Goldmedaille. Sie scheiterte, als sie bei ihrer Kür ins Straucheln geriet und sich mit Silber zufriedengeben musste.

Es zählt wenig, die Zweitbeste auf der Welt zu sein, wenn das Ziel lautet, die Beste zu sein. Und so trat sie unglücklich bei Eiskunstlaufshows auf und hielt durch, um 2010 noch einmal zu versuchen, die Ziellinie zu erreichen. Als sie die Aufnahme in das olympische Team um zwei Plätze verfehlte und schließlich die Altersgrenze überschritten hatte, zwang sie das, dieses mentale Konto zu schließen. Sie fühlte sich von der Last befreit, die diese Alles-oder-nichts-Ziele ihr auferlegt hatten.

Ziele funktionieren, manchmal allerdings so gut, dass sie uns klare Signale ignorieren lassen, dass ihre weitere Verfolgung sich nicht lohnt. Wenn es bei einem Ziel um alles oder nichts geht, haben Sie im Grunde nur die Wahl, gar nicht erst anzufangen oder um jeden Preis am Ziel festzuhalten.

Dies trägt zum Paradox des Aufhörens bei. Das Schöne an einer Ausstiegsoption ist, dass sie uns leichter Entscheidungen unter ungewissen Umständen treffen lässt. Wann immer wir eine Entscheidung treffen, sei es, zu einem Rennen anzutreten, auf einen Berg zu steigen, ein Geschäft zu gründen oder eine Beziehung anzufangen, so treffen wir sie mit unvollständigen Informationen in einer stochastischen Welt. Wir werden vom Glück beeinflusst. Die Welt kann sich verändern. Wir können uns verändern.

Bei fast allem, das zu glauben oder zu tun wir uns entschließen, haben wir die Option, unsere Meinung zu ändern oder an irgendeinem zukünftigen Zeitpunkt auszusteigen. Wenn wir mit dieser Entscheidung konfrontiert sind, haben wir im Allgemeinen viel bessere Informationen als zu dem Zeitpunkt, da wir uns anzufangen entschlossen haben.

Doch diese Abbruchoption ist nur dann von Nutzen, wenn wir sie auch anwenden. Das Problem ist, dass wir es nicht tun, und hier sehen wir auch warum. Haben wir erst einmal begonnen, versetzen wir uns selbst in die Verlustzone. Wir haben unser Ziel nicht erreicht, der Fortschritt, den wir auf dem Weg gemacht haben, zählt praktisch nichts.

Das lässt uns weiter auf die Ziellinie zu rennen, zur Hölle mit dem gebrochenen Bein.

Feste Objekte in einer veränderlichen Welt

Verstärkt wird das Alles-oder-nichts-Problem noch dadurch, dass wir ein Ziel nur selten überarbeiten, nachdem wir es einmal festgelegt haben. Ziele werden eher gesetzt und dann vergessen. Die Ziellinie bewegt sich nicht.

Wenn es keine Ungewissheit gäbe und die Welt sich nicht veränderte, wäre das kein Problem, denn egal welchem Leitstern Sie zustreben, er wäre nicht nur genau der richtige Leitstern für Sie, sondern würde dies auch bleiben. Natürlich ist die Welt ungewiss und verändert sich. Das heißt, dass in Reaktion darauf auch unsere Ziele sich verändern sollten. Doch von uns festgelegte Ziele sind bemerkenswert unempfänglich für neue Informationen.

Wann immer wir ein Ziel setzen, gehen wir Kompromisse ein. Uns sind alle möglichen unterschiedlichen Dinge wichtig – Geld, Zeit mit der Familie, Zeit für Hobbys, Zeit für Freunde, die Gesundheit, anderen zu helfen und so weiter und so fort. Es gibt kein Ziel, das uns alles maximieren lässt, woran uns gelegen ist.

Naturgemäß räumen Ziele bestimmten Dingen, die uns wichtig sind, mehr Wert ein als anderen. Im Kern fragen wir uns: »Was will ich erreichen, und was bin ich dafür aufzugeben bereit?« Die Vorteile der Zielverfolgung werden die Kosten mutmaßlich überwiegen.

Ein Ziel ist der Ausdruck dieses Balanceakts. Mit anderen Worten, wir versuchen, unsere Werterwartung zu maximieren, und die Ziele, die wir uns setzen, sollen uns dabei helfen.

Wenn Sie sich beispielsweise das Ziel setzen, einen Marathon zu laufen, erwarten Sie, dass Sie manches bekommen und manches aufgeben. Es könnte Ihnen wichtig sein, etwas Schweres zu schaffen. Oder das Ziel spiegelt die Bedeutung wider, die Fitness für Sie hat. Oder vielleicht fühlt es sich für Sie wunderbar an, in der freien Natur zu laufen. Es können auch viele andere Dinge sein. Was man will und welche relative Wichtigkeit das besitzt, ist bei jedem anders.

Das gilt auch für das, was Sie im Hinblick auf andere Ihnen wichtige Dinge zu opfern bereit sind. Für einen Marathon zu trainieren, heißt natürlich, dass Sie Zeit mit Ihrer Familie oder Ihren Freunden opfern müssen oder andere Hobbys, die Ihnen Freude machen. Die meisten Menschen genießen das körperliche Wohlbefinden, und Sie werden das bis zu einem gewissen Grad eindeutig aufgeben müssen. Routinemäßige Erschöpfung und Verletzungen sind Teil des Trainierens und Ausübens von Langstreckenläufen. Sicher kalkulieren Sie auch ein, dass Sie einige Zeit draußen verbringen müssen, wenn es kalt ist oder regnet, und das manchmal frühmorgens, statt auszuschlafen.

Auch bei der beruflichen Zielsetzung nehmen Sie eine solche Kosten-Nutzen-Analyse vor. Wenn es Ihr Ziel ist, in die Führungsebene eines Fortune-500-Unternehmens aufzusteigen, räumen Sie bestimmten Dingen, die Ihnen wichtig sind (zum Beispiel Ihre Karriere oder Ihren Kontostand voranzubringen), Priorität ein gegenüber anderen Dingen, die Sie aufzugeben bereit sind (zum Beispiel einen gemütlichen Job zu haben, bei dem Sie keine Arbeit mit nach Hause nehmen müssen).

Ob explizit oder implizit, das von Ihnen gesetzte Ziel ist ein Stellvertreter für eine Werterwartungsgleichung, in der die Vorteile, die Sie zu erzielen versuchen, gegen die Kosten abgewogen werden, die Sie dafür tragen werden.

All das gehört zum Prozess der Zielsetzung. Doch was passiert mit der Kalkulation, wenn das Ziel festgelegt ist und Sie darauf hinarbeiten?

Nach der Festlegung eines Ziels wird es zum festen Objekt. Dieses Ding, das stellvertretend für etwas anderes steht, wird zum Objekt selbst. Das Ziel ist das, was wir zu erreichen versuchen, statt all der Werte, die wir bei seiner Festlegung ausgedrückt und ausbalanciert haben.

Das Ziel wird fixiert, obwohl all die Faktoren, die zu seiner Wahl geführt haben, sich weiterentwickeln. Die Bedingungen in der Welt verändern sich. Unser Wissen verändert sich. Unsere Gewichtung von Nutzen und Kosten verändert sich. Unsere Vorlieben und Werte verändern sich.

Würden wir erneut eine Kosten-Nutzen-Analyse vornehmen, während all diese Veränderungen geschehen, käme sicherlich ein anderes Ergebnis dabei heraus. Tun wir aber nicht.

Um das zu erreichen, was wir erreichen wollen, müssen wir darauf reagieren, wie die Welt ringsumher sich verändert und wie wir selbst uns verändern. Das würde bedeuten, unsere Ziele loszulösen, aber von selbst tun wir das nicht.

Die Kombination aus Alles-oder-nichts-Beschaffenheit und Festgelegtheit von Zielen lässt uns immer weiter auf die Ziellinie zurennen, selbst wenn sie gar nicht mehr das ist, das wir anstreben sollten.

Unflexible Ziele passen nicht gut in eine flexible Welt.

Jedes Ziel braucht mindestens ein »Außer«

Ziele sind wirkungsvolle Instrumente. Sie können es ermöglichen, Lohnendes zu erreichen. Doch nur allein die Tatsache, dass man ein Ziel hat, kann zu eskalierendem Commitment führen, bei dem man letztlich an einem Ziel festhält, das gar nicht mehr die beste Möglichkeit ist, um das zu erreichen, was man erreichen will.

Es ist natürlich zum Teil die Unveränderlichkeit von Zielen, die einen solchen Schaden anrichtet. Sobald wir ein Ziel festgelegt haben, erhalten wir neue Informationen. Die Welt verändert sich. Wir verändern uns. Wir trainieren bestimmte Affen. Flexiblere Ziele zu schaffen, ist eine Art, damit umzugehen.

Ein »Außer« ist etwas Mächtiges. Unseren Zielen ein paar wohlüberlegte Außers hinzuzufügen, lässt uns die Flexibilität erreichen, die wir brauchen, lässt uns besser auf die veränderlichen Bedingungen reagieren und verringert ein eskalierendes Commitment bei zum Scheitern verurteilten Vorhaben.

»Ich arbeite weiter an diesem Verkauf, *außer* ich kann keine Führungskraft in den Besprechungsraum kriegen.«

»Ich behalte meinen Arbeitsplatz, *außer* ich muss ständig Arbeit mit nach Hause nehmen oder fange an, morgens mit Bauchschmerzen zur Arbeit zu gehen, und dieses Gefühl hält an.«

»Ich entwickle dieses Produkt weiter, *außer* ich verfehle innerhalb der nächsten beiden Monate klare Benchmarks, die ich mit meinem Ausstiegscoach festgelegt habe.«

»Ich laufe diesen Marathon weiter, *außer* ich breche mir etwas.«

Deshalb sind K.-o.-Kriterien so wichtig. Wenn Sie sich ein Ziel setzen, erstellen Sie eine Liste von K.-o.-Kriterien, die Ihnen die notwendigen Außers liefern, um rationaler darüber zu entscheiden, wann der richtige Moment zum Aufhören gekommen ist.

Solche K.-o.-Kriterien könnten das umfassen, was das Wort schon andeutet, zum Beispiel ein Verhalten Ihres Chefs, das Ihnen seine Toxizität deutlich macht, oder steigende Zinsen, oder ein aufziehender Nebel, oder der Beginn einer Pandemie.

Oder sie könnten sich auf Ihre eigenen Veränderungen beziehen, sei es der Schmerz, den Sie spüren, bevor Ihr Wadenbein bricht, oder, wie in meinem Fall, eine Krankheit, an der Sie schon länger laborieren und die plötzlich akut wird.

Es kann auch sein, dass sich einfach Ihre Vorlieben ändern oder dass die Dinge sich ändern, die Ihnen wichtig sind. Dass eine Tätigkeit in der Dienstleistungsbranche nichts mehr für Sie ist. Oder dass der Sport, den Sie früher geliebt haben, Ihnen jetzt keinen Spaß mehr macht.

Damit diese Außers möglichst effektiv werden, müssen wir Vorbindungsverträge eingehen, die bestimmen, wie wir mit diesen K.-o.-Kriterien umgehen. Und um sicherzustellen, dass wir die Außers auswählen, die uns am schnellsten Auskunft darüber geben, ob das, was wir tun, sich überhaupt lohnt, müssen wir uns die Mühe machen, Affen und Podeste zu identifizieren.

Dies gemeinsam mit einem Ausstiegscoach zu tun, der Sie für diese Außers in die Pflicht nimmt, ist sogar noch besser.

Natürlich müssen die Außers im Vorfeld geplant werden. Sie versuchen, möglichst viele Szenarios vorauszusehen. Sie können aber nicht jeden Umstand vorausplanen, unter dem Sie dranbleiben, und jeden Umstand, unter dem Sie aussteigen würden.

Das heißt, Sie müssen immer wieder die Kosten-Nutzen-Analyse überprüfen, für die das Ziel ein Stellvertreter ist. Sie sollten in regelmäßigen Abständen evaluieren, ob die Werte, denen Sie Priorität einzuräumen versuchen, immer noch Priorität genießen, und ob die Werte, die Sie weiter unten ansiedeln, also die Kosten, die Sie tragen, immer noch lohnenswert sind. Solche Überprüfungen bieten auch die Gelegenheit, alte K.-o.-Kriterien noch einmal zu evaluieren und neue festzulegen.

Mit guten Außers können wir dem Drängen kurzfristiger Ziele entkommen, die uns eigentlich gar nicht bei der Erreichung unserer langfristigen Ziele helfen.

Wir gehen so leicht in die Falle und versuchen, nur eine einzige Pokerrunde zu gewinnen, oder dafür zu sorgen, dass wir nicht als Verlierer aus einem Spiel hervorgehen. Aber solche lokalen Ziele können uns davon abhalten, mit unserem Handeln die Realität abzubilden, dass das Leben ein einziges langes Spiel ist. Also zu versuchen, die Werterwartung über unsere gesamte Lebensdauer hinweg zu maximieren, wozu wir manchmal diese Zwischenziellinien aufgeben müssen.

Es gibt viele Außers, die man beim Pokern anwenden kann. Ich spiele weiter, außer ich habe einen bestimmten Geldbetrag verloren, oder außer neue Spieler sind in die Runde gekommen, die deutlich besser sind als die vorherigen, oder außer ich habe länger als eine bestimmte Zahl von Stunden gespielt, oder außer ich werde emotional oder müde oder krank. Außers können uns von den Kräften befreien, die uns kurzfristig weiterspielen lassen, auf der Jagd nach einem Gewinn, und stimmen unser Verhalten besser auf unsere langfristigen Interessen ab.

Mit etwas weiterzumachen, das sich nicht mehr lohnt, wird Sie daran hindern, die Vorteile zu erzielen, die der eigentliche Grund dafür waren, dass Sie sich dieses Ziel überhaupt gesetzt haben, oder es erlegt Ihnen mehr Kosten auf, als Sie ursprünglich zu tragen bereit waren.

Ihre Ziele sollten sich ändern, weil die Welt sich ändert und Sie sich ändern. Um mit all diesen Veränderungen Schritt zu halten, müssen Sie regelmäßig überprüfen, ob Sie noch auf dem kürzesten Weg zur Ziellinie sind oder ob Sie überhaupt am richtigen Ort laufen.

Fortschritte markieren

Erfolg nur als Überschreiten der Ziellinie zu definieren, ist eine ziemlich eingeschränkte Weltsicht.

Es ist nicht nur so, dass wir flexiblere Ziele setzen müssen. Wir selbst müssen auch flexibler werden beim Evaluieren von Erfolg und Misserfolg.

Die Art, wie wir Ziele als erreicht oder verfehlt betrachten, ist per definitionem unflexibel und strikt und lässt uns sämtliche erzielten Fortschritte geringschätzen oder vollständig ignorieren. Das heißt, um diesem Problem zu begegnen, müssen wir Möglichkeiten finden, um diese Fortschritte zu markieren, um das zu feiern, was wir auf dem Weg zur Ziellinie erreicht haben.

Wenn Sie versuchen, den Mount Everest zu besteigen, weil diese körperliche und mentale Herausforderung für Sie einen hohen Wert hat, haben Sie *objektiv* keinen Verlust erzielt, wenn Sie es bis zum Lager 1, 2, 3 oder 4 oder bis auf 90 Meter vor dem Gipfel schaffen, ganz gewiss nicht im Vergleich dazu, es gar nicht erst versucht zu haben.

Das entspricht natürlich nicht unserer subjektiven Erfahrung. Und das ist es, was wir ändern müssen.

Wir müssen eine Möglichkeit finden, von diesem Schema abzuweichen und uns nicht nur daran zu messen, wie weit wir von der Ziellinie entfernt sind. Wir müssen anfangen, stärker zu würdigen, wie weit wir es vom Startpunkt aus geschafft haben.

Wenn wir das tun, ist eine Silbermedaille weniger enttäuschend, denn tatsächlich ist das eine gewaltige Leistung gemessen an dem, wo alle Eiskunstläufer mal angefangen haben. Das würde Sie erkennen lassen, welche Errungenschaft es ist, als Privatschüler von Itzhak Perlman angenommen zu werden oder, wie in meinem Fall, fünf Jahre auf Graduiertenniveau gearbeitet zu haben.

Es ist leichter, Ihre Fortschritte im Hinblick auf ein Ziel zu markieren und zu feiern, wenn das Ziel selbst nicht so sehr alles oder nichts ist. Manche Ziele haben nur einen geringen Wertertrag, wenn man sie nicht erreicht. Andere dagegen beinhalten viel Wertvolles, das man schon auf dem Weg dorthin schaffen oder lernen kann, egal ob man am Ende wirklich die Ziellinie überschreitet.

Das sind die Ziele, denen wir Priorität einräumen sollten.

Astro Teller hat das wirklich verstanden. Wenn er die Wahl hat zwischen einem Projekt, bei dem nur wenig Technologie oder Lernergebnisse aus dem Versuch hervorgehen, und einem, bei dem das Gegenteil der Fall ist, bevorzugt er das Projekt, dessen Umsetzung mehr Ergebnisse mit sich bringt.

Der Hyperloop ist ein Beispiel für ein Alles-oder-nichts-Ziel. Der Gleisbau war eine alte Technologie. Auch die Beschleunigung des Zugs und sein Betrieb bei hoher Geschwindigkeit waren etwas, das bereits umgesetzt worden war. Das zu schaffen, erforderte nichts Neues. Der Affe, ob man die Passagiere sicher ein- und aussteigen lassen konnte, war die technologische Herausforderung. Das Problem war, dass all diese Podeste gebaut werden mussten, ehe sie herausbekommen konnten, ob der Affe zu bewältigen war. Und wenn sie es nicht schafften, hätten sie nichts Neues gewonnen.

Anders dagegen ein Projekt wie Loon, dessen Mission es war, mithilfe von riesigen Ballons auch abgelegenen Regionen einen Internetzugang zu verschaffen. Es gab viele verschiedene Vorgehensweisen, um die Ballons mit dem Boden kommunizieren zu lassen. Eins der ersten Dinge, die ausprobiert wurden, war die Erfindung einer neuen Lasertechnologie. Wie sich zeigte, war das nicht die beste Lösung, daher wandte man sich einer anderen Methode zu, aber die entwickelte Lasertechnologie wurde für X sehr wertvoll bei einem späteren Projekt. Das Loon-Team aus Laserexperten wurde ein Teil von Taara, die an einer erheblichen Ausweitung von Telekommunikationsbandbreiten arbeiten.

Im großen Maßstab denkt Teller intensiv darüber nach, wie man eine Kultur schaffen kann, welche die Siege auf dem Weg feiert, die 5Ks und 10Ks und Halbmarathons, die wir laufen, selbst wenn wir die 42 Kilometer nicht schaffen.

Das ist eine wichtige Lektion für Führungskräfte im Allgemeinen, denn unsere Führung kann die Probleme verschärfen, die durch den Alles-oder-nichts-Faktor und durch die Unbeweglichkeit von Zielen hervorgerufen werden. Häufig begehen Führungskräfte den Irrtum, ihre Mitarbeiter nur aufgrund dessen zu bewerten, ob sie ein Ziel erreicht haben oder nicht. Damit erhöhen sie das Potenzial für eskalierendes Commitment.

Wenn Vorgesetzte Erfolg nur daran bemessen, ob das Ziel erreicht oder die Deadline eingehalten wird, lernen ihre Mitarbeiter schnell, dass sie die Ziellinie um jeden Preis überschreiten müssen. Sie melden sich nicht zu Wort, wenn sie den Eindruck haben, das Ziel sei nicht mehr lohnenswert. Sie wollen nicht aufgeben, selbst wenn die Situation das eigentlich erfordern würde, weil die Führung das als Versagen bewerten würde.

Eine der schönen Eigenschaften der Außers ist, dass sie Ihnen einen anderen Weg zum Erfolg verschaffen. Gut ausgewählte K.-o.-Kriterien bedeuten, dass Sie gewinnen können, indem Sie ein Ziel erreichen *oder* indem Sie erfolgreich diese K.-o.-Kriterien einhalten. Zum richtigen

Zeitpunkt aufzuhören, ist eine wertvolle Errungenschaft. Das Befolgen eines Außers ist eine Möglichkeit, dies umzusetzen.

Die Außers, die wir den von uns gesteckten Zielen hinzufügen, lassen uns nach dem Grundsatz »Der Prozess ist wichtiger als das Ergebnis« leben. Das Ziel selbst ist ergebnisorientiert, aber die Außers fokussieren sich auf den Prozess.

Zielbezogene Kurzsichtigkeit

Wir haben bereits gesehen, wie unsere einseitige Fixiertheit auf ein Ziel uns dazu bringen kann, deutliche Hinweise darauf zu übersehen, dass wir aussteigen sollten – deutlich zumindest für jemanden, der nicht mittendrin steckt.

Doch es sind nicht nur diese Ziele, die uns Veränderungen ignorieren lassen, die uns auf unserem Weg begegnen oder die dabei mit uns selbst vorgehen. Ziele können auch eine Kurzsichtigkeit im Hinblick auf andere uns zur Verfügung stehende Wege auslösen, auf andere Chancen, denen wir stattdessen folgen könnten.

Sie sind bereits vertraut mit dem Problem der vernachlässigten Opportunitätskosten. Die Zielsetzung kann so eine Schwierigkeit verstärken. Sobald wir eine Ziellinie und den Weg dorthin festgelegt haben, werden wir kurzsichtig und schaffen es nicht mehr, andere mögliche Wege zu sehen oder andere Ziellinien, die uns bessere Dienste erweisen würden.

Wir erkennen sie nicht, und das ist nicht bloß eine Schwäche unseres peripheren Sehens.

Nur allein die Verfolgung eines Ziels kann dazu führen, dass wir nicht bemerken, was unmittelbar vor uns liegt. So ging es Stewart Butterfield, als er Slack vor der Nase hatte. Er konnte dieses Potenzial nicht würdigen, ehe er *Glitch* beendet und dieses Konto geschlossen hatte, was ihn zurück in den Explorationsmodus zwang. So ging es auch mir mit dem Pokern, das ich nicht als möglichen Berufsweg betrachten konnte, bis ich gezwungen war, meine Graduiertenlaufbahn zu verlassen.

Unser Leben ist besser, wenn uns ein größeres Portfolio an Qualifikationen und Möglichkeiten zur Verfügung steht. Die durch Ziele verursachte Kurzsichtigkeit schränkt die Größe dieses Portfolios ein, weil wir nicht nach Alternativen suchen oder sie nicht erkennen.

In dieser Hinsicht haben es Ameisen besser als Menschen, denn sie sind eine Kolonie, ein Zusammenschluss von zusammenarbeitenden Individuen. Das macht es Ameisen leichter, gleichzeitig zu explorieren *und* zu exploitieren. Einige der Ameisen folgen der Pheromonspur, während andere Ameisen neue Nahrungsquellen erforschen. Selbst wenn die Ameisen auf der Pheromonspur kurzsichtig sind, spielt das für die Kolonie keine Rolle, weil die anderen Ameisen sich immer noch umschauen.

Aber wir sind nur wir selbst. Sie sind nur eine Person. Haben Sie erst einmal eine Pheromonspur festgelegt, der Sie folgen, werden Sie kurzsichtig, was es Ihnen schwer macht, andere Chancen zu erkennen, die Ihre Ameisenfreunde ansonsten für Sie ausfindig machen würden.

Eine der bekanntesten Studien, die nachweist, dass die Fixierung auf eine Aufgabe oder ein Ziel einen im wahrsten Sinne des Wortes nicht sehen lässt, was man direkt vor sich hat, ist das Experiment des unsichtbaren Gorillas, das 1999 von den Harvard-Psychologen Daniel Simons und Christopher Chabris durchgeführt wurde. Die Teilnehmer sahen sich ein Video an, in dem eine Gruppe von Personen einen Basketball hin und her warf, und sollten die Pässe zählen.

Mitten während des Videos lief eine Frau in einem Gorillakostüm durchs Bild.

Nachdem die Aufgabe des Zählens von Ballwechseln erledigt war, wurden die Teilnehmer gefragt, ob sie irgendetwas Ungewöhnliches bemerkt hätten. Wenn sie Nein sagten, wurden sie gefragt, ob sie außer den sechs Spielern noch jemanden oder etwas anderes gesehen hätten. Sagten sie erneut Nein, wurden sie gefragt: »Haben Sie einen Gorilla durchs Bild laufen sehen?«

Über die Hälfte der Probanden (56 Prozent) beantwortete alle drei Fragen mit Nein.

Der Gorilla war unübersehbar für jeden, der sich einfach das Video anschaute, ohne die Anweisung, etwas zu zählen. Als die Forscher den

Teilnehmern das Video ein zweites Mal zeigten, waren sie tatsächlich schockiert, dass sie das nicht gesehen hatten.

Wenn sie den Gorilla direkt vor ihrer Nase nicht sehen konnten, was glauben Sie dann, was Ihnen alles entgeht, wenn Sie ein Ziel verfolgen?

Sie sollten wirklich auf der Hut sein vor dieser Kurzsichtigkeit, denn sie untergräbt das Erkennen der Sie umgebenden Chancen. Das ist ein weiterer Grund, warum die Entwicklung einer Explorationshaltung so wichtig ist. Sie müssen dafür sorgen, eine gute Sicht auf die Umgebung zu haben, die Anrufe von Headhuntern anzunehmen, andere Positionen auszuloten und ganz allgemein neue Dinge auszuprobieren, damit Sie Ihr Portfolio ergänzen und ausweiten können.

Auch Ausstiegscoaches können die Kurzsichtigkeit verringern, denn sie erkennen Ihre Chancen im Allgemeinen besser als Sie selbst.

Hören Sie auf, über Verschwendung nachzudenken

Wenn wir über die Hindernisse nachdenken, die ein Abbrechen so schwer für uns machen, erkennen wir, wie das Setzen von Zielen den Katamari vergrößert. Wir hassen es, mentale Konten mit Verlusten abzuschließen. Doch sobald wir uns ein Ziel setzen, bringen wir uns in die Verlustzone. Das trägt noch zu dem Durcheinander bei, das all die anderen Verzerrungen bewirken, welche die Waagschale zuungunsten des Aufhörens manipulieren.

Wir hängen an unseren Zielen, sie können leicht zu einem Teil unserer Identität werden. Sie werden der Status quo. Haben wir erst einmal angefangen, auf eine Ziellinie zuzulaufen, häufen sich die versunkenen Kosten in Form von Zeit und Mühe und Geld beim Bemühen, sie zu erreichen.

Wenn wir alles zusammenfassen müssten, das in diesem Buch besprochen wurde: Was uns das Aufhören so schwer macht, ist unsere Angst vor zwei Dingen – dass wir versagt haben und dass wir Zeit, Mühe und Geld verschwendet haben.

Wir müssen neu definieren, was »versagt« und »verschwendet« bedeuten.

Wenn wir uns sorgen, dass Aufhören ein Versagen bedeutet, *wobei* genau haben wir versagt? Wenn Sie etwas aufgeben, dem nachzugehen sich nicht länger lohnt, ist das kein Versagen. Es ist ein Erfolg.

Grundsätzlich stellen wir uns Versagen als ein Aussteigen vor dem Ziel vor, so wie beim Nichterreichen der Ziellinie. Aber ist es nicht eigentlich ein Versagen, wenn wir mit etwas fortfahren, das zu verfolgen sich gar nicht mehr lohnt? Wie können wir das neu definieren und das Versagen eher damit verknüpfen, dass wir es nicht schaffen, einem guten Entscheidungsprozess zu folgen?

Erfolg heißt, einem guten Entscheidungsprozess zu folgen, nicht nur eine Ziellinie zu überschreiten, besonders wenn es sich um die falsche handelt. Das bedeutet, die K.-o.-Kriterien angemessen zu berücksichtigen, auf unsere Ausstiegscoaches zu hören und zu erkennen, wie viel es zählt, dass wir auf unserem Weg Fortschritte gemacht haben.

Wir müssen auch neu definieren, was Verschwendung ist. Was bedeutet es, Ihre Zeit oder Ihr Geld oder Ihre Mühe zu verschwenden? Unser Problem ist, dass wir so etwas eher rückblickend betrachten. Wir haben das Gefühl, etwas aufzugeben bedeute, dass wir alles vergeudet haben, was wir darin investiert haben. Doch die Ressourcen sind bereits verbraucht. Sie können sie nicht zurückbekommen.

Wir müssen anfangen, die Verschwendung als bevorstehendes Problem zu betrachten, nicht als zurückliegendes. Das heißt, die wahre Verschwendung ist jede weitere Minute, jeder weitere Dollar oder jede weitere Mühe für etwas, das nicht mehr lohnenswert ist.

Wenn Sie es erst einmal so betrachten, erkennen Sie, wie viel Zeit Sie tatsächlich mit der Vorstellung vergeudet haben, ein Abbruch würde die bereits aufgewendete Zeit wertlos machen. Schauen Sie sich nur den kalifornischen Hochgeschwindigkeitszug an, in den immer weiteres Geld gepumpt wird aus Angst, dass die bereits darin investierte Zeit und die Steuergelder vergeudet sein könnten.

Wir müssen das Versagen neu definieren. Wir müssen die Verschwendung neu definieren. Aber letztlich müssen wir vor allem die Vorstellung des Aufhörens rehabilitieren.

Viele schwierige Dinge sind lohnenswert, und Durchhaltevermögen ist gut, um dranzubleiben, wenn das richtig ist. Doch viele schwierige Dinge sind auch nicht lohnenswert, und die Fähigkeit aufzuhören, wenn das richtig ist, ist ebenfalls eine Kompetenz, die zu entwickeln sich lohnt. Dieses Buch hat Ihnen hoffentlich die Mittel dafür an die Hand gegeben.

Sie gehen – wir alle gehen – letztlich den Weg mit der größten Werterwartung in unserem Leben. Zu *diesem* Weg wird eine Menge Abbruch gehören.

Im Gegensatz zur landläufigen Meinung brechen Gewinner häufig ab. So gewinnen sie.

Zusammenfassung Kapitel 11

- Ziele können die Erreichung lohnender Dinge ermöglichen, aber Ziele können auch die Wahrscheinlichkeit eines eskalierenden Commitments erhöhen, wenn wir eigentlich aussteigen sollten.
- Bei Zielen gibt es nur »erreicht« oder »verfehlt«. Entweder erreichen Sie die Ziellinie oder nicht, und der Fortschritt auf dem Weg dorthin spielt kaum eine Rolle.
- Betrachten Sie nicht nur, ob Sie das Ziel erreicht haben, sondern fragen Sie sich auch, was Sie auf dem Weg dorthin geschafft und gelernt haben.
- Setzen Sie Zwischenziele, und geben Sie den Zielen Priorität, die Sie Fortschritte auf dem Weg dorthin erkennen lassen oder etwas Wertvolles beisteuern, selbst wenn Sie das Ziel nicht erreichen.
- Festgelegte Ziele sind Stellvertreter für eine Werterwartungsgleichung, in der die Vorteile, die Sie zu erzielen versuchen, gegen die Kosten abgewogen werden, die Sie zu tragen bereit sind.
- Unflexible Ziele passen nicht gut in eine flexible Welt.
- Mit besserer Vorausplanung (etwa der Identifizierung von Affen und Podesten oder K.-o.-Kriterien) und der Hilfe eines guten Ausstiegscoachs können Sie Ziele flexibler gestalten, mindestens ein »Außer« festlegen und eine regelmäßige Überprüfung der Analyse einplanen, die Sie ursprünglich zu dieser Zielsetzung bewogen hat.
- Beim Aufhören fürchten wir uns im Allgemeinen vor zweierlei: dass wir versagt haben und dass wir Zeit, Mühe oder Geld verschwendet haben.
- Verschwendung ist ein bevorstehendes Problem, kein zurückliegendes.

Danksagung

Ich bin sehr dankbar für die Hilfe so vieler Wissenschaftler, Autoren, Innovatoren, Entrepreneure, Investoren und Führungskräfte, die mit mir über das Aufhören gesprochen haben und unglaublich großzügig mit ihren Erkenntnissen und ihrer Zeit waren: Stuart Baserman, Max Bazerman, Colin Camerer, Keith Chen, Ron Conway, David Epstein, Shane Frederick, Laurence Gonzales, Tom Griffiths, Alex Imas, Daniel Kahneman, Ken Kamler, Jennifer Kurkoski, Libby Leahy, Cade Massey, Michael Mauboussin, William McRaven, Michael Mervosh, Katy Milkman, Mark Moffett, Don Moore, Scott Page, Riley Post, Dan Raff, Eric Ries, Maurice Schweitzer, Ted Seides, Maya Shankar, Barry Staw, Hal Stern, Cass Sunstein, Joe Sweeney, Astro Teller, Phillip Tetlock, Richard Thaler, Tony Thomas, Richard Zeckhauser und Kevin Zollman.

Danke all denen, die bereit waren, mir ihre Geschichten zu erzählen – Geschichten, die mir mit ihren hart erkämpften Erkenntnissen bei der Entwicklung und Ausarbeitung meiner Ideen geholfen haben: Stewart Butterfield, Sasha Cohen, Mike Neighbors, Sarah Olstyn Martinez, Maya Shankar und Andrew Wilkinson. Danke auch an Barry Staw, der abgesehen von seinen übrigen Beiträgen zu diesem Buch viele Stunden mit mir verbracht hat, um das Narrativ seines überlebensgroßen Vaters Harold auszuarbeiten.

Ich möchte die Zusammenarbeit mit Katy Milkman, Ted Seides und Richard Thaler hervorheben. Katy und Ted haben während meiner Arbeit Entwürfe jedes Kapitels gelesen und mir die ganze Zeit hilfreiches Feedback und Ermutigung gegeben.

Richard hat außerdem viele Versionen des Manuskripts gelesen und Stunden mit mir auf Zoom verbracht, was mir bei der Straffung der in diesem Buch aufgeführten Konzepte geholfen hat, von denen so viele sehr stark auf seinen Arbeiten beruhen. *Quit* ist aufgrund dieser gedanklichen Partnerschaft um vieles besser geworden, wofür ich zutiefst dankbar bin.

Dank schulde ich auch Alex Imas, Daniel Kahneman, Barb Mellers, Don Moore, Dave Nussbaum, Ogi Ogas, Brian Portnoy, Barry Staw und Phillip Tetlock, die ebenfalls Entwürfe des entstehenden Werks gelesen und ihre unschätzbaren Anmerkungen dazu gemacht haben.

Ein Aspekt der Großzügigkeit meiner Freunde und Kollegen (und jener, die während der Arbeit an diesem Buch zu meinen Freunden wurden) war ihre Bereitschaft, mich mit anderen in Kontakt zu bringen, die sie bei diesem Vorhaben für hilfreich hielten. Danke an Josh Kopelman, der mich mit Stewart Butterfield, Ron Conway und Andrew Wilkinson bekannt machte; danke an Michael Mauboussin, der mich mit Sasha Cohen und Laurence Gonzales bekannt machte; danke an Richard Thaler, der mich mit Shane Frederick und Maya Shankar bekannt machte; danke an David Epstein, der mich mit Riley Post bekannt machte; danke an Max Bazerman, der mich mit Stuart Baserman bekannt machte; danke an Maya Shankar, die mich mit Jennifer Kurkoski bekannt machte, die mich wiederum mit Barry Staw und Astro Teller bekannt machte; danke an Ted Seides, der mich mit Michael Mervosh bekannt machte; und danke an Mark Moffett, der mich erneut mit Ken Kamler zusammenbrachte.

Dies ist mein drittes Buch mit denselben Stützpfeilern professioneller Unterstützung: Jim Levine, Niki Papadopoulos und Michael Craig. Wie bei den vorherigen beiden Vorhaben wäre dieses Buch ohne diese lieben Freunde nicht möglich gewesen.

Jim Levine hat dieses Projekt von Anfang an gefördert. Abgesehen von seiner offensichtlichen Klugheit, als mein Agent meine Interessen zu schützen und zu vertreten, hat er es irgendwie geschafft, fortwährend ermutigend und optimistisch zu sein und gleichzeitig mit Argusaugen alles im Blick zu behalten, das seiner Ansicht nach das Buch im Laufe seiner Entstehung besser machen würde.

Niki Papadopoulos hat dieses Buch als Lektorin bei jedem einzelnen Schritt geprägt. Ihre Aufmerksamkeit für Details ist fantastisch, und sie hat ein unglaubliches Gespür dafür, den Ablauf und die Organisation beim Schreiben zu verstehen und zu lenken. Ich vertraue vollkommen auf ihren Instinkt und ihr Urteil. Schlicht ausgedrückt: Niki versteht mich. Ich kann gar nicht genug betonen, wie wichtig das ist, um mich durch den erschöpfenden Entstehungsprozess eines Buches zu bringen, und ebenso wenig kann ich zum Ausdruck bringen, um wie viel besser dieses Buch ihretwegen geworden ist.

Ich bin Adrian Zackheim dankbar für seine begeisterte Unterstützung dieses Projekts, so wie allen in der Portfolio- und der gesamten Penguin-Random-House-Familie, einschließlich Kimberly Meilun und Amanda Lang.

Viel verdanke ich Michael Craig, der für die Produktion dieses Buches unschätzbar war. Er ist nicht nur ein guter Freund, sondern war auch unglaublich großzügig mit seinen Talenten als Lektor, Forscher, Testleser, Beitragender von Ideen und Beispielen, Zusammensteller und Organisator dieses Materials. Ich bin sicher, das Buch würde ohne ihn nicht existieren.

Dankbar bin ich auch meinem Forschungsassistenten Antonio Grumser und ebenso der Arbeit von Meghna Sreenivas zu Beginn dieses Projekts.

Dieses Buch hat enorm profitiert von den Beiträgen und dem Feedback, die ich von all den Unternehmen, Konferenzen, Fachgruppen und Führungskräften erhalten habe, die mich engagiert und mir die Gelegenheit gegeben haben, durch Beratung, Coaching, Vorträge und Seminare im Laufe der Jahre an meinen Ideen zu arbeiten. Ein besonderer Dank geht an die Leute bei mParticle, die eine hervorragende Illustration der K.-o.-Kriterien im Einsatz möglich machten und mir die Erlaubnis erteilten, das Unternehmen namentlich zu erwähnen.

Dieses Buch ist besser aufgrund der Erfahrungen, die ich bei der Arbeit für die Alliance for Decision Education gesammelt habe, ein Non-Profit-Unternehmen, das sich für die Einführung von Entscheidungsbildung in der Oberstufe einsetzt. Danke an den Geschäftsführer Joe Sweeney, sein gesamtes Team, den Vorstand, den Beirat, den Botschaftsrat, alle Gäste im *Decision Education Podcast* der Alliance und jeden, der die Organisation mit unterstützt.

Danke an Jenifer Sarver, Maralyn Beck, Luz Stable, Alicia McClung und Jim Doughan für die beständige, verzweifelt benötigte Hilfe, die sie mir beim Aufrechterhalten meines Berufslebens bieten.

Ich bin so dankbar für meine Familie, meinen Ehemann, meine Kinder, meinen Vater, meinen Bruder, meine Schwester und ihre gesamten Familien. Diese Menschen sind am meisten dafür verantwortlich, mich so glücklich zu machen, wie ich jemals war. Sie haben mich bei jedem mühsamen Schritt auf dem Weg unterstützt. Meine Dankbarkeit für sie lässt sich nicht in Worte fassen.

Ein letzter, finaler Dank geht an die verstorbene Lila Gleitman, meine Mentorin und beste Freundin. Bis zu der Woche, in der sie starb, erkundigte Lila sich nach diesem Projekt, fand das Thema spannend und war bereitwillig meine Gedankenpartnerin. Die Arbeit einer Mentorin lebt durch ihre SchülerInnen weiter, und ich hoffe, dass sie auf das fertige Projekt stolz gewesen wäre. Ich vermisse sie an jedem Tag.

Endnoten

1 Die Psychologen Hal Arkes und Catherine Blumer haben diesen Fall 1985 in einer bahnbrechenden Arbeit über den Effekt der versunkenen Kosten dokumentiert.

2 Befristete Stelle mit der leistungsabhängigen Zusicherung einer festen Laufbahn (Anm. d. Übers.)

3 Jedes Jahr nach Saisonende der NBA (National Basketball Association) wird der NBA Draft veranstaltet. Hier können die Teams der Liga die Rechte (Picks) an den besten Nachwuchsspielern erwerben. Das Besondere: Die schlechtesten Teams der Saison bekommen die höchsten Picks und dürfen als Erstes einen Spieler auswählen (»High Draft Pick«), die Topteams sind zum Schluss an der Reihe (»Low Draft Pick«) (Anm. d. Redaktion).

4 Wie Mauboussin und Callahan in ihrem Artikel bemerkten, wurden viele der Strategien, an die die Mannschaften sich nur langsam angepasst haben, 2020 in einer Rede Richard Thalers bei der MIT Sloan Sports Analytics Conference behandelt. Thaler sprach unter anderem über die Dreipunktwürfe und die Zwei-für-eins-Gelegenheiten der NBA, über Bunts und Stolen Bases der MLB sowie über Fourth-down-Decisions und Draft Picks der NFL.

5 Optimales Aufhören ist ein Explorations-Exploitations-Problem. Wie lange sollte man Alternativen ausloten, ehe man sich für eine entscheidet? Wenn Sie beispielsweise eine Wohnung suchen, was ist die optimale Zahl an Wohnungen, die Sie besichtigen, ehe Sie aufhören und sich für eine entscheiden? Optimales Aufhören ist nicht Thema dieses Buches. Das ist eher ein Problem der Spieltheorie und keins der kognitiven Probleme, auf die dieses Buch den Schwerpunkt setzt. Doch wenn Sie sich für solche Problemstellungen interessieren, empfehle ich sehr *Algorithms to Live By* von Brian Christian und Tom Griffiths.

Prolog

Muhammad Ali
Über die wichtigsten Ereignisse in Muhammad Alis Karriere als Boxer und sein Leben danach wurde ausführlich berichtet. Neben vielen anderen Quellen finden Sie diese Fakten in den folgenden Büchern über Ali: Jonathan Eig, *Ali: A Life* (Boston: Mariner, 2017); Dave Hannigan, *Drama in the Bahamas: Muhammad Ali's Last Fight* (New York: Sports Publishing, 2016); Thomas Hauser, *Muhammad Ali: His Life and Times* (New York: Simon and Schuster, 1991); David Remnick, *King of the World: Muhammad Ali and the Rise of an American Hero* (New York: Random House, 1998); David West (Hrsg.), *The Mammoth Book of Muhammad Ali* (New York: Running Press, 2012).

Alis unrühmliches Aus gegen Trevor Berbick im Dezember 1981 auf den Bahamas ist das Thema von Hannigans gesamtem Buch. Zudem bieten auch die folgenden Quellen ähnliche und ein paar weitere Details über die Vielzahl von Problemen, die die letzte Vorstellung des größten Showmans in der Geschichte des Sports dominierten: BoxRec, »Trevor Berbick vs. Muhammad Ali« (einschließlich Zitaten aus der zeitgenössischen Berichterstattung über den Kampf), letzte Änderung 3. März 2016, boxrec.com/media/index.php/Trevor_Berbick_vs._Muhammad_Ali; Mark Heisler, »From the Archives: Ali's Last Hurrah Turns into Circus with Few Laughs«, Los Angeles Times, 5. August 2015 (Artikel ursprünglich erschienen am 12. Dezember 1981), latimes.com/sports/laspali-last-hurrah-19811212-story.html. Siehe auch Eig; Hauser; Remnick; West.

Muhammad Alis nachfolgende Parkinson-Diagnose und die Häufung all seiner körperlichen Beschwerden, vor allem zwischen dem Foreman-Kampf und dem Ende seiner Karriere, werden ausführlich in allen oben zitierten Büchern beschrieben.

Durchhalten vs. Aufgeben (inspirierende Zitate)
Die besonders inspirierenden Zitate werden den folgenden Berühmtheiten zugewiesen:

Babe Ruth: »Jemanden, der niemals aufgibt, kann man einfach nicht bezwingen.«

Vince Lombardi: »Wenn man erst mal gelernt hat aufzugeben, wird es zur Gewohnheit.« Und natürlich: »Wer aufgibt, gewinnt nicht, und wer gewinnt, gibt nicht auf.«

Bear Bryant: »Gib niemals auf. Das ist der einfachste Vorwand der Welt. Setz dir ein Ziel, und gib nicht auf, bis du es erreicht hast. Wenn du es erreicht hast, setz dir ein anderes Ziel, und gib nicht auf, bis du es erreicht hast. Gib niemals auf.«

Jack Nicklaus: »Entschließe dich, niemals aufzuhören, niemals aufzugeben, egal in welcher Situation.«

Mike Ditka: »Du bist keinesfalls ein Versager, es sei denn, du hörst auf, dich zu bemühen.«

Walter Payton: »Wenn du etwas anfängst, solltest du niemals aufhören; das wurde uns so beigebracht. Wenn du spielst, kannst du auch genauso gut dein Bestes geben.«

Joe Montana: »Meine Mutter und mein Vater, Joe und Theresa Montana, haben mir beigebracht, niemals aufzugeben und immer danach zu streben, der Beste zu sein.«

Billie Jean King: »Champions spielen so lange weiter, bis sie es richtig hinkriegen.«

Conrad Hilton: »Erfolg … scheint mit Handeln verbunden zu sein. Erfolgreiche Menschen bleiben in Bewegung. Sie machen Fehler, aber sie geben nicht auf.«

Ted Turner: »Du kannst niemals aufgeben. Gewinner geben niemals auf, und Drückeberger gewinnen niemals.«

Richard Branson: »Betrachte das Scheitern als eine Lektion, wie du ein Ziel nicht erreichen kannst, und verwende diese Erkenntnis dann, um deine Erfolgschancen zu verbessern, wenn du es erneut versuchst. Scheitern ist nur dann das Ende, wenn du beschließt aufzuhören.«

Diese und zahllose andere Zitate finden sich auf Zitatwebseiten wie azquotes.com, brainyquote.com und anderen. Auf Einkaufswebsites wie Amazon oder Etsy sowie im Fachhandel finden Sie die meisten davon auf T-Shirts, Kaffeetassen, Briefbeschwerern und Postern.

Die Originalquellen für diese Zitate wurden für dieses Buch nicht verifiziert. Es geht nicht darum, was diese Personen tatsächlich gesagt oder gemeint haben. Entscheidend ist, dass Durchhalteparolen allgegenwärtig sind.

Quelle für die Untersuchung der fehlerhaften Zuweisung eines der wenigen ausstiegspositiven Zitate ist Quote Investigator, »If at First You Don't Succeed, Try, Try Again. Then Quit. There's No Use Being a Damn Fool about It«, 11. August 2013, quoteinvestigator.com/2013/08/11/try-again.

In Euphemismen verpackt (Lindsey Vonn)
Lindsey Vonn kündigte ihren Ausstieg am 1. Februar 2019 auf Instagram an, instagram.com/p/BtWBLQsnKXD. Ihre bemerkenswerten Karrierestationen und die zahlreichen Comebacks nach schweren Verletzungen werden erwähnt von Bill Pennington, »Lindsey Vonn to Retire«, *New York Times*, 1. Februar 2019; Clare Menzel, »Lindsey Vonn's Toughest Recovery Yet May Be Healing the Heartbreak of Retiring«, *Powder*, Dezember 2019.

In Euphemismen verpackt (Der Metzger-Witz)
Milton Berles Witz erschien in: Milt Rosen (Hrsg.), *Milton Berle's Private Joke File: Over 10,000 of His Best Gags, Anecdotes, and One-Liners* (New York: Three Rivers, 1989), S. 118.

Kapitel 1

Das Gegenteil einer großen Tugend ist auch eine große Tugend
Als ich anfing, das Aufgeben als Thema für ein Buch zu erwägen, besprach ich das mit Phil Tetlock, einem Mentor und Freund. Eine seiner Bemerkungen in diesem Gespräch, mit der er ein bekanntes Zitat aus der Vergangenheit paraphrasierte, lautete: »Das Gegenteil einer großen Tugend ist eine Tugend. Das Gegenteil von Durchhalten ist Aufhören, was ebenfalls eine große Tugend ist.«

Dieser Gedanke war für mich ein erster Leitstern bei der Entstehung dieses Buches. Genau genommen ist er aus zwei großen Zitaten zusammengesetzt. In einem Essay über Sigmund Freud von 1929 sagte Thomas Mann: »Eine große Wahrheit ist eine Wahrheit, deren Gegenteil ebenfalls eine Wahrheit ist.« Hans Bohr zufolge lautete eine der Lieblingsmaximen seines Vaters, des Physikers und Nobelpreisträgers Niels Bohr: »Tiefe Wahrheiten [werden] anerkannt durch die Tatsache, dass das Gegenteil ebenfalls eine tiefe Wahrheit ist.« (Als König Frederik IX. von Dänemark Niels Bohr 1947 den Elefantenorden überreichte, entwarf Bohr einen Waffenrock mit dem Motto »*Contraria sunt complementa*« (»Gegensätze ergänzen sich«).

Die unsichtbaren Männer auf dem Dach der Welt
Ein Großteil der Informationen über das Mount-Everest-Narrativ stammt aus Jon Krakauers *In eisige Höhen: Das Drama am Mount Everest* (München: Piper, 2000). Ich habe auch Teile aufgegriffen aus Lou Kasischkes Memoiren *After the Wind: Tragedy on Everest, One Survivor's Story* (Harbor Springs, MI: Good Hart, 2014), besonders S. 125–127 (über die Wichtigkeit der Umkehrzeiten am Everest) und S. 167–179 (mit seinem Bericht aus erster Hand über die Entscheidung, am Gipfeltag 1996 umzukehren).

Es gibt kleine Unterschiede zwischen den beiden Versionen, was verständlich ist angesichts der chaotischen Situation und der Schwierigkeit, unter solchen extremen Umständen klar zu denken. Kasischke ist genauer bei der Angabe von Rob Halls zuvor bestimmter Umkehrzeit (13 Uhr) als Krakauer (13 oder 14 Uhr). Kasischke nennt als Zeitpunkt für den Moment, da Stuart Hutchison und John Taske ihm sagten, dass sie umkehren wollten, »gegen Mittag«, was etwas später ist als der von Krakauer erwähnte Zeitrahmen von 11 bis 11.30 Uhr. Er erwähnt auch kurz, dass sie den anderen Bergsteigern folgten, die weiter zum Gipfel aufstiegen, ehe er, wie Hutchison und Taske, zum Lager 4 zurückzukehren entschied.

Ich hatte außerdem die Gelegenheit, über die Entscheidungsfindung hoch oben im Mount Everest mit Ken Kamler zu sprechen, der vier Everest-Expeditionen als Arzt begleitete. Dazu gehört auch eine Expedition von 1995, bei der er nur 90 Meter vom Gipfel entfernt umkehrte, und von 1996, als er einen Tag vor seiner eigenen Gipfelbesteigung abbrach, um schwer verletzte Überlebende medizinisch zu versorgen. Ich sprach und korrespondierte mit Dr. Kamler für dieses Buch, sprach aber auch mit ihm über seine Erlebnisse auf dem Mount Everest und Entscheidungsfindung in »Folge 013: Everest and Extreme Decision-Making with Dr. Ken Kamler«, *The Decision Education Podcast*, 8. September 2021, alliancefordecisioneducation.org/podcasts/episode-013-everest-and-extreme-decision-makingdrken-kamler. Siehe auch Ken Kamler, *Doctor on Everest* (Adarsh, 2014, Reprintausgabe).

Von Ken Kamler stammt die Information, dass sich die Todesfälle beim Abstieg vom Gipfel um das Achtfache steigern. Seine Erkenntnisse über das Gipfelfieber sind, auch wenn sie von anderen wiedergegeben wurden, in meine Beispiele für die Entscheidungsfindung bei Bergsteigern im gesamten Buch eingeflossen: »Man hat das Ziel, zum Gipfel zu gelangen, und man vergisst alles andere. Selbst die Tatsache, dass man mit dem Erreichen des Gipfels erst den halben Weg geschafft hat. Alle denken, das ultimative Ziel wäre es, den Gipfel zu erreichen, aber das ist es nicht. Das Ziel ist es, wieder runterzukommen.«

Ich führte für dieses Buch auch Gespräche mit Laurence Gonzales, Autor und Vortragsredner über die Entscheidungsfindung in gefährlichen Umgebungen. Gonzales steuerte diese Erkenntnis darüber bei, wie wir die Aufgebenden nicht »sehen«: »Aufgeben ist uns so ein Gräuel. Wir wollen es nicht mal sehen, wenn es direkt vor uns passiert. Das ist wichtig. Wir müssen lernen, das Aufgeben wahrzunehmen, denn wir alle ahmen einander nach. Wir ahmen den Sieg nach. Sie sehen, wie Fußballspieler die Fäuste in die Luft recken. Sie haben auch schon Aufgebende gesehen.«

Aufgeben ist ein Entscheidungsinstrument

Für Beschreibungen und Vorteile der Produktentwicklungsstrategie des »Minimum Viable Product« siehe Eric Ries, *The Lean Startup*. Bekannte Beispiele für Unternehmen, die mit MVPs begonnen haben, sind Amazon, Foursquare, Groupon, Zappos, Airbnb und Facebook. Laura Holton, »11 Standout Examples of Minimum Viable Products«, MYVA360, myva360.com/blog/examplesofminimum-viable-products.

Von Richard Pryors Hingabe für das Ausprobieren beim Comedy Store hörte ich erstmals in Folge 2 der fünfteiligen Showtime-Dokumentation *The Comedy Store* von 2020, geschrieben und inszeniert von Mike Binder. Bekräftigende und zusätzliche Details über Pryor, seinen Prozess und den Comedy Store finden sich in den folgenden Büchern: William Knoedelseder, *I'm Dying Up Here: Heartbreak and High Times in StandUp Comedy's Golden Era* (New York: PublicAffairs, 2009); Kliph Nesteroff, *The Comedians: Drunks, Thieves, Scoundrels and the History of American Comedy* (New York: Grove, 2015). Die Verweise auf Pryors Platz in der Geschichte der Stand-up-Comedy stammen aus Ranker, »Comedy Central's 100 Greatest Standups of All Time«, aktualisiert am 24. Juni 2021, ranker.com/list/comedy-central_s-100-greatest-standup-sofall-timevl/celebrity-insider; und Matthew Love, »50 Best StandUp Comics of All Time«, *Rolling Stone*, 14. Februar 2017, rollingstone.com/culture/culture-lists/50best-standupcomicsofall-time-126359/richard-pryor2105990. Zitate mit Lob und Anerkennung für Pryor finden sich auf richardpryor.com, »Praise of Richard Pryor«, richardpryor.com/praise.

Der Sirenengesang der Gewissheit
In einem meiner Gespräche mit Richard Thaler für dieses Buch sagte er: »Man ist erst dann sicher, dass man aufgeben sollte, wenn es keine Entscheidung mehr ist.«

Der Superbowl ist ein Friedhof der Konzerne
Der Journalist Jon Erlichman (@jonerlichman) twitterte am Tag des Superbowl von 2021 eine herrliche Liste einiger der Unternehmen, die bei Tom Bradys erstem Superbowl neunzehn Jahre zuvor geworben hatten: twitter.com/jonerlichman/status/1358528486076526592?s= 21.

»Know When to Hold 'Em, Know When to Fold 'Em« – aber meistens fold 'em
Den Text zu »The Gambler« schrieb der Songwriter Don Schlitz 1976. Der Song wurde bekanntermaßen von Kenny Rogers aufgenommen und auf dem gleichnamigen Album veröffentlicht, das von Larry But-

ler produziert und im November 1978 veröffentlicht wurde. Die Single-Version erschien am 15. November 1978.

Kapitel 2

Die biografischen Informationen über Stewart Butterfield und die Einzelheiten seiner Entwicklung von *Game Neverending,* Flickr, *Glitch* und Slack stammen aus den folgenden Quellen: Carlos Chicas Berti, »Slack Cofounder Stewart Butterfield on Thriving through Failure«, *Business Class,* Herbst 2018, onlineacademiccommunity.uvic.ca/gustavson/2019/05/01/slackcofounder-stewart-butterfieldonthriving-through-failure; E.B. Boyd, »A Flickr Founder's Glitch: Can a Game That Wants You to Play Nice Be a Blockbuster?«, *Fast Company,* 27. September 2011, fastcompany.com/1783127/flickr-founders-glitch-can-game-wants-you-play-nicebeblockbuster; Deborah Gage, »Slack Raises $80 Million Fund to Support Platform Strategy«, *Wall Street Journal,* 15. Dezember 2015, blogs.wsj.com/digits/2015/12/15/slack-raises80million-fundtosupport-platform-strategy; Erin Griffith, »Slack Stock Soars, Putting Company's Public Value at $19.5 Billion«, *New York Times,* 20. Juni 2019, nytimes.com/2019/06/20/technology/slack-stock-ipo-price-trading.html; Reid Hoffman, »How to Turn Failure into Success: Lessons from Slack's Stewart Butterfield on the *Masters of Scale* Podcast«, *Medium,* 12. April 2018, reid.medium.com/howtoturn-failure-into-success-lessons-from-slacks-stewart-butterfieldonthe-mastersofscale-dfad48f2bbd2; Reid Hoffman, »*Masters of Scale* Episode Transcript: Stewart Butterfield«, *Masters of Scale,* mastersofscale.com/stewart-butterfield-the-big-pivot; Mat Honan, »The Most Fascinating Profile You'll Ever Read about a Guy and His Boring Startup«, *Wired,* 7. August 2014, wired.com/2014/08/the-most-fascinating-profile-youll-ever-read-aboutaguy-and-his-boring-startup; Maya Kosoff, »14 Surprising Facts about Slack CEO Stewart Butterfield«, *Inc.,* 2. September 2015, inc.com/business-insider/behind-the-riseofstewart-butterfield-and-slack.html; Daniel Thomas, »The $5bn Tech Boss Who Grew Up without Electricity«, *BBC,* 24. Juni 2018, bbc.com/news/business-44550312; Aaron Tilley, »Salesforce Confirms Deal to Buy Slack for $27.7 Billion«, *Wall Street Journal*, 1. Dezember 2020, wsj.com/articles/salesforce-confirms-dealtobuy-slack-for277billion-11606857925.

Nähere Erklärungen zu Butterfields Vorgehen beim Ausstieg aus *Glitch* und dem Beginn von Slack stammen aus Gesprächen mit Stewart Butterfield für dieses Buch. Verweise auf E-Mails und Informationen über Marketing und Kundenakquise und -bindung sind Kopien dieser Dokumente entnommen, die er mir während und nach unseren Gesprächen zur Verfügung gestellt hat.

Aufhören, solange man noch kann

Die Informationen über die Erfolgsquote bei der Einstellung von Führungskräften und die Kosten für einen durchschnittlichen Einstellungsfehler sind der Einleitung von Geoff Smart und Randy Street entnommen, *Who: The A Method for Hiring* (New York: Ballantine, 2008).

Abbruchentscheidungen sind Werterwartungsentscheidungen

Die Informationen über Sarah Olstyn Martinez stammen aus unseren Gesprächen und unserer Korrespondenz, als sie meinen Rat suchte, und für dieses Buch. Quelle für die Informationen über Schusswaffengewalt in der Gegend von North Lawndale in Chicago ist ein Artikel von Veronica Fitzpatrick et al., »Nonfatal Firearm Violence Trends on the Westside of Chicago Between 2005 and 2016«, *Journal of Community Health* 44, Nr. 5 (2019): S. 866–873.

Zeitreisende aus der Vergangenheit

Die Information über Admiral McRavens Verwendung dieses Konzepts bei militärischen Entscheidungen habe ich aus Gesprächen und Korrespondenz mit William McRaven für dieses Buch entnommen.

Münzen werfen

Siehe Steven Levitt, »Heads or Tails«, 2021.

Über den Hai springen
Fred Fox jun., ein extrem erfolgreicher TV-Drehbuchautor und Produzent von Mitte der 1970er- bis Ende der 1990er-Jahre, gilt (zusammen mit Garry Marshall als Schöpfer der Serie) als Autor der *Happy-Days*-Folge, der die ursprüngliche Haisprung-Szene zugeschrieben wird. Fox verfasste eine geistreiche, gutmütige Verteidigung dieser Folge. Siehe Fred Fox jun., »First Person: In Defense of ›Happy Days‹ ›Jump the Shark‹ Episode«, *Los Angeles Times*, 3. September 2010, latimes.com/archives/laxpm-2010-sep03laetjump-the-shark-20100903-story.html. Der Artikel bietet auch die Informationen über das Sendedatum, die Bewertungen und die Zuschauerzahl der Folge.

Die Absprung-Fessel
Die Informationen und Zitate in diesem Kapitel stammen aus den folgenden Quellen: Jim Carnes, »Dave Chappelle Lets Rude Crowd Have It, Sticks Up for Cosby Comment«, *Sacramento Bee*, 17. Juni 2004; Christopher John Farley, »On the Beach with Dave Chappelle«, *Time*, 15. Mai 2005, content.time.com/time/magazine/article/0,9171,1061415,00.html; Josh Wolk, »EW Investigates the Disappearance of Dave Chappelle«, *Entertainment Weekly*, 16. Mai 2005, ew.com/article/2005/05/16/ewinvestigates-disappearance-dave-chappelle; Kevin Power, »Heaven Hell Dave Chappelle«, *Esquire*, 30. April 2006; Oprah, »Chappelle's Story«, 3. Februar 2006, oprah.com/oprahshow/chappelles-story; Hilton Als, »Who's Your Daddy?«, *New Yorker*, 14. Juli 2014, newyorker.com/magazine/2014/07/07/whos-your-daddy; CBS News, »Dave Chappelle on Fame, Leaving ›Chappelle's Show‹ and Netflix Special«, 20. März 2017, cbsnews.com/news/dave-chappelle-netflix-comedy-fame-leaving-chappelles-show; Biography, »Dave Chappelle«, 29. Januar 2018, biography.com/performer/dave-chappelle.

Kapitel 3

Die bahnbrechende Studie über den Zusammenhang zwischen den täglichen Abbruch-oder-Durchhalten-Entscheidungen von Taxifahrern und dem Erreichen ihrer Umsatzziele findet sich in Camerer et al., »Labor Supply of New York City Cabdrivers«, 1997.

Der Princeton-Ökonom Henry Farber hat drei Studien durchgeführt, welche die Ergebnisse der Studie von Camerer et al. infrage stellen. Siehe Farber, »Is Tomorrow Another Day?«, 2005; Farber, »Reference-dependent Preferences and Labor Supply«, 2008; Farber, »Why You Can't Find a Taxi in the Rain«, 2015.

In seiner Studie von 2005 stellte Farber fest, dass die Auswirkungen des Tagesumsatzes auf das Abbruchverhalten der Taxifahrer nur gering waren. Er fand jedoch heraus, dass die Fahrer die referenzabhängige Heuristik der täglich im Taxi verbrachten Stunden anwandten. Das war eine Verbesserung gegenüber dem von Camerer festgestellten Verhalten, aber immer noch suboptimal für Entscheidungen darüber, ob sie nachfrageabhängig aufhören oder weitermachen sollten. In seiner Studie von 2008 kam er zu dem Schluss: »Es gibt zwar ein Referenzniveau der Einnahmen für einen Tag, welches die Wahrscheinlichkeit des Aufhörens erhöht, wenn dieses Einnahmenniveau erreicht ist, doch dieses unterscheidet sich erheblich von einem Tag und einem Fahrer zum anderen. Darüber hinaus enden die meisten Schichten, ehe das Einnahmenreferenzniveau erreicht ist.«

Seine Studie von 2015, die auf den Daten aller Taxifahrten in New York von 2009 bis 2013 basierte, widersprach Camerer direkter: »Es gibt kaum Hinweise darauf, dass die Referenzabhängigkeit ein wichtiger Faktor für die Bestimmung der Arbeitseinteilung New Yorker Taxifahrer ist.« Er stellte auch die positive Rolle von Erfahrung fest: »Die geschätzte Elastizität der Arbeitseinteilung wächst deutlich mit der Erfahrung, und neue Fahrer mit einer geringeren Arbeitseinteilungselastizität geben mit größerer Wahrscheinlichkeit auf.«

Zwei Studien mit Taxifahrern in Singapur kamen zu ähnlichen Ergebnissen wie Camerer. Siehe Chou, »Testing Alternative Models of Labor Supply«, 2002; Agarwal et al., »Labor Supply Decisions«, 2013.

Der Wirtschaftswissenschaftler Kirk Doran von Notre Dame berichtete in einer Studie von 2014 in Übereinstimmung mit Camerers Ergebnissen: »Viele Arbeiter verringern ihre täglichen Arbeitsstunden als Reaktion auf kurzfristige Lohnsteigerungen, die weniger als einen Tag andauern.« Doran, »Long-Term Wage Elasticities«, 2014.

Papierzuwächse und Papierverluste

Das in Kapitel 3 besprochene Material über Aspekte von Daniel Kahnemans Arbeit ist geprägt von meinen Gesprächen und meiner Korrespondenz mit Kahneman während der Arbeit an diesem Buch.

Auch Richard Thaler hat dieses Kapitel beeinflusst (und andere, wie ich noch ausführen werde) durch unsere Gespräche und Korrespondenz während der Arbeit an diesem Buch.

Kahneman und Tversky stellten die Prospect Theory erstmals vor in »Prospect Theory: An Analysis of Decision under Risk«, 1979. Eine Nachfolgeversion der Prospect Theory entwickelten sie in »Advances in Prospect Theory«, 1992. Detailliert beschrieb Kahneman die Prospect Theory in *Schnelles Denken, langsames Denken*.

Eine Arbeit von Kai Ruggeri und über dreißig Co-Autoren aus dem Jahr 2020 fasste den enormen Einfluss der Prospect Theory zusammen: »Man kann die Wichtigkeit der Prospect Theory für Wissenschaft, Politik, Management, Finanzdienstleistungen, Behörden und darüber hinaus gar nicht genug betonen.« Zudem bezeichnen sie die Prospect Theory als »einflussreichstes theoretisches Konzept der gesamten Sozialwissenschaft« und »meistzitierte ökonomische Arbeit und eine der meistzitierten in der Psychologie«. Diese internationale Gruppe von Co-Autoren erschuf die Methoden und Abläufe der ursprünglichen *Econometrica*-Studie in neunzehn Ländern und dreizehn Sprachen neu. Sie stellten fest, dass »die Prinzipien der Prospect Theory auch jenseits von berechtigten Grenzbereichen anwendbar sind«. Ruggeri et al., »Replicating Patterns of Prospect Theory«, 2020. Siehe auch die Vorveröffentlichungsversion, »Not Lost in Translation«, 2019.

Aufgrund der Wichtigkeit der Verlustangst als Aspekt der Prospect Theory beschreiben die oben genannten Zitate auch Kahnemans und Tverskys Begründung der Verlustangst. Siehe auch Kahneman und

Tversky, »Choices, Values, and Frames«, 1984; Tversky und Kahneman, »Loss Aversion in Riskless Choice«, 1991. Nathan Novemsky und Kahneman beschrieben die Geschichte der Verlustangst einschließlich zahlreicher theoretischer und experimenteller Beiträge anderer Wissenschaftler. Novemsky und Kahneman, »The Boundaries of Loss Aversion«, 2005, S. 120. Zur Einschätzung der Asymmetrie im Hinblick auf die emotionale Auswirkung von Verlusten im Vergleich zu äquivalenten Gewinnen siehe Kahneman, *Thinking, Fast and Slow,* 284; Thaler, *Misbehaving,* S. 34.

Aufhören, wenn man vorn liegt?

Eine der wenigen Redewendungen, die zum Aufhören ermutigen, lautet »Aufhören, wenn man vorn liegt«. Das Zitat wird einem Priester namens Baltasar Gracian zugeschrieben, der diesen Rat 1647 in einem Buch mit dem Titel *Das Handorakel oder Die Kunst der Weltklugheit* erteilte. (Gracian fügte hinzu: »So machen es die besten Spieler.«)

Nimm das Geld und lauf

Die in diesem Kapitel erwähnte Studie ist von Heimer et al., »Dynamic Inconsistency«, 2020 und 2021. Das Kapitel beruht auch auf Gesprächen und Korrespondenz mit Alex Imas für dieses Buch.

Imas' Forschungen und Erkenntnisse waren besonders wertvoll, weil seine Studie sich speziell mit dem Ausstiegsverhalten von Aktienhändlern im Vergleich zu ihrem *geplanten* Ausstieg beschäftigt (in Form von Gewinnerzielungs-Orders und Stop-Loss-Orders). Die allgemeine Tendenz von Investoren, erfolgreiche Investments zu früh zu verkaufen und verlustträchtige Investments zu lange zu behalten, ist gut dokumentiert. Ein Beispiel dafür ist die berühmte Studie von Terrance Odean, »Are Investors Reluctant to Realize Their Losses?«, 1998.

Wie smart ist smartes Geld?

Henry Farbers Arbeit wird in der »Taxifahrer«-Anmerkung in diesem Kapitel genannt.

Die Studie über die Kauf- und Verkaufsentscheidungen von erfahrenen, erfolgreichen Portfolio-Managern ist Akepanidtaworn et al., »Selling Fast and Buying Slow«, 2019. Informationen und Erkenntnisse dieser Studie stammen auch aus Gesprächen und Korrespondenz mit Alex Imas für dieses Buch.

Einschub 1

Die meisten hier beschriebenen Details stammen aus der Dokumentation *Free Solo* von 2018 unter der Regie von Jimmy Chin und Elizabeth Chai Vasarhelyi. Für eine Liste der Mitwirkenden von *Free Solo* siehe IMDb, *Free Solo,* »Full Cast & Crew«, imdb.com/title/tt7775622/fullcredits, insbesondere für eine ausführliche Liste der Kameraleute, Tontechniker und sonstiger mitwirkender Techniker. Einige nicht aus dem Film entnommene Details stammen aus den folgenden Artikeln: Daniel Duane, »El Capitan, My El Capitan«, *New York Times,* 9. Juni 2017, nytimes.com/2017/06/09/opinion/elcapitanmyelcapitan.html; Peter Gwin, »How Jimmy Chin Filmed Alex Honnold's Death-efying Free Solo«, November 2018, nationalgeographic.com/culture/article/alex-honnold-jimmy-chin-free-solo-yosemiteelcapitan-explore-through-the-lens; Matt Ray, »How Free Solo Climber Alex Honnold Conquered El Capitan«, Red Bull, 8. Februar 2019, redbull.com/usen/alex-honnold-interview-free-solo.

Kapitel 4

Die Hauptquelle für die Geschichte von Harold Staw war sein Sohn Barry Staw. Er erzählte die Geschichte und die hier wiedergegebenen Details bei mehreren Gesprächen und in der nachfolgenden Korrespondenz. Barry Staw schrieb außerdem eine kurze Zusammenfassung der Geschichte seines Vaters in »Stumbling toward a Social Psychology of Organizations«, 2016, S. 10.

Einige Details über die Fusion mit Sage, das Aktienangebot des fusionierten Unternehmens (Sage International), die anfängliche auf diesem Angebot beruhende Bewertung und den Besitzanteil der Familie

Staw stammen aus »Sage International Files for Stock Offering«, Securities and Exchange Commission News Digest, 1. Mai 1962, S. 2, sec.gov/news/digest/1962/dig050162.pdf.

Warten, bis es wehtut
Rubin und Brockner, »Factors Affecting Entrapment in Waiting Situations«, 1975. Die Einleitung zu dieser Studie erwähnt die Beteiligung der USA am Vietnamkrieg als Situation der Verstrickung, 1054.

Rubin und Brockner bezeichneten das Phänomen ursprünglich als »Verstrickung« oder »Eskalationsfallen«, gaben ihm aber später die Bezeichnung »eskalierendes Commitment«. Zu ihren einflussreichen späteren Arbeiten gehören die folgenden: Rubin et al., »Factors Affecting Entry into Psychological Traps«, 1980; Brockner et al., »Factors Affecting Entrapment in Escalating Conflicts«, 1982; Brockner und Rubin, *Entrapment in Escalating Conflicts,* 1985; Brockner et al., »Escalation of Commitment to an Ineffective Course of Action«, 1986; Brockner, »The Escalation of Commitment to a Failing Course of Action«, 1992.

Kapitel 5

Die Originalpläne, Zielsetzungen und Prognosen für den kalifornischen Hochgeschwindigkeitszug sind Dokumenten der Authority entnommen, insbesondere *California High-Speed Train Business Plan,* November 2008; *Report to the Legislature,* Dezember 2009.

Die Verzögerungen, Kostensteigerungen und das Hinausschieben des Fertigstellungsdatums finden sich in den zweijährlichen Business-Plänen der Authority: *Building California's Future,* April 2012 (überarbeiteter Business-Plan 2012); *Connecting California,* 30. April 2014; *Connecting and Transforming California,* 1. Mai 2016; *Transforming Travel, Expanding Economy, Connecting California,* 1. Juni 2018; *Recovery and Transformation,* vorgelegt am 12. April 2021 (überarbeiteter Business-Plan 2020); *Draft 2022 Business Plan,* Februar 2022. Siehe auch *Project Update Report to the California State Legislature: Delivering*

High-Speed Rail to Californians, Mai 2019; »The Economic Impact of California High-Speed Rail«, 2022.

Informationen zur späten Einsicht in die Probleme, Kosten und Ungewissheiten der Untertunnelung von Pacheco-Pass und Tehachapi Mountains stammen aus dem Business-Plan von 2018, *Transforming Travel, Expanding Economy, Connecting California,* S. ii, S. 17–18, S. 23, S. 28, S. 45–46, S. 47, S. 57, S. 114 (California High-Speed Rail Peer Review Group Letter); *Recovery and Transformation* (überarbeiteter Business-Plan 2020), S. 73–74.

Die Beschreibung der Entwicklungen des kalifornischen Hochgeschwindigkeitszugs stammen auch aus den folgenden Berichten: Jeff Daniels, »California's $77 Billion ›Bullet Train to Nowhere‹ Faces a Murky Future as Political Opposition Ramps Up«, CNBC, 12. März 2018, cnbc.com/2018/03/12/californias77billion-high-speed-rail-projectisin-trouble.html; Adam Nagourney, »A $100 Billion Train: The Future of California or a Boondoggle?«, *New York Times,* 30. Juli 2018, nytimes.com/2018/07/30/us/california-high-speed-rail.html; Reihan Salam, »Gavin Newsom's Big Idea«, *The Atlantic,* 15. Februar 2019, theatlantic.com/ideas/archive/2019/02/governor-newsom-addresses-californias-housing-crisis/582892; Associated Press, »California Bullet Train Cost Rises by Another $1 Billion«, *U.S. News & World Report,* 12. Februar 2020, usnews.com/news/best-states/california/articles/20200212/california-bullet-train-cost-risesbyanother1billion; Nico Savidge, »Got $13 Billion? Planning for High Speed Rail's Bay Area Link Continues, without Money to Make it Happen«, *San Jose Mercury News,* 3. Mai 2020, mercurynews.com/2020/05/03/got13billion-planning-for-high-speed-rails-bay-area-link-continues-without-moneytomakeithappen; Dustin Gardiner, »California's Bullet-Train Project Faces Unprecedented Woes«, *San Francisco Chronicle,* 9. Juli 2020, sfchronicle.com/politics/article/Californiasbullet-train-project-faces-15356051.php; Associated Press, »California Again Pushes Back High-Speed Rail Construction Deadline«, KTLA, 5. Februar 2021, ktla.com/news/california/california-again-pushes-back-high-speed-rail-construction-deadline; Kim Sloway, »What's Behind the California Bullet Train Project's Latest Woes?«, *Construction Dive,* 8. April 2021, constructiondive.com/news/

whats-behind-the-california-bullet-train-projects-latest-woes/597850; Kathleen Ronayne, »California Bullet Train's Latest Woe: Will It Be High Speed?«, *San Jose Mercury News,* 13. Oktober 2021, mercurynews.com/2021/10/13/california-bullet-trains-latest-woe-willitbehigh-speed; Ralph Vartabedian, »Costs of California's Trouble Bullet Train Rise Again, by an Estimated $5 Billion«, *Los Angeles Times,* 8. Februar 2022, latimes.com/california/story/20220208/california-bullet-train-costs-rise-roughly5billion.

Der Effekt der versunkenen Kosten
Zwei der einflussreichsten akademischen Arbeiten zur Identifizierung und Erklärung des Effekts der versunkenen Kosten sind Richard Thalers »Toward a Positive Theory of Consumer Choice«, 1980; und Arkes und Blumers »The Psychology of Sunk Cost«, 1985 (einschließlich der Ergebnisse von zehn Experimenten, die den Effekt der versunkenen Kosten demonstrieren, und dem Beispiel der Tennessee-Tombigbee-Wasserstraße).

Wenn »öffentliche Bauarbeiten« zum Oxymoron werden
Fakten und Zitate zur Tennessee-Tombigbee-Wasserstraße stammen von Arkes und Blumer, 1985. Fakten und Zitate über das Shoreham-Atomkraftwerk stammen von Ross und Staw, »Organizational Escalation and Exit«, 1993. Siehe auch Flyvbjerg, Holm und Buhl, »Underestimating Costs in Public Works Projects«, 2002.

Katamari
Ich hätte nie gedacht, dass die Leidenschaft meiner ältesten Tochter für ein Videospiel und die Stunden, die ich ihr vor fünfzehn Jahren beim Spielen von *Katamari Damacy* zugeschaut habe, mir eine so skurrile, aber völlig passende Metapher für eskalierendes Commitment liefern würden.

Informationen über die Originalversion des Spiels stammen aus folgenden Quellen: L. E. Hall, *Katamari Damacy* (Boss Fight, 2018); Ivan Sulick, »Katamari Damacy«, ursprünglich veröffentlicht am 16. September 2004, aktualisiert am 12. Dezember 2018, IGN, ign.com/articles/2004/09/16/katamari-damacy; Steven Kent, »Katamari Damashii: The Snowball Effect«, 8. April 2004, GameSpy, ps2.gamespy.com/playstation2/katamari-damashii/504503p1.html; Malindy Hetfield, »The Joy of Katamari Damacy«, 14. Dezember 2018, Eurogamer, eurogamer.net/articles/20181214the-joyofkatamari-damacy.

Wie groß wird der Katamari?
Siehe Staw, »Knee-Deep in the Big Muddy«, 1976.

Gemeinsam mit einigen Mitwirkenden nutzte Staw denselben allgemeinen Ansatz mit Modifikationen, um bestimmte Aspekte des eskalierenden Commitments und der Effektivität (oder Ineffektivität) unterschiedlicher Maßnahmen zur Bekämpfung dieser Eskalation herauszustellen. Siehe Staw und Fox, »Escalation: Determinants of Commitment«, 1977; Staw und Ross, »Commitment to a Policy Decision«, 1978; Fox und Staw, »The Trapped Administrator«, 1979; Simonson und Staw, »Deescalation Strategies«, 1992.

Mentale Buchführung
Als ich mich mit einem ersten Entwurf für ein Kapitel über mentale Buchführung abmühte, hatte ich ein Gespräch mit Richard Thaler, bei dem er mich daran erinnerte, wie wichtig es ist, das Konzept mit einzuschließen und es richtig zu machen, wobei er sagte: »Ich glaube, alles im Leben dreht sich um mentale Buchführung.« Gespräche und Korrespondenz mit Thaler spielten eine enorm wichtige Rolle dabei, die Erklärung der geistigen Buchführung, wenn schon nicht »richtig«, so doch definitiv viel besser zu machen.

Die mentale Buchführung ist genau wie die Verlustangst ein Eckstein der Prospect Theory. Kahneman und Tversky beschrieben die mentale Buchführung erstmals in der Arbeit »Choices, Values and Frames«, 1984. Darin wiesen die Autoren auf die Bedeutsamkeit von Thalers Schriften hin, einschließlich der in Entstehung befindlichen, die erst kurz nach diesem Artikel erschienen. (Auf Seite 346: »Unsere Analyse der mentalen Buchführung verdankt vieles der anregenden Arbeit von Richard Thaler, der die Relevanz dieses Prozesses für das Verbraucherverhalten nachgewiesen hat.«) Thalers erste Erläuterung dieses Konzepts und seine Verknüpfung mit der Prospect Theory erschien wie so viele andere bahnbrechende Ideen in »Toward a Positive Theory of Consumer Choice« 1980 als Teil eines »psychischen Buchführungssystems des Individuums«.

Zusätzlich zu Thalers persönlichem Beitrag gehören zu seinen einflussreichsten Studien über die mentale Buchführung »Mental Accounting and Consumer Choice«, 1985; »Mental Accounting Matters«, 1999. Siehe auch Thaler, *Misbehaving*, S. 56–84, S. 115–124; Thaler und Sunstein, *Nudge*, S. 49–52; Kahneman, *Thinking, Fast and Slow*, S. 342–352.

Siehe Flepp, Meier und Franck, »The Effect of Paper Outcomes versus Realized Outcomes on Subsequent Risk-Taking«, 2021.

Raphael Flepp von der Universität Zürich und seine Kollegen untersuchten die individuellen Ergebnisse von über viertausend Glücksautomatenspielern, die während eines Zeitraums von vier Monaten durchschnittlich sechs Spielhallenbesuche vornahmen. Da sie personalisierte Spielerkarten benutzten, waren ihre Gewinne und Verluste einsehbar, bis sie die Spielhalle verließen und ein Geldtransfer stattfand.

Die Forscher stellten fest, dass die Spieler während eines Spielhallenbesuchs erheblich höhere Risiken eingingen, wenn sie Verluste hatten, und der Effekt verstärkte sich mit der Größe ihres noch nicht realisierten Verlustes, was die Abneigung dagegen zeigt, die mentale Buchführung im Verlust abzuschließen. Hatten die Spieler die Spielhalle verlassen und die Ergebnisse waren zu realisierten Verlusten geworden, gingen sie bei nachfolgenden Besuchen nicht solche Risiken ein. Tatsächlich *verringerte* sich das Maß an Risikobereitschaft deutlich im Vergleich zu ihrem Verhalten bei Besuchen, die mit einem großen Verlust endeten, wenn sie das nächste Mal in die Spielhalle gingen.

Die am schwersten zu tragenden Kosten

General Thomas erzählte mir diese Geschichte bei einem Gespräch über versunkene Kosten und andere mit diesem Buch zusammenhängende Themen.

Siehe auch Arkes und Blumer, S. 126 (Nutzung vergangener Todesfälle im Vietnamkrieg zur Rechtfertigung der Fortsetzung des Kriegs); Teger, S. 1 (Vietnam); Barry Schwartz, »The Sunk-Cost Fallacy: Bush

Falls Victim to a Bad New Argument for the Iraq War«, *Slate*, 9. September 2005, slate.com/news-and-politics/2005/09/bushisasucker-for-the-sunk-cost-fallacy.html (darin ein Zitat von Präsident George W. Bush aus einer Rede im August 2005, bei der er die Beibehaltung des Kurses im Irak mit den Worten rechtfertigte: »Wir schulden [den zweitausend Soldaten, die bereits gestorben sind] etwas. Wir werden die Aufgabe beenden, für die sie ihr Leben gelassen haben«); Van Putten, Zeelenberg und Van Dijk, »Who Throws Good Money after Bad?«, 2010, S. 33 (»Einer der wichtigsten Gründe für die Fortsetzung des Kriegs im Irak war, nicht eingestehen zu müssen, dass die in der Schlacht gefallenen Soldaten vergebens gestorben waren«).

Der Unterschied zwischen Wissen und Machen
Die Fakten in dieser Geschichte entstammen einem Gespräch mit Don Moore, der darüber auch schrieb in *Perfectly Confident*, S. 131–132, sowie Rubins Nachruf von Wolfgang Saxon, »Jeffrey Z. Rubin, 54, an Expert on Negotiation«, *New York Times*, 9. Juni 1995, nytimes.com/1995/06/09/obituaries/jeffreyzrubin54anexpertonnegotiation.html. Allgemeine Hintergründe zu den einhundert höchsten Bergen in New England finden sich bei Lindsey Gordon, »A Quick Guide to the New England 100 Highest«, 27. März 2019, *TheTrek*, thetrek.co/quick-guide-new-england-100-highest.

Sie können Ihren Verstand nicht austricksen
Siehe Simonson und Staw, »Deescalation Strategies«, 1992.

Kapitel 6

Die Fakten und Beschreibungen von Astro Tellers Führungsarbeit bei X, die Mission und die Kultur von X, bestimmte Projekte bei X, Affen und Podeste sowie K.-o.-Kriterien gehen zurück auf Gespräche und Korrespondenz mit Astro Teller und Libby Leahy, Kommunikationschefin bei X, und die folgenden zusätzlichen Quellen: x.company, Astro Teller, »Failure, Innovation, and Engineering Culture«, Videoaufzeichnung bei re:

Work with Google, 24. Mai 2016, youtube.com/watch?v= 3SsnY2BvzeA; Astro Teller, »A Peek Inside the Moonshot Factory Operating Manual«, *X* (Blog), 23. Juli 2016, blog.x.company/apeek-inside-the-moonshot-factory-operating-manual-f5c33c9ab4d7; Adele Peters, »Why Alphabet's Moonshot Factory Killed Off a Brilliant, Carbon-Neutral Fuel«, *Fast Company,* 13. Oktober 2016, fastcompany.com/3064457/why-alphabets-moonshot-factory-killed-offabrilliant-carbon-neutral-fuel; Astro Teller, »Tackle the Monkey First«, *X* (blog), 7. Dezember 2016, blog.x.company/tackle-the-monkey-first-90fd6223e04d; Kathy Hannun, »Three Things I Learned from Turning Seawater into Fuel«, *X* (blog), 7. Dezember 2016, blog.x.company/three-thingsilearned-from-turning-seawater-into-fuel-66aeec36cfaa; Derek Thompson, »Google X and the Science of Radical Creativity«, *The Atlantic,* November 2017, theatlantic.com/magazine/archive/2017/11/xgoogle-moonshot-factory/540648; Alex Davies, »Inside X, the Moonshot Factory Racing to Build the Next Google«, *Wired,* 11. Juli 2018, wired.com/story/alphabet-googlexinnovation-loon-wing-graduation; »The Gimbal V2.0«, Juli 2018, storage.googleapis.com/xprod.appspot.com/files/the_ x_ gimbal_v2.10_web.pdf (»Ein Leitfaden für die Unternehmenskultur von X«); Astro Teller, »Tips for Unleashing Radical Creativity«, *X* (Blog), 12. Februar 2020, blog.x.company/tips-for-unleashing-radical-creativity-f4ba55602e17; Astro Teller, »Loon's Final Flight«, *X* (Blog), 21. Januar 2021, blog.x.company/loons-final-flight-e9d699123a96.

Hintergrundfakten über Teller und X finden sich in: »Astro Teller, Captain of Moonshots«, *X*, x.company/team/astroteller; »Biography«, Astro Teller, astroteller.net/about/bio; mehrere der Artikel auf astroteller.net, »Articles«, astroteller.net/press/articles; Thompson, »Google X and the Science of Radical Creativity«; Jahresbericht 2020 von Alphabet und SEC Form 10K, 31. Dezember 2020.

Die wörtlichen Zitate Tellers und die Beschreibung der Erwägungen eines Hyperloop-Projekts bei X sind Gesprächen und Korrespondenz mit Astro Teller entnommen.

K.-o.-Kriterien

Siehe Simonson und Staw, »Deescalation Strategies«, 1992.

Tunnelblick

Das Beispiel ist meiner Arbeit mit mParticle entnommen.

Zustände und Zeitpunkte

Das Beispiel des Überfalls auf Osama bin Laden stammt aus Gesprächen und Korrespondenz mit Admiral McRaven. Das Beispiel der Terminfestsetzung für eine Tenure-Track-Anstellung stammt aus Gesprächen und Korrespondenz mit Kevin Zollman.

Einschub 2

Ein Großteil der Informationen über die Geschichte von Sasha Cohen kommt aus Gesprächen und Korrespondenz mit ihr für dieses Buch. Weitere Details für diesen Einschub stammen aus den folgenden Quellen: Sasha Cohen, »An Olympian's Guide to Retiring at 25«, *New York Times,* 24. Februar 2018, nytimes.com/2018/02/24/opinion/sunday/sasha-cohen-olympics-pyeongchang.html; die Dokumentation *The Weight of Gold* (Podium Pictures) von 2020, Regie Brett Rapkin, Drehbuch Aaron Cohen und Rapkin, in der Cohen auftrat; Jessica Lachenal, »Figure Skater Sasha Cohen Has a Surprising New Career Off the Ice«, *Bustle,* 29. Juli 2020, bustle.com/entertainment/whatissasha-cohen-doing-now; Megan Sauer, »Sasha Cohen: Embracing Uncertainty«, U.S. Figure Skating Fan Zone, 30. März 2021, usfigureskatingfanzone.com/news/2021/3/30/figure-skating-sasha-cohen-embracing-uncertainty.aspx. Einige Details über Cohens Wettbewerbserfolge stammen aus Cohens Wikipedia-Eintrag, en.wikipedia.org/wiki/Sasha_Cohen.

Kapitel 7

Informationen über Andrew Wilkinsons Hintergrund und seine Erfolge mit MetaLab, Tiny Capital und anderen Investments stammen aus »Warren Buffett for Startups, Andrew Wilkinson«, *The Hustle,* 27. Juli

2020, thehustle.co/warren-buffett-for-startups-andrew-wilkinson; Allen Lee, »10 Things You Didn't Know about Andrew Wilkinson«, *Money Inc.*, 26. Dezember 2020, moneyinc.com/andrew-wilkinson.

Auf Wilkinsons Erfahrung mit Flow wurde ich aufmerksam durch einen langen Twitter-Thread, den er am 30. März 2021 postete, twitter.com/awilkinson/status/1376985854229504007. Die Einzelheiten seiner Flow-Story habe ich diesem Thread sowie Gesprächen und Korrespondenz mit Andrew Wilkinson entnommen.

Dass Dustin Moskovitz die Ereignisse bei seiner Begegnung mit Wilkinson anders interpretierte, wird aus Moskovitz' Reaktionen auf den oben erwähnten Twitter-Thread deutlich sowie aus einem anderen Thread, den Wilkinson am 27. Dezember 2019 eröffnete, twitter.com/awilkinson/status/1210696247587139584, und mit dem Wilkinson eine Twitter-Diskussion über Eigenfinanzierung versus Venture-Capital anstieß. Ich habe Wilkinsons Sichtweise des Treffens aufgrund der Wahrscheinlichkeit beschrieben, dass diese Wahrnehmung seine künftigen Entscheidungen beeinflusst hat. Es war daher nicht nötig festzulegen, inwieweit Wilkinsons Beschreibung oder Interpretation korrekt (oder vernünftig) war.

Der Besitztumseffekt

Richard Thaler benannte den Besitztumseffekt in seiner Veröffentlichung »Toward a Positive Theory of Consumer Choice« von 1980. Dort erzählte er auch die Geschichte des Weinsammlers. Die Aktualisierung stammt von Kahneman, Knetsch und Thaler, »The Endowment Effect, Loss Aversion, and Status Quo Bias«, 1991. Kahneman identifizierte ihren Wein liebenden Freund in *Thinking, Fast and Slow* als den verstorbenen Richard Rosett, langjähriger Professor für Wirtschaftswissenschaften und ehemaliger Dekan der Booth School of Business an der University of Chicago. Dasselbe tat Thaler in *Misbehaving* und merkte auch an, er habe Rosett eine Kopie eines Artikels geschickt, in dem er die Geschichte beschrieb und Rosett als »Mr. R« erwähnte. Rosetts kurze Antwort lautete: »Welch ein Ruhm!« *Misbehaving*, S. 17.

Die in diesem Kapitel erwähnten Arbeiten von Jack Knetsch sowie die oben erwähnte gemeinsame Arbeit von 1991 mit Kahneman und

Thaler sind Knetsch, »The Endowment Effect and Evidence of Nonreversible Indifference Curves«, 1989; Kahneman, Knetsch und Thaler, »Experimental Tests of the Endowment Effect«, 1990.

Der Hinweis auf die Besprechung der Literatur zum Besitztumseffekt bezieht sich auf Morewedge und Giblin, »Explanations of the Endowment Effect«, 2015.

Der Hinweis auf die Studie über den IKEA-Effekt bezieht sich auf Norton, Mochon und Ariely, »The IKEA Effect«, 2012.

Die folgenden Arbeiten untersuchen die Anwendung des Besitztumseffekts auf psychologisches Eigentum, was auch den Besitz unserer Vorstellungen, Überzeugungen und Entscheidungen umfasst sowie die Verbindung, die wir zu Organisationen herstellen, denen wir beitreten: Dommer und Swaminathan, »Explaining the Endowment Effect through Ownership«, 2013; Morewedge et al., »Bad Riddance or Good Rubbish?«, 2009; Pierce, Kostova und Dirks, »Toward a Theory of Psychological Ownership in Organizations«, 2001; Pierce, Kostova und Dirks, »The State of Psychological Ownership«, 2003; Reb und Connolly, »Possession, Feelings of Ownership and the Endowment Effect«, 2002; Shu und Peck, »Psychological Ownership and Affective Reaction«, 2011.

Siehe auch Peck und Shu, *Psychological Ownership and Consumer Behavior,* 2018 (ein ganzes Buch voller wissenschaftlicher Aufsätze über Themen, die mit dem psychologischen Eigentum verknüpft sind).

Die Erläuterungen in diesem Kapitel spiegeln auch Gespräche und Korrespondenz mit Richard Thaler und Daniel Kahneman für dieses Buch wider.

Profisportmannschaften und ihr eskalierendes Commitment für High Draft Picks

Die Originalstudien, die den Effekt der Draft-Reihenfolge zeigen, unabhängig von Kompetenz oder Produktivitätsniveau, sind Staw und Hoang, »Why Draft Order Affects Playing Time«, 1995; Camerer und Weber, »Econometrics and Behavioral Economics of Escalation of Commitment«, 1999.

In der Post-*Moneyball*-Ära stellt sich natürlich die Frage, ob die Betonung auf analyseorientierten Entscheidungen die Irrationalität von versunkenen Kosten, Besitztumseffekt und Eskalationsfehler korrigiert hat. Quinn Keefer erklärte 2017 im Hinblick auf die NFL: »Obwohl sie nicht produktiver sind, erhalten die Auswahlen der ersten Runde eine Gehaltsprämie, die dazu führt, dass sie deutlich mehr Spiele machen.« Siehe Keefer, »Sunk-Cost Fallacy in the National Football League«, 2017, S. 282.

Das stimmt überein mit anderen Arbeiten von Keefer, die eine Beziehung (erneut unabhängig von Qualifikation oder Produktivität) zwischen Einsatzzeit und Gehalt feststellen (das für neu gedraftete Spieler in der NFL, der NBA und der MLB aufgrund der Draft-Reihenfolge zunehmend standardisiert wird). Siehe Keefer, »Decision-Maker Beliefs and the Sunk-Cost Fallacy«, 2018; Keefer, »Sunk Costs in the NBA«, 2021. Siehe auch Hinton und Sun, »The Sunk-Cost Fallacy and the National Basketball Association«, 2020, S. 1019 (worin ein »kleiner, aber deutlicher Effekt der versunkenen Kosten« festgestellt wird). Gehalt und Draft-Reihenfolge sind keine austauschbaren Maßstäbe für Besitztum oder versunkene Kosten, aber beide relevant für diese Themen, und sie beziehen sich zunehmend auf Profisportler in Mannschaftssportarten zu Beginn ihrer Karriere.

Daniel Leeds, Michael Leeds und Akira Motomura kamen zum entgegengesetzten Ergebnis, nämlich dass aus der NBA-Draft-Reihenfolge kein Effekt der versunkenen Kosten entsteht, in »Are Sunk Costs Irrelevant?«, 2015.

Der Status quo ist schwer aufzugeben

Siehe Samuelson und Zeckhauser, »Status Quo Bias in Decision Making«, 1988. Die Studie von Kahneman, Knetsch und Thaler ist nicht nur wichtig für den Besitztumseffekt, sondern gilt auch als eine der grundlegenden Erklärungen für den Status-quo-Fehler.

Die Marketing-Professoren David Gal und Derek Rucker, die sich mit der Gültigkeit der Verlustangst als allgemeines Prinzip auseinandergesetzt haben, machen den Status-quo-Fehler für einen Großteil des der Verlustangst zugeschriebenen Verhaltens verantwortlich. Gal und

Rucker, »The Loss of Loss Aversion«, 2018; siehe auch Gal, »A Psychological Law of Inertia«, 2006.

Überschneidungen und Unterschiede zwischen Status-quo-Fehler und Unterlassungs-Handlungs-Fehler gehen über die Zielsetzung dieses Buches hinaus. Eine Besprechung dieses Problems und eine Erklärung des Unterlassungs-Handlungs-Fehlers findet sich bei Ritov und Baron, »Status-Quo and Omission Biases«, 1992; Baron und Ritov, »Reference Points and Omission Bias«, 1994; Ritov und Baron, »Outcome Knowledge, Regret, and Omission Bias«, 1995; Schweitzer, »Disentangling Status Quo and Omission Effects«, 1994.

Das Keynes-Zitat stammt aus John Maynard Keynes, *The General Theory of Employment, Interest, and Money,* 1936, S. 79–80 (International Relations and Security Network Edition, files.ethz.ch/isn/125515/1366_KeynesTheoryofEmployment.pdf).

Der Preis des Bleibens

Ein Video der MIT Sloan Sports Analytics Conference mit Richard Thaler findet sich unter »The Sports Learning Curve: Why Teams Are Slow to Learn and Adapt«, 2020, sloansportsconference.com/event/the-sports-learning-curve-why-teams-are-slowtolearn-and-adapt. Darin enthalten ist auch die Präsentation »Learning by Sports Teams« von Chris Avery, Kevin Meers und Richard Thaler. Siehe auch Mauboussin und Callahan, »Turn and Face the Strange«, 2021.

Kapitel 8

Business-Storys über Niedergang, Zerschlagung und Fall von Sears (einschließlich historischer Informationen): Robert Lindsey, »Sears, Roebuck: Nation's Banker?«, *New York Times,* 17. April 1977, nytimes.com/1977/04/17/archives/sears-roebuck-nations-banker-sears-roebuck-nations-banker.html; Stanley Ziemba, »Sears Slips to No. 3 in the Retail Kingdom, Behind Wal-Mart, K«, *Chicago Tribune,* 21. Februar 1991, chicagotribune.com/news/ctxpm-199102219101170011-story.html; »Sears Approves Spinoff of Dean Witter, Discover & Co.«,

UPI, 18. Juni 1993, upi.com/Archives/1993/06/18/Sears-approves-spinoffofDean-Witter-DiscoverCo/4516740376000; Barnaby Feder, »Sears, Returning to Its Roots, Is Giving Up Allstate«, *New York Times,* 11. November 1994, nytimes.com/1994/11/11/us/sears-returningtoits-rootsisgivingupallstate.html; Genevieve Buck, »Allstate, Sears Set to Split Up«, *Chicago Tribune,* 31. März 1995, chicagotribune.com/news/ctxpm-19950331950331O328-story.html; Peter Truell, »Morgan Stanley and Dean Witter Agree to Merge«, *New York Times,* 6. Februar 1997, nytimes.com/1997/02/06/business/morgan-stanley-and-dean-witter-agreetomerge.html; Lorene Yue, »Citigroup Buys Sears Credit Division«, *Chicago Tribune,* 16. Juli 2003, chicagotribune.com/news/ctxpm-0030716030716O208-story.html.

Weitere Zeitschienen und geschichtliche Abrisse über Sears: »Sears, Roebuck & Co.«, Encyclopedia of Chicago, encyclopedia.chicagohistory.org/pages/2840.html; Vicki Howard, »The Rise and Fall of Sears«, *Smithsonian,* 25. Juli 2017, smithsonianmag.com/history/rise-and-fall-sears-180964181; Tiffany Hsu, »Sears Went from Gilded-Age Boom to Digital-Age Bankruptcy«, *New York Times,* 15. Oktober 2018, nytimes.com/2018/10/15/business/sears-bankrupt-history-timeline.html; Chris Isodore, »Sears' Extraordinary History: A Timeline«, CNN, Oktober 2018, cnn.com/interactive/2018/10/business/sears-timeline/index .html; »History of Sears, Roebuck and Co.«, Reference for Business, o. D., ca. 1996, referenceforbusiness.com/history2/88/Sears-Roebuck-andCo.html; Kori Rumore, »Rise, Fall and Restructuring of a Chicago Icon: More Than 130 Years of Sears«, *Chicago Tribune,* 24. April 2019, chicagotribune.com/news/ctsears-company-history-timeline-htmlstory.html; searsarchives.com; Mike Snider, »A Look Back at Some of Sears Ventures, Beyond Retail Stores, Through the Years«, *USA Today,* 15. Oktober 2018, usatoday.com/story/money/nation-now/2018/10/15/sears-had-far-reaching-legacy-beyond-retail-into-brands-and-financials/1645882002.

Eine Zeitschiene von Allstate findet sich hier: »Allstate History & Timeline«, Allstate, allstate.com/about/history-timeline.aspx.

Studien und wissenschaftliche Artikel (einschließlich historischer Informationen): Shoshanna Delventhal, »Who Killed Sears? Fifty Years on the Road to Ruin«, *Investopedia,* 26. September 2020, investopedia.com/news/downfallofsears; Gillan, Kensinger und Martin, »Value Creation and Corporate Diversification«, 2000; Raff und Temin, »Sears, Roebuck in the Twentieth Century«, 1999; Lawrence J. Ring und John S. Strong, »Sears and Kmart, a Sad, Sad Story«, Juli 2017, babson.edu/academics/executive-education/babson-insight/strategy-and-innovation/sears-and-kmartasad-sad-story/# (mit Verweis auf die Fusion von Sears und Kmart als »doppelter Suizid«); Varadrajan, Jayachandran und White, »Strategic Interdependence in Organizations«, 2001.

Einige der Informationen über den Börsengang von Sears stammen aus »Landmark IPO Helps an American Retailing Icon Achieve the Next Level of Growth«, Goldman Sachs, goldmansachs.com/our-firm/history/moments/1906-sears-roebuck-ipo.html.

Die Gespräche und die Korrespondenz mit Barry Staw lenkten meine Aufmerksamkeit auf Sears als potenzielles Thema im Zusammenhang mit eskalierendem Commitment. Ich sprach darüber auch mit Daniel Raff.

Der Identitätskult

Siehe Festinger, Riecken und Schachter, *When Prophecy Fails.*

Die Zusammenfassung über die starke Auswirkung von Identität auf unsere Ausstiegsentscheidungen am Ende dieses Kapitels war durch Einblicke inspiriert, die ich bei Gesprächen für dieses Buch mit der Verhaltenswissenschaftlerin Maya Shankar führte (deren Geschichte in Kapitel 10 erzählt wird). Sie erinnerte mich daran, dass wir Kinder dazu bringen, ihre Identität mit der Arbeit eines Erwachsenen zu verknüpfen: »Kinder werden häufig gefragt, was sie werden wollen, wenn sie mal groß sind, was bedeutet, dass sie ihre Identität mit einem bestimmten Beruf verknüpfen. Das verstärkt die Schwierigkeit, sich von dieser Identität abzulösen.«

Kognitive Dissonanz

Die Entwicklung, Bedeutsamkeit und Anwendung der Dissonanztheorie geht weit über den Rahmen dieses Buches hinaus. Die kognitive Dissonanz wird nunmehr seit über achtzig Jahren untersucht, wenn man *When Prophecy Fails* und Leon Festingers überaus einflussreiches

A Theory of Cognitive Dissonance als Meilensteine betrachten will. Eine neuere Einführung, Geschichte und Betrachtung der Theorie der kognitiven Dissonanz findet sich bei Harmon-Jones und Mills, »An Introduction to Cognitive Dissonance Theory«, 2019.

Elliot Aronson, ein Student Festingers, forscht und schreibt seit 1960 über die kognitive Dissonanz. Nach über dreißig Jahren Arbeit war er in der Position, über ein »Comeback« der Theorie zu schreiben. Aronson, »The Return of the Repressed«, 1992. (Das Zitat Aronsons in diesem Kapitel findet sich auf S. 304–305 dieser Arbeit.) Fast dreißig Jahre nach *dieser* Studie schrieb er (mit Carol Tavris) über die Anwendung der kognitiven Dissonanz im Rahmen der Pandemie. »The Role of Cognitive Dissonance in the Pandemic«, 2020. Aronson und Tavris beschreiben auch Festingers Arbeit, die kognitive Dissonanz allgemein und beschreiben die Geschichte und Reichweite der Dissonanzforschung in ihrem Buch *Mistakes Were Made*.

Siehe auch Beasley und Joslyn, »Cognitive Dissonance and Post-Decision Attitude Change«, 2001; Fried und Aronson, »Hypocrisy, Misattribution, and Dissonance Reduction«, 1995; Harmon-Jones, *Cognitive Dissonance*.

Der Spiegel und das Fenster

In Bezug auf das Ausmaß des Effekts der internen und externen Identität bei eskalierendem Commitment beziehe ich mich auf Staw, »Knee-Deep in the Big Muddy«, 1976; Fox und Staw, »The Trapped Administrator«, 1979.

Mehrere von Staws wichtigen Artikeln über eskalierendes Commitment erklären das Verhältnis zur Dissonanztheorie sowie zu internen und externen Identitätsaspekten. Staw und Fox, »Escalation: The Determinants of Commitment«, 1977; Staw und Ross, »Commitment to a Policy Decision«, 1978; Staw, »The Escalation of Commitment to a Course of Action«, 1981; Staw, McKechnie und Puffer, »The Justification of Organizational Performance«, 1983; Chatman, Staw und Bell, »The Managed Thought«, 1986; Ross und Staw, »Understanding Behavior in Escalation Situations«, 1989; Ross und Staw, »Managing Escalation Processes in Organizations«, 1991; Simonson und Staw, »Deescalation Strategies«, 1992.

Allein auf weiter Flur
Siehe Beshears und Milkman, »Do Sell-Side Stock Analysts Exhibit Escalation of Commitment?«, 2011.

Das Zitat von Andrew Wilkinson stammt aus einem Gespräch mit ihm für dieses Buch.

Falsch verstandene Identität
Die Zitate stammen aus Gesprächen mit Sarah Olstyn Martinez für dieses Buch.

Ein Hoffnungsschimmer
Wenn es ein Unternehmen gibt, das auf den ersten Blick anfällig dafür wirkt, in die Falle seiner eigenen Identität zu gehen, dann ist es Philips. Die niederländische Firma war über hundert Jahre lang dafür bekannt, Glühbirnen herzustellen. Gegründet wurde das Unternehmen im Jahr 1891 von den Brüdern Gerard und Anton Philips. Während der ersten *achtzig* Jahre hatte es lediglich vier CEOs: die Philips-Brüder, Antons Schwiegersohn und Antons Sohn. Natürlich bewiesen die Gebrüder Philips bereits 1914 (wenn nicht noch früher), dass ein führendes Familienmitglied oder der Familienname als Unternehmensname oder auf den Produkten es nicht davon abhielt, zu expandieren oder die Zusammensetzung der Geschäftsfelder zu verändern.

Die Geschichte von Philips stammt aus folgenden Quellen: Unternehmens-Websites und Wikipedia-Einträge für Philips, Philips USA, das Philips Museum und Signify (der 2018 eingeführte Name für das, was zuvor als Philips Lighting bekannt war und 2016 ausgegliedert wurde); Philips, »Philips Celebrates 100 Years of Research«, Mitteilung, 9. Januar 2014, dev.usa.philips.com/aw/about/news/archive/standard/news/press/2014/20140109-philips-celebrates-100-yearsofresearch.html; »Philips to Spin of Lighting Branch in ›Historic‹ IPO«, *IndustryWeek*, 3. Mai 2016, industryweek.com/finance/article/21972654/philipstospin-off-lighting-branchinhistoric-ipo; Philips *2020 Annual Report*, philips.com/cdam/corporate/about-philips/investors/shareholder-info/agm-2021/Philips%20Annual%20Report%202020.pdf; Signify, *Jahresbericht 2020*, signify.com/static/2020/signify-annual-report-2020.pdf.

Kapitel 9

Das hier beschriebene Vorgehen von Ron Conway ist aus Gesprächen und Korrespondenz mit Ron Conway für dieses Buch entnommen.

Informationen über Ron Conways Hintergrund, seine erfolgreichen Investments, Aspekte seiner Vorgehensweise und/oder die Wertschätzung, die er bei Gründern, Venture Capitalists und im ganzen Silicon Valley genießt, stammen aus folgenden Quellen: »The Ronco Principle«, Paul Graham, Januar 2015, paul-graham.com/ronco; Max Chafkin, »Legendary Angel Investor Ron Conway Isn't Looking at Your Idea, He's Looking at You«, *Fast Company,* 5. März 2015, fastcompany.com/3043196/ron-conway-andycombinatoralove-story; Aric Jenkins, »Silicon Valley Investing Legend Ron Conway on the Lessons Learned from Napster«, *Fortune,* 2. Dezember 2020, fortune.com/2020/12/02/ron-conwaysvangel-napster-google-facebook (worin Conway auf die Misserfolgshäufigkeit bei seinen Start-up-Investments hinwies: »Rund 60 Prozent aller Unternehmen, in die wir investieren, gehen pleite; wir verdienen keinen roten Heller. Bei weiteren 30 Prozent bekommen wir eventuell unser Geld zurück. Und es ist dieses dünne Gleichgewicht, 10 bis 20 Prozent, bei denen man mehr herausholt, als man hineingesteckt hat, und das ist genug, um all jene zu bezahlen, die pleitegegangen sind«); »Ron Conway: Founder and CoManaging Partner«, SVAngel, svangel.com/team.

(Übertriebener) Optimismus

Die Zahl der verkauften Bücher über die Kraft des Optimismus ist den Zahlen entnommen, die auf den Amazon-Seiten angegeben wird für *Die Kraft positiven Denkens, Denke nach und werde reich* und *The Secret – Das Geheimnis.*

Die meisten Informationen in diesem Kapitel stammen aus Gesprächen und Korrespondenz mit Don Moore für dieses Buch; Moore, *Perfectly Confident;* Tenney, Logg und Moore, »(Too) Optimistic about Optimism«, 2015.

Die berühmte Studie mit 3000 Unternehmern ist von Cooper, Woo und Dunkelberg, »Entrepreneurs' Perceived Chances for Success«, 1988.

Teile und herrsche
Siehe Staw, Barsade und Koput, »Escalation at the Credit Window«, 1997.

Abgesehen von den bereits in den Anmerkungen für dieses Kapitel erwähnten Hinweisen auf Gespräche mit Ron Conway und Don Moore stammen viele der Zitate und Erklärungen über Ausstiegscoaches aus Gesprächen und Korrespondenz für dieses Buch mit Daniel Kahneman, Richard Thaler, Andrew Wilkinson, Admiral William McRaven und Astro Teller.

Einschub 3

Gespräche und Korrespondenz für dieses Buch mit den folgenden Quellen (und einige ihrer Veröffentlichungen zu diesem Thema): Mark Moffett sowie sein Buch *Adventures among Ants: A Global Safari with a Cast of Trillions* (Berkeley: University of California Press, 2010); und Michael Mauboussin sowie sein Buch *More Than You Know*, S. 187–197.

Natürlich hat das Gesamtwerk von Dr. Moffetts Mentor, dem verstorbenen Edward O. Wilson, dieses Material beeinflusst, insbesondere Bert Hölldobler und E. O. Wilson, *The Superorganism: The Beauty, Elegance, and Strangeness of Insect Societies* (New York: W. W. Norton, 2009); Edward O. Wilson, *Tales from the Ant World* (New York: W. W. Norton, 2020).

Artikel und Studien über das Verhalten von Ameisenkolonien und Ameisenalgorithmen: J. L. Deneubourg, S. Aron, S. Goss und J. M. Pasteels, »Error, Communication and Learning in Ant Societies«, *European Journal of Operational Research* 30, Nr. 2 (Juni 1987): S. 168–172; J. L. Deneubourg, J. M. Pasteels und J. C. Verhaeghe, »Probabilistic Behaviour in Ants: A Strategy of Errors?«, *Journal of Theoretical Biology* 105, Nr. 2 (1983): S. 259–271; Marco Dorigo, Gianni A. DiCaro und Luca Maria Gambardella, »Ant Algorithms for Discrete Optimization«, *Artificial Life* 5, Nr. 2 (April 1999): S. 137–172; Drew Levin, Joshua Hecker, Melanie Moses und Stephanie Forrest, »Volatility and Spatial Distribution of Resources Determine Ant Foraging Strategies«, *Proceedings of the European Conference on Artificial Life,* 2015, S. 256–263; E. David Morgan, »Trail Pheromones of Ants«, *Physiological Entomology* 34, Nr. 1 (März 2009): S. 1–17; Masashi Shiraishi, Rito Takeuchi, Hiroyuki Nakagawa, Shin I. Nishimura, Akinori Awazu und Hiraku Nishimori, »Diverse Stochasticity Leads a Colony of Ants to Optimal Foraging«, *Journal of Theoretical Biology* 465 (März 2019): S. 7–16.

Siehe auch Deborah Gordon, »Collective Wisdom of Ants«, *Scientific American,* Februar 2016, S. 44–47; Deborah Gordon, »Colonial Studies«, *Boston Review,* September–Oktober 2010, S. 59–62.

Kapitel 10

Die Informationen über die Geschichte Maya Shankars stammen aus folgenden Quellen: Gespräche und Korrespondenz mit Maya Shankar für dieses Buch; E. J. Crawford, »Getting to Know You: Maya Shankar«, *Yale Alumni,* 22. Juli 2021, alumni.yale.edu/news/getting-know-you-maya-shankar07; »Maya Shankar: Behavioral Science: From the White House to Google«, The Decision Lab, thedecisionlab.com/thinkers/psychology/maya-shankar; Robert Lipsyte und Lois Morris, »How Do You Get to Lager? Practice, of Course: Teenagers Who Play Music, Not Tennis«, *New York Times,* 27. Juni 2002, nytimes.com/2002/06/27/arts/howdoyou-gettoLager-practiceofcourse-teenagers-who-play-music-not-tennis.html; mayashankar.com; »The Power of Nudges: Maya Shankar on Changing People's Minds«, *Knowledge at Wharton,* 1. Juni 2021, knowledge.wharton.upenn.edu/article/power-nudges-maya-shankar-changing-peoples-minds; »Maya Shankar, Aspiring Concert Violinist Turned Cognitive Scientist at the White House, UN and Google«, *Rediscover STEAM,* 21. März 2021, medium.com/rediscover-steam/maya-shankar-aspiring-concert-violinist-turned-cognitive-scientistatthe-white-houseungoogle-e22d072ef72e; Sarah Stillman, »Can Behavioral Science Help in Flint?«, *New Yorker,* 23. Januar 2017, newyorker.com/magazine/2017/01/23/can-behavioral-science-helpinflint; Shankar Vedantam und Maggie Penman, »Loss and Renewal: Moving Forward after a Door Closes«, *NPR,* 31. Dezember 2018, npr.org/2018/12/28/680679054/loss-and-renewal-moving-forward-afteradoor-closes.

Anmerkungen aus der Londoner U-Bahn
Siehe Larcom, Rauch und Willems, »The Benefits of Forced Experimentation«, 2017.

Nur ein Tag
Die Informationen über die Geschichte Mike Neighbors stammen aus den folgenden Quellen: Gespräche und Korrespondenz mit Mike Neighbors für dieses Buch; »Mike Neighbors«, Arkansas Razorbacks, arkansasrazorbacks.com/coache/mike-neighbors; Doug Samuels, »A Major College Coach Defends His Decision to Practice ONCE Per Week«, FootballScoop, 26. März 2019, footballscoop.com/news/major-college-coach-defends-decision-practice-per-week; »Operating Bylaws, Article 17 – Playing and Practices Seasons«, *2021–22 NCAA Division I Manual*, 235–332, web3.ncaa.org/lsdbi/reports/getReport/90008. Informationen über Spielplan und Ergebnisse der Spielzeit 2013/14 des Frauen-Basketballteams Washington Huskies stammen von Wikipedia, en.wikipedia.org/wiki/2013%E2%80%9314_Washington_Huskies_women%27s_basketball_team.

Der große Rückzug
Der Begriff scheint von Professor Anthony Klotz von der Texas A&M zu stammen und wird zitiert von Arianne Cohen in »How to Quit Your Job in the Great Post-Pandemic Resignation Boom«, *Bloomberg Businessweek*, 10. Mai 2021, bloomberg.com/news/articles/20210510/quit-your-job-howtoresign-after-covid-pandemic. (»›Der große Rückzug ist im Kommen‹, sagt Anthony Klotz, Privatdozent für Management an der Texas A&M University, der die Kündigungen Hunderter Beschäftigter ausgewertet hat.«)

Die Zahlen in diesem Kapitel sind monatlichen Veröffentlichungen (und den begleitenden Tabellen und Statistiken) der Beschäftigungsstatistik des amerikanischen Arbeitsministeriums entnommen, die unter dem Titel »Job Openings and Labor Turnover« (bekannt als

JOLT) auf den Monat datiert werden, typischerweise für den Zeitraum zwei Monate vor der Veröffentlichung. Dazu gehören die folgenden Veröffentlichungen: »JOLT—April 2021« (veröffentlicht am 8. Juni 2021), bls.gov/news.release/archives/jolts_06082021.htm; »JOLT–June 2021« (veröffentlicht am 9. August 2021), bls.gov/news.release/archives/jolts_08092021.htm; »JOLT–July 2021« (veröffentlicht am 8. September 2021); »JOLT–August 2021« (veröffentlicht am 12. Oktober 2021), bls.gov/news.release/archives/jolts_10122021.htm; »JOLT–September 2021« (veröffentlicht am 12. November 2021), bls.gov/news.release/archives/jolts_11122021.htm; »JOLT–October 2021« (veröffentlicht am 8. Dezember 2021), bls.gov/news.release/archives/jolts_12082021.htm.

Einige der Hintergrundinformationen und Aspekte der öffentlichen Diskussion über die »Bedeutung« des großen Rückzugs stammen aus den folgenden Artikeln: Paul Krugman, »The Revolt of the American Worker«, *New York Times*, 14. Oktober 2021, nytimes.com/2021/10/14/opinion/workers-quitting-wages.html; Eli Rosenberg, Abha Bhattarai und Andrew Van Dam, »A Record Number of Workers Are Quitting Their Jobs, Empowered by New Leverage«, *Washington Post*, 12. Oktober 2021, washingtonpost.com/business/2021/10/12/jolts-workers-quitting-august-pandemic; Scott Schieman, »Surprise: Workers Actually Like Their Jobs. Here Are the Real Reasons They're Quitting in Droves«, *Fast Company*, 17. Dezember 2021, fastcompany.com/90706474/surprise-workers-actually-like-their-jobs-here-are-the-real-reasons-theyre-quittingindroves; Derek Thompson, »What Quitters Understand about the Job Market«, *The Atlantic*, 21. Juni 2021, theatlantic.com/ideas/archive/2021/06/quitting-your-job-economic-optimism/619242; Derek Thompson, »Where Did 7 Million Workers Go?«, *The Atlantic*, 23. Oktober 2021, theatlantic.com/ideas/archive/2021/10/howdoyou-make7million-workers-disappear/620475; Derek Thompson, »Three Myths of the Great Resignation«, *The Atlantic*, 8. Dezember 2021, theatlantic.com/ideas/archive/2021/12/great-resignation-myths-quitting-jobs/620927; Abby Vesoulis, »Why Literally Millions of Americans Are Quitting Their Jobs«, *Time*, 13. Oktober 2021, time.com/6106322/the-great-resignation-jobs; Matthew Yglesias, »The Myth of the ›Great Resignation‹«, *Slow Boring*, 13. Januar 2022, slowboring.com/p/the-mythofthe-great-resignation.

Kapitel 11

Soweit ich weiß, gibt es keine zentrale Erfassung oder Registrierung von Personen, die trotz Verletzungen bei Langstreckenläufen weiterlaufen. Ich habe mich auf den London Marathon und andere Langstreckenläufe in Großbritannien konzentriert, weil mir bei meiner kurzen Suche nach solchen Geschichten schnell auffiel, dass es während des London Marathon von 2019 zwei solcher Fälle an fast derselben Stelle gegeben hatte. Die beiden Geschichten hatten nichts miteinander zu tun, obwohl in beiden Fällen (wie bei den meisten dieser Storys über Marathon-Verletzungen) das medizinische Personal vor Ort oder in örtlichen Krankenhäusern vollkommene Fassungslosigkeit darüber zum Ausdruck gebracht hat, dass so etwas überhaupt möglich ist. Dann fand ich ein weiteres Beispiel in Edinburgh vier Wochen später (sowie eines, das ich hier nicht beschrieben habe, bei einem Halbmarathon in Plymouth eine Woche vor Edinburgh). Dann fand ich eine Geschichte vom London Marathon 2014 mit derselben Verletzung, die an derselben Stelle erfolgt war wie eine der beiden von 2019, sowie zwei weitere vom London Marathon 2012 und 2021.

Bei meiner begrenzten Suche fand ich auch etliche solcher Beispiele bei Langstreckenläufen in den Vereinigten Staaten und in Japan, aber ich hatte natürlich nicht die Absicht, solche Geschichten umfassend zu dokumentieren, noch wollte ich speziell den London Marathon herausgreifen.

Die Artikel mit den Berichten über die in diesem Kapitel erwähnten Marathonläufer sind die folgenden: »Stratford Dad Finishes London Marathon despite Broken Leg«, *Coventry Telegraph*, 1. Mai 2012, coventrytelegraph.net/news/coventry-news/stratford-dad-finishes-london-marathon-3024241; »London Marathon Runner Finishes despite Broken Bone«, *BBC*, 14. April 2014, bbc.com/news/ukengland-hampshire-27028222; »Thirty-Eight Guinness World Records Titles Achieved at the 2019 Virgin Money London Marathon«, *MarathonGuide*, 29. April 2019, marathonguide.com/pressreleases/index.cfm?file=LondonMarathon_190429; Gianluca Mezzofiore, »A Firefighter Ran 18 Miles on a Broken Foot in the London Marathon«, *CNN*, 30. April

2019, cnn.com/2019/04/30/europe/firefighter-london-marathon-broken-foot-trnd/index.html; Georgia Diebelius, »Woman Ran 18 Miles of the London Marathon with a Broken Ankle«, *Metro,* 1. Mai 2019, metro.co.uk/2019/05/01/woman-ran18miles london-marathon-broken-ankle-9375118; Fiona Pringle, »Edinburgh Marathon Runner Completes Race with Broken Leg«, *Edinburgh Evening News,* 28. Mai 2019, edinburghnews.scotsman.com/news/people/edinburgh-marathon-runner-completes-race-broken-leg-546182; Ben Hobson, »Runner Breaks Leg at Edinburgh Marathon but Still Finishes the Race«, *Runner's World,* 29. Mai 2019, runnersworld.com/uk/news/a27621746/edinburgh-marathon-broken-leg; »Woman Runs London Marathon with Broken Leg«, *BBC,* 8. Oktober 2021, bbc.com/news/ukengland-shropshire-58840890.

Die wissenschaftliche Literatur über Ziele umfasst weitaus mehr, als ich hier zusammenfassen könnte. Die einflussreichste Arbeit, die zum Setzen spezifischer, anspruchsvoller Ziele ermuntert, kommt von den Professoren Edwin A. Locke und Gary P. Latham. Siehe *A Theory of Goal Setting and Task Performance; New Developments in Goal Setting and Task Performance;* »Goal Setting: A Half Century Retrospective«, 2019.

Die Probleme, die entstehen können, wenn Zielsetzungen mit einem klugen Ausstiegsverhalten konfligieren (durch ihren Alles-oder-nichts-Charakter, ihre Unflexibilität bei sich verändernden Umständen und die von ihnen ausgelöste Kurzsichtigkeit) sowie die Strategien zum Umgang mit diesen Problemen, wie sie in diesem Kapitel vorgestellt werden, gehen zurück auf Gespräche und Korrespondenz für dieses Buch mit den folgenden Personen: Maurice Schweitzer, Katy Milkman, Barry Staw und Richard Thaler.

Die Verweise auf die Veröffentlichungen von Schweitzer und Kollegen stammen von Schweitzer, Ordóñez und Douma, »The Dark Side of Goal Setting«, 2002; Ordóñez et al., »Goals Gone Wild«, 2009; Ordóñez et al., »On Good Scholarship, Goal Setting, and Scholars Gone Wild«, 2009. Siehe auch Dai et al., »Quitting When the Going Gets Tough«, 2018.

In diesen Quellen sowie in anderen, die ich für dieses Kapitel herangezogen habe, werden mehrere Probleme im Zusammenhang mit Zielsetzungen sowie deren Lösung allgemein besprochen. Siehe Beshears et al., »Creating Exercise Habits«, 2021; Heath, Larrick und Wu, »Goals as Reference Points«, 1999; Lucas et al., »When the Going Gets Tough«, 2015; Milkman, *How to Change;* Oettingen, *Rethinking Positive Thinking;* Staw und Boettger, »Task Revision«, 1990.

Die berühmte Studie »Unsichtbarer Gorilla« stammt aus Simons und Chabris, »Gorillas in Our Midst«, 1999. Siehe auch Simons und Chabris, *The Invisible Gorilla.* In der Originalstudie berichten sie von ähnlichen Ergebnissen mit anderen Teilnehmern, bei denen in dem Video mit den Basketball-Pässen statt einer Frau im Gorillakostüm eine große Frau mit einem aufgespannten Regenschirm durchs Bild lief. Alle diese Videos waren 75 Sekunden lang, wobei die unerwarteten Ereignisse 5 Sekunden dauerten und bei Sekunde 44 bis 48 des Videos eintraten.

Sie versuchten, den Gorilla-Effekt zu übertreiben, indem sie ein weiteres, kürzeres Video drehten (62 Sekunden), in dem der Gorilla fast doppelt so lange auftauchte (9 Sekunden). Sie ließen den Gorilla auch mitten zwischen den Spielern anhalten, in die Kamera schauen und sich auf die Brust trommeln. Sie gaben zwölf Teilnehmern dieselbe Aufgabe, die Basketball-Pässe zu zählen, und selbst dabei bemerkte nur die Hälfte den Gorilla.

Bibliografie

Bücher

Brockner, Joel und Jeffrey Z. Rubin. *Entrapment in Escalating Conflicts: A Social Psychological Analysis.* New York: Springer-Verlag, 1985.

Christian, Brian und Tom Griffiths. *Algorithms to Live By: The Computer Science of Human Decisions.* New York: Henry Holt, 2016.

Dalio, Ray. *Die Prinzipien des Erfolgs.* München: FinanzBuch Verlag, 2019.

Duckworth, Angela. *Grit: Die neue Formel zum Erfolg.* Gütersloh: C. Bertelsmann, 2017.

Duke, Annie. *How to Decide: Simple Tools for Making Better Choices.* New York: Penguin Random House, 2020.

Duke, Annie. *Thinking in Bets: Making Smarter Decisions When You Don't Have All the Facts.* New York: Penguin Random House, 2018.

Ellenberg, Jordan. *How Not to Be Wrong: The Power of Mathematical Thinking.* New York: Penguin Press, 2014.

Epstein, David. *Es lebe der Generalist: Warum gerade sie in einer spezialisierten Welt erfolgreicher sind.* München: Redline, 2020.

Festinger, Leon. *Theorie der Kognitiven Dissonanz.* Göttingen: Hogrefe, 2019.

Festinger, Leon, Henry W. Riecken und Stanley Schachter. *When Prophecy Fails.* Mansfield Center, CT: Martino, 2009.

Gladwell, Malcolm. *Überflieger: Warum manche Menschen erfolgreich sind – und andere nicht.* München: Piper, 2010.

Gonzales, Laurence. *The Chemistry of Fire.* Fayetteville: University of Arkansas Press, 2020.

Gonzales, Laurence. *Deep Survival: Who Lives, Who Dies, and Why: True Stories of Miraculous Endurance and Sudden Death.* New York: W. W. Norton, 2017.

Gonzales, Laurence. *Everyday Survival: Why Smart People Do Stupid Things.* New York: W. W. Norton, 2008.

Grant, Adam. *Think Again – Die Kraft des flexiblen Denkens.* München: Piper, 2022.

Harmon-Jones, Eddie (Hrsg.). *Cognitive Dissonance: Reexamining a Pivotal Theory in Psychology.* 2. Aufl. Washington, D.C.: American Psychological Association, 2019, o. D.

Kahneman, Daniel. *Schnelles Denken, langsames Denken.* München: Penguin, 2016.

Kahneman, Daniel, Olivier Sibony und Cass R. Sunstein. *Noise: Was unsere Entscheidungen verzerrt – und wie wir sie verbessern können.* München: Siedler, 2021.

Kahneman, Daniel, Paul Slovic und Amos Tversky (Hrsg.). *Judgment under Uncertainty: Heuristics and Biases.* Cambridge, UK: Cambridge University Press, 1982.

Komisar, Randy und Jantoon Reigersman. *Straight Talk for Startups: 100 Insider Rules for Beating the Odds – from Mastering the Fundamentals to Selecting Investors, Fundraising, Managing Boards, and Achieving Liquidity.* New York: Harper Collins, 2018.

Krakauer, Jon. *In eisige Höhen: Das Drama am Mount Everest.* München: Piper, 2000.

Levitt, Steven D. und Stephen J. Dubner. *Freakonomics: Überraschende Anworten auf alltägliche Lebensfragen.* München: Goldmann, 2007.

Levitt, Steven D. und Stephen J. Dubner. *Superfreakonomics: Nichts ist so, wie es scheint.* München: Goldmann, 2011.

Locke, Edwin A. und Gary P. Latham (Hrsg.). *New Developments in Goal Setting and Task Performance.* New York: Routledge, 2013.

Locke, Edwin A. und Gary P. Latham. *A Theory of Goal Setting and Task Performance.* Englewood Cliffs, NJ: Prentice Hall, 1990.

Mauboussin, Michael J. *More Than You Know: Finding Financial Wisdom in Unconventional Places.* New York: Columbia University Press, 2013.

Mauboussin, Michael J. *The Success Equation: Untangling Skill and Luck in Business, Sports, and Investing.* Boston: Harvard Business School Press, 2012.

Milkman, Katy. *How to Change: The Science of Getting from Where You Are to Where You Want to Be.* New York: Portfolio/Penguin, 2021.

Moore, Don A. *Perfectly Confident: How to Calibrate Your Decisions Wisely.* New York: Harper Business, 2020.

Oettingen, Gabriele. *Rethinking Positive Thinking: Inside the New Science of Motivation.* New York: Current, 2014.

Page, Scott E. *The Model Thinker: What You Need to Know to Make Data Work for You.* New York: Basic Books, 2018.

Peck, Joann und Suzanne B. Shu (Hrsg.). *Psychological Ownership and Consumer Behavior.* New York: Springer, 2018.

Ries, Eric. *Lean Startup: Schnell, risikolos und erfolgreich Unternehmen gründen.* München: Redline, 2014.

Simons, Daniel und Christopher Chabris. *The Invisible Gorilla: How Our Intuitions Deceive Us.* New York: Crown, 2010.

Tavris, Carol und Elliot Aronson. *Mistakes Were Made (but Not by Me): Why We Justify Foolish Beliefs, Bad Decisions, and Hurtful Acts.* Boston: Mariner, 2020.

Teger, Allan I. *Too Much Invested to Quit.* New York: Pergamon, 1980.

Tetlock, Phillip E. und Dan Gardner. *Superforecasting: Die Kunst der richtigen Prognose.* Frankfurt am Main: S. Fischer, 2016.

Thaler, Richard H. *Misbehaving: Was uns die Verhaltensökonomik über unsere Entscheidungen verrät.* München: Pantheon Verlag, 2019.

Thaler, Richard H. und Cass R. Sunstein. *Nudge: Wie man kluge Entscheidungen anstößt.* Berlin: Ullstein, 2010.

Thaler, Richard H. und Cass R. Sunstein. *Nudge: The Final Edition.* New York: Penguin Books, 2021.

Van Bavel, Jay J. und Dominic J. Packer. *The Power of Us: Harnessing Our Shared Identities to Improve Performance, Increase Cooperation, and Promote Social Harmony.* New York: Little, Brown Spark, 2021.

Artikel

Agarwal, Sumit, Mio Diao, Jessica Pan und Tien Foo Sing. »Labor Supply Decisions of Singaporean Cab Drivers.« *SSRN Electronic Journal* (2013). 1053.doi.org/10.2139/ssrn.2338476.

Akepanidtaworn, Klakow, Rick Di Mascio, Alex Imas und Lawrence Schmidt. »Selling Fast and Buying Slow: Heuristics and Trading Performance of Institutional Investors.« *SSRN Electronic Journal* (2019). doi.org/10.2139/ssrn.3301277.

Anderson, Christopher J. »The Psychology of Doing Nothing: Forms of Decision Avoidance Result from Reason and Emotion.« *Psychological Bulletin* 129, Nr. 1 (2003): S. 139–167. doi.org/10.1037/0033-2909.129.1.139.

Ariely, Dan, Daniel Kahneman und George Loewenstein. »Joint Comment on ›When Does Duration Matter in Judgment and Decision Making?‹« *Journal of Experimental Psychology: General* 129, Nr. 4 (2000): S. 524–529. doi.org/10.1037/0096-3445.129.4.524.

Ariely, Dan und George Loewenstein. »When Does Duration Matter in Judgment and Decision Making?« *Journal of Experimental Psychology: General* 129, Nr. 4 (2000): S. 508–523. doi.org/10.1037/0096-3445.129.4.508.

Arkes, Hal R. und Catherine Blumer. »The Psychology of Sunk Cost.« *Organizational Behavior and Human Decision Processes* 35, Nr. 1 (Februar 1985): S. 124–140. doi.org/10.1016/0749-5978(85)900494.

Aronson, Elliot. »The Return of the Repressed: Dissonance Theory Makes a Comeback.« *Psychological Inquiry* 3, Nr. 4 (Oktober 1992): S. 303–311. doi.org/10.1207/s15327965pli0304_1.

Aronson, Elliot und Carol Tavris. »The Role of Cognitive Dissonance in the Pandemic.« *The Atlantic,* 12. Juli 2020. theatlantic.com/ideas/archive/2020/07/role-cognitive-dissonance-pandemic/614074.

Baron, Jonathan und Ilana Ritov. »Reference Points and Omission Bias.« *Organizational Behavior and Human Decision Processes* 59, Nr. 3 (September 1994): S. 475–8. doi.org/10.1006/obhd.1994.1070.

Basili, Marcello, and Carlo Zappia. »Ambiguity and Uncertainty in Ellsberg and Shackle.« *Cambridge Journal of Economics* 34, Nr. 3 (May 2010): S. 449–474. doi.org/10.1093/cje/bep008.

Beasley, Ryan K. und Mark R. Joslyn. »Cognitive Dissonance and Post-Decision Attitude Change in Six Presidential Elections.« *Political Psychology* 22, Nr. 3 (September 2001): S. 521–540. doi.org/10.1111/0162-895x.00252.

Beshears, John, Hae Nim Lee, Katherine L. Milkman, Robert Mislavsky und Jessica Wisdom. »Creating Exercise Habits Using Incentives: The Trade-off between Flexibility and Routinization.« *Management Science* 67, Nr. 7 (Juli 2021): S. 4139–4171. doi.org/10.1287/mnsc.2020.3706.

Beshears, John und Katherine L. Milkman. »Do Sell-Side Stock Analysts Exhibit Escalation of Commitment?« *Journal of Economic Behavior & Organization* 77, Nr. 3 (März 2011): S. 304–317. doi.org/10.1016/j.jebo.2010.11.003.

Bitterly, T. Bradford, Robert Mislavsky, Hengchen Dai und Katherine L. Milkman. »Want-Should Conflict: A Synthesis of Past Research.« In *The Psychology of Desire,* Hrsg. W. Hofmann und L. F. Nordgren, S. 244–264. New York: Guilford, 2015.

Brockner, Joel. »The Escalation of Commitment to a Failing Course of Action: Toward Theoretical Progress.« *Academy of Management Review* 17, Nr. 1 (Januar 1992): S. 39–61. doi.org/10.2307/258647.

Brockner, Joel, Robert Houser, Gregg Birnbaum, Kathy Lloyd, Janet Deitcher, Sinaia Nathanson und Jeffrey Z. Rubin. »Escalation of Commitment to an Ineffective Course of Action: The Effect of Feedback Having Negative Implications for Self-Identity.« *Administrative Science Quarterly* 31, Nr. 1 (März 1986): S. 109–126. doi.org/10.2307/2392768.

Brockner, Joel, Jeffrey Z. Rubin, Judy Fine, Thomas P. Hamilton, Barbara Thomas und Beth Turetsky. »Factors Affecting Entrapment in Escalating Conflicts: The Importance of Timing.« *Journal of Research in Personality* 16, Nr. 2 (Juni 1982): S. 247–266. doi.org/10.1016/0092-6566(82)900800.

Camerer, Colin F. »Prospect Theory in the Wild: Evidence from the Field.« In *Advances in Behavioral Economics,* Hrsg. Colin F. Camerer, George Loewenstein und Matthew Rabin, S. 148–161. Princeton, NJ: Princeton University Press, 2004.

Camerer, Colin, Linda Babcock, George Loewenstein und Richard Thaler. »Labor Supply of New York City Cabdrivers: One Day at a Time.« *Quarterly Journal of Economics* 112, Nr. 2 (Mai 1997): S. 407–441. doi.org/10.1162/003355397555244.

Camerer, Colin und Dan Lovallo. »Overconfidence and Excess Entry: An Experimental Approach.« *American Economic Review* 89, Nr. 1 (März 1999): S. 306–318. doi.org/10.1257/aer.89.1.306.

Camerer, Colin und Roberto Weber. »The Econometrics and Behavioral Economics of Escalation of Commitment in NBA Draft Choices.« *Journal of Economic Behavior and Organization* 39, Nr. 1 (Mai 1999): S. 59–82.

Camilleri, Adrian R., Marie-Anne Cam und Robert Hoffmann. »Nudges and Signposts: The Effect of Smart Defaults and Pictographic Risk Information on Retirement Saving Investment Choices.« *Journal of Behavioral Decision Making* 32, Nr. 4 (Oktober 2019): S. 431–449. doi.org/10.1002/bdm.2122.

Chatman, Jennifer, Barry Staw und Nancy Bell. »The Managed Thought: The Role of Self-Justification and Impression Management in Organizational Setting.« In *The Thinking Organization: Dynamics of Organizational Social Cognition,* Hrsg. Henry P. Sims jun. und Dennis A. Gioia, S. 191–214. San Francisco: Jossey-Bass, 1986.

Chen, M. Keith und Michael Sheldon. »Dynamic Pricing in a Labor Market: Surge Pricing and the Supply of Uber Driver-Partners« (Arbeitspapier). 2015. anderson.ucla.edu/faculty_pages/keith.chen/papers/SurgeAndFlexibleWork_WorkingPaper.pdf.

Chou, Yuan K. »Testing Alternative Models of Labor Supply: Evidence from Taxi Drivers in Singapore.« *Singapore Economic Review* 47, Nr. 1 (2002): S. 17–47.

Cooper, Arnold C., Carolyn Y. Woo und William C. Dunkelberg. »Entrepreneurs' Perceived Chances for Success.« *Journal of Business Venturing* 3, Nr. 2 (Frühjahr 1988): S. 97–108. doi.org/10.1016/0883-9026(88)900201.

Dai, Hengchen, Berkeley J. Dietvorst, Bradford Tuckfield, Katherine L. Milkman und Maurice E. Schweitzer. »Quitting When the Going Gets Tough: A Downside of High Performance Expectations.« *Academy of Management Journal* 61, Nr. 5 (2018): S. 1667–1691. doi.org/10.5465/amj.2014.1045.

Dommer, Sara Loughran und Vanitha Swaminathan. »Explaining the Endowment Effect through Ownership: The Role of Identity, Gender, and Self-Threat.« *Journal of Consumer Research* 39, Nr. 5 (Februar 2013): S. 1034–1050. doi.org/10.1086/666737.

Doran, Kirk. »Are Long-Term Wage Elasticities of Labor Supply More Negative than Short-Term Ones?« *Economic Letters* 122, Nr. 2 (Februar 2014): S. 208–210. doi.org/10.1016/j.econlet.2013.11.023.

Duckworth, Angela L., Christopher Peterson, Michael D. Matthews und Dennis R. Kelly. »Grit: Perseverance and Passion for Long-Term Goals.« *Journal of Personality and Social Psychology* 92, Nr. 6 (Juni 2007): S. 1087–1101. doi.org/10.1037/0022-3514.92.6.1087.

Ellsberg, Daniel. »Risk, Ambiguity, and the Savage Axioms.« *Quarterly Journal of Economics* 75, Nr. 4 (November 1961): S. 643–669. doi.org/10.2307/1884324.

Farber, Henry S. »Is Tomorrow Another Day? The Labor Supply of New York City Cabdrivers.« *Journal of Political Economy* 113, Nr. 1 (Februar 2005): S. 46–82. doi.org/10.1086/426040.

Farber, Henry S. »Reference-Dependent Preferences and Labor Supply: The Case of New York City Taxi Drivers.« *American Economic Review* 98, Nr. 3 (Juni 2008): S. 1069–1082. jstor.org/stable/29730106.

Farber, Henry S. »Why You Can't Find a Taxi in the Rain and Other Labor Supply Lessons from Cab Drivers.« *Quarterly Journal of Economics* 130, Nr. 4 (November 2015): S. 1975–2026. doi.org/10.1093/qje/qjv026.

Flepp, Raphael, Philippe Meier und Egon Franck. »The Effect of Paper Outcomes versus Realized Outcomes on Subsequent Risk-Taking: Field Evidence from Casino Gambling.« *Organizational Behavior and Human Decision Processes* 165 (Juli 2021): S. 45–55. doi.org/10.1016/j.obhdp.2021.04.003.

Flyvbjerg, Bent, Mette K. Skamris Holm und Søren L. Buhl. »Underestimating Costs in Public Works Projects: Error or Lie?« *Journal of the American Planning Association* 68, Nr. 3 (2002): S. 279–295. doi.org/10.1080/01944360208976273.

Fox, Frederick V. und Barry M. Staw. »The Trapped Administrator: Effects of Job Insecurity and Policy Resistance upon Commitment to a Course of Action.« *Administrative Science Quarterly* 24, Nr. 3 (September 1979): S. 449–471. doi.org/10.2307/2989922.

Fried, Carrie B. und Elliot Aronson. »Hypocrisy, Misattribution, and Dissonance Reduction.« *Personality and Social Psychology Bulletin* 21, Nr. 9 (September 1995): S. 925–933. doi.org/10.1177/0146167295219007.

Gal, David. »A Psychological Law of Inertia and the Illusion of Loss Aversion.« *Judgment and Decision Making* 1, Nr. 1 (2006): S. 23–32.

Gal, David und Derek D. Rucker. »The Loss of Loss Aversion: Will It Loom Larger Than Its Gain?« *Journal of Consumer Psychology* 28, Nr. 3 (Juli 2018): S. 497–516. doi.org/10.1002/jcpy.1047.

Gillan, Stuart L., John W. Kensinger und John D. Martin. »Value Creation and Corporate Diversification: The Case of Sears, Roebuck & Co.« *Journal of Financial Economics* 55, Nr. 1 (Januar 2000): 10337.doi.org/10.1016/S0304-05X(99)00046X.

Güllich, Arne, Brooke N. Macnamara und David Z. Hambrick. »What Makes a Champion? Early Multidisciplinary Practice, Not Early Specialization, Predicts World-Class Performance.« *Perspectives on Psychological Science* 17, Nr. 1 (Januar 2022): S. 6–29. doi.org/10.1177/1745691620974772.

Halevy, Yoram. »Ellsberg Revisited: An Experimental Study.« *SSRN Electronic Journal* (Juli 2005): S. 1–48. doi.org/10.2139/ssrn.770964.

Harmon-Jones, Eddie und Judson Mills. »An Introduction to Cognitive Dissonance Theory and an Overview of Current Perspectives on the Theory.« In *Cognitive Dissonance: Reexamining a Pivotal Theory in Psychology*, 2. Aufl., Hrsg. Eddie Harmon-Jones, S. 3–24. Washington, D.C.: American Psychological Association, o. D., 2019.

Heath, Chip, Richard P. Larrick und George Wu. »Goals as Reference Points.« *Cognitive Psychology* 38, Nr. 1 (Februar 1999): S. 79–109. doi.org/10.1006/cogp.1998.0708.

Heimer, Rawley, Zwetelina Iliewa, Alex Imas und Martin Weber. »Dynamic Inconsistency in Risky Choice: Evidence from the Lab and Field.« *SSRN Electronic Journal* (2020). doi.org/10.2139/ssrn.3600583.

Heimer, Rawley, Zwetelina Iliewa, Alex Imas und Martin Weber. »Dynamic Inconsistency in Risky Choice: Evidence from the Lab and Field.« Diskussionspapier Nr. 271, Projekt C 01, Universität Bonn, Collaborative Research Center, März 2021. wiwi.uni-bonn.de/bgsepapers/boncrc/CRCTR224_2021_274.pdf.

Hinton, Alexander und Yiguo Sun. »The Sunk-Cost Fallacy in the National Basketball Association: Evidence Using Player Salary and Playing Time.« *Empirical Economics* 59, Nr. 2 (August 2020): S. 1019–1036. doi.org/10.1007/s00181-019-016414.

Kahneman, Daniel. »Cognitive Limitations and Public Decision Making.« In *Science and Absolute Values: Proceedings of the Third International Conference on the Unity of the Sciences,* 1261–1281. London: International Cultural Foundation, 1974.

Kahneman, Daniel und Jack L. Knetsch. »Contingent Valuation and the Value of Public Goods: Reply.« *Journal of Environmental Economics and Management* 22, Nr. 1 (Januar 1992): S. 90–94. doi.org/10.1016/0095-0696(92)90021N.

Kahneman, Daniel und Jack L. Knetsch. »Valuing Public Goods: The Purchase of Moral Satisfaction.« *Journal of Environmental Economics and Management* 22, Nr. 1 (Januar 1992): S. 57–70. doi.org/10.1016/0095-0696(92)90019s.

Kahneman, Daniel, Jack L. Knetsch und Richard H. Thaler. »Anomalies: The Endowment Effect, Loss Aversion, and Status Quo Bias.« *Journal of Economic Perspectives* 5, Nr. 1 (Winter 1991): S. 193–206. doi.org/10.1257/jep.5.1.193.

Kahneman, Daniel, Jack L. Knetsch und Richard H. Thaler. »Experimental Tests of the Endowment Effect and the Coase Theorem.« *Journal of Political Economy* 98, Nr. 6 (Dezember 1990): S. 1325–1348. jstor.org/stable/2937761.

Kahneman, Daniel, Jack L. Knetsch und Richard H. Thaler. »Fairness and the Assumptions of Economics.« *Journal of Business* 59, Nr. 4 (Oktober 1986): S. 285–300. jstor.org/stable/2352761.

Kahneman, Daniel, Jack L. Knetsch und Richard Thaler. »Fairness as a Constraint on Profit Seeking: Entitlements in the Market.« *American Economic Review* 76, Nr. 4 (September 1986): S. 728–741. jstor.org/stable/1806070.

Kahneman, Daniel und Dan Lovallo. »Timid Choices and Bold Forecasts: A Cognitive Perspective on Risk Taking.« *Management Science* 39, Nr. 1 (Januar 1993): S. 17–31. doi.org/10.1287/mnsc.39.1.17.

Kahneman, Daniel und Dale T. Miller. »Norm Theory: Comparing Reality to Its Alternatives.« *Psychological Review* 93, Nr. 2 (1986): S. 136–153. doi.org/10.1037//0033-295x.93.2.136.

Kahneman, Daniel und Richard Thaler. »Economic Analysis and the Psychology of Utility: Applications to Compensation Policy.« *American Economic Review* 81, Nr. 2 (1991): S. 341–346. jstor.org/stable/2006882.

Kahneman, Daniel und Amos Tversky. »Choices, Values, and Frames.« *American Psychologist* 39, Nr. 4 (1984): S. 341–350. doi.org/10.1037/0003-066X.39.4.341.

Kahneman, Daniel und Amos Tversky. »Intuitive Prediction: Biases and Corrective Procedures.« *Management Science* 12 (1979): S. 313–327.

Kahneman, Daniel und Amos Tversky. »On the Psychology of Prediction.« *Psychological Review* 80, Nr. 4 (1973): S. 237–251.

Kahneman, Daniel und Amos Tversky. »On the Reality of Cognitive Illusions.« *Psychological Review* 103, Nr. 3 (1996): S. 582–591. doi.org/10.1037/0033-295X.103.3.582.

Kahneman, Daniel und Amos Tversky. »On the Study of Statistical Intuitions.« *Cognition* 11, Nr. 2 (März 1982): S. 123–141. doi.org/10.1016/0010-0277(82)900221.

Kahneman, Daniel und Amos Tversky. »Prospect Theory: An Analysis of Decision under Risk.« *Econometrica* 47, Nr. 2 (März 1979): S. 263–291. doi.org/10.2307/1914185.

Kahneman, Daniel und Amos Tversky. »The Psychology of Preferences.« *Scientific American* 246 (Januar 1982): S. 160–173.

Kahneman, Daniel und Amos Tversky. »Subjective Probability: A Judgment of Representativeness.« *Cognitive Psychology* 3 (1972): S. 430–454.

Kahneman, Daniel und Amos Tversky. »Variants of Uncertainty.« *Cognition* 11 (April 1982): S. 43–157.

Keefer, Quinn A. W. »Decision-Maker Beliefs and the Sunk-Cost Fallacy: Major League Baseball's Final-Offer Salary Arbitration and Utilization.« *Journal of Economic Psychology* 75 (Dezember 2019): S. 1–16. doi.org/10.1016/j.joep.2018.06.002.

Keefer, Quinn A. W. »The Sunk-Cost Fallacy in the National Football League: Salary Cap Value and Playing Time.« *Journal of Sports Economics* 18, Nr. 3 (2017): S. 282–297. doi.org/10.1177/1527002515574515.

Keefer, Quinn. »Sunk Costs in the NBA: The Salary Cap and Free Agents.« *Empirical Economics* 61, Nr. 3 (2021): S. 3445–3478. doi.org/10.1007/s00181-020-01996z.

Knetsch, Jack L. »The Endowment Effect and Evidence of Nonreversible Indifference Curves.« *American Economic Review* 79, Nr. 5 (Dezember 1989): S. 1277–1284. jstor.org/stable/1831454.

Knetsch, Jack L. »Environmental Policy Implications of Disparities between Willingness to Pay and Compensation Demanded Measures of Values.« *Journal of Environmental Economics and Management* 18, Nr. 3 (Mai 1990): S. 227–237. doi.org/10.1016/0095-0696(90)90003H.

Koellinger, Philipp, Maria Minniti und Christian Schade. »I Think I Can, I Think I Can: Overconfidence and Entrepreneurial Behavior.« *Journal of Economic Psychology* 28, Nr. 4 (August 2007): S. 502–527. doi.org/10.1016/j.joep.2006.11.002.

Koning, Rembrand, Sharique Hasan und Aaron Chatterji. »Experimentation and Startup Performance: Evidence from A/B Testing.« Arbeitspapier 26278, National Bureau of Economic Research, September 2019. doi.org/10.3386/w26278.

Larcom, Shaun, Ferdinand Rauch und Tim Willems. »The Benefits of Forced Experimentation: Striking Evidence from the London Underground Network.« *Quarterly Journal of Economics* 132, Nr. 4 (November 2017): S. 2019–2055. doi.org/10.1093/qje/qjx020.

Leeds, Daniel M., Michael A. Leeds und Akira Motomura. »Are Sunk Costs Irrelevant? Evidence from Playing Time in the National Basketball Association.« *Economic Inquiry* 53, Nr. 2 (April 2015): S. 1305–1316. doi.org/10.1111/ecin.12190.

Lerner, Jennifer S. und Philip E. Tetlock. »Accounting for the Effects of Accountability.« *Psychological Bulletin* 125, Nr. 2 (1999): S. 255–275. doi.org/10.1037/0033-2909.125.2.255.

Levitt, Steven D. »Heads or Tails: The Impact of a Coin Toss on Major Life Decisions and Subsequent Happiness.« *Review of Economic Studies* 88, Nr. 1 (Januar 2021): S. 378–405. doi.org/10.1093/restud/rdaa016.

Locke, Edwin A. und Gary P. Latham. »The Development of Goal Setting Theory: A Half Century Retrospective.« *Motivation Science* 5, Nr. 2 (2019): S. 93–105. doi.org/10.1037/mot0000127.

Lovallo, Dan und Daniel Kahneman. »Living with Uncertainty: Attractiveness and Resolution Timing.« *Journal of Behavioral Decision Making* 13, Nr. 2 (April 2000): S. 179–190.

Lucas, Gale M., Jonathan Gratch, Lin Cheng und Stacy Marsella. »When the Going Gets Tough: Grit Predicts Costly Perseverance.« *Journal of Research in Personality* 59 (Dezember 2015): S. 15–22. doi.org/10.1016/j.jrp.2015.08.004.

Massey, Cade und Richard H. Thaler. »The Loser's Curse: Decision Making and Market Efficiency in the National Football League Draft.« *Management Science* 59, Nr. 7 (2013): S. 1479–1495.

Mauboussin, Michael und Dan Callahan. »Turn and Face the Strange: Overcoming Barriers to Change in Sports and Investing.« Morgan Stanley, Counterpoint Global Insights, 8. September 2021. morganstanley.com/im/publication/insights/articles/article_turnandfacethestrange_us.pdf.

Milkman, Katherine L., Todd Rogers und Max H. Bazerman. »Harnessing Our Inner Angels and Demons: What We Have Learned about Want/Should Conflicts and How That Knowledge Can Help Us Reduce Short-Sighted Decision Making.« *Perspectives on Psychological Science* 3, Nr. 4 (Juli 2008): S. 324–338. doi.org/10.1111/j.1745-6924.2008.00083.x.

Milkman, Katherine L., Todd Rogers und Max H. Bazerman. »I'll Have the Ice Cream Soon and the Vegetables Later: A Study of Online Grocery Purchases and Order Lead Time.« *Marketing Letters* 21 (2010): S. 17–35. doi.org/10.1007/s11002-009-90870.

Moore, Don A. und Daylian M. Cain. »Overconfidence and Underconfidence: When and Why People Underestimate (and Overestimate) the Competition.« *Organizational Behavior and Human Decision Processes* 103, Nr. 2 (Juli 2007): S. 197–213. doi.org/10.1016/j.obhdp.2006.09.002.

Moore, Don A., John M. Oesch und Charlene Zietsma. »What Competition? Myopic Self-Focus in Market-Entry Decisions.« *Organization Science* 18, Nr. 3 (Mai/Juni 2007): S. 440–454. doi.org/10.1287/orsc.1060.0243.

Morewedge, Carey K. und Colleen E. Giblin. »Explanations of the Endowment Effect: An Integrative Review.« *Trends in Cognitive Sciences* 19, Nr. 6 (Juni 2015): S. 339–348. doi.org/10.1016/j.tics.2015.04.004.

Morewedge, Carey K., Lisa L. Shu, Daniel T. Gilbert und Timothy D. Wilson. »Bad Riddance or Good Rubbish? Ownership and Not Loss Aversion Causes the Endowment Effect.« *Journal of Experimental Social Psychology* 45, Nr. 4 (Juli 2009): S. 947–951. doi.org/10.1016/j.jesp.2009.05.014.

Northcraft, Gregory B. und Margaret A. Neale. »Opportunity Costs and the Framing of Resource Allocation Decisions.« *Organizational Behavior and Human Decision Processes* 37, Nr. 3 (Juni 1986): S. 348–356. doi.org/10.1016/0749-5978(86)90034-8.

Norton, Michael I., Daniel Mochon und Dan Ariely. »The IKEA Effect: When Labor Leads to Love.« *Journal of Consumer Psychology* 22, Nr. 3 (Juli 2012): S. 453–460. doi.org/10.1016/j.jcps.2011.08.002.

Novemsky, Nathan und Daniel Kahneman. »The Boundaries of Loss Aversion.« *Journal of Marketing Research* 42, Nr. 2 (Mai 2005): S. 119–128. doi.org/10.1509/jmkr.42.2.119.62292.

O'Connor, Kathleen M., Carsten K. W. De Dreu, Holly Schroth, Bruce Barry, Terri R. Lituchy und Max H. Bazerman. »What We Want to Do versus What We Think We Should Do.« *Journal of Behavioral Decision Making* 15, Nr. 5 (Dezember 2002): S. 403–418. doi.org/10.1002/bdm.426.

Odean, Terrance. »Are Investors Reluctant to Realize Their Losses?« *Journal of Finance* 53, Nr. 5 (Oktober 1998): S. 1775–1798. doi.org/10.1111/0022-1082.00072.

Ordóñez, Lisa D., Maurice E. Schweitzer, Adam D. Galinsky und Max H. Bazerman. »Goals Gone Wild: The Systematic Side Effects of Overprescribing Goal Setting.« *Academy of Management Perspectives* 23, Nr. 1 (Februar 2009): S. 6–16. doi.org/10.5465/amp.2009.37007999.

Ordóñez, Lisa D., Maurice E. Schweitzer, Adam D. Galinsky und Max H. Bazerman. »On Good Scholarship, Goal Setting, and Scholars Gone Wild.« *Academy of Management Perspectives* 23, Nr. 3 (April 2009). doi.org/10.2139/ssrn.1382000.

Patil, Shefali V., Ferdinand Vieider und Philip E. Tetlock, »Process versus Outcome Accountability.« In *The Oxford Handbook of Public Accountability*, Hrsg. Mark Bovens, Robert E. Goodin und Thomas Schillemans, S. 69–89. New York: Oxford University Press, 2014. doi.org/10.1093/oxfordhb/9780199641253.013.0002.

Pierce, Jon L., Tatiana Kostova und Kurt T. Dirks. »The State of Psychological Ownership: Integrating and Extending a Century of Research.« *Review of General Psychology* 7, Nr. 1 (März 2003): S. 107–184. doi.org/10.1037/1089-2680.7.1.84.

Pierce, Jon L., Tatiana Kostova und Kurt T. Dirks. »Toward a Theory of Psychological Ownership in Organizations.« *Academy of Management Review* 26, Nr. 2 (April 2001): S. 298–310. doi.org/10.2307/259124.

Polman, Evan. »Self–Other Decision Making and Loss Aversion.« *Organizational Behavior and Human Decision Processes* 119, Nr. 2 (November 2012): S. 141–150. doi.org/10.1016/j.obhdp.2012.06.005.

Preller, Rebecca, Holger Patzelt und Nicola Breugst. »Entrepreneurial Visions in Founding Teams: Conceptualization, Emergency, and Effects on Opportunity Development.« *Journal of Business Venturing* 35, Nr. 2 (März 2020): 105914.doi.org/10.1016/j.jbusvent.2018.11.004.

Rabin, Matthew und Max Bazerman. »Fretting about Modest Risks Is a Mistake.« *California Management Review* 61, Nr. 3 (Mai 2019): S. 34–48. doi.org/10.1177/0008125619845876.

Raff, Daniel M. G. und Peter Temin. »Sears, Roebuck in the Twentieth Century: Competition, Complementarities, and the Problem of Wasting Assets.« In *Learning by Doing in Markets, Firms, and Countries,* Hrsg. Naomi R. Lamoreaux, Raff und Temin, S. 219–252. Chicago: University of Chicago Press, 1999.

Reb, Jochen und Terry Connolly. »Possession, Feelings of Ownership and the Endowment Effect.« *Judgment and Decision Making* 2, Nr. 2 (April 2007): S. 107–114. journal.sjdm.org/vol2.2.htm.

Ritov, Ilana und Jonathan Baron. »Outcome Knowledge, Regret, and Omission Bias.« *Organizational Behavior and Human Decision Processes* 64, Nr. 2 (1995): S. 119–127.

Ritov, Ilana und Jonathan Baron. »Reluctance to Vaccinate: Omission Bias and Ambiguity.« *Journal of Behavioral Decision Making* 3, Nr. 4 (Oktober/Dezember 1990): S. 263–277. doi.org/10.1002/bdm.3960030404.

Ritov, Ilana und Jonathan Baron. »Status-Quo and Omission Biases.« *Journal of Risk and Uncertainty* 5 (1992): S. 49–61. doi.org/10.1007/BF00208786.

Robertson-Kraft, Claire und Angela Lee Duckworth. »True Grit: Trait-Level Perseverance and Passion for Long-Term Goals Predicts Effectiveness and Retention among Novice Teachers.« *Teachers College Record* 116, Nr. 3 (März 2014): S. 1–27. doi.org/10.1177/016146811411600306.

Ross, Jerry und Barry M. Staw. »Managing Escalation Processes in Organizations.« *Journal of Managerial Issues* 3, Nr. 1 (Frühjahr 1991): S. 15–30. jstor.org/stable/40603896.

Ross, Jerry und Barry M. Staw. »Organizational Escalation and Exit: Lessons from the Shoreham Nuclear Power Plant.« *Academy of Management Journal* 36, Nr. 4 (August 1993): S. 701–732. doi.org/10.2307/256756.

Rubin, Jeffrey Z. und Joel Brockner. »Factors Affecting Entrapment in Waiting Situations: The Rosencrantz and Guildenstern Effect.« *Journal of Personality and Social Psychology* 31, Nr. 6 (Januar 1975): S. 1054–1063. doi.org/10.1037/h0076937.

Rubin, Jeffrey Z., Joel Brockner, Susan Small-Weil und Sinaia Nathanson. »Factors Affecting Entry into Psychological Traps.« *Journal of Conflict Resolution* 24, Nr. 3 (September 1980): S. 405–426. doi.org/10.1177/002200278002400302.

Ruggeri, Kai et al. »Not Lost in Translation: Successfully Replicating Prospect Theory in 19 Countries.« Vorabveröffentlichung, 21. August 2019. osf.io/2nyd6.

Ruggeri, Kai et al. »Replicating Patterns of Prospect Theory for Decision under Risk.« *Nature Human Behavior* 4 (2020): S. 622–633. doi.org/10.1038/s41562-20-886x.

Samuelson, William und Richard J. Zeckhauser. »Status Quo Bias in Decision Making.« *Journal of Risk and Uncertainty* 1, Nr. 1 (Februar 1988): S. 7–59. doi.org/10.1007/BF00055564.

Schwartz, Barry. »The Sunk-Cost Fallacy: Bush Falls Victim to a Bad New Argument for the Iraq War.« *Slate,* 9. September 2005. slate.com/news-and-politics/2005/09/bushisasucker-for-the-sunk-cost-fallacy.html.

Schweitzer, Maurice. »Disentangling Status Quo and Omission Effects: An Experimental Analysis.« *Organizational Behavior and Human Decision Processes* 58, Nr. 3 (Juni 1994): S. 457–476. doi.org/10.1006/obhd.1994.1046.

Schweitzer, Maurice E., Lisa Ordóñez und Bambi Douma. »The Dark Side of Goal Setting: The Role of Goals in Motivating Unethical Decision Making.« *Academy of Management Proceedings* 2002, Nr. 1 (2002): B1–6. doi.org/10.5465/apbpp.2002.7517522.

Shu, Suzanne B. und Joann Peck. »Psychological Ownership and Affective Reaction: Emotional Attachment Process Variables and the Endowment Effect.« *Journal of Consumer Psychology* 21, Nr. 4 (Oktober 2011): S. 439–452. doi.org/10.1016/j.jcps.2011.01.002.

Simons, Daniel J. und Christopher F. Chabris. »Gorillas in Our Midst: Sustained Inattentional Blindness for Dynamic Events.« *Perception* 28, Nr. 9 (September 1999): S. 1059–1074. doi.org/10.1068/p281059.

Simonson, Itamar und Barry Staw. »Deescalation Strategies: A Comparison of Techniques for Reducing Commitment to Losing Courses of Action.« *Journal of Applied Psychology* 77, Nr. 4 (1992): S. 419–426. doi.org/10.1037/0021-9010.77.4.419.

Sivanathan, Niro, Daniel C. Molden, Adam D. Galinsky und Gillian Ku. »The Promise and Peril of Self-Affirmation in DeEscalation of Commitment.« *Organizational Behavior and Human Decision Processes* 107, Nr. 1 (September 2008): S. 1–14. doi.org/10.1016/j.obhdp.2007.12.004.

Sleesman, Dustin J., Donald E. Conlon, Gerry McNamara und Jonathan E. Miles. »Cleaning Up the Big Muddy: A Meta-Analytic Review of the Determinants of Escalation of Commitment.« *Academy of Management Journal* 55, Nr. 3 (2012): S. 541–562. doi.org/10.5465/amj.2010.0696.

Spranca, Mark, Elisa Minsk und Jonathan Baron. »Omission and Commission in Judgment and Choice.« *Journal of Experimental Social Psychology* 27, Nr. 1 (Januar 1991): S. 76–105. doi.org/10.1016/0022-1031(91)90011t.

Staw, Barry M. »Attribution of the ›Causes‹ of Performance: A General Alternative Interpretation of Cross-Sectional Research on Organizations.« *Organiza-*

tional Behavior and Human Performance 13, Nr. 3 (Juni 1975): S. 414–432. doi.org/10.1016/0030-5073(75)900604.

Staw, Barry M. »The Escalation of Commitment to a Course of Action.« *Academy of Management Review* 6, Nr. 4 (Oktober 1981): S. 577–587. doi.org/10.2307/257636.

Staw, Barry M. »The Experimenting Organization.« *Organizational Dynamics* 6, Nr. 1 (Sommer 1977): S. 3–18. doi.org/10.1016/0090-2616(77)900328.

Staw, Barry M. »Knee-Deep in the Big Muddy: A Study of Escalating Commitment to a Chosen Course of Action.« *Organizational Behavior and Human Performance* 16, Nr. 1 (Juni 1976): S. 27–44. doi.org/10.1016/0030-5073(76)900052.

Staw, Barry M. »Stumbling Toward a Social Psychology of Organizations: An Autobiographical Look at the Direction of Organizational Research.« *Annual Review of Organizational Psychology and Organizational Behavior* 3 (März 2016): S. 1–9. doi.org/10.1146/annurev-rgpsych-41015-62524.

Staw, Barry M., Sigal G. Barsade und Kenneth W. Koput. »Escalation at the Credit Window: A Longitudinal Study of Bank Executives' Recognition and Write-Off of Problem Loans.« *Journal of Applied Psychology* 82, Nr. 1 (1997): S. 130–142. doi.org/10.1037/0021-010.82.1.130.

Staw, Barry M. und Richard D. Boettger. »Task Revision: A Neglected Form of Work Performance.« *Academy of Management Journal* 33, Nr. 3 (September 1990): S. 534–559.

Staw, Barry M. und Frederick V. Fox. »Escalation: The Determinants of Commitment to a Chosen Course of Action.« *Human Relations* 30, Nr. 5 (Mai 1977): S. 431–450. doi.org/10.1177/001872677703000503.

Staw, Barry M. und Ha Hoang. »Sunk Costs in the NBA: Why Draft Order Affects Playing Time and Survival in Professional Basketball.« *Administrative Science Quarterly* 40, Nr. 3 (September 1995): S. 474–494. doi.org/10.2307/2393794.

Staw, Barry M., Pamela I. McKechnie und Sheila M. Puffer. »The Justification of Organizational Performance.« *Administrative Science Quarterly* 28, Nr. 4 (Dezember 1983): S. 582–600. doi.org/10.2307/2393010.

Staw, Barry M. und Jerry Ross. »Behavior in Escalation Situations: Antecedents, Prototypes, and Solutions.« *Research in Organizational Behavior* 9 (Januar 1987): S. 39–78.

Staw, Barry M. und Jerry Ross. »Commitment to a Policy Decision: A Multi-Theoretical Perspective.« *Administrative Science Quarterly* 23, Nr. 1 (März 1978): S. 40–64. doi.org/10.2307/2392433.

Staw, Barry M. und Jerry Ross. »Understanding Behavior in Escalation Situations.« *Science* 246, Nr. 4927 (Oktober 1989): S. 216–220. doi.org/10.1126/science.246.4927.216.

Steinkühler, Dominik, Matthias D. Mahlendorf und Malte Brettel. »How Self-Justification Indirectly Drives Escalation of Commitment.« *Schmalenbach Business Review* 66, Nr. 2 (2014): S. 191–222. doi.org/10.1007/bf03396905.

Tenney, Elizabeth R., Jennifer M. Logg und Don A. Moore. »(Too) Optimistic about Optimism: The Belief That Optimism Improves Performance.« *Journal of Personality and Social Psychology* 108, Nr. 3 (März 2015): S. 377–399. doi.org/10.1037/pspa0000018.

Tetlock, Philip E. »Close-Call Counterfactuals and Belief-System Defenses: I Was Not Almost Wrong but I Was Almost Right.« *Journal of Personality and Social Psychology* 75, Nr. 3 (1998): S. 639–652. doi.org/10.1037/0022-514.75.3.639.

Thaler, Richard. »Mental Accounting and Consumer Choice.« *Marketing Science* 4, Nr. 3 (August 1985): S. 199–214. doi.org/10.1287/mksc.4.3.199.

Thaler, Richard H. »Mental Accounting Matters.« *Journal of Behavioral Decision Making* 12, Nr. 3 (September 1999): S. 183–206. doi.org/10.1002/(sici)1099-0771(199909)12:3<183::aid-bdm318>3.0.co;2f.

Thaler, Richard H. (Mitwirkender). »The Sports Learning Curve: Why Teams Are Slow to Learn and Adapt.« Video der Diskussion bei der MIT Sloan Sports Analytics Conference, März 2020. sloansportsconference.com/event/the-sports-learning-curve-why-teams-are-slowtolearn-and-adapt.

Thaler, Richard H. »Toward a Positive Theory of Consumer Choice.« *Journal of Economic Behavior & Organization* 1, Nr. 1 (März 1980): S. 39–60. doi.org/10.1016/0167-2681(80)900517.

Thaler, Richard H. und Eric J. Johnson. »Gambling with the House Money and Trying to Break Even: The Effects of Prior Outcomes on Risky Choice.« *Management Science* 36, Nr. 6 (Juni 1990): S. 643–660. doi.org/10.1287/mnsc.36.6.643.

Thibodeau, Ruth und Elliot Aronson. »Taking a Closer Look: Reasserting the Role of the Self-Concept in Dissonance Theory.« *Personality & Social Psychology Bulletin* 18, Nr. 5 (Oktober 1992): S. 591–602. doi.org/10.1177/0146167292185010.

Tversky, Amos und Daniel Kahneman. »Advances in Prospect Theory: Cumulative Representation of Uncertainty.« *Journal of Risk and Uncertainty* 5 › Nr. 4 (1992): S. 297–323. jstor.org/stable/41755005.

Tversky, Amos und Daniel Kahneman. »Availability: A Heuristic for Judging Frequency and Probability.« *Cognitive Psychology* 5, Nr. 2 (September 1973) S. 207–232. doi.org/10.1016/0010-0285(73)900339.

Tversky, Amos und Daniel Kahneman. »Belief in the Law of Small Numbers.« *Psychological Bulletin* 76, Nr. 2 (August 1971): S. 105.

Tversky, Amos und Daniel Kahneman. »Causal Schemas in Judgments under Uncertainty.« In *Progress in Social Psychology*, Hrsg. Martin Fishbein, S. 49–72. London: Psychology Press, 1980.

Tversky, Amos und Daniel Kahneman. »Causal Thinking in Judgment under Uncertainty.« In *Basic Problems in Methodology and Linguistics*, Hrsg. Robert E. Butts und Jaakko Hintikka, S. 167–190. Dordrecht, Niederlande: Springer, 1977.

Tversky, Amos und Daniel Kahneman. »Evidential Impact of Base Rates.« In *Judgment under Uncertainty: Heuristics and Biases*, Hrsg. Daniel Kahneman, Paul

Slovic und Amos Tversky, S. 153–160. Cambridge: Cambridge University Press, 1982.

Tversky, Amos und Daniel Kahneman. »Extensional vs. Intuitive Reasoning: The Conjunction Fallacy in Probability Judgment.« *Psychological Review* 90 (Oktober 1983): S. 293–315.

Tversky, Amos und Daniel Kahneman. »The Framing of Decisions and the Psychology of Choice.« Science 211, Nr. 4481 (Januar 1981): S. 453–458. doi.org/10.1126/science.7455683.

Tversky, Amos und Daniel Kahneman. »Judgment under Uncertainty: Heuristics and Biases.« *Science* 185, Nr. 4157 (September 1974): S. 1124–1131. doi.org/10.1016/0010-285(73)900339.

Tversky, Amos und Daniel Kahneman. »Loss Aversion in Riskless Choice: A Reference Dependent Model.« *Quarterly Journal of Economics* 106, Nr. 4 (November 1991): S. 1039–1061. doi.org/10.2307/2937956.

Tversky, Amos und Daniel Kahneman. »Rational Choice and the Framing of Decisions.« *Journal of Business* 59, Nr. 4 (Oktober 1986): S. 251–278. jstor.org/stable/2352759.

Tversky, Amos, Paul Slovic und Daniel Kahneman. »The Causes of Preference Reversal.« *The American Economic Review* 80, Nr. 1 (März 1990): S. 204–217. jstor.org/stable/2006743.

Van Putten, Marijke, Marcel Zeelenberg und Eric van Dijk. »Who Throws Good Money after Bad? Action vs. State Orientation Moderates the Sunk Cost Fallacy.« *Judgment and Decision Making* 5, Nr. 1 (Februar 2010): S. 33–36. journal.sjdm.org/10/91028/jdm91028.pdf.

Varadrajan, P. Rajan, Satish Jayachandran und J. Chris White. »Strategic Interdependence in Organizations: Deconglomeration and Marketing Strategy.« *Journal of Marketing* 65, Nr. 1 (Januar 2001): S. 15–28. doi.org/10.1509/jmkg.65.1.15.18129.

Von Culin, Katherine R., Eli Tsukayama und Angela L. Duckworth. »Unpacking Grit: Motivational Correlates of Perseverance and Passion for Long-Term Goals.« *The Journal of Positive Psychology* 9, Nr. 4 (März 2014): S. 306–312. doi.org/10.1080/17439760.2014.898320.

Weber, Martin und Colin F. Camerer. »The Disposition Effect in Securities Trading: An Experimental Analysis.« *Journal of Economic Behavior & Organization* 33, Nr. 2 (1998): S. 167–184. doi.org/10.1016/S0167-681(97)000899.

Wrosch, Carsten, Gregory E. Miller, Michael F. Scheier und Stephanie Brun de Pontet. »Giving Up on Unattainable Goals: Benefits for Health?« *Personality and Social Psychology Bulletin* 33, Nr. 2 (Februar 2007): S. 251–265. doi.org/10.1177/0146167206294905.

Wrosch, Carsten, Michael F. Scheier, Charles S. Carver und Richard Schulz. »The Importance of Goal Disengagement in Adaptive Self-Regulation:

When Giving Up is Beneficial.« *Self and Identity* 2, Nr. 1 (2003): S. 1–20. doi.org/10.1080/15298860309021.

Wrosch, Carsten, Michael F. Scheier, Gregory E. Miller, Richard Schulz und Charles S. Carver. »Adaptive Self-Regulation of Unattainable Goals: Goal Disengagement, Goal Reengagement, and Subjective Well-Being.« *Personality and Social Psychology Bulletin* 29, Nr. 12 (Dezember 2003): S. 1494–1508. doi.org/10.1177/0146167203256921.